空中英豪

美国第八航空队对德国的空中之战

MASTERS OF THE AIR
AMERICA'S BOMBER BOYS WHO FOUGHT
THE AIR WAR AGAINST NAZI GERMANY

[美] 唐纳德·L. 米勒 著

小小冰人 译

MASTERS OF THE AIR: AMERICA'S BOMBER BOYS WHO FOUGHT THE AIR WAR AGAINST NAZI GERMANY By DONALD L. MILLER
Copyright:©2006 BY DONALD L.MILLER
This edition arranged with SIMON & SCHUSTER,INC. through Big Apple Agency,Inc.,Labuan,Malaysia. Simplified Chinese edition copyright: 2014 Chongqing Foresight Information Co,.Ltd.
ALL rights reserved.

本书简体中文字版由西蒙-舒斯特公司授权出版
版权所有，侵权必究
版贸核渝字（2013）第65号

图书在版编目（CIP）数据

空中英豪：美国第八航空队对德国的空中之战 /（美）唐纳德·L.米勒著；小小冰人译. -- 长春：吉林文史出版社，2019.1
ISBN 978-7-5472-5955-9

Ⅰ.①空… Ⅱ.①唐… ②小… Ⅲ.①第二次世界大战－空战－史料－美国 Ⅳ.①E712.9

中国版本图书馆CIP数据核字(2019)第030811号

KONG ZHONG YINGHAO: MEIGUO DIBA HANGKONGDUI DUI DEGUO DE KONG ZHONG ZHI ZHAN

空中英豪：美国第八航空队对德国的空中之战

著 /（美）唐纳德·L. 米勒　译 / 小小冰人

责任编辑 / 吴枫　特约编辑 / 丁秀群

装帧设计 / 舒正序

策划制作 / 指文图书　出版发行 / 吉林文史出版社

地址 / 长春市人民大街4646号　邮编 / 130021

电话 / 0431-86037503　传真 / 0431-86037589

印刷 / 重庆共创印务有限公司

版次 / 2019年5月第1版　2019年5月第1次印刷

开本 / 787mm×1092mm　1/16

印张 / 48　字数 / 450千

书号 / ISBN 978-7-5472-5955-9

定价 / 229.80元

飞行员严重匮乏的德国空军要想使这种战术生效，只能去对付那些缺乏大批护航战斗机保护的轰炸机，所以，他们必须等待机会。美国战斗机采用"接力"方式为轰炸机提供护航，这就给了敌人大量可乘之机。各战斗机编队在指定地点与轰炸机编队取得联系，提供高处或平行的掩护，直到他们的燃料耗尽，然后，护航任务转交给远程战斗机。"喷火"战斗机为轰炸机的出发和到达提供近程掩护，"雷电"和"闪电"战机护送轰炸机飞越莱茵河，最后，"野马"战斗机保护他们赶赴诸如柏林和慕尼黑这样的远距离目标并返回。这种接力方式，为40至100架轰炸机提供护航所需要的战斗机可能多达1000架。1944年春季，美国轰炸机编队遭受到严重的损失，几乎总是因为护航战斗机与轰炸机未能取得会合，或是因为规模较小的护航编队抵御不住德国人的大举攻击。利用这种狼群战术，德国战斗机经常以高达十比一的比例压倒美军护航编队，就连最没有经验的飞行员也能占据优势。

4月29日空袭柏林的行动中，20岁的副驾驶杜鲁门·史密斯所在的大队无意间偏离轰炸机编队，结果为此付出了代价，第八航空队当天损失的66架轰炸机中，他们大队占了10架。第二天早上，斯密斯走在基地旁的一条路上，想搭个顺风车到邻近的轰炸机基地看个朋友。一辆救护车开了过来，他跑到后面，伸手拉开车后门。"别，中尉，"司机喊道，"到前面来！"[85]但为时已晚。史密斯被惊呆了，他看见担架上放着九具惨白的尸体。这些人都曾被告知：德国空军已经完蛋了。

对柏林实施第一次空袭后，各轰炸机基地的士气一落千丈。疲惫和不断上升的损失再次突如其来，机组人员们开始质疑他们最近攻击的那些被云层覆盖的城市（特别是柏林）的军事价值，这些轰炸似乎没有明确的计划或目的。第八航空队在1944年春季对其机组人员进行的一次秘密调查中，柏林轻而易举地高居榜首，被认为是最不重要的目标。典型的看法是：

"柏林不是个军事目标。"

"柏林，只有宣传价值。"

"尽管在实施轰炸,但我不太相信。"

"柏林,破坏一座城市不会摧毁他们的士气。"[86]

一些飞行员发现自己很难从事这种"屠杀勾当",[87]来自科罗拉多州丹佛市的伯特·斯泰尔斯中尉就是其中之一。这位喜欢沉思,肤色黝黑的副驾驶隶属于第91轰炸机大队,他们驻扎在巴辛伯恩,这是"孟菲斯美女"号机组曾待过的基地,此刻,斯泰尔斯已是一名发表过作品的作家。他从科罗拉多学院退学后成为一名作家,一些短篇小说在他的大队于1944年3月抵达英国前便已刊登在《星期六晚邮报》上。他违反规定,带来了他的"科罗娜"牌打字机,并在执行任务时带上个笔记本,记录下自己的感受。不飞的时候,他便撰写短篇小说和一本充满睿智的自传——《大鸟小夜曲》。尽管斯泰尔斯认为自己是"为天空而生",但他的兄弟和同伴兼机长萨姆·纽顿说:"他应该是一名战地记者,成为另一个厄尼·派尔。"[88]

执行完第一次飞行任务后,坐在屋内小小的写字台后,斯泰尔斯不知道自己是否有兴致参与这样的杀戮。飞往英国的途中,他曾在冰岛遇到过一些驾驶"喷火"式战斗机的波兰飞行员,他们有杀戮欲,期盼"杀掉世界上每一个纳粹"[89]。这与他不同,他是个来自"从未落下过一颗炸弹的国家"的小伙子。为解决柏林上空带来死亡这个问题,他不得不提醒自己,下面有许多"狗娘养的"必须加以消灭,[90]到达英国的四个月前,他那张床上睡过八个人,都已在战斗中阵亡或失踪。

尽管军方的调查表明,[91]美国飞行员在整个战争期间的士气依然高于地面部队的士兵,但他们的任务过于密集,一次接着一次,无论天气恶劣与否,再加上以轰炸机为诱饵,这使许多人的精神难以承受。一些飞行员崩溃了。"总之,我们执行了七次空袭柏林的任务,"第100大队的约翰·A.米勒回忆道,"我们的副驾驶两次出现精神失常,试图将飞机冲入大海。每次都是机组人员夺过他的操纵杆才避免了危机。这种情况第二次发生后,他没有再回到我们这个机组。他不是个懦夫,只是无法飞赴柏林。"[92]

从3月份开始，中央医疗研究所提交的精神创伤报告明显增多。[93]任务之频繁就像是对战斗机驾驶员的惩罚，他们中的一些人在3月和5月间的一个月，执行的飞行任务多达二十次，甚至更多。[94]任务执行率如此密集，大批战斗机飞行员和轰炸机机组人员没用两个月便完成了他们的服役期。随着诺曼底登陆的日期日益临近，任何不参加飞行的借口都不予接受。"一天早上，一名航空军医跑来对每一个飞行员进行检查，设法凑足执行任务的人数，"战斗机驾驶员马克斯·J. 伍利回忆道，"他查看了在场的每一个人，大多数人的身体状况都很糟糕。他问我：'你感觉如何？'我花了一分钟时间告诉他，我患了严重的腹泻。他回答说：'在你的屁股上塞个软木塞，去享受飞行吧。'"[95]

酗酒现象不断增加，作战指挥官很少加以干涉，而那些不参加作战飞行的司令部军官对此更是无能为力。伦敦一座豪华酒店的酒吧内，第100大队的一名中尉喝了十几杯后，开始耍酒疯。来自"青松"的一位参谋军官命令他回自己的房间去，这位醉醺醺的飞行员回答道："上校……昨天中午……我在柏林上空……可你究竟在哪儿？"[96]

有些人在前一天晚上喝多了，第二天带醉飞行。"一天晚上，我结束休假，从北安普顿返回基地，这才发现第二天早上安排我参加飞行任务，"本·史密斯回忆道，这位来自乔治亚州20岁的小伙子是"地狱天使"大队中的一名无线电操作员兼射手，"我的状况很糟糕。其他人帮着我收拾东西参加了任务简报，登上飞机后，他们将氧气管插到我鼻子里。我立马感觉好多了，但这并未能持续太久。到达敌方领空后……我开始呕吐。我的护目镜结了霜，氧气面罩被堵住，我什么也看不到。"他摘下面罩，倒掉呕吐物，并发誓再也不喝酒了。但着陆后，他直奔基地旁的"脏鸭酒吧"，并坚信自己的命运就像陆航队军歌中所唱的那样，应该活得精彩，死得壮烈。他后来写道："烈酒是让我们得以忍受现实的唯一的东西。"[97]

这是个夸张的说法。航空队对飞行员士气的调查表明，令大多数飞行员继续从事飞行而没有发生精神崩溃的"唯一因素"不是烈酒,[98]而是完成三十次飞行任务后"获得解脱的希望"。另外,强有力的领导也有助于将他们团结在一起。

詹姆斯·梅特兰·斯图尔特少校是第八航空队最优秀的中队长之一,这位以优异成绩毕业于普林斯顿大学的高才生就是家喻户晓的好莱坞电影明星吉米·斯图尔特。1940年,32岁的他被征召后,这个骨瘦如柴,身高6英尺4英寸,来自宾夕法尼亚州印第安纳市一个五金店商人的孩子曾试图加入陆军航空军,但他148磅的体重未能符合要求——差了5磅。他非常想加入(他后来说,参军"是他这辈子获奖的唯一一张彩票"[99]),克服了专横的米高梅老板路易斯·B.迈耶的激烈反对后,他对征兵办的决定提出抗议。他说服陆航军的一名征兵官员,再让他测试一次,"这次他们忘了测我的体重"[100],于是他作为一名列兵正式进入军队服役,并因在《费城故事》一片中饰演一名记者而荣获奥斯卡奖的几天后签署了入伍文件。"这听上去也许有点老生常谈,"他后来解释了自己的决定,"可想为自己的国家而战有什么错?为什么大家这么不愿用爱国主义这个词?"[101]

语调缓慢、被影评人称为"说话慢吞吞的大个子"的斯图尔特,早已是个熟练的飞行员,他拥有商用飞机驾驶员执照和自己的运动型双座飞机,这些经验使他被陆航军分配为飞行学员,军饷21美元,比他每个月从米高梅公司获得的薪水足足少了11979美元。珍珠港事件爆发的一个月后,他获得了飞行徽章,斯图尔特要求将自己分配到海外服役,而不是在国内担任飞行教官。没人愿意承担起将一个美国最受欢迎的电影明星送去冒险的责任。斯图尔特不停地申请,不断地抱怨,直到上级最终松口。1943年11月,他作为一名中队长,跟随第445轰炸机大队来到英国。该大队配备的是"解放者",驻扎于诺维奇郊外的蒂本哈姆(Tibenham),那里被飞行员们称作"B-24的天下"。三个月后,因为在"最重要的一周"第一天的战斗中,面对敌人的重压而牢牢地控制着自己的编队,斯图尔特获得了杰出飞行十字勋章。[102]这是他所执行的二十次作战飞行任务中的一次,没有在敌人的炮火下损失一个人,也没有一个机组成员精神崩溃。

在基地附近看着他,那些703中队的部下们很难相信他的真实行为与他的银幕形象是那么贴切——不带任何演戏的成分把事情完成,而且,是以他"小城市"的做派,他称呼大家为"伙计们",敦促他们给"乡亲们"写信,讲话时穿插着"该死的""哎呀,真是"这些词语,就像他在电影中那样。在军官俱乐部举办的舞会上,斯图尔特弹奏钢琴,并帮着为中队制作巧克力。但他"基本上是个独来独往的人",他的朋友,来自内布拉斯加州蒂尔登的中队长霍华德·克莱德勒上尉这样说道。[103]没有飞行任务的时候,斯图尔特和克莱德勒会在村里租一条小木船,在河上划桨,并通过一台便携式收音机聆听美国摇摆乐。在部下们当中,他总是"比你想象的更加不露声色"[104],克莱德勒回忆道,但飞行员们对他的冷静、从容不迫的领导以及朴实的真诚敬重不已。没有任何宣传,"他避开了那些轻而易举的任务,"约翰·哈罗德·罗宾逊中士说道,他是斯图尔特中队里的一名射手,后来写了本描述自己战时经历的畅销书,"上级对此可不太高兴。"[105]

"他与部下们的关系非常融洽——在某些特别紧张的情况下,他不得不以那种懒洋洋又不失幽默的方式让他们冷静下来。"深具领导魅力的第453轰炸机大队大队长小拉姆齐·D. 波茨上校回忆道。[106]该大队驻扎在旧巴肯纳姆(Old Buckenham),距离蒂本哈姆10英里,1944年3月,斯图尔特被调至这里。在旧巴肯纳姆,斯图尔特担任大队的作战参谋长,负责指挥轰炸行动和任务简报。波茨是一名参加过低空轰炸普洛耶什蒂的老兵,他和斯图尔特都是刚刚获得新的任命。他们接掌的这个大队紧跟着斯图尔特的第445大队到达英国,并在"最重要的一周"和柏林上空遭受到惊人的损失,大队长和作战参谋长都在损失之列,波茨和斯图尔特接替了他们的职务。整个大队的士气严重受挫,同住一间宿舍的波茨和斯图尔特开始以严格的纪律和亲力亲为的领导方式激励大家,以恢复士气。[107]

"他俩夜以继日地忙碌着,经常是在斯图尔特的吉普车里,"大队的作战情报官斯塔尔·史密斯写道,"在停机线处,他们检查着每一个细节,安排演习任务,很少离开基地。"[108]部下们的精神面貌获得改善,编队纪律和对目标的打击能力也得到提升,而他们的损失也更小。

罗西·罗森塔尔从事着与吉米·斯图尔特同样的工作。1944年5月,与"铆钉枪"号机组完成二十五次作战任务的两个月后,他接掌了第100大队的第350中队(他们的士气与效率严重下降),并开始将其恢复至最佳状态。"经历了第一次空袭柏林的任务后,部下们的精神状况不太好,还有些人干脆不想飞了。我告诉他们,从道义的责任上说,他们必须参加飞行,我会跟他们一起飞。我们来这里是为了打败希特勒。我还告诉他们,如果他们放弃飞行,会让那些曾帮助他们活到现在的那些朋友失望。唤起他们的骄傲和自豪远比跟他们大谈爱国主义更有效。"[109]罗森塔尔知道,要是没有团队忠诚(这个责任就是让战士们感觉到战友就在他们身边),就无法将这场战争进行下去。"(盖尔·克莱文和约翰·伊根)塑造起第100大队的个性,"哈里·克罗斯比写道,"罗西·罗森塔尔则让我们想打赢这场战争。"[110]

可是,第八航空队的士气最终是在伤亡率下降的情况下才得到显著的提升。这种情况开始于1944年5月,美国战斗机飞行员重创了德国空军的作战效能后。"我们实施轰炸——这是个无聊的活儿,"罗森塔尔说道,"我们充当诱饵,他们则对付那些一直在袭击我们的坏小子。是他们使D日的行动成为可能。"[111]

战斗机飞行员

罗西·罗森塔尔,与伯特·斯泰尔斯以及数千名轰炸机驾驶员一样,加入陆航队时曾希望自己能成为一名战斗机飞行员。"那些飞战斗机的小伙子，他们的派头和潇洒劲儿都比我们更胜一筹，"罗森塔尔回忆道，"他们独自在空中，完全掌控着他们的飞机，这些自由自在的家伙们机会更多，也比我们所能做的更为积极。"[112]

当年春季，战斗机飞行员中展开了两场大竞赛：首先是打破美国一战期间王牌飞行员埃迪·里肯巴克上尉保持的26个空战战果记录，其次是唐·布莱克斯利的第4战斗机大队（他们配备的是"野马"）与泽姆克的"狼群"（他们仍在使用"雷电"战斗机）之间的竞争。

在这场猎杀德国战机的比赛中，被飞行员们公认为战绩直逼里肯巴克的英雄是唐·塞尔瓦托·詹蒂勒上尉，他是来自俄亥俄州皮奎市的一名高中橄榄球健将，看上去像个电影明星。艾森豪威尔称这个意大利移民的孩子为"一个人的空军"，这成了著名战地记者艾拉·沃弗特为他撰写的一篇即时报道的标题。[113]沃弗特在迪布顿基地詹蒂勒的宿舍里住了一个月，并让他的出版商预付给这位"野马"王牌2000美元，以获得一系列独家采访权。

詹蒂勒和他的竞争者们出现在国内电影院播放的新闻纪录片中，也被刊登在大西洋两岸各种报纸的头版上。每次任务结束后，成群的记者围住他们，关注着他们的累积战果。飞行员们也乐于助人，不去打德国佬时，他们便喝着崇拜者们送来的波本威士忌，驾驶着战机，气势汹汹地低空飞入记者们的相机镜头。詹蒂勒和他的僚机驾驶员约翰·T. 戈弗雷——这对组合被丘吉尔称为当代的"达蒙和皮西厄斯"（生死之交）[114]——在一天内摧毁了5架停放在地面上的敌机，从而使自己的战果达到30个，一下子成了国家的英雄。他们被送回家帮助促销战时债券时，工厂的汽笛轰鸣起来，向他们的战绩致敬，纽约的出租车司机则恳请他们为自己签名。

休伯特·泽姆克同样出名，尽管他没有这么大出风头。这位德国移民的孩子来自蒙大拿州的米苏拉市，十来岁时，泽姆克在一座金矿里工作，同时还在酒吧里打拳，以赚些外快。将精力集中到拳击上后，他赢得了西部五个州的中量级金手套头衔,随后进入蒙大拿州大学,在学校里,他参加了拳击和橄榄球运动。"30岁的泽姆克看上去仍像一名中卫,"约翰·麦克拉里写道,"结实、瘦削、年轻。"[115]每个月他都会抽出一天溜到伦敦,以泽姆克下士的身份参加彩虹俱乐部的拳击赛。他将这种好斗的劲头带入到作战中。

泽姆克的第56战斗机大队中拥有欧洲战区的五位王牌飞行员,其中包括他自己,但与布莱克斯利一样,泽姆克是一名出色的大队长,而不仅仅像来自石油城的"唠叨鬼"加布雷斯基那样是个致命的杀手,到战争结束时,加布雷斯基是美国活着的第一号王牌飞行员。对他俩来说,整个大队的出色表现比他们自己成为战绩最高的飞行员更加重要。"我们热爱战斗,"轮廓分明、酗酒成瘾的唐·布莱克斯利说道,"战斗是一项盛大的体育活动。"[116]他的指挥官威廉·凯普纳对此的表述更为激烈:"一匹纯种马会驰骋至死,而一名战斗机飞行员则会一直飞到他发生事故或阵亡为止。"[117]

唐·布莱克斯利作为一名战场上的领导已有三年半时间,飞行次数超过400架次。他与德国空军的作战时间超过任何一个美国飞行员,最后,出于对他的保护,布莱克斯利被送回国,这才停止了飞行。他那些被称作"布莱克斯利武器"的远程"野马"战斗机在1944年春季大显身手,[118]但泽姆克大队以他们那些速度较慢、火力更猛的飞机实现了665个战果,为欧洲战区中各飞行单位之最。"雷电"战斗机的结构比"野马"更坚固,俯冲起来就像它的名字那般迅猛,在空对地行动中大展身手,扫射停放着的敌机时尤为出色。[119]扫射任务对神经的要求超过技术,从统计数据上看,比护航任务的危险性高五倍。

以低至地面10英尺、每小时450英里的速度飞行,飞行员们执行着被他们称作"突袭"的任务,他们不得不在穿越防空炮阵地和高射炮塔构成的密集火力前应付树木、房屋、谷仓和高压线。一次任务中,第八航空队损失了两位王牌飞行员：沃克·M.马胡林上尉和杰拉尔德·W.约翰逊少校。

Strafen是个德文单词，意思是"惩罚"，这些令人恐惧的攻击确实做到了这一点。执行护航任务返程时抓住机会打击目标很快演变为单独的战斗机扫射，这种战术被杜立特尔称为"有组织的空中游击战"[120]。在那些因气候原因导致轰炸机无法升空的日子里，战斗机便发起大规模突袭。多达700架的"野马""闪电"和"雷电"会以树梢的高度席卷过德国，对进入机炮瞄准器内他们感兴趣的一切加以扫射，甚至包括吃草的牛和装着干草的大车。4月份，战斗中摧毁的敌战斗机数量，低空突袭所获的战果占一半以上。

"你需要一双好眼睛和一个好脖子才能生存下来。要是没有，那你就完了。"泽姆克大队里的王牌飞行员罗伯特·约翰逊说道。[121]但是，团队合作是战斗机在空战中获胜的关键。飞行特技所决定的传统的空中缠斗或一对一的决斗，在这场欧洲上空的战斗中很少见到。战斗机以两架为编队投入战斗：一架长机和一架僚机，一个发起攻击，另一个为他提供掩护。一切都取决于率先发现敌人并打他个措手不及，最好是从上方。[122]"你能看见的敌机绝不会将你击落，"凯普纳告诉他的飞行员，"所以，为安全起见，你必须看见每一架敌机。"[123]飞机的速度、机动性和火力很重要，但更重要的是人。威廉·凯普纳认为，一名战斗机飞行员飞行了100个作战小时后，才能在欧洲战区的空战中真正发挥作用。"最重要的一周"发起时，凯普纳已拥有一大批这样的飞行员，这就使战斗的结果大不相同，特别是当他们面对那些拙劣的德国飞行员时。

1939年，德国空军拥有世界上最训练有素的飞行员，这些极具献身精神的年轻人必须完成250个小时的飞行训练后才会被分配至作战部队。但到1943年中期，大伤元气的消耗战迫使德国空军高层下达命令，将学员们的训练时间缩减至100—150个小时，以填补前线战斗机飞行员的空缺。这种短视行为造成的后果是，德国飞行学校的毕业生，在数量和飞行训练的时间上远远少于英国和美国的学员,后者现在要求作战飞行员拥有325—400小时的飞行训练。到1944年春季,德国空军经验丰富的战斗机飞行员已被消耗殆尽,而接替他们的新人,无法应对发动机和天气问题,甚至不会在高低不平的机场上正确着陆,他们因事故而坠毁的飞机超过了被敌人击落的数量。战斗中,这些十八九岁的新人毫无希望地遭受着败绩。"1944年,德国空军的新手对抗着训练有素的英美飞行员,"研究德国空军的历史学家詹姆斯·S. 科尔姆写道,"他们在战斗中撑不过几周,不是阵亡就是负伤。"[124]

经验是一种极为宝贵的资本,因为"第一次投入战斗时,你所看见的不会和日后所见到的一样,"战斗机王牌杰拉尔德·约翰逊解释道,"你并不真正知道自己在搜索些什么……如果你望向远处,双眼并未专注于任何事物,一段时间后,你开始意识到自己正在搜寻空中的一个小斑点,这个斑点起初很小,但最终会是一架飞机。许多飞行员扫视天空,但并未看见它。他们从未能加强自己发现敌机的能力。"[125]这就是一双好眼睛和一个好脖子所进行的"环境观察"经常成为生死区别的原因所在。[126]这一点还要加上快如闪电的反应。"整件事情发生在一连串的快速飞行中,根本没时间让你思考,"詹蒂勒告诉艾拉·沃弗特,"要是花时间思考,你就没时间采取行动。尽管战斗在进行,可你的大脑却是一片空白。"[127]

如果说战斗机飞行员生存于一个瞬间的世界中,那么,轰炸机上的小伙子们则活在痛苦难耐的时间所构成的世界里,他们有太多的时间去考虑自己的结局,而这一结局完全取决于命运女神。在测试和训练项目中,陆航队寻找着不同素质的战斗机和轰炸机驾驶员:讲求体力、判断力、情绪忍耐力、稳定性、团队合作精神、纪律和领导能力的轰炸机驾驶员,依靠手眼快速协调能力、进取精神、大胆、独立性以及战斗激情的战斗机飞行员。陆航队在一份关于理想的轰炸机驾驶员的文件中指出:"机组人员的态度是……他们很乐意让其他机组拥有大队中最急躁的驾驶员……他们自己则希望有一名能在决定生死的关键时刻迅速做出最佳决定的机长。"[128]对轰炸机驾驶员来说，"智力特性"远比"感知运动的技能"更加宝贵。在这份陆航队研究报告中还指出："热爱血腥竞赛、骄傲自大……缺乏高智力，被证明是战斗机驾驶员所需要的出色素质。"

轰炸机机组人员最大的乐趣是在任务中生还，而战斗机飞行员从"成功的猎杀"[129]中返回后欢欣鼓舞，伸出手指示意他们在空中干掉的敌机。"一个战斗机大队在一场激战后表露出明显的快活劲儿，令外人感到震惊。"第八航空队精神科专家道格拉斯·邦德评论道。[130]

但轰炸机驾驶员遭受的伤亡远较战斗机驾驶员为高，[131]作为机长，他们也承担着更大的责任，因而更容易造成精神崩溃或作战疲劳症。"战斗机驾驶员的任务对他们高度的积极性而言非常理想。"陆航队精神科专家总结道。[132]战斗机驾驶员们的任务简报非常简短，也不那么正式，只需要五分钟，而轰炸机机组则需要一个小时。他们起飞后，在空中构成编队的速度更快，危险性也较轰炸机驾驶员为小，另外，除非他们实施对地扫射，否则很少会成为纳粹高射炮手们的目标。战斗机驾驶员独自在晴朗的空中，所受的限制较少，他可以按照自己的选择飞行，做出自己的决定。这往往鼓励了不顾一切的鲁莽和危险的个人英雄主义，[133]但这通常挽救了飞行员的性命，因为他们在情况太过危险之际可以随时迅速飞离、爬升或俯冲。而轰炸机机组人员在投弹飞行时不得不坐在那里，承受着一切，就像潜艇组员被困在海底忍受着攻击那样。正如布莱克斯利大队中的一名参谋所写的那样："你必须告诉那些轰炸机里的小伙子，这场空战中最艰难的部分是他们打的。"[134]正是他们的牺牲才使驾驶战斗机的小伙子们得以消灭德国空军。

德国空军的产量和作战都遭到败绩，他们在1944年5月前便已失去欧洲上空的制空权。美国和英国的战机数量比德国多20倍，燃料和经验丰富的飞行员也非常充裕。战后的审讯中，德国空军参谋长卡尔·科勒尔上将声称，如果德国在1944年春季拥有制空权，"就根本不会有诺曼底入侵，或者（入侵）会在遭受惨重的损失后被击退。"而他们的空中优势在1944年3月至5月间的大战中丧失后，德国空军的"任务"，科勒尔说，"仅仅是牺牲罢了"。[135]

当被问及德国为何没有研发一款轻便灵活、滞空时间能与"野马"相抗衡的战斗机时，科勒尔回答说，德国的工业家和工程师坚持认为"这种飞机无法制造"。[136]但当战况变得对德国极度不利、希特勒对此流露出兴趣时，这种构想再度出现了。这就是灵活的民主制度与僵化的专制之间的区别。战前，美国的轰炸机巨头和飞机制造业应声附和德国飞机专家的看法。可在危机出现后，他们做出了应对，尽管差一点儿为时过晚。从事后的角度看，将一款只有少数人相信能研制成功的新式飞机投入战争，是诺曼底登陆获得成功的原因之一。

大辩论

将德国空军逐回德国使诺曼底登陆成为可能，但这并不能保证登陆的成功。获得大量增援的德国军队坚守在法国北部，根据希特勒的命令，他们将战至最后一兵一卒。该如何使用空中力量来削弱他们？自1944年1月起，盟军领导人便对这个问题展开了热烈的讨论，直到5月初才达成一项艰难的协议。这是战争期间最激烈的政策分歧之一。

被任命为"霸王"行动的最高指挥官后，艾森豪威尔要求获得英国和美国战术及战略空中力量的指挥权。他坚持说，自己必须拥有这一权力，以确保将英美空军的全部力量集中于对进攻行动的支援上。艾森豪威尔的老朋友哈普·阿诺德立刻同意了这个要求，[137]但英国人对此表示反对。让丘吉尔和他的战时内阁交出轰炸机司令部的控制权是一项艰巨的任务，艾森豪威尔不得不以辞职相威胁，以此来达成自己的目的。他告诉丘吉尔，除非将阿瑟·哈里斯的轰炸机置于自己的指挥下，否则"他不如干脆回家算了"。[138]问题得到了解决。皇家空军中将特拉福德·利–马洛里爵士（他的指挥能力受到斯帕茨的质疑）被赋予为登陆行动提供支援的战术空中力量的指挥权，其中包括美国的第九航空队。从4月14日起，持续至诺曼底战役获胜，艾森豪威尔的副司令阿瑟·特德将对包括第八和第十五航空队在内的轰炸机司令部实施全面监督。

确保了对轰炸机的控制权后，艾森豪威尔必须做出决定，如何在进攻发起前的几周里使用这些轰炸机。大家一致认为，最大的挑战将是"一场逐步增强的战役"。盟军将在D日依靠出其不意和压倒性的冲击力，将他们全部力量中的一小部分送上海滩。在这之后，谁能获得力量优势，谁就将获胜。德国人似乎占有这种优势。利用比利时和法国出色的公路和铁路交通网，他们能比盟军更容易地对其军队实施再补给，后者不得不依赖于从英国南部庞大的补给仓库至诺曼底科唐坦半岛这样一条脆弱的海上通道。盟军的目标是孤立滩头阵地，并切断诺曼底地区德国军队从莱茵兰和鲁尔区获得补给的主要来源。

特德的科学顾问索利·祖克曼提出一个计划，令艾森豪威尔意识到实现这一点的最佳契机。祖克曼提议，对法国北部和比利时的铁路编组场和维修站发起一场战略轰炸战。通过对这些内陆交通枢纽的打击，盟军将制造出一种混乱状态和一片废墟，这将阻止或彻底削弱德军援兵赶往受攻击地区的行动。祖克曼认为，这会比"桥梁破坏战"更加有效。提出"桥梁破坏战"的是美国陆航队目标咨询人员——以沃尔特·W. 罗斯托和卡尔·基森为首的一群年轻的经济学家，六十年代，这两人在白宫占据了经济政策方面的高位。在祖克曼看来，轰炸铁路编组场比轰炸桥梁更容易，其破坏能造成更大的交通中断。祖克曼的提案被称为"交通计划"，[139]但遭到三个强大对手——阿瑟·哈里斯、卡尔·斯帕茨和温斯顿·丘吉尔——的激烈反对。

哈里斯和斯帕茨在一件事上取得了共识。[140]祖克曼的计划将使他们偏离他们共同的目标：通过轰炸击败德国，而不必进攻欧洲大陆。"除了停止和大幅度减弱对德国的轰炸外，没有比这更能让德国人松口气的方式了，"哈里斯在一份刺耳的备忘录中阐述了他对祖克曼所提计划的反对，"整个国家将会带着一种获救感和重生的希望而欣喜若狂。"[141]不过，哈里斯的地位和威望已因他的部队最近在柏林上空遭受到不可承受的损失而有所削弱，自去年11月以来，他已损失了近1200架轰炸机。就在哈里斯坚持声称他的夜间轰炸机无法准确命中铁路编组场这类目标时，皇家空军参谋长查尔斯·波特尔戳穿了他的伎俩，下令轰炸机司令部对法国的六个铁路编组场发起打击。目标均被摧毁。用历史学家马克斯·黑斯廷斯的话来说："哈里斯被他部下们的精湛技艺搞得尴尬不已。"[142]其实他很清楚，他那些机组的轰炸能力早已得到大幅度提高，夜间达成的准确性跟实施白昼轰炸的第八航空队一样。把戏被戳穿后，哈里斯只好勉勉强强地准备实施"交通计划"。

就在哈里斯为无法炸死更多的德国人而忧心时，丘吉尔却担心会让太多的法国人送命。祖克曼提出的70个铁路中心都位于或靠近市区，情报部门的报告指出，轰炸会使多达16万法国和比利时平民丧生或致残，[143]可能会埋下"仇恨的种子"，[144]进而影响战后与法国的关系。随着D日的临近，丘吉尔减弱了他的反对意见。他对平民"惨遭冷血屠杀"[145]的担心有所缓解，因为自由法国军队身处英国的指挥官皮埃尔·柯尼希少将被请教到这个问题时回答："这是战争，可以预料会有平民丧生……为赶走德国人，我们可以接受两倍于预计的损失。"但真正成功说服这位首相，并促使他全力支持已在他间歇性抗议中开始进行的轰炸行动的是罗斯福总统的一封来信，在5月初的这封信中，罗斯福坚称，必须以军事方面的考虑为主导。[146]

针对祖克曼的"交通计划"，最为深思熟虑的反对案是卡尔·斯帕茨的"燃油计划"。[147]以其战斗机夺得制空权后，美国陆航队提出利用这一突破，派出重型轰炸机打击能让被严重削弱的德国空军和陆军动弹不得的产业。斯帕茨的目标分析师们估计，只需发起25次空袭（第八航空队承担15次，第十五航空队负责10次），美国的战略轰炸机就能让德国的汽油生产减少50%。由此造成的燃料短缺将降低德军机械化师的机动能力，并使他们的补给和援兵无法被送至诺曼底滩头。斯帕茨认为，与破坏容易修复的铁路编组场相比，"燃油计划"的回报更大。

为了让自己的建议对艾森豪威尔产生更大的吸引力，斯帕茨指出，"燃油计划"只占用美国陆航队作战力量的半数，另一半仍可被用于摧毁法国的交通设施。但斯帕茨提出，不是针对拥挤的铁路编组场，而是将战术行动集中于塞纳河和卢瓦尔河上的桥梁，这些目标是罗斯托中尉的委员会所建议的。

哈普·阿诺德敦促马歇尔支持斯帕茨的计划，[148]但马歇尔将最终决定权留给了艾森豪威尔，而艾克在空军问题上严重依赖于特德的建议。最后，美国轰炸机巨头们快速上升的声誉和他们过去的失败记录帮着扼杀了"燃油计划"的提案。一年前，第八航空队也曾就德国的滚珠轴承工业是一个潜在的结束战争的目标体系有过同样激烈的争执。特德对这个问题早就关注过。战争初期，轰炸机司令部曾打击过德国的炼油厂，但遭到灾难性失败，目标未被击中，还损失了几十名机组人员。"此前，我们一直被引入歧途。"特德在给同样持怀疑态度的波特尔的信中写道。

3月25日，在与英美空军人员召开的一次紧张的会议上，艾森豪威尔力挺祖克曼，尽管丘吉尔（他没有出席会议）更青睐"燃油计划"。[149]艾森豪威尔的决定，是在仔细盘问弗雷德里克·安德森将军，而后者承认航空队"无法确保对石油目标的打击能对霸王行动的初始阶段产生明显的影响"后做出的。[150]安德森说："燃油计划将在六个月的时间内带来决定性影响。"对艾克来说，这显然不够好。他最关心的是进攻的最初六个星期——让他的军队登上海滩，守住滩头。

波特尔提出自己的看法，他认为空军应该考虑实施"燃油计划"，但只能是在"霸王"行动最初的危机安然度过,盟军在诺曼底牢牢站住脚后。艾森豪威尔对此表示赞同,于是,被一名美国军官称作"大辩论"[151]的研讨就此结束。

斯帕茨屈从于艾森豪威尔的决定,没有公开争论,因为他对最高统帅抱有崇高的敬意。"要是艾森豪威尔以书面命令要求他在D日当天将炸弹丢入北冰洋,他也会照办不误。"[152]斯帕茨的高级目标官理查德·D.奥利上校说道。斯帕茨的服从还不仅仅是出于上述原因。尽管非常希望诺曼底进攻能获得成功,但他认为,行动有可能失败,如果这种情况发生,他不想让自己的航空队被扣上"蓄意阻挠"的帽子。"这次……进攻行动不可能成功,"他在3月25日的会议前告诉他的工作人员,"我可不想遭受任何指责。等进攻失败后,我们便可以向他们展示,我们能通过轰炸来打赢战争。"[153]

斯帕茨没有想到他的提议会在3月25日的会议上被彻底否决。但委员会承认他的计划"很有吸引力",[154]受此鼓舞,斯帕茨劝说特德从第十五航空队腾出一支"解放者"轰炸机部队去攻击普洛耶什蒂,这一空袭造成的破坏足以说服特德批准从意大利发起更多的空袭。但斯帕茨想要更多的东西。他想轰炸德国的合成燃料厂,那是他们燃油补给的主要来源。艾森豪威尔告诉他等到夏末,但斯帕茨坚持要采取行动。经过与艾克的一番激烈争执,期间斯帕茨可能还扬言要辞职,[155]艾森豪威尔让步了,但只是一小步。他口头批准斯帕茨在5月份时选择德国上空晴朗(但法国上空不可能晴朗)的两天,派出轰炸机空袭纳粹的合成燃料厂。[156]

5月12日,杜立特尔派出886架轰炸机,对德国中部一座庞大、复杂的合成燃料厂发起打击,从而引发了一场规模庞大的空战,这场战斗中,美国人损失了46架轰炸机,而德国战斗机的损失超过60架。战斗的激烈程度使斯帕茨确信,他的目标规划者已发现了敌人的致命弱点。"这是决定这场技术战争的一天。"阿尔贝特·施佩尔在他的回忆录中写道。一周后,施佩尔向希特勒汇报说："敌人轰炸了我们最薄弱的环节。如果这次他们坚持干下去，我们很快就谈不上有什么燃料生产了。我们唯一的希望是，对方的空军参谋部和我们的空军参谋部一样糊里糊涂。"[157]

德国人对工厂进行了十六天没日没夜的抢修，第八航空队于5月28和29日再次发起打击，与此同时，第十五航空队空袭了普洛耶什蒂。这一双重打击令德国的燃油产量减少了一半。"超级机密"截获的情报表明，德国人对此深感震惊。[158] "我想，我们必须给那家伙他想要的东西。"特德这样说道。但由于距诺曼底进攻的日期仅剩下一周左右，打击燃油厂的行动不得不推后。

配合进攻的轰炸

在诺曼底进攻发起前，斯帕茨对德国燃油生产厂实施的空袭产生了意想不到的收益。后续空袭的威胁迫使德国空军将其战斗机主力收拢回国内，甚至是在1944年6月6日，盟军地面部队冲上诺曼底海滩后。但"交通计划"更为成功。盟军的重型和中型轰炸机几乎完全破坏了比利时北部和法国的铁路交通网，切断了德国军队获得补给的主要通道。[159]战斗机对法国公路和铁路上行驶的一切展开攻击。单是5月份的一天，第九航空队战斗机司令部（由埃尔伍德·奎萨达少将指挥，他是美国陆航队中最具创新能力的指挥官之一）摧毁了大批列车，以至于飞行员们将当天称为"查塔努加日"，这个名字来自格伦·米勒的唱片《查塔努加啾啾》。一名德军指挥官将通往诺曼底海滩的公路描述为"Jabo Rennstrecki"，[160]意思是战斗机和轰炸机的比赛场。

在对原"交通计划"最后所做的更改中，盟军的战斗机和轰炸机粉碎了塞纳河和卢瓦尔河上的桥梁，切断了从法国其他地区通往诺曼底大部和布列塔尼的通道（这是早在3月份便由斯帕茨的目标策划者们提出的战术目标）。到5月份的最后一周，巴黎以北，塞纳河上所有的铁路交通都已中断。加来海峡地区的桥梁遭受的打击甚至更为严重，以此来说服敌人，入侵即将在这一地区展开，这里距离英国南部（入侵的发起点）和德国北部都更近，将是盟军最终的目标。

盟军飞机对法国的铁路系统总共投下71000吨炸弹，其爆炸力相当于将广岛夷为平地的原子弹的7倍。

战后对诺曼底登陆前的轰炸所进行的调查表明，[161]低空飞行的战斗机和轰炸机对桥梁所实施的破坏，比重型轰炸机破坏法国铁路中心的行动更有效地阻止了德国军队的调动。使用数万名劳工，德国人对铁路编组场和铁轨的维修速度，与盟军战略轰炸机对它们的破坏速度一样快。另外，这些编组场大多位于人口稠密的城市地区，对其实施的高空轰炸造成约12000名法国和比利时平民丧生。相反，对桥梁和行驶中的火车所进行的战术打击，附带损伤较小，而对敌人调动其部队的能力造成的影响更为严重。德国军队将在诺曼底进行一场英勇的防御，但由于盟国的空中力量在诺曼底进攻发起前已赢得这场"逐步增强的战役"，德军的命运几乎已被注定。

一些德国将领，包括指挥诺曼底地区地面部队的格尔德·冯·伦德施泰德元帅以及德国国防军最高统帅部参谋长威廉·凯特尔元帅，在战后告诉盟军审讯人员，盟军在诺曼底的进攻之所以获得成功，完全是因为"我们没办法将预备力量及时前调……"凯特尔说道，"我们无法击退入侵，是因为你们的战斗机和轰炸机所取得的空中优势，使得那些师无法被投入战斗"。[162]

分担战争

"我们等了那么久，结果却是空忙一场，"伯特·斯泰尔斯在他的日记中写道，"每次他们在夜间将我们唤醒，都有人说，'D日到了'，却不是。直到6月6日，它才真的来了。"[163]

那天晚上，东英吉利亚无人入睡。午夜刚过，天空轰鸣、震颤起来，数千架运兵机、侦察机、轰炸机和战斗机开始在低垂的云层中集结。大群飞机冒着发生碰撞的危险，飞入一条仅有10英里宽的通道中。轰炸机，以6架为一个中队，仅靠遍布伦敦南部的探照灯光束保持着各自的航线。被打破的阴霾重新聚拢起来，形成一块坚实的灰色云毯，在其上方，1300架重型轰炸机组成的庞大编队，在闪烁的"探路者"飞机的带领下，向他们的目标隆隆飞去。

斯泰尔斯和他的机组是这场"盛大演出"[164]的组成部分。从四英里高空向下望去，斯泰尔斯能看见舰炮发出的剧烈闪烁，深红色和橙色映衬在灰暗的海洋中。就在劳伦斯·库特尔将军看着这支轰炸机编队越过他这架保持低空飞行的B-17观察机时，曾被他认为已经阵亡的一位朋友正在纳粹占领的法国的一座农舍中，等待着进攻的到来。

放弃了自己在司令部的工作，出任第487大队（这是一个新组建的大队，配备着"解放者"式轰炸机）大队长后没多久，小贝尔尼·莱中校率领该大队在诺曼底进攻发起前对巴黎西南部肖蒙（Chaumont）的一个铁路编组场展开空袭时被击落。他和机上的副驾驶沃尔特·杜尔中尉与地下组织取得联系，但由于盖世太保的破坏和盟军对法国铁路系统的轰炸，所有通往西班牙的逃生通道都已无法使用，于是，他们被带至当地"马基"所控制的一座安全屋。他们在D日发起的前夜到达了那里。[165]

拂晓时，他们被屋主M.波古摇醒，这个矮小、爱激动的男人用高亢的声调叫道："登陆了！美国人！诺曼底！诺曼底！"[166]两名飞行员从床上跳起，听见厨房的收音机中宣布了这个消息。吃完一顿由鸡蛋和烤面包组成的庆祝早餐后，他们被带至田间的一个地方，这里将是他们的藏身处。"我们检查着葡萄园，"莱回忆道，"突然，发动机的轰鸣声出现在空中。36架梅塞施密特109战斗机组成的编队冲出拂晓的迷雾，每架飞机灰绿色的机腹下都挂着颗硕大的炸弹，在附近的一个机场集结后，带着巨大的负载，从低空缓慢地掠过这片农场。"[167]

仰望着天空，沃尔特·杜尔喃喃地说道："我们将在战斗机的掩护下飞越海峡，我敢打赌，这些王八蛋没一个能返回基地。"[168]敌战斗机编队消失在天际时，贝尔尼·莱感到一阵"激动和自豪"，美国的空中优势"已注定这些残存的德国空军执行的是一项自杀式任务"。

两位飞行员当天早上看见的那些梅塞施密特，是德国空军300架战斗机构成的预备队中的一部分，他们被派至入侵发生地，以加强那里150架战斗机组成的弱小的力量。根据盟军方面的报告，这些飞机中的大多数"严重分散"，并因为"飞行员能力不足而导致数量大幅减少"。[169]待德国飞行员发现他们设在法国的前进机场已被盟军先前的轰炸炸得坑坑洼洼后，不得不从遭入侵海滩后方的临时机场发起行动，在那里，他们遭到成群结队的英美战斗机的猎杀，根本无法为海滩上的德国军队提供有效支援。D日当晚，90余架德国战斗机对盟军舰队发起攻击，但造成的损伤微乎其微，他们中的大多数，不是被盟军战斗机驱离，就是被击落。

当天对轰炸机上的小伙子们来说，毫无荣耀可言。那天早上，他们突然出现，并在第一波登陆艇冲上海滩前威武地飞过敌人的滩头防御阵地。受厚厚的云层所阻，再加上担心误炸己方部队，为首的轰炸机使用了雷达轰炸瞄准器，并推迟了炸弹的投放。5000吨炸弹毫无伤害地落在德国人沿岸阵地的后方。重型轰炸机在当天还执行了其他任务，打击了敌人的防御工事和海滩后方重要的交通枢纽，希望能破坏敌人调集援兵的努力，但这种空中支援远不及"雷电"、"野马"以及低空飞行的B-26"劫掠者"式轰炸机所实施的打击有效。双引擎的"劫掠者"摧毁了德国人在犹他海滩上的防御，确保美军突击队在该地段实施了一场轻松得出人意料的登陆。[170]

但第八航空队已完成了他们责无旁贷的职责。为夺取制空权、确保进攻行动而展开的长达五个月的激战中，派驻欧洲的美国航空队损失了2600多架轰炸机和980架战斗机，伤亡人数高达18400人，其中包括10000名阵亡者，这个数字超过第八航空队在1942和1943年损失人数的一半。[171]这些飞行员应该跟D日发起的两栖登陆和空降行动中阵亡、负伤或失踪的6000多名美国士兵一样，在国民的记忆中占据一个同等的地位。

对当天参加行动的每一个飞行员来说，这是他们在战争中最伟大的经历。"我向第100大队的机组人员做了简报，"罗西·罗森塔尔回忆道，"我从未见过他们做出这样的反应。他们站在那里，欢呼着，吼叫着。这是他们一直期盼的日子。快到黄昏时，我率领大队执行了D日的第三次轰炸任务。我们有个规矩，除非是绝对必要，否则不得在内部对讲机上说话，这是通讯纪律。但当我们掠过庞大的舰队，向着海滩飞去时，机组中的一名成员开始为下面的人祈祷，我们都加入其中。这是我一生中最为激动的时刻。"

飞回英国时，伯特·斯泰尔斯不禁想知道，"海滩上的那些倒霉蛋"会如何做。[172]飞机在他们上空，军舰在他们身后，可战斗要由他们来打。就在这时，一个念头掠过他的脑海："我们的战争结束了，第八和第九航空队在白昼，皇家空军在夜间的孤军奋战结束了……我们将炸弹运过来，更多、更频繁，但这再也不是我们的私人演出。现在轮到那些行进缓慢的小伙子们大出风头了。"

战争被分担的念头并未令伯特·斯泰尔斯中尉感到不安。"无论洒在铝皮还是诺曼底的土地上，鲜血都是一样的。无论你驾驶一架上百万美元的飞机还是端着一支价值50美元的步枪缓慢跋涉，都需要勇气……也许某些热衷于空中力量的家伙会大声抱怨上级没有给我们一个以自己的方式打赢战争的机会。"[173]但"唯一重要的是打赢这场战争"，斯泰尔斯在D日当晚写道，"不择手段打赢它，这样就不会再有另一场战争"。[174]

注释

1. 威廉·埃莫森，《直瞄行动：轰炸机和战斗机的故事》，第447页。
2. 艾森豪威尔写给乔治·马歇尔的信件，弗吉尼亚州列克星敦，马歇尔学术图书馆，马歇尔文件。
3. 墨菲，《未知的战斗》，第97页。
4. 同上。
5. 《二战中的陆军航空队，第三卷》，第194—195页。
6. 弗朗西斯·加布雷斯基告诉卡尔·莫尔斯沃斯，《一名战斗机飞行员的一生》（纽约，猎户座出版社，1991年），第147—148页；《星条旗报》，1944年2月22日。
7. 休伯特·泽姆克、罗杰·A. 弗里曼，《泽姆克的"狼群"：欧洲上空的休伯特·泽姆克和第56战斗机大队》（纽约，猎户座出版社，1989年），第145—146页；沃尔特·博伊恩，《指挥王牌：作为作战领导的战斗机飞行员》（华盛顿，布拉希出版社，2001年），第97页。
8. 墨菲，《未知的战斗》，第109页；《二战中的陆军航空队，第三卷》，第34页。
9. 理查德·G. 戴维斯，《卡尔·斯帕茨与欧洲空战》，第323页；另可参见《星条旗报》，1944年2月22日；弗里曼等人合著的《第八航空队战时日志》，第183—184页。
10. 欧文·肖，《幼狮》（纽约，兰登书屋，1948年），第463—465页。
11. 采访威廉·R. 劳利上校，空军口述历史项目，1971年10月5日，美国空军历史研究部，K239.0512-487。
12. 理查德·戈德斯坦，《威廉·劳利，78岁，荣誉勋章获得者》，《纽约时报》，1999年6月1日，C13版。

13 对这起事件的引述,均来自里克·斯古尔和杰夫·罗杰斯的出色著作《波尔布鲁克的勇气:"十马力"号最后的选择》(威斯康辛州金伯利,十字路口出版社,2000年),第44—45、49、63和66页。

14 荣誉勋章嘉奖,阿奇博尔德·马蒂斯,1944年6月22日,美国战争部第52号命令。

15 联合作战策划委员会,"敌白昼战斗机防御和拦截战术的第三次定期报告,1944年2月15日—1944年3月2日",1944年3月26日,斯帕茨文件;威廉·埃莫森,《直瞄行动:轰炸机和战斗机的故事》,第455页。

16 1944年2月27日,安德森发给阿诺德的电报,斯帕茨文件。

17 《二战中的陆军航空队,第三卷》,第43、45页。

18 施佩尔,《第三帝国内幕》,第349页;《二战中的陆军航空队,第三卷》,第44页。

19 威廉姆森·默里,《德国空军》,第229页;《二战中的陆军航空队,第三卷》,第68—69页。

20 美国战略轰炸调查,"飞机分部的行业报告"(华盛顿,美国政府印务局,1945年),第5页。

21 同上,第6—7页。

22 1944年2月27日,安德森发给阿诺德的电报,斯帕茨文件。

23 1944年2月11日,阿诺德发给杜立特尔的电报,美国空军历史研究部,519.245;1944年3月4日,杜立特尔发给阿诺德的电报,美国空军历史研究部,168.6007。

24 2002年8月7日,作者对劳伦斯·戈德斯坦的采访。

25 麦克法兰和纽顿的《德国制空权之战》,第197页;1944年2月27日,安德森发给阿诺德的电报,斯帕茨文件;F. L. 安德森将军与O. A. 安德森将军的电话交谈记录,1944年2月29日,斯帕茨文件。

26 约瑟夫·施米德中将,"帝国制空权之战,1944年1月1日—1944年3月31日",1954年,美国空军历史研究部,K113.107-158-160。

27 引自麦克法兰和纽顿的《德国制空权之战》,第197页;另可参阅菲利普·阿德里,《一名轰炸机飞行员的二战回忆录》,第167页。

28 格罗弗·C. 哈尔,《1000个击坠:第4战斗机大队战史》(阿拉巴马州蒙哥马利市,布朗出版社,1946年),第164—165页。

29 空中力量历史博物馆,1983年对威廉·E. 查尔斯的采访;奥拉姆·C. 霍顿，《美国炸弹首次落向柏林》，《星条旗报》，1944年3月6日。

30 格罗弗·C. 哈尔，《1000个击坠：第4战斗机大队战史》，第160页。

31 查克·耶格尔将军、里奥·亚诺什，《耶格尔自传》（纽约，矮脚鸡出版社，1985年），第26页。

32 同上。

33 同上，第26—32页；耶格尔在自传中对此事的叙述，一些细节与他回到英国后对一名英国官员所说的略有不同；可参阅"飞行员查克·耶格尔的逃生档案"，国家档案馆，338-660-YEAGER。

34 戈登·A. 哈里森，《跨海进攻》（华盛顿，陆军部军史处处长办公室，1951年），第203页；朱利安·杰克逊，《法国的黑暗年代，1940—1944》（牛津，牛津大学出版社，2001年），第484页。

35 第801/492轰炸机大队协会自费出版的《他们在夜间飞行》一书中，《一名"投机商"与法国国内抵抗力量在一起》；欲了解这段完整的历史，可参阅本·帕内尔的《投机商：美国在欧洲的秘密战》（奥斯汀，埃金出版社，1987年）。

36 耶格尔，《耶格尔自传》，第34—35页。

37 同上，第33页。

38 同上，第35页。

39 1980年4月28—5月1日，美国空军口述历史部对查尔斯·E. 耶格尔准将的采访，美国空军历史研究部，K239.0512-1204 C.2。

40 同上。

41 同上。

42 耶格尔，《耶格尔自传》，第38—40页。

43 同上。

44 耶格尔，《耶格尔自传》，第40—43页。

45 哈尔，《1000个击坠：第4战斗机大队战史》，第174页。

46 德鲁·米德尔顿，《美国轰炸机猛烈空袭柏林》，《纽约时报》，1944年3月9日。

47 汤米·拉莫尔、丹·A. 贝克，《一个人的战争：汤米·拉莫尔的二战经历》（纽约，泰勒出版社，2002年），第80—81页。

48 《德国首都一片火海》，《星条旗报》，1944年3月8日。

49 引自杰弗里·埃泽尔、阿尔弗莱德·普莱斯的《目标柏林：1944年3月6日，第250次行动》（伦敦，格林希尔出版社，2002年），第24页。

50 C.B."瑞德"·哈珀，《"布法罗姑娘"号》（自费出版），第90页。

51 埃泽尔、普莱斯的《目标柏林：1944年3月6日，第250次行动》，第87页。

52 T.T.米尔顿将军，《一名亲历者的回忆》，《空军杂志》，1980年1月，第80—81页。

53 哈尔，《1000个击坠：第4战斗机大队战史》，第139页。

54 "第八航空队轰炸机司令部对行动的叙述，1943—1944"，美国空军历史研究部，519.332；"第八航空队轰炸机司令部对行动的叙述，1943-1944"，美国空军历史研究部，168.6005-55；弗里曼等人合著的《第八航空队战时日志》，第194—195页。

55 哈尔，《1000个击坠：第4战斗机大队战史》，第181、186—187页。

56 同上。

57 同上。

58 同上。

59 哈珀，《"布法罗姑娘"号》，第101页。

60 埃泽尔、普莱斯的《目标柏林：1944年3月6日，第250次行动》，第100页。

61 詹姆斯·B.雷斯顿，《轰炸柏林》，《纽约时报》，1944年3月7日。

62 哈珀，《"布法罗姑娘"号》，第94—95页。

63 同上，第101页。

64 小约翰·贝内特，《英国来信》（圣安东尼奥，自费出版，1945年），第43—44页；1984年11月14日，空中力量历史博物馆，对约翰·M.贝内特的采访。

65 《850多架空中堡垒》，《星条旗报》，1944年3月9日；弗雷德里克·格雷厄姆，《轰炸机飞行员们对柏林的浩劫深感震惊》，《纽约时报》，1944年3月7日。

66 哈珀，《"布法罗姑娘"号》，第83、96页。

67 同上。

68 同上。

69 理查德·勒·斯特兰奇、詹姆斯·R.布朗，《世纪轰炸机：血腥100的故事》，第95页。

70 哈珀，《"布法罗姑娘"号》，第109页。

71 同上，第99、103页。

72 同上。

73 同上。

74 德鲁·米德尔顿，《纳粹们避战了》，《纽约时报》，1944年3月10日。

75 1944年7月15日，对威廉·凯普纳少将的采访，斯帕茨文件。

76 1944年3月11日，斯帕茨发给阿诺德的电报，斯帕茨文件。

77 联合作战策划委员会，"敌白昼战斗机防御和拦截战术的第四次定期报告，1944年3月3日—1944年3月31日"，1944年4月6日，斯帕茨文件。

78 《时代周刊》，1944年3月20日。

79 德国空军的损失，参见威廉姆森·默里的《德国空军》，第239—240页。

80 卡尤斯·贝克尔，《德国空军战时日志》，第352页。

81 威廉·埃莫森，《直瞄行动：轰炸机和战斗机的故事》，第469页。

82 4月份的损失，参见威廉姆森·默里的《德国空军》，第262页。

83 加兰德，《第一个和最后一个：德国战斗机部队的兴衰，1938—1945》，第196页。

84 同上。

85 引自杜鲁门·史密斯的《危机：第八航空队一名飞行员的冒险和不幸》（圣彼德斯堡，南方历史出版社，1996年），第85—99页。

86 "1944年6月，欧洲战区重型轰炸机机组人员调查"，美国空军历史研究部，11。

87 1998年11月24日，作者采访保罗·斯劳特。

88 伯特·斯泰尔斯，《30000英尺高空的小夜曲：故事和散文》，罗兰·毕晓普·迪克森、罗伯特·弗洛伊德·库珀编辑（萨克拉门托，毕晓普出版社，1999年），第27、65页。

89 斯泰尔斯，《30000英尺高空的小夜曲》，第70、77—84页；斯泰尔斯，《大鸟小夜曲》，第14—15、37、104页。

90 同上。

91 "重型轰炸机机组人员调查"，1944年5—6月，美国空军历史研究部，520.701。

92 引自鲍曼的《城堡》，第134页。

93 "1945年5月25日，第八航空队飞行人员精神创伤的统计调查"，美国空军历史研究部，520.7421；理查德·G.戴维斯，《卡尔·斯帕茨与欧洲空战》，第379—380页。

94　1944年7月15日，对威廉·凯普纳少将的采访，斯帕茨文件。

95　阿斯特，《强大的第八航空队：参战者所讲述的欧洲空战》，第262页。

96　卡拉汉，《凝迹，我的战时记录：英国诺福克郡迪斯附近，索普－阿伯茨，美国陆军航空队第139号基地的二战历史记录》，第75—76页。

97　本·史密斯，《小鸡机组：第八航空队的故事》（自费出版，1978年），第54—56页，第八航空队历史博物馆；1989年5月13日，对查尔斯·W.博德纳的采访，空中力量历史博物馆。

98　索斯，《空军作战部队的医疗支援》，第72页。

99　克利夫兰·埃默里，《在好莱坞深受大家喜爱的人》，《大观杂志》，1964年10月21日。

100　同上。

101　史密斯，《吉米·斯图尔特，轰炸机飞行员》，第67页。

102　《星条旗报》，1944年3月4日。

103　唐纳德·杜威，《詹姆斯·斯图尔特传》（亚特兰大，特纳出版社，1996年），第246页。

104　同上。

105　约翰·哈罗德·罗宾逊，《活下去的理由：爱、快乐和悲痛的时刻》（孟菲斯，城堡出版社，1988年），第333页。

106　杜威，《詹姆斯·斯图尔特传》（亚特兰大，特纳出版社，1996年），第251页；《华盛顿明星报》，1944年4月1日。

107　史密斯，《吉米·斯图尔特，轰炸机飞行员》，第126页。

108　同上；英国伦敦，帝国战争博物馆录音档案。

109　2002年3月21日，采访罗森塔尔。

110　克罗斯比，《逆境求生》，第320页。

111　2002年3月21日，采访罗森塔尔。

112　同上。

113　詹蒂勒、沃弗特，《一个人的空军》，第2—3页；哈尔，《1000个击坠：第4战斗机大队战史》，第269—289页。里肯巴克的正式记录是击落26个目标，包括4个气球。

114　亚布隆斯基，《空战中的美国》，第63页。

115　麦克拉里与谢尔曼合著的《第一次：与第八航空队的弟兄们共赴战火的

日记》，第20页。

116 哈尔，《1000个击坠：第4战斗机大队战史》，第71页。

117 1944年7月15日，对威廉·凯普纳少将的采访，斯帕茨文件。

118 查尔斯·布瑞特编撰的《美国空军历史词典》（西点，格林伍德出版社，1992年），第650页。

119 战斗机损失总结，1943年8月24日—1944年5月31日，威廉·E.凯普纳文件，第168页，美国空军历史研究部，6005-57。

120 第八航空队战斗机司令部报告，1944年4月6日，美国空军历史研究部，520.310D；斯蒂芬·L.麦克法兰，《美国战略战斗机在欧洲的演变，1942—1944》，《战略研究杂志》，1987年6月，第199—200页。

121 泽姆克、弗里曼，《泽姆克的"狼群"：欧洲上空的休伯特·泽姆克和第56战斗机大队》，第165页。

122 1973年11月2日，采访W.R.邓恩，美国空军历史研究部，K239.0512-922 C.1。

123 1944年7月15日，对威廉·凯普纳少将的采访，斯帕茨文件。

124 罗宾·海厄姆与史蒂芬·J.哈里斯编撰的《为何空军会失败：败亡的剖析》中，第221页，詹姆斯·S.科尔姆所写的《德国空军的败亡，1939—1945》。

125 1989年2月23—24日，采访杰拉尔德·约翰逊将军，美国空军历史研究部，K239.0512-1857。

126 马克·K.威尔斯，《勇气与空战：盟军机组人员在二战中的经历》（俄勒冈州波特兰，F.卡斯出版社，1995年），第38页。

127 詹蒂勒、沃弗特，《一个人的空军》，第8页。

128 约翰·C.弗拉纳根上校，"对第八、第十二和第十五航空队机组人员的调查报告"，第13—36页。

129 哈尔，《1000个击坠：第4战斗机大队战史》，第261页。

130 邦德，《对飞行的热爱与恐惧》，第40页。

131 塞缪尔·A.斯托弗等编撰的《美国士兵：军旅生涯期间的调整，第一卷》（普林斯顿，普林斯顿大学出版社，1949年），第407页；"作战机组人员遭受精神障碍的诊断和处理"，美国空军历史研究部，520.7411-2。

132 弗拉纳根上校，"对第八、第十二和第十五航空队机组人员的调查报告"，第13、16、30—36页。

133 戴维·赖特编撰的《对作战飞行人员之观察》中，第55页，杰拉尔德·克罗斯尼克少校所写的《战斗机飞行员的焦虑反应》。

134 哈尔，《1000个击坠：第4战斗机大队战史》，第161—162、287页。

135 美国战略轰炸调查，"1945年采访卡尔·科勒尔将军"，美国空军历史研究部，519.619-23；1944年7月15日，对威廉·凯普纳少将的采访，斯帕茨文件；阿道夫·加兰德，《德国空军失败的根本原因》，《空军大学评论季刊》第6期（1953年春季），第53页。

136 同上。

137 1944年1月21日，阿诺德写给艾森豪威尔的信件，艾森豪威尔图书馆，堪萨斯州阿比林。

138 引自斯蒂芬·E.安布罗斯的《诺曼底登陆》（纽约，西蒙&舒斯特出版社，1994年），第96页。

139 要了解美国的计划和进攻发起前的整体计划辩论，可参阅W. W. 罗斯托的《进攻前的轰炸战略：1944年3月25日，艾森豪威尔将军的决定》（奥斯汀，德州大学出版社，1981年）。

140 理查德·G.戴维斯，《卡尔·斯帕茨与欧洲空战》，第269、350页。

141 威廉姆森·默里，《德国空军》，第249页。

142 马克斯·黑斯廷斯，《轰炸机司令部》，第276页。

143 阿瑟·威廉·特德，《心怀偏见：皇家空军元帅特德勋爵的战争回忆录》（波士顿，利特&布朗出版社，1966年），第521页。

144 温斯顿·丘吉尔，《二战回忆录，第五卷，缩小包围圈》（波士顿，霍顿·米弗林出版公司，1951年），第466—467页；1944年4月5日，艾森豪威尔写给丘吉尔的信件，艾森豪威尔图书馆，堪萨斯州阿比林。

145 引自弗雷斯特·C.波格的《最高统帅》（华盛顿，陆军部军史处处长办公室，1954年），第132页。

146 特德，《心怀偏见：皇家空军元帅特德勋爵的战争回忆录》，第531—532页；丘吉尔，《缩小包围圈》，第466—467页。

147 "实现联合轰炸机攻势的计划"，1944年3月5日，斯帕茨文件；《二战中的陆军航空队，第三卷》，第174—175页；斯帕茨给波特尔的备忘录，"使用战略轰炸机为霸王行动提供支援"，1944年3月31日，斯帕茨文件。

148 1944年3月13日，阿诺德写给陆军参谋长的信件，斯帕茨文件。

149 特德，《心怀偏见：皇家空军元帅特德勋爵的战争回忆录》，第526页。

150 罗斯托，《进攻前的轰炸战略：1944年3月25日，艾森豪威尔将军的决定》，第34—35页；3月25日这次会议的纪要，可参阅罗斯托的著作，《进攻前的轰炸战略：1944年3月25日，艾森豪威尔将军的决定》。

151 同上，第45页。

152 同上，第44页。

153 同上，第45页。

154 罗斯托，《进攻前的轰炸战略：1944年3月25日，艾森豪威尔将军的决定》，第95页。

155 理查德·G.戴维斯，《卡尔·斯帕茨与欧洲空战》，第392页。

156 《二战中的陆军航空队，第三卷》，第175页。

157 施佩尔，《第三帝国内幕》，第346—347页。

158 威廉·韦斯特·海恩斯，《超级机密与美国驻欧洲战略空军对抗德国空军史》（马里兰州弗雷德里克，美国大学论文集，1990年，最初发表于1945年），第99页。

159 欧洲战区，"法国战役中对铁路运输实施空中攻击的有效性"，1945年6月1日，美国空军历史研究部，164，138.4-37。

160 引自托马斯·亚历山大·休斯的《霸王行动：皮特·奎萨达将军和战术空军力量在二战中的胜利》（纽约，自由出版社，1995年），第12页。

161 艾伦·J.莱文，《对德国的战略轰炸，1940—1945》（纽约，普雷格出版社，1992年），第135页；罗斯托，《进攻前的轰炸战略：1944年3月25日，艾森豪威尔将军的决定》，数处；切斯特·威尔蒙特，《争夺欧洲》（纽约，哈珀出版社，1952年），第233—238页。

162 1945年对威廉·凯特尔元帅的审问，美国空军历史研究部，519.619-23；另可参阅卡尔·斯帕茨将军与伦德施泰德元帅的会谈，1945年5月，斯帕茨文件。

163 斯泰尔斯，《大鸟小夜曲》，第90—93页。

164 同上。

165 小贝尔尼·莱，《推定阵亡》（纽约，多德&米德出版社，1980，最初出版于1945年，书名为《我的经历》），第125页。

166 同上，第102—103页。

167 同上。

168　同上。
169　《二战中的陆军航空队,第三卷》,第195页。德国人试图以250架次的飞机对抗盟军的入侵大军。
170　《二战中的陆军航空队,第三卷》,第143、192页。
171　航空队的损失,参见华盛顿空军战史局的"第八和第十五航空队的损失";戴维斯,《卡尔·斯帕茨与欧洲空战》,附录5、23、24;美国战争部统计管理办公室,"二战中陆航队的统计摘要"(华盛顿,美国政府印务局,1945年),图表第118、136。
172　斯泰尔斯,《大鸟小夜曲》,第90—93页。
173　同上。
174　同上。

第十一章

致命的困境

天上的王国靠正义维系，而地上的国家靠的是石油。
——欧内斯特·贝文，丘吉尔的劳工和兵役大臣

1944年6月，伦敦

诺曼底登陆三天后，哈普·阿诺德和乔治·马歇尔将军抵达伦敦，与盟国其他领导者召开一系列会议。随着盟军部队在法国土地上站稳脚跟，向德国边境的推进即将展开。联合参谋部（这是英美盟军的最高军事机构，由美国参谋长联席会议和英国参谋长委员会组成）的主要议程是美国航空队在解放西欧的战事中将扮演的角色。

会议召开前，阿诺德想对法国北部的空中态势做出评估。6月12日早晨，他和马歇尔，在艾森豪威尔的陪同下，登上美国的"汤普森"号驱逐舰，赶往诺曼底前线视察。"汤普森"号以30节的速度劈开深灰色的海水，从一支庞大的舰队中穿过，这支壮观的队伍从地平线一端延伸至另一端：战列舰、巡洋舰、驱逐舰和扫雷艇，另外还有"自由轮"和登陆艇，这些船只每天将15000

名士兵和3000吨补给送上诺曼底海滩,在那里,45000名皇家工兵和工人正忙着修建代号为"桑葚"的人工港和防波堤,这个庞大的系统已被直接拖过海峡。集结在繁忙的港口外的是"人们有史以来所见过的最庞大的舰队",战地记者厄尼·派尔写道。[1]这是"一幅美妙但可怕的景象",阿诺德在他的日记中写道,"如果确实有轰炸机乐园的话……那就是普斯茅茨港……前所未有的大批舰只……对德国空军来说,这是多好的一个机会啊"。[2]

登上陆地后,阿诺德会见了埃尔伍德·奎萨达将军,他已为第九航空队战斗机司令部在诺曼底海滩上构建起一个临时指挥部。奎萨达让阿诺德放心,根据他的情报,德国空军派来对付盟军登陆的数百架战斗机中,只有60架做好了战斗准备,这么点力量只能进行些骚扰性袭击。德国空军"没有足够的飞机,没有飞行员,缺乏训练,缺乏作战意志,士气也不高",奎萨达告诉阿诺德。

这是美国轰炸机指挥官们梦寐以求的时刻:现在他们可以突破德国领空而不会遭到敌战斗机的激烈抵抗,可以彻底摧毁支持敌人战争努力的炼油厂和军工厂。他们拥有庞大的力量来执行消灭敌工业的任务:在英国有2100多架重型轰炸机,在意大利还有1200架。但对艾森豪威尔和联合参谋部来说,战略轰炸并不是优先考虑的事项。接下来的几个月,第八航空队被赋予了他们既缺乏装备也不具备相应的经验能完成好的任务——为盟军在诺曼底的行动提供直接空中支援。艾森豪威尔的决定无法更改,但战略轰炸也不能在这个夏季成为第八航空队的次要任务。阿诺德在伦敦的这一周,一个新的威胁出现了,这些轰炸机巨头将从被他们视作天经地义、终结战争的行动中被进一步分散。

他们在英国期间,阿诺德和美国参谋长联席会议的几名成员,来到J. W. 吉布森夫妇在苏塞克斯的庄园做客,那里距离伦敦的车程很短。吉布森,这位举世闻名的工程师设计了诺曼底的"桑葚"港,他已将亨利八世时的一所狩猎小屋改建为一座豪华的乡间别墅,四周环绕着200亩茂密的树林。6月15日晚,阿诺德早早告退,回到自己的房间收拾行李,准备他的返程之旅。快天亮时,"一连串爆炸声传来,一声接着一声",大多数爆炸从伦敦方向传来,但也有些近得有点危险。阿诺德冲到院子里,看见一个外形奇特的飞行物从吉布森的别墅上空掠过,引擎发出令人不安的嗡嗡声。随后,这个飞行物沉默下来,钻出云层俯冲而下,在1英里开外坠地,并发出剧烈的爆炸声。阿诺德立刻明白过来,这是德国人于6月12—13日夜间向伦敦发射的飞弹中的一枚。这种V-1飞弹被纳粹国民教育和宣传部长戈培尔称为"1号复仇武器",是希特勒对盟军轰炸德国城市所做的报复。[3]几分钟内,6枚这种貌似无人驾驶机的飞弹落在吉布森别墅附近几英里外,这让阿诺德怀疑,德国人是不是想炸死美国的几位参谋长。

吃罢早餐,对这种火箭武器充满兴趣的阿诺德驱车赶往附近的一个乡村,一架"无人机"就落在那里的果园中,炸出一个6英尺宽、5英尺深的弹坑。弹坑四周散落着火箭弹的残骸,看上去像是一架小型飞机:一个圆柱形的钢制机身,短而粗的机翼,喷气发动机推进,由一个自动"陀螺驾驶仪"控制,可携带一吨有效负载。尽管V-1不是一种精确的武器,但阿诺德担心,如果大批飞弹对准集结在海峡各港口以及诺曼底海滩上的盟军部队和补给物资,那就会像艾森豪威尔说的那样,将"打乱我们的作战行动"[4]。

第二天,阿诺德向艾森豪威尔建议:"我们的回答是,必须炸毁生产这种武器关键部件的工厂。"阿诺德认为,从空中攻击火箭发射场是徒劳无益的,较小的场地被巧妙地隐蔽起来,而较大的储存和研究场所几乎都是防弹的。必须想出其他办法把它们干掉。与此同时,阿诺德收集了一些袭击伦敦的V-1飞弹的残骸,并将其运回俄亥俄州代顿的莱特机场,看看陆航队的科学家们能否造出一枚仿制品,这个项目将带动战后美国巡航导弹的发展。[5]

早在去年11月,盟军就已知道德国人的火箭项目,英国情报机构发现纳粹沿着法国北部海岸构设起一连串的发射场后,《纽约时报》便已将其称为"火箭弹海岸"。[6]出于对这些火箭弹在不久的将来可能会被装上生物甚至是原子武器的担心,"霸王"行动的策划者们下令轰炸这些发射场。在代号为"十字弓"的行动中，[7]盟国空军重创了德国人位于加来海峡和瑟堡半岛顶端，被称作"滑雪场"的火箭装置（之所以得到这个名字是因为它们抬高的发射斜坡），使这些飞弹的发射被拖延至D日后。盟军还对极其庞大、看上去神秘莫测的火箭储存和研究中心实施了轰炸，但造成的破坏微乎其微。现在，面对英国战时内阁的紧急呼吁，艾森豪威尔做出了回应，他命令英美空军立即摧毁位于欧洲西北部，德国人所有的发射场和仓储设施。

卡尔·斯帕茨和阿瑟·哈里斯恼怒不已。他们的航拍照片表明，德国空军的大多数飞弹是从机动、精心伪装的发射装置上射出的，这些发射装置几乎不可能被定位。但艾森豪威尔受到丘吉尔的压力，另外，这两位领导都很担心，因为据情报称，希特勒正在一个庞大的地下设施内开发超音速制导导弹，V-2，它的射程和破坏力比V-1更大。据认为，德国人还在研发一种超音速火箭，V-3，射程能达到纽约。如果纳粹高层在年轻的天才韦恩赫尔·冯·布劳恩的引导下，在射向纽约的火箭上装上颗核弹，他们就有可能赢得战争。事实证明，德国科学家并未接近于完成这种火箭，而且已放弃了发展原子弹的希望，但在1944年6月，盟军情报部门并不知道这一点。

V-1给伦敦造成混乱。一天之内在市内落下近百枚，几乎形成了意想不到的第二次"闪电战"，导致成千上万名妇女和儿童被疏散。丘吉尔将V-1视作一种怯懦的武器，装备并发射这种武器的人没有胆量拿自己的性命去冒险、去消灭敌人，就像轰炸机机组人员所做的那样。一怒之下，他命令皇家空军做好对德国城市发起毒气弹攻击的准备。[8]可是，他跟他的空军参谋长谈到这个计划时，后者警告说，德国人会以装有致命性神经毒气的炸弹回敬，他们的军火库中早就有这种武器。

希特勒始终未将他的飞弹对准盟军的登船港口，也许是因为这种武器出了名的不准确，但同样重要的是，他对报复性轰炸痴迷不已。伦敦人（那些领取养老金的人和家庭主妇）成了打击目标，他们将为柏林人遭受的苦难付出代价。在伦敦，超过90%的V-1飞弹会造成伤亡。

V-1以每小时400英里的速度飞行,并陆陆续续地到达,而且经常是在多云的天气下,所以,这种无人驾驶的飞弹起初很难被击落,对布设在伦敦周围的大口径火炮来说,它飞得太低,而对小口径火炮而言,它又飞得太高。但英国防空系统迅速加以改进,纳粹在80天里发起的火箭攻击中,射向英国南部的7488枚"嗡嗡弹"(V-1飞弹在英国以这个名字而著称),超过半数以上被击毁。还有些飞弹撞上设立在首都附近肯特郡和苏塞克斯郡拦阻气球的钢缆,但其中的大多数被英国战斗机在空中击落,或是被高射炮发射的、新设计的近炸引信炮弹在目标周围形成的成片爆炸所摧毁。一些大胆的英国飞行员甚至以不开一枪的方式将V-1从空中击落。他们飞至V-1火箭旁,将一只翼尖伸至火箭下,然后轻轻晃动机翼。由于稳定翼上方的气流被扭曲,V-1会发生翻转,并一头栽向地面。尽管如此,在第二次"伦敦之战"的前几周,仍有大批飞弹(有时候多达60%)顺利穿过。用丘吉尔的话来说,它们"扑向一片18英里宽、20多英里深的目标",[9]但这些飞弹的准确性几乎不值一提。[10]

整个夏季,纳粹的飞弹造成18000多人受伤,6184人丧生。[11]这种炸弹的落点太过随机,许多伦敦人拒绝进入防空洞隐蔽,他们对飞弹的反应非常冷淡,用一名当地人在日记中的话来说,近乎于"白痴"。[12]赛马场的看台上人满为患。这名伦敦人写道:"那些赛马爱好者显然已决定,既然在这些日子里,死神能在英国南部的任何地方找到他们,那他们宁愿在给一匹有前途的马匹下注时被找到。"

起初,"十字弓"行动并未受到轰炸机机组人员的欢迎,没人告诉他们去炸些什么,只知道去轰炸四周环绕着高射炮的军事目标。1944年夏季,第八航空队的一些飞行员游览了再度成为战争前线的伦敦城后,改变了对"十字弓"行动的看法。

在伦敦帮着将飞弹受害者搬出冒着烟的建筑后没几天,哈里·A.克拉克中士飞至德国上空,觉得对那些即将遭到他们轰炸的德国人毫无同情感。"该死的纳粹混蛋!"他记得投下炸弹时自己对自己说道。看着下方城市腾起的硝烟，他想起自己在伦敦的废墟中见到的一名死者，怀里还抱着被炸得支离破碎的孩子，那个男孩的头部与躯干仅连着几根肌腱。"我默默地将我们这些炸弹所造成的破坏奉献给他们。"[13]

阿芙洛狄忒

当年6月，第八航空队的飞行员费恩·普尔刚刚完成他的第十四次作战飞行任务。这个肩膀宽阔的俄克拉荷马人长着一头浓密的黑发，脸上带着胜利的微笑，最近一个周末在伦敦见到的情形激发起他的战斗热情：妇女和孩子倒在血泊中，简陋的住房已被"夜间毫无警告便飞来的火箭"炸为齑粉。[14]

几天后，普尔中尉在大阿什菲尔德（Great Ashfield）第385轰炸机大队的军官俱乐部里放松时，被叫到基地指挥官的办公室。他进去时，屋里还有另外四名飞行员。他们被要求自愿参加一项危险、高度机密的任务，涉及驾驶一架重型轰炸机，并在友方领土上空跳伞。这就是指挥官所能告诉他们的一切。此次飞行不需要机组人员，陆航队只希望驾驶员和无线电技师参与。参加这次任务的报酬是：抵五次作战飞行任务。

一名飞行员问，给他们多久时间考虑"自愿参加"的问题，上校告诉他们，他希望立即得到回答。四名飞行员当场拒绝，普尔自愿参加了。十个小时后，他在萨福克郡霍宁顿（Honington）的皇家空军维修站走下飞机，随即被吉普车带至基地偏远角落处一个小小的院落。就在他走进即将成为他新宿舍的绿褐色活动营房时，屋里的另一名志愿飞行员向他伸出手，说道："嗨，伙计们，又来了个不要命的家伙！"[15]

首次任务简报会上，飞行员和无线电技师们被告知了大致的行动计划。航空队打算投入10架破旧的"飞行堡垒"，把它们的内部掏空，填上20000磅硝化淀粉，这是一种极具爆炸性的橙色粉末，可用于爆破。飞机的负载中还包括凝固汽油弹，这是战争中的一项新发明。被他们称作"流浪汉"的这种飞机将配备无线电遥控设备，这使它们可以在"母船"的控制下飞行，担任"母船"的B-24"解放者"式轰炸机盘旋在它们的上方和身后。几架无人机会在有机玻璃机鼻处安装电视摄像机，将地面图像传送至"母船"的接收器，这样，无人机便能在精确的指导下直扑目标。

两名机组人员（一名负责俯冲的驾驶员和一名负责自动驾驶仪的机械师），将无人机升至1800英尺的高度后，进入和缓的俯冲状态，设置好遥控装置，将炸药调整为撞击起爆，然后在英国上空跳伞。除一扇外，所有的机门和舱盖都被封闭，离开飞机的唯一办法是穿过机鼻处一个相当危险的逃生舱门——位于驾驶员一侧靠里面那具引擎的后部。"母船"的遥控系统已连接上无人机的自动驾驶仪，将控制这架低飞的无人机飞向最优先考虑的目标。这种有史以来人们制作出的最大的"导弹"随后将从600—700英尺的高度向目标俯冲，远低于敌人的雷达地平线。*

行动的代号是"阿芙洛狄忒"，这是一次蔚为壮观的失败。

这些双人机组，没有一个知道他们此次行动的目标：摧毁海峡对岸四个大型飞弹发射场。[16]据认为，这些设施正准备在一个月内发射比V-1更致命的远程火箭。"除了严重威胁到伦敦外，这种武器还直接影响到我们的战争努力，"7月下旬，斯帕茨在给阿诺德的信中写道，"因为它可能被用于破坏海峡两侧的交通和港口设施。"[17]这些火箭中心只有一个位于地下，但它们都受到厚达30—40英尺、庞大的钢筋混凝土圆顶的保护。参加行动的志愿者们被告知，此次行动的命令直接来自斯帕茨和杜立特尔，是"老家伙"哈普·阿诺德"自豪、快乐和强烈的兴趣"。[18]

经过一番前期训练，人员和飞机被调至皇家空军位于弗斯菲尔德

---

* 译注：这是一个很有趣的构想，美国人的特性决定了他们采用"自愿"的方式，并辅以复杂、不太可靠的技术来加以实施。这种特性一直延续至今，包括战场机器人的出现都是某种体现，而这种特性在很长一段时间里却被许多人视作"美国人怕死"的证明。如果换做其他国家，例如日本，解决问题的办法大概很简单，派出几名神风队员即可。

（Fersfield）的一个小基地，这个被浓雾笼罩的地方位于空荡荡的诺福克乡村，距离北海不太远。他们被限制在基地内，擅自外出会被送交军事法庭审判。几天后，一群美国海军飞行员和无线电操控专家加入到他们的行列中。海军已为他们在太平洋上的航空母舰建立起试验性无人机项目，代号为"铁砧"。他们拥有比陆航队更先进的无线电和电视技术，但斯帕茨和杜立特尔确保了"阿芙洛狄忒"优先于"铁砧"。

航空队计划于8月4日实施他们的首次行动。他们将派出四架无人机，每次两架。长机由费恩·普尔中尉驾驶，负责自动驾驶仪的机械师是来自宾夕法尼亚州基坦宁市的菲利普·艾特林上士。主目标是德国人位于法国米摩耶克斯（Mimoyecques）的一个地下基地。该基地巨大的钢门每天只开启一次，每次30分钟。等这道大门打开后，"阿芙洛狄忒"小组就将"装满炸药的飞机冲入其'咽喉'"。[19]

普尔和艾特林登上飞机时相互看了看，并吹了声口哨。机舱内，一箱箱硝化淀粉堆至机顶，这令飞机的重心高得有些危险。艾特林不禁担心起来，普尔告诉他的搭档，世界上最棒的一些科学家参与到这个项目中来，如果炸药箱堆得这么高、这么紧，肯定有着该死的好理由。普尔最担心的并不是他将驾驶一颗迄今为止组装起来的威力最大的炸弹，而是跳伞的问题，他将在高速度和低得离谱的高度下，穿过一个只有两英尺宽的孔洞跳出飞机。

普尔毫不费力地将飞机升入空中。五分钟后，第二架无人机离开了跑道。从这以后便事事不顺。普尔和艾特林在设置自动驾驶仪和炸药起爆模式上遇到些问题，飞机出现失控，并开始在低得危险的高度上飞行。后跳伞的普尔从距离地面只有500英尺的高度跳下，落在一片耕地上，他非常高兴自己还活着，兴奋地跳起了吉特巴。随后便听见一声震耳欲聋的爆炸。他后来获知，那不是他的飞机，而是第二架无人机，那架飞机出现了故障，随即进入致命的俯冲。无线电操作员安全跳伞，但驾驶员约翰·菲舍尔中尉在飞机残骸中化为灰烬。普尔的无人机飞向目标，但制导系统出现故障，它无法实现俯冲。在漫无目的的飞行中,成为一个德军高射炮组轻而易举的猎杀目标。

另外两个无人机机组也在当天被派了出去,他们都生还下来,尽管负了点伤。一架无人机坠落在距离目标很远的地方,该目标位于维泽讷(Wizernes),是个大型火箭发射场,同时被认为是V-3的研发中心。另一架无人机接近目的地时发生爆炸。当天的行动就是一场灾难。[20]

航空队于8月6日再度发起尝试,又一次未获成功,尽管这次没有人送命。无所畏惧的海军人员于8月12日从弗斯菲尔德机场起飞了他们的一架无人机。这是一架PB4Y,是B-24"解放者"的改款,这种飞机被用于反潜巡逻。驾驶这架无人机的飞行员是29岁的小约瑟夫·肯尼迪,他是前美国驻英国大使的儿子,也是约翰·F. 肯尼迪的哥哥,约翰·肯尼迪是一名海军中尉,一年前,他的鱼雷艇在所罗门群岛被一艘日军驱逐舰炸为两段,约翰身负重伤。约瑟夫·肯尼迪是一名经验丰富的飞行员,曾在比斯开湾执行过五十多次反潜巡逻任务。在8月10日的一封信中,他向弟弟保证,他无意冒着风险"将自己的细脖子……伸到任何疯狂的冒险中"[21]。但他当时肯定知道自己即将执行一次自杀性飞行任务。

他所驾驶的"黑色佐特装"号,携带着24240磅铝末混合炸药,这种新型炸药比硝化淀粉的分量轻,但威力更大。肯尼迪和他的副驾驶威尔福德·J. 威利(他是三个孩子的父亲)驾驶着PB4Y起飞,沿正确的航线向多佛(Dover)飞去,他们将在那里跳伞,并希望在有人问起他们为何要放弃一架在人口稠密的伦敦郊区上空飞行状态非常完美的轰炸机前被一架B-17救起。飞在他们上方的是第八航空队照相侦察大队的大队长埃利奥特·罗斯福上校,他是罗斯福总统的儿子。飞行了几分钟后,罗斯福上校听见两声爆炸,间隔一秒。"黑色佐特装"号已变成一团橙黄色的火球。飞机残骸落在新迪莱特森林村附近,肯尼迪和威利的尸体一直未能找到。[22]

海军方面无法查明飞机爆炸的原因,但很可能是遥控引爆装置出现了故障,在弗斯菲尔德基地,一名美国航电操作员曾就此提醒过肯尼迪。[23]

等到海军用一架新改进的无人机完成其实验时，英国军队已在加来海峡以西地区攻占了"阿芙洛狄忒"行动中的四个神秘目标。情报人员发现里面除了老鼠和瓦砾，别无他物。这些地方已被放弃了好几个月，德国人以此为诱饵，将盟军的注意力从他们发射大多数V-1飞弹的移动发射场以及德国科学家研发更先进的火箭技术的研究设施上转移开。据了解，德国人放弃这些基地，是因为英国人12000磅的"高脚柜"（这是现有的炸弹中威力最大的一款）对德国人造成的损害远远超过盟军照相侦察部门的怀疑。整个"阿芙洛狄忒"行动被浪费在这些废弃的目标上。[24]

9月3日，美国海军用他们改进过的无人机袭击了北海黑尔戈兰岛的潜艇坞，但击中的是一个煤堆。这结束了他们无线电遥控轰炸机的研发工作。但阿诺德坚持将"阿芙洛狄忒"继续下去，[25]即便在这些配有电视摄像机的无人机发生了一连串同样的灾难后。如果战争持续更长时间，他甚至准备将大批破损严重的飞机派至德国和日本的城市以及各个工业基地。当年晚些时候，他试着说服罗斯福支持自己的计划，以此为击败德国的办法。

"十字弓"战役则是另一个失败。整个夏季，这个误导性倡议给哈里斯的轰炸机司令部造成严重的压力，对该战役同样持怀疑态度的第八航空队亦无法幸免。指挥战役的英国空军部根据错误的情报发起行动，坚持将力量集中于缺乏论证的两个目标上：小型火箭发射场，不断移动，而且容易被修复；而位于巴黎北部瓦兹河谷（Oise Valley）的洞穴及隧道中的大型混凝土基地则被德国人悄悄地废弃。这些洞穴最终被发现并被摧毁，但为时已晚，已无法有效避免V-1飞弹给伦敦造成的破坏。

盟军为此付出的代价与战果完全不成比例：损失了近2000名飞行员和400架四引擎轰炸机。[26]斯帕茨将军的观点一直是正确的。正如阿道夫·加兰德在战后指出的那样："打击德国V型武器的最佳办法就是摧毁德国的战争工业。"[27]最后，步兵完成了空中力量没有完成的任务。9月初，伯纳德·劳·蒙哥马利元帅的英联邦军队在诺曼底卡昂附近打破了登陆后的僵持状态,并将位于法国的每一个飞弹发射场摧毁后,V-1的袭击才宣告终结。摧毁飞弹发射场并未真正影响到战争的进程,但对伦敦人来说是件好事。"经历了噩梦般的十个星期后,"一名当地人在日记中写道,"许多伦敦人第一次爬上自己的床铺,他们疲惫至极,踏踏实实地睡着了。"[28]

眼镜蛇

7月中旬,就在伦敦遭受到夏季最密集的飞弹袭击时,盟军的进攻部队仍被卡在诺曼底地区。他们的先头部队从登陆滩头只向前推进了25—30英里,狭窄的正面前线仅有80英里。英国第2集团军未能粉碎敌人集结于卡昂的装甲力量,卡昂是通往法莱斯平原(距离英国南部海滩仅40英里)的门户,盟军希望在那里建立起前进机场,为最终突破至德国边境提供掩护。而美军夺取港口城市瑟堡后,一直在科唐坦半岛北端、诺曼底乡村古老的树篱中进行着一场消耗战。齐腰高的土堤,浓密、盘根错节的植被和高达20英尺的树木,连接着每一片牧场和草地,狭窄、凹陷的道路贯穿了整个沼泽地带。

将德军逐出这片幽闭地带是一项缓慢而又致命的任务。敌狙击手无处不在,复杂的地形对坦克而言无异于杀手。希特勒下令坚守每一寸土地,守军拼死抵抗,不是为他们的元首,而是为自己的性命而战。盟军的伤亡迅速超过10万,德国人威胁要围绕入侵滩头阵地建立起一道钢铁防线。"我们面临着一个真正的危险,一场第一次世界大战式的僵持。"美军地面部队指挥官奥马尔·N. 布莱德利中将后来写道。[29]

堑壕战的痛苦与挫折使盟军指挥官们求助于第一次世界大战中所没有的武器,用历史学家罗素·F. 维格雷的话来说,就是"一场真正的大规模空中轰炸,可能会超过过去西线战场上任何规模的炮火准备"[30]。7月18日,蒙哥马利的英国和加拿大部队(他们被一些盟国领导者批评为打得太过谨慎)试图在卡昂达成一场大规模突破,其前奏是这场战争中最可怕的地毯式轰炸之一。[31]皇家空军和第八航空队在敌人的防线上炸开一个巨大的缺口，使蒙哥马利夺取了大半个城市。但德军西线装甲集群的士兵们爬出散兵坑，在卡昂南部高地上坚守着他们的阵地，阻止盟军突入法莱斯平原。轰炸造成的成千上万个弹坑阻滞了蒙蒂的机械化部队，这给德国人的防御帮了大忙。

布莱德利想出个调整计划，这个计划出人意料地变为欧洲战役中最出色的军事成就之一。"眼镜蛇"行动将以第八航空队一场毁灭性轰炸拉开帷幕。[32]一个小时内，1000多架轰炸机将把50000颗炸弹投入一片紧密的矩形地带，这片地带位于一条将诺曼底地区美军和德军部队分隔开、又长又直的道路的正南方，靠近圣洛（St. Lo）这个位于交叉路口的镇子。布莱德利的第1集团军经过一番苦战后刚刚夺取圣洛，从而将美军置于一片稀疏的楔形地带，它将灌木丛与南面的开阔地分隔开。这场前所未有的密集轰炸预计会对幸存的德军士兵造成一种瘫痪性效果，从而使他们被美国第1集团军麾下J. 劳顿·"闪电乔"·柯林斯少将指挥的第7军所发起的一场快速突击打垮。德军的七个装甲师位于卡昂附近，只有两个师在圣洛面对着美国第1集团军，布莱德利对此次行动寄予了厚望。

自己的轰炸机被派去为地面行动提供近距离支援，卡尔·斯帕茨对此感到愤怒，他认为"眼镜蛇"行动又一次把他的力量从"燃油计划"中分散出去。[33]但他手下的大批飞行员都很渴望去帮助厄尼·派尔笔下那些在泥泞、冰雹和雨水中挣扎的小伙子们。"我们中的许多人都觉得，要不是上帝的恩典，在那些灌木丛中挣扎的就该是我们，"罗西·罗森塔尔回忆道，"与此同时，我们终于知道精确轰炸纯属无稽之谈，这带来了一些担忧。"[34]

行动发起前，布莱德利飞至英国，以获得空军高级指挥官们的保证[35]：他们的轰炸机将从最安全的方向逼近目标，由东向西，从圣洛—佩里耶尔（Periers）公路的正南面发起。由北向南逼近则会使这些轰炸机直接位于他的部队的上方，造成误击友军的危险。在回忆录中，布莱德利声称"在与空军将领们的会谈中"获得了自己所需要的保证。[36]其实，他获得保证的只是机载炸弹的大小，而不是轰炸机接近目标的航线。在这个问题上发生了激烈的争执，显然，布莱德利误将少数空军指挥官的保证当作所有人都已同意。负责协调盟军对诺曼底地区战略轰炸行动的空军上将特拉福德·利-马洛里，站在布莱德利这一边，但第八航空队的代表强调，鉴于目标区极其狭窄（只有1.5英里宽），大批轰炸机却要在60分钟内从其上方越过，因此，采用与道路相平行的一条航线是不可能的。会议未达成明确决议，布莱德利只能带着利-马洛里的同情返回诺曼底，但马洛里向他保证，由2200多架重型、中型和战斗轰炸机组成的一股力量将获得胜利。

会议还就安全地带的大小进行了讨论。第八航空队的代表自己也不相信轰炸机的准确性，所以希望布莱德利的部队撤至距离轰炸区3000码外的地带，给他们一个两英里的安全范围。布莱德利提出，只能后撤800码，因为他希望他的部队靠近前线，可以趁敌人茫然无措之际尽快扑向他们。折衷方案是1250码，但即便如此也无法确保前沿士兵不遭到误炸，布莱德利受到尖锐的提醒。[37]

7月24日，整个第八航空队和第九航空队的一部投入了行动，天气突然恶化时，利-马洛里下令推迟行动，但为时过晚，已无法阻止数百架重型和中型轰炸机飞赴目标区，这些飞机在云层下飞行，携带着700吨炸弹。人为错误造成目标区"外溢"，27名美军士兵被炸死，另有131人负伤，都是第30步兵师的士兵。[38]

第二天早上，罗西·罗森塔尔率领着第3航空师（这是1507架四引擎重型轰炸机中的一部分）回到圣洛。飞行员们再次奉命由北向南逼近目标。罗森塔尔的先头部队接近圣洛时，遭遇到散乱的云层，整个编队不得不降至计划中的轰炸高度以下，这迫使引航机上的投弹手们仓促调整他们的瞄准器。第九航空队的"雷电"战斗机已在四分钟的袭击中撕开了德国人的前沿防线，这在不经意间使重型轰炸机的工作变得愈发困难。滚滚的硝烟和尘云从战场上飘来，其间夹杂着敌高射炮火的爆炸，这对调整瞄准器的投弹手们造成了妨碍。罗森塔尔机上的投弹手看见烟柱时愣了愣神，投弹稍晚了些，炸弹落在德军防线后方。[39]但其他一些轰炸机投弹较早，落点与美军距离公路仅有半英里的阵地靠得非常近，尽管美军前线已用红色烟雾为飞行员们做了标识。

厄尼·派尔正跟美国军队在圣洛。"飞机缓慢而又谨慎地掠过天空。我从不知道一场风暴、一架飞机或一个人的决心，会带来如此可怕的气氛……天哪，我们太钦佩天上的那些人了。"[40]轰鸣的飞机带着一种"末日般的声响"布满天空，创造出一种"战争场面"，使派尔和他身边的那些人忘记了自己此刻所面临的危险。他们在自己的阵地中一动不动地观看着，被投弹手用于瞄准的识别烟雾在微风的吹拂下向后飘来，炸弹的炸点也跟着向美军阵地延伸过来。随即，"一阵地动山摇"，士兵们趴在地上，爬到低矮的石墙后，冲入掩体和狭窄的战壕中。惊恐的美军士兵能感觉到炸弹的冲击波扑向他们的前胸，甚至是他们的双眼。可是，几秒钟后，炸弹不再落向他们，而是按照计划投向前方1英里处。派尔所在营的先头连遭受到可怕的打击，但他们"准时准点"地发起进攻，穿过德军防线上4英里的缺口，向前推进了800码。随后，整个集团军的进攻遭遇到顽强的抵抗，并停顿下来。

布莱德利在一座农舍中沮丧地观看着战斗。伤亡报告送来时，他听到有人说道："天哪，不会再来一次吧！"[41]111名美军士兵被第八航空队的炸弹炸死，另外，至少还有500人受伤。[42]阵亡者中包括作为观察员从英国赶来的莱斯利·麦克奈尔中将。艾森豪威尔将军在布莱德利的指挥部中观看了这场行动，他发誓说再也不会用重型轰炸机支援地面部队。[43]布莱德利则对军饷过高、荣誉过大、能力被吹嘘得过强的轰炸机小伙子们怒不可遏。但伤亡惨重的部分原因应由布莱德利承担，他希望发起一场快速、猛烈的进攻，因而没有让自己的部下进入防护阵地。

在伦敦，杜立特尔将军被传唤至艾克的参谋长——沃尔特·比德尔·史密斯中将的办公室，并因这场悲剧遭到指责。[44]杜立特尔承担责任，但他解释说，让那些接受轰炸工业目标训练的机组去充当步兵们的"飞行火炮"，这是一项不公平的任务。他告诉史密斯，没有哪支轰炸力量能将3300吨炸弹准确地投入一片充满硝烟的地带。

杜立特尔断定，比德尔·史密斯肯定会要求将他解职，但圣洛大轰炸对敌人造成的重创远远超出了艾森豪威尔和布莱德利的预想。美国轰炸机"像根传送带那样"赶来，[45]德军装甲教导师师长弗里茨·拜尔莱因将军说，他的师在空袭中首当其冲。炸弹的爆炸烧焦了人员和装备，掀翻了坦克，破坏了交通，并将装甲教导师的前线（守在那里的1000名士兵不是被炸死就是被炸得茫然无措）变成拜尔莱因所说的"Mondlandschaft"，意思是坑坑洼洼的"月球景观"。

发觉敌人的指挥和通讯系统已遭到一场致命性打击后，"闪电乔"柯林斯决定赌上一把。[46]第二天早上，他召集起自己的装甲预备队，粉碎敌人虚弱的残余抵抗，一路向南，直奔阿夫朗什（Avranches）附近状况良好的道路网。第九战术空军司令部的战斗轰炸机飞行在坦克队列前方，执行搜索和猎杀任务。记者们将此称为"圣洛大突破"，这是艾森豪威尔远征欧陆的决定性转折点。

这也成为乔治·巴顿中将的演出。这位装甲战的信徒从英国赶来，他在英国扮演的是D日的诱饵，用硬纸板坦克和飞机组建起一支虚假的大军，以此让德国人相信，进入6月下旬后，盟军主力将在加来海峡登陆。巴顿接手指挥新近被"激活"的第3集团军，并开始以每天50英里的速度全力穿越法国，他们带着强烈的决心从阿夫朗什海边的峭壁进入布列塔尼半岛，随即向东，帮助歼灭德国第7集团军。这是机动战历史上最惊人的成就之一，该行动的成功基于坦克、步兵、炮兵以及盟国空军战斗轰炸机之间的密切协同，空中力量成了地面部队快速机动的"空中火炮"。

艾森豪威尔也改变了圣洛战役后的想法，再次使用重型轰炸机为地面部队提供直接支援，但它们带来的决定性成果始终不大，而误炸造成的友军伤亡却很高。[47]士兵们喜欢让吓人的四引擎轰炸机掠过头顶，但对步兵来说，重型轰炸机更大的作用是充当封锁工具，切断敌人的交通线。没有这些重型轰炸机，在圣洛实现突破必将付出惊人的伤亡。但在突破后，奎萨达将军的战斗轰炸机完成了大部分空中支援工作，他们为装甲部队提供掩护，为美军肃清了通往莱茵河的道路。

奎萨达是陆航队中最年轻的将领之一，在战争中推陈出新，打破了战术与战略轰炸间的严格区分。他把他那些从法国前进基地发起行动的飞行员带至前线，"这样他们就能明白，自己比那些在地面上与德国佬苦战的倒霉蛋要幸福得多。我还带他们去了一个救护站，伤员们在那里得到救治。我们最终给这些年轻小伙们灌输的想法是，他们的首要任务就是支援地面作战"[48]。

战斗轰炸机可以在很短的时间内被叫来，它们对战场目标的杀伤力远远大于笨重的"空中堡垒"和"解放者"。法国战役中，奎萨达给这些飞机配备了更好的武器（致命的5英寸火箭弹）以及新的"眼睛"和"耳朵"。他将高频电台放入坦克内，这样，坦克手和飞行员就能相互交谈，他还将自己的飞行员派到配备着电台的坦克中，担当前进航空控制员，以便更好地指引火力打击德国人的战场目标。

夏末，对步兵的近距离空中支援（这其实是德国人的一种发明）成为德国遭受败绩的显著原因之一。随着德国空军几乎在空中彻底消失，战斗轰炸机给他们的各个师造成致命重创，迅速推进的美国步兵、炮兵和装甲部队，在加拿大、英国和波兰部队的支援下，最终在卡昂达成突破，并将惊慌失措的德国人逼退至他们国家的西部边境。穿越在历史上被称作"法莱斯口袋"的恐怖通道时，德国人惨遭盟军空中战队的屠戮。"这是一场彻底的混乱，"一名德军士兵回忆道，"当时我想：'这就是世界末日。'"[49]

第八航空队幸免于难的两名飞行员，小贝尔尼·莱和沃尔特·杜尔，成了德军后撤的热切观望者。8月初，他俩仍躲在一座农舍中，这是当地游击队存放武器和弹药的秘密仓库，而这些武器则是从英国飞来的轰炸机空投给他们的。获悉盟军在圣洛达成突破后，他们利用急救包里的丝绸地图，一个村子接着一个村子，研究着盟军的推进。他们从天亮起便在保护者的麦地里干活，一直忙到太阳落山，就这样等待着获得解放。一天晚上，他们在马厩里解下马匹的挽具时，两名兴高采烈的法国姑娘冲了进来，伸手搂住他们，并送上一个用红、白、蓝三色花朵编成的花环。姑娘们气喘吁吁地告诉他们，德国人逃走了。美国人距离这里只有30公里。

第二天吃早饭时，一群"配备着布伦式机枪、手枪、手榴弹和匕首，相貌凶狠的游击队员"冲进厨房，取出几箱美国香烟。[50]他们将两支汤普森冲锋枪塞给两名美国飞行员，又让他们坐到一辆破旧轿车的后座上。法国游击队员们则以匪徒式的风格站在汽车两侧的踏板上，端着机枪，向巴顿的一支装甲部队迎去。第二天早上，他俩搭乘一辆吉普车穿越美军防线，赶往第九航空队设在法国的总部。"道路两侧，到处都是德军装备的残骸。"莱后来写道。他还能听到不远处传来的激战声，那是德国人"正被我们的战斗轰炸机击毙……法莱斯包围圈的缺口正在慢慢地封闭"。

德国人丢弃了他们的大部分装备，另外还有50000名俘虏和10000具尸体。但至少有50000名德军士兵设法在8月末包围圈被封闭前逃出了"法莱斯口袋"。盟军将在莱茵河前再次遇到他们。

法莱斯的屠杀结束了长达80天的诺曼底战役，这是西线最具决定性的战斗。德军损失了40万名作战人员（阵亡、负伤或被俘），盟军的伤亡超过225000人，其中三分之二是美国人，在他们当中，8536名飞行员阵亡或失踪。[51]这场战役是解放巴黎以及胜利的盟军部队穿越法国直奔德国西部边境的序幕，8月15日在法国南部登陆的盟军部队也加入其中。北面更远处，盟军从塞纳河横扫至索姆河、马恩河和比利时边境，穿过第一次世界大战期间著名的战场，几乎没遭到什么抵抗。诺曼底登陆后仅仅100天，盟军便集结于一条250英里长的前线，面对着"西墙"——或者按美国人的说法，称之为"齐格菲防线"。希特勒修建在莱茵河前方的这道防线，最近已得到大力加强。法国战役结束了，进攻德国本土的战斗即将开始。

那将是一场激烈的战斗。尽管已遭到重创，德国军队依然是战争史上最优秀的军队之一。为减少粉碎这具依然壮观的军事机器所带来的损失，卡尔·斯帕茨已开始一场针对德国炼油厂的重大战役，那是德国军队赖以生存的重要来源。

燃油之战

尽管在9月份前，美国的战略轰炸机依然处在盟军最高统帅的直接控制下，首要任务是支援地面进攻，但艾森豪威尔还是给了斯帕茨一些自主余地。D日后，斯帕茨获得书面批准，在德国上空气候条件允许、"十字弓"行动或步兵支援方面不需要的情况下，他的轰炸机可以对德国的炼油设施发起打击。[52]从6月下旬开始，第八航空队对慕尼黑北部的炼油设施发起一系列庞大的空袭，而第十五航空队继续轰炸普洛耶什蒂，另外还包括位于德国南部、奥地利和匈牙利的炼油厂。与此同时，英国空军部指示阿瑟·哈里斯对鲁尔区的合成燃料厂展开轰炸——不断抗议的哈里斯并未减少将该地区的城市炸为齑粉的行动。哈里斯仍将对德国炼油设施的空袭视作是对粉碎德国抵抗这一主要任务的"分流"。[53]尽管他后来承认，对炼油设施的打击"获得了圆满的成功"，他补充道："我还是不觉得在当时指望这样一场战役会获得成功是合理的。盟军战略家们的做法就是将赌注压在一匹不可能获胜的赛马上，可它居然赢了。"[54]

这纯属胡说。斯帕茨几乎不会干孤注一掷的事情。"超级机密"的拦截，再加上其他情报，哈里斯掌握的信息足以毫不含糊地表明，盟军轰炸机终于找到了一个目标，摧毁这个目标将帮助欧洲战事的进程发生转变。

1944年4月，斯帕茨开始对德国燃油生产发起轰炸的一个月前，德国的合成油工业几乎未曾遭到盟军轰炸的破坏。鉴于该行业的重要性以及它应对空中攻击的脆弱性，这一点令人惊异。这些庞大的工厂在德国城市外的空地上全力运作，对配备着有史以来所发明的最准确的瞄准器的白昼轰炸机来说，它们似乎是极为理想的目标。在为期一年半、代价高昂的轰炸行动中，美国的目标策划者们未能看出，炼油厂远比滚珠轴承厂（这些工厂几乎不可能被摧毁）或是飞机制造厂（它们已被迁至偏远地区，并加以巧妙的伪装）更为重要。奇怪的是，盟军的目标策划者们也没有意识到德国合成油工业与其化工业之间的密切联系，后者为炸药的制造生产出一切必要的材料。

1943年时，阿诺德将军以小伊莱休·鲁特为首的任务分析委员会，便已将石油列为战略轰炸战第三重要的目标，位于飞机制造和滚珠轴承业后。COA并未给予石油应有的优先顺序，因为他们错误地认为德国拥有充足的备用炼油能力，以缓解轰炸造成的初步冲击。委员会的成员们相信，一场燃油攻势不会对敌人空中或地面的"前线力量"产生立竿见影的影响。[55]但斯帕茨将军在他自己的航空队目标策划者的支持下，继续推动这个问题的解决。如果美国战略空中力量由一个缺乏果断，或是致力于其他轰炸重点的领导者率领，一场已经迟到的燃油战可能会遭到危险的推延，战争也将延续下去。

美国人承担起"燃油战"的重任，这是对陆军航空队所持信条第一次真正的考验，该信条就是：白昼战略轰炸可以打垮德国的经济。[56]当年夏季，真正的战略轰炸开始了。整个战争期间，英美空中力量向纳粹德国投下的炸弹超过140万吨，70%是在1944年7月1日后投下的，而其中相对较小，但非常重要的一部分（20万吨）被投向德国的炼油设施。[57]对炼油厂的攻击开始于1944年5月，用阿尔贝特·施佩尔的话来说，这是对德国工业"第一次沉重的打击"。[58]对生产造成的影响直接而又深远。如果政府不采取紧急措施来加强合成燃油厂的防空能力，"9月份前……军队和国家将会出现燃油供应难以为继的情况……这必将导致悲剧性后果"，施佩尔提醒希特勒。[59]

机械时代的战争，石油就是血液。如果缺乏充足而又可靠的成品油供应，包括燃油和润滑油，没有哪个现代化国家能够成功地发起战争。德国发动欧洲战争时，他们的燃油状况极不稳定，没过两年，他们又跟一个能源巨人发生了战争。20世纪初，美国便已开始从煤炭到石油的转变，到1939年，石油已占其总能源的半数。[60]就在这一年，美国出产的石油是德国战时生产峰值的20倍。光是加利福尼亚出产的石油便超过了欧洲最大的石油生产国苏联。相比之下，德国，其能源的90%依赖于煤炭，但他们的陆军和空军，以及大部分海军，依靠石油来运作。这是个严重的问题：本国油田的供应，只占其石油需求的7%。[61]

1939年9月，德国军队入侵波兰时，其航空和车用汽油只有2—3个月的储备。[62]当时，德国的液体燃料，70%依赖于进口，对一个充满帝国野心的国家来说，这是个惊人的弱点。通过控制匈牙利、奥地利以及罗马尼亚这些被征服的国家或其他轴心盟友的油田，希特勒得以扩大德国的石油供应，并避免了战时燃料短缺的情况。1944年8月中旬，罗马尼亚油田最终在苏联红军和第十五航空队的打击下停止了运作，普洛耶什蒂是德国原油的主要来源，提供了该国石油进口量的60%。[63]但在此之前，希特勒至少需要多瑙河盆地石油产量的三倍，才能将这场全面战争继续下去。

通过一项化学冶炼的壮举，将储量丰富的煤转换为严重匮乏的石油，德国缓解了他们的能源问题。美国发起燃油攻势前，德国的石油工业已实现了彻底的转变。当时，这种合成燃油的产量几乎占到该国液态燃料需求的四分之三，航空燃料和柴油的储备已得到极大提高。几乎完全是因为一场庞大的战争，国家的全力支持，再加上支持元首对外征服和种族清洗政策的商人们所经营的大型石油生产企业，才使得合成燃油工业急速发展。[64]诸如I.G.法本公司这样的化工企业已清除掉所有的犹太高管，并越来越多地依靠党卫队为他们搞来的、来自被征服国家的苦力和集中营的囚犯（法本公司在波兰建立起一座合成燃料厂和几座橡胶厂，就在奥斯维辛这座屠场旁边）。到1944年9月，石油行业中，三分之一的工人是奴工。在此之前曾经独立的合成燃料行业，已成为被这个独裁国家所利用的工具、由帝国军备与生产部长阿尔贝特·施佩尔控制的一个受战时指导的联合企业。[65]

德国的大多数合成石油由加氢厂生产，他们使用"贝吉乌斯法"加工，这个名字来自其发明者弗雷德里希·贝吉乌斯，一位诺贝尔化学奖得主。[66]化学工程师们将氢气置于高压和极度高温下，同时包括一种催化剂，从而将褐煤转变为高等级汽油和航空燃油，可供坦克和战机使用。1944年第一季度，位于鲁尔、西里西亚和德国中部莱比锡周围这些煤炭储量丰富地区附近的合成燃料厂，生产了德国燃油供应总量的一半以上，85%的高等级汽车用油以及几乎全部的航空燃油都出自这些工厂。即便到今天也没有哪个国家的合成燃油产业能接近德国战时生产的峰值。[67]

德国石油工业的快速发展可能会对盟军造成严重的影响。就在德国国内石油的生产到达顶峰的几个月后，阿尔贝特·施佩尔宣布，战斗机产量也达到了历史新高点。在1944年5月（德国的燃油生产到达顶峰）至1944年9月（德国的大批战斗机从工厂交付至前线）这段短暂的时间内，如果不将那些炼油厂彻底炸毁，那么，德国人的战斗机，包括新式的喷气战机，每天都将出现在空中。德国空军缺少经验丰富的飞行员，早已输掉这场空战，他们再也无法重新获得制空权。但经过仓促训练的飞行员所组成的战斗机编队，会让奉命摧毁德国战时经济的盟军轰炸机耗费更多的时间，并付出更大的代价。

战时德国是一个建立在煤、空气和水之上的化学帝国，[68]这三种基本原料形成了一种化学工艺的基础——通常集中在一个工厂内，这种工艺利用衍生自煤的气体，生产出的不仅仅是液态燃料，还包括德国99%的合成橡胶，以及几乎所有的合成甲醇、合成氨和硝酸，这些原料被用于生产军用炸药。这是"燃油战"中看不见的附加值：只要美国轰炸机摧毁两座加氢厂（一座是庞大的洛伊纳厂，位于梅泽堡附近；另一座小得多的工厂位于路德维希港），[69]德国会立即丧失其63%的合成氨、40%的合成甲醇以及65%的合成橡胶产量。直到战争结束，情报人员审问了德国的部长和商人后，英国人和美国人才对德国合成燃料厂与化工厂之间的特殊关系有了完整的了解。[70]这是战争中最令人沮丧的情报失察之一，更令人惊讶的是，二十年代后期，正是美国石油公司帮助德国建立起合成燃料工业的雏形，当时，I.G.法本公司的洛伊纳厂开工，那是他们第一座尝试"贝吉乌斯法"的工厂。情报失察造成盟军飞机和机组人员在原油炼制厂上空遭受损失，但那些工厂的重要性远不及正以其设备生产化工副产品的合成燃料厂。

尽管德国的合成燃料厂分布在国内各处，但相当大比例的燃油产量集中在一小批采用"贝吉乌斯法"的加氢厂内，这是德国高等级航空燃油和大部分车用汽油的唯一来源。[71]以"贝吉乌斯法"生产的合成燃油，近三分之一集中在两个工厂：洛伊纳厂和位于波兰西里西亚的珀利茨厂，另外超过三分之一的产量则集中于其他五个工厂。战争初期，施佩尔曾对盟国空军会以德国集中得近乎危险的合成燃料厂为目标而惊恐万分，这些工厂太过庞大、复杂，无法被疏散。工厂终于遭到轰炸后，希特勒公开斥责了负责化工业规划的首席顾问，法本公司的卡尔·克劳赫，说该行业的组织工作就像在邀请来自空中的破坏。[72]但正是希特勒本人对经济整合大加鼓励，从而促使德国的合成燃料生产取得了势不可挡的高效率；另外，戈林认为德国空军有能力保护这些工厂免遭来自空中的打击，对这种荒谬的信心，希特勒却未加以阻止。

美国人的空袭开始时，施佩尔担心，这是"预料已久，长期为之恐惧"的一场攻势，专门打击德国的这个产业。[73]对德国来说，幸运的是，盟军没有持续下去。根据阿瑟·特德爵士的命令，美国轰炸机继续将他们的大多数炸弹投向其他目标，而不是德国的燃油加工厂。战争结束后，施佩尔告诉美国的审讯人员："如果英美空军编队对合成燃料厂发起一场全面攻势，一场密集、不分昼夜、毫不停顿的空袭，单凭这个打击就能在八周内……让德国投降。"[74]

这不可能。这是战争，与其他几乎所有的战事一样，必须在地面上赢得胜利，但对燃油加工厂发起一场更早、更为持续的打击，肯定能将西线战事缩短几个月。

美国战略空中力量对德国燃油产业实施了347次打击，英国轰炸机司令部则执行了158次。第八航空队的主要目标是洛伊纳厂，位于柏林西南方90英里处，距离梅泽堡市中心3英里，另外还包括更大的合成燃油厂——珀利茨，位于西里西亚的煤矿区，首都东北方70英里处。总之，这些工厂生产出的液体燃料，约占德国"贝吉乌斯法"总产量的三分之一。[75]

洛伊纳厂是个庞大的军工厂，也是德国化工技艺的一座丰碑，它为德国空军生产汽油，为虎式坦克生产润滑油，为希特勒的摩托化师生产橡胶，为几乎每一支德国装甲和炮兵部队生产炸药。这是一座名副其实的城市，占地约三平方英里，雇佣了35000名工人（其中的10000人是战俘或奴工），是德国第二大合成燃油工厂，也是德国第二大化工企业。从当地露天煤矿开采出来的数百万吨褐煤被运入厂内，数十亿加仑的水从工厂内的自来水厂中抽出，注入两英里长的机器迷宫中。数百英里的地下电缆、铁轨和空中管道将250座建筑连接起来。对这个相互连接的交通和公用基础设施的任何部分加以破坏，都将使整个工厂关闭，这一事实令洛伊纳厂与其他合成燃料厂一样，极易遭到来自空中的打击——实际上，这种工厂几乎无法实施防御。

1944年5月14日至1945年4月5日之间的十来个月里，总计6630架美国轰炸机试图摧毁洛伊纳厂。正如一名作家所说的那样："这是试图通过空中力量来进行有史以来最严峻的一场生死对决。"[76]以其庞大的规模和鲜明的特点，在天气晴朗的时候，从20000英尺高空应该很容易辨别出洛伊纳厂。第一批被派去执行空袭任务的美国轰炸机机组人员被告知，可以通过工厂大门西面扩伸的铁路货运场以及13个喷着火舌的烟囱（每个烟囱高达100英尺）来辨别这座工厂。但在投弹飞行的过程中，数百座小型焦炉升起的油腻腻的黑色烟雾将正午的天空变得漆黑一片，驾驶员甚至很难看见自己的翼尖。

随着德国遭受到的空袭越来越严重，工厂加强了伪装和防护。假厂房被修建在主厂房外，并经常遭到与真厂房同样猛烈的轰炸。但对轰炸机机组人员来说，最主要的问题是布设在工厂四周的高射炮，它们构成了世界上最严密的防空火力。第八航空队对洛伊纳厂发起三次空袭，119架轰炸机被击落，却没有一颗炸弹落入厂区内。

洛伊纳厂内的工人中，有19000多人是训练有素的防空组织成员，配备着600多门雷达指引的高射炮。要是附近驻有足够的德国战斗机，并实施坚决而不是零星的抵抗，洛伊纳厂将成为欧洲防御最严密的工业目标。

当年早些时候，希特勒开始将德国防空部队的规模增加至近百万人，他从东线抽调部队，并将中学生、妇女和苏军战俘加入其中。届时，德国拥有的重型高射炮超过13200门。[77]大多数高射炮炮手被部署在拥有6—12门火炮的炮台中。而在洛伊纳厂和另外几个燃油生产厂周围，施佩尔布设了"大型炮台"，每个炮台配备的高射炮多达36门，它们能够实施弹幕射击或将整箱炮弹射入预定位置。夏季"燃油战"开始后，第八航空队因高射炮火造成的损失比毁于敌战斗机的数量多两倍。尽管这场空战的第一年，高射炮给第八航空队飞行员所造成的伤亡仅占40%，但在整个战争期间，这个数字是71%。[78]

高射炮是一种效率低下的防空武器。[79]平均而言，最新式的88毫米高射炮，发射8500发炮弹才能击落一架轰炸机。但它却是一种对人心理极具毁灭性影响的武器，其目的是让飞行员丧失勇气，并破坏其轰炸精确度。1944年夏季和初秋，德国人依然有足够的炮弹来覆盖他们炼油厂的上空，打死打伤大批盟军飞行员。到战争结束前，德国的高射炮手击落了大约5400架美国飞机，而德国战斗机击落的数字则为4300架。[80]梅泽堡（一些飞行员开始称其为"无情堡"），已成为"末日之地"中最令人生畏的目的地。[81]

"我仍能记得，那天我们逼近目标区时，凶猛的高射炮火造成的黑色烟雾充斥在空中，"B–17的副驾驶、后来成为达拉斯牛仔队主教练的汤姆·兰德里回忆道，"我们跟着我们的中队长飞入那片黑云，我还记得自己当时的无助和不安感。"[82]迅速飞入高射炮火构成的火墙时，戈登·P. 萨维尔准将想起战前在航空军战术学校，劳伦斯·库特尔说过的一句名言："尽管高射炮火可能很烦人，但应该忽略它。"[83]

"炼油厂的上空看上去就像希罗尼穆斯·博斯创作的超现实主义绘画，""地狱天使"大队的无线电操作员兼射手本·史密斯说道，"空中一片烟雾，厚得像一场森林火灾……一架架飞机拖着长长的烟雾向下坠去，轰炸机和战斗机都是如此。降落伞犹如随处开放的野花，点缀着这幅奇异的景象。"[84]就在其他人开始祷告让自己平安穿过这片高射炮火区域时，本·史密斯却发现，"用滔滔不绝的下流话"破口大骂很有效果。他觉得不可能从将好人塞入燃烧的飞机中送死的上帝那里获得任何安慰。

与遭到战斗机攻击相比，被高射炮击中的飞机返回基地的机会更大些，但这只是将血淋淋的残杀现场带回家而已，反而加剧了机组人员的焦虑。一些轰炸机着陆时带着两三百个弹孔，而机组人员的状态甚至比他们的飞机更糟糕：胳膊和小腿被切断，眼球被炸出眼窝，躯干被撕开的口子大得能让航空军医看见死者的肺。德国空军衰败后，轰炸机在空袭中的损失率有所下降，但仍有大批机组人员阵亡。"每次从艰难的任务返航后，"伯特·斯泰尔斯写道，"我们都不得不重组我们的垒球队，有两次甚至找了全新的内野手。"[85]

高射炮很阴险，它使遭遇炮击者陷入束手无策、被动承受压力的状态，陆航队的精神科专家这样表示。[86]沮丧的射手会对着高射炮炮火猛烈扫射，没人觉得他们在发疯。

机组人员的忠诚是空战中降低精神崩溃发生率唯一重要的原因。但在面对高射炮火而不是战斗机时，忠诚很难将一些机组人员团结在一起。作战失利的危机将伯特·斯泰尔斯的组员们凝聚起来，正如他曾希望的那样。"在战斗机提供护航以前的那些日子里……机组成员必须相互了解，依靠对方，并相互救助。"斯泰尔斯写道。所有人必须通力合作，发现敌机，并将对方的方位告诉给射手。"但现在，主要是运气的问题了。"[87]

当年夏季，一些了解1943年空战滋味的老人仍在飞。尤金·卡森上士就是其中的一个，当初，战斗机空战最激烈的时候，他是第388轰炸机大队的一名尾部射手。1944年冬末，卡森参加了最后一次作战飞行任务，但在返回宾夕法尼亚州的芒特波科诺，并被重新分配担任一名射击教练后，他设法加入新组建的第92轰炸机大队，投入了自己的第二次战斗之旅。卡森重返战场是因为他获悉，自己的孪生兄弟约翰（服役于第十五航空队）在雅典上空被击落，据报已经阵亡。卡森不愿相信这一点，他想重返欧洲，看看约翰究竟出了什么事。

尽管德国空军已走向衰败，但卡森却发现，机组人员的士气在D日到达顶峰后，再次发生下滑。高射炮火与此有很大的关系，但疲劳也是个重要原因。尽管当年夏季，德国上空的气候异常恶劣，但第八航空队几乎每天都在飞行——6月份飞了28天，7月份27天，8月份23天——这是个无情的步伐。这三个月里，第八航空队损失了1022架重型轰炸机，几乎是其作战实力的半数，另外，航空队手中的900架战斗机也损失了665架。[88]尽管重型轰炸机30次作战任务每次出击的损失率与4月份的3.6%相比，降低了1.5%，但一名飞行员结束自己的服役期前，阵亡或被俘的概率仍超过三分之一。[89]唯一值得安慰的是，愈发频繁的任务使更多的飞行员离回家越来越近。不过，这些人在8月末获得了喘息之机，国内的培训学校终于能给每架轰炸机配备上两个机组。

这对本·史密斯这样的飞行员来说算不上什么安慰，大多数日子里，他们觉得疲惫不堪。短短几个月内，这位来自乔治亚州、意气风发的小伙子已变得"玩世不恭、毫无宗教信仰、冷酷无情"[90]。他再也不去想自己的家庭和家人，甚至不再写信给他的乡亲，完全不理会他们请求从他这里获得些新消息的信件。"我不得不让自己彻底变得麻木不仁，"他回忆道，"我教会自己不要有任何情感……我为自己筑起一个外壳，摆脱它并非易事。"

来基地拜访的人注意到这些小伙子有些不对劲。他们中的大多数"沉默、烦躁、孤僻"。许多人喝得烂醉，过一天算一天，他们缺乏同龄人应有的眼界和远大理想。补充兵到达时充满兴奋，渴望执行任务，但这种状况持续不了一周。他们很快会变得和老兵们一样。

一天晚上，本·史密斯参加了一场排球赛。这是他经历过的最奇怪的事情。没有欢笑，没有喊叫，甚至没有人出声。"整场比赛在沉默中进行。"

空袭梅泽堡的行动中，轰炸似乎与爆炸的弹片所造成的生死同样随机。你如何能摧毁一个你看不见的目标呢？高射炮火、发烟罐以及油库的爆炸，将洛伊纳厂的上空弄得漆黑一片，"我们根本不知道该如何将炸弹靠近目标"，汤姆·兰德里回忆道。[91]陆航队战后的研究表明，欧洲战区最难打击的是两个最大的工业目标：合成燃料厂和炼油厂。[92]晴天时，瞄准洛伊纳厂的炸弹，只有29%落入工厂大门内；而雷达轰炸时，这个数字降至5.1%。七分之一的炸弹没有爆炸，主要是因为引信损坏，十分之一的炸弹落在假厂房或空地上。[93]恶劣的天气、人为或机械错误以及敌人顽强的防御（布设在这里的重型高射炮比保卫慕尼黑或法兰克福这类城市的火炮还要多）破坏了轰炸的准确性。许多次任务中，铺天盖地的轰炸机未能炸死或炸伤庞大炼油厂中的一个工人。对洛伊纳厂的第一次空袭炸死126名工人后，工厂经理构设起更多、更牢固的防空掩体。后续的21次空袭中，只有175名工人被炸死。

工厂设备受到的保护甚至比工人们更好。[94]储油罐内衬钢筋混凝土，压缩机和其他重要的机器被巧妙构建的防爆墙加以保护，它能扛得住美国人最喜欢使用的250—300磅炸弹。即便是最成功的空袭，也只有1%—2%的炸弹落在工厂必要的机械设备上，造成的破坏微乎其微。

皇家空军对洛伊纳厂的空袭较第八航空队为少，但对其储油罐和主结构的破坏更为严重，因为他们使用的2000—4000磅炸弹能穿透防爆墙。美国的炸弹专家坚持认为，使用分量较轻、数量更多的炸弹，比"轰炸机"哈里斯所青睐的"大家伙"更具效果。这种失算导致飞行员的生命被白白浪费。美国轰炸机机组人员不得不多次返回到同一个目标处，以便将其摧毁，这种做法可能会令柯蒂斯·李梅感到害怕，他现在在远东，指挥驾驶着新型B-29"超级空中堡垒"的机组。

轻型炸弹也使德国消防队员的工作变得更容易些。火势不甚严重，持续时间也不太久，洛伊纳厂的5000名男女消防队员不费太大力气便能将其扑灭。[95]维修工作较为困难，但在轰炸行动刚刚开始时，尚能得到控制。美国人对炼油厂发起首次空袭后，施佩尔便将他所信任的副手埃德蒙·盖伦贝格派至一个新设立的职位上：应急措施高级专员。他接到的指示非常明确。"战争的成功进行"，他被告知，取决于"这些工厂的重建"。[96]盖伦贝格运用他近乎独裁的权力，征集劳工加入到受灾工厂的抢修队中。在柏林，此举的说法是"一切为了石油"。但从飞机制造厂和军工企业抽调工人，又从军队里调派7000名工兵，他这种做法削弱了德国战争机器的其他部分。到1944年秋末，盖伦贝格为炼油厂的修复拼凑了一支35万人的劳动大军。[97]整个德国有近150万人被分配至防空和维修部门，这种人力分流严重影响到德国的战时生产。

夏季的大多数日子里，恶劣的气候，再加上其他优先轰炸目标，阻止了第八航空队继续对德国炼油厂发起频繁的后续轰炸。这使盖伦贝格有时间恢复炼油厂的生产，尽管只能达到他们先前产量的一小部分。快节奏的工作，再加上严格的纪律，盖伦贝格的工人们能在4—6周的时间内将规模较小的加氢厂恢复至近乎满负荷的生产。这能使工厂获得两个星期的生产期，然后便是下一次空袭和下一轮维修。夏末时，工厂的生产刚刚恢复，空袭便接踵而至，这是因为更加频繁的空中侦察所致。航空队的参谋人员进行了相应的调整。为纠正空袭的不准确，第八航空队开始对炼油厂实施饱和轰炸，希望有些炸弹能幸运地命中。

这是个重大突破。就这样，德国的石油工业最终彻底瘫痪：无情的地毯式轰炸造成一批工厂同时遭到破坏。[98]一座接一座的工厂受到致命重创。但一座工厂并不会因为对其重要器官之一（气体压缩机厂或气体净化厂）实施一次打击便宣告停工，而是需要对其电网（这是它的神经系统）和水气管道（这是它的静脉和动脉）实施连续的打击——这些是工厂有机体相互连接的部分，没有它们便无法运作。

正如施佩尔所说的那样，这是一场"混凝土"与"炸弹"之间的竞赛。[99]

夏季结束时，稳步增加的炸弹破坏影响开始压倒维修力量，工厂的平均月产量压低至工厂产能的9%。[100]另外，施佩尔在战后说，化工产品受到的影响"同样糟糕"。[101]"（空袭使）化工厂的管道系统遭到巨大破坏，"施佩尔报告道，"不用说直接命中，就是炸弹在附近爆炸所引起的震动，就足以使管道到处出现裂缝，要修复它几乎是不可能的。"[102]其结果是一场对工厂慢节奏的屠杀。为实施精确轰炸而创立的航空队，却以地毯式轰炸赢得了他们最大的胜利。

洛伊纳厂之战的胜利使第八航空队付出了1280名飞行员的生命。尽管该工厂在初秋会经历一个短暂的复苏，但夏季攻势对其造成的破坏却是无法补救的。第一次世界大战中，协约国海军的封锁绞杀帮助打垮了德国。四分之一个世纪后，盟国轰炸机对德国实施空中石油封锁，最终摧毁了已遭到严重削弱的德国空军，并使德国陆军的机动性大为下降。1944年6月后，德国为战争剩余时间所生产的航空燃油为197000吨，仅仅是遭受空袭前那段时期一个月的产量。[103]到9月份，从罗马尼亚进口的石油也被中断。

1944年8月30日，苏联红军占领了油田冒着烟的废墟，在此之前，第十五航空队损失了230架重型轰炸机，他们在皇家空军的协助下，削减了普洛耶什蒂油田90%的产量。[104]这些空袭从意大利南部简陋的基地发起，第十五航空队遭受的损失远远高于1944年整个夏季的第八航空队。

第十五航空队机组人员的英勇事迹只出现在美国报刊的副页报道上。第八航空队是各大报刊派驻伦敦的记者们的宠儿，他们占据了报刊的头版头条。这令第十五航空队的飞行员们创作出一首歌曲，以《时光流逝》这首歌的曲调唱出：

这仍是个老生常谈，
老八得到了所有的荣耀，
尽管我们出生入死。
任凭高射炮火纵横，
一切都不会改变。

奥斯维辛

那年夏季，第十五航空队也轰炸了波兰南部的石油目标。7月7日，他们空袭了布莱希汉摩尔（Blechhammer），这座炼油厂位于奥斯维辛西北方40英里处；8月20日，该航空队对莫诺维茨（Monowitz）附近的法本合成燃料厂和橡胶厂发起了三次空袭中的第一次。[105]莫诺维茨是个集中营，为法本公司提供劳工。这里被称为"莫诺维茨–布纳"，是庞大的奥斯维辛集中营的组成部分，距离集中营主屠杀场奥斯维辛Ⅱ号（或称为"比克瑙"集中营）的毒气室和焚尸炉不到5英里。"各轰炸机大队的任务简报要求避开战俘营和集中营。"米尔特·葛洛班回忆道，作为一名雷达领航员兼投弹手，他参加了8月20日的行动。[106]航空队的目标选择人员不想让他们的机组成员炸死或炸伤被纳粹囚禁的无辜士兵和平民。

葛洛班和其他执行八月空袭任务的飞行员都不知道，奥斯维辛是希特勒最臭名昭著的集中营。这些机组也不知道，欧洲的犹太领袖和抵抗组织当时正向英国和美国政府施压，要求他们轰炸位于比克瑙的死亡营。这样做的话，可能会炸死数千名囚犯，这将造成战争中一个严重的道德争议。但事实上，不轰炸比克瑙的最终决定引发了一场激烈的公开辩论，而且，没有减弱的迹象。[107]

1944年5月，匈牙利的纳粹领导，在党卫队"犹太事务部"头头阿道夫·艾希曼的带领下，开始实施抓捕，并将国内所有犹太人运往奥斯维辛。纳粹已杀害了500多万名欧洲犹太人，奥斯维辛是波兰境内仍在运转的两座死亡营之一。匈牙利驱逐犹太人的情报，以及奥斯维辛内部情况详细报告的摘要，已由两名分别于6月和7月初到达伦敦和华盛顿的逃生者呈交。犹太组织和抵抗力量设在伦敦的办事处立即恳求英国政府，对匈牙利与奥斯维辛之间的铁路线加以轰炸，同时还包括位于比克瑙的焚尸炉和毒气室。

7月份的第一周前，434000名匈牙利犹太人被送至奥斯维辛，他们中的90%被杀害。这使丘吉尔（他认为希特勒的"最终解决"是整个世界历史中所犯下的最大、最可怕的罪行）指示他的空军参谋部研究轰炸毒气室的可行性。

轰炸从布达佩斯至奥斯维辛的铁路线不会有太大效果，因为很容易被修复，但轰炸集中营是个极端措施，也许能说服匈牙利傀儡政府结束大规模驱逐行动。7月15日，经过一番必要的系统研究后，空军大臣阿奇博尔德·辛克莱汇报说，这段航程"对实施夜间轰炸来说太过遥远"。但辛克莱提出："将这个问题交给美国人……看他们是否打算去试试。"但他又补充说，他"非常怀疑美国人会否接受，等他们仔细核查过后，便会考虑其可行性"。[108]

他说的没错。欧洲抵抗组织恳请轰炸集中营和铁路线的呼吁，已由"战时难民事务委员会"（罗斯福成立该委员会是为了帮助遭受纳粹迫害的犹太难民）派驻瑞士的代表转达给美国的战争部。[109]负责平民与军方关系事务的助理战争部长约翰·麦克罗伊认为："我们的地面部队目前正进行着决定性行动，为确保其成功，空中支援必不可少，而轰炸集中营会使很大一部分空中力量被分流。"[110]麦克罗伊的回复符合战争部的官方政策——"对遭受敌人迫害的受害者，最有效的救援就是确保轴心国迅速败亡。"[111]关在德国战俘营里的英美士兵和飞行员超过20万，但盟军并未制订解救他们的计划。美国的官方政策是：所有救援行动应该是"以击败敌武装力量为目标的军事行动的直接结果"[112]。

麦克罗伊在当时和当年夏末都声称，轰炸奥斯维辛对第八航空队来说是一项极其危险的行动，"没有战斗机护航，需要在敌方领土上空往返2000英里"[113]。他说的不对。实际航程是1540英里，而且，战斗机可以护送轰炸机赶至目标区。麦克罗伊没有提及第十五航空队已开始对上西里西亚地区实施系统性轰炸，那里就位于奥斯维辛附近。他没有注意到，也许他根本不知道，8月2日，卡尔·斯帕茨第一次从英国空军副参谋长诺曼·H.博顿利那里听到了轰炸集中营的请求，他一直是个"最具同情心的人"。[114]

第八航空队完全可以从新设立的作战基地发起轰炸行动，那里距离奥斯维辛不太远。当年6月，他们已开始实施飞往苏联的"穿梭行动"，行动代号为"疯狂"。[115]从英国起飞后，轰炸机对德国腹地的目标实施轰炸，但他们并不返航，而是飞往乌克兰，斯大林在基辅附近为他们提供了一些机场。从那里起飞，他们可以打击东欧的目标，然后飞至意大利南部，休息和加油后再返回英国，这番航程中的每一个阶段都进行轰炸行动。但斯大林对"疯狂"行动中这些"空中堡垒"轰炸些什么控制得很严，以确保将轰炸集中于对苏联红军夏季攻势有直接帮助的目标上。另外，这些基地也很容易遭到德国空军的袭击，因为苏军在该地区的防空工作并不太警惕。6月21日夜间，德国轰炸机飞至俄国波尔塔瓦（Poltava）的机场，伴随着照明弹投下110吨炸弹，摧毁了114架"空中堡垒"中的69架，并引燃了美国人此前运入俄国巨大的航空燃油储油罐。第二天夜里，德国空军再次返回，轰炸了另外两个执行"疯狂"行动的机场。因此，如果批准一项针对奥斯维辛的轰炸任务，斯帕茨必须调集第十五航空队的重型轰炸机，从没有风险的意大利福贾基地起飞，那里距离集中营640英里。[116]

　　第十五航空队派出一支重型轰炸机编队飞赴奥斯维辛，这不会有什么问题，但他们能在不损失大批机组人员和囚犯的前提下完成任务吗？熟悉欧洲战区轰炸战的空军历史学家们的最新研究结果表明，可以使集中营的屠杀设施失去作用，但仅靠一次决定性打击大概是不够的，[117]可能需要实施四次不同的行动，以摧毁四个结构牢固的焚尸炉和毒气室。轰炸机还需要晴朗的天气，这样才有希望命中目标，而不至于误炸囚犯们的宿舍，那些宿舍与毒气室非常靠近。几乎与所有对工业目标的轰炸行动一样（其实这同样是个工业目标，奥斯维辛是个从事屠杀并处理尸体的工厂），这些打击，就像航空队历史学家理查德·G.戴维斯指出的那样，将不得不分散在几个星期内实施，以迷惑敌人的防御，照相侦察将对轰炸造成的损坏加以评估，并根据敌人防御所做的更改调整任务计划。[118]如果空袭于1944年7月发起（这是他们有可能实施行动的最早日期，因为盟军的空中力量已完全投入到诺曼底进攻中，另外，美国政府也需要些时间来达成一项决定，并让他们的飞行员制订出行动计划），第十五航空队就无法完成这一任务，除非等到9月份的某个时候。到那时，奥斯维辛集中营里的匈牙利犹太人都已被杀掉。但集中营的指挥官继续从欧洲各地将犹太人运来，并加以屠杀，直到当年11月，希姆莱才下令拆除奥斯维辛的毒气设施，以免被苏联红军发现。所以，轰炸行动仍有可能挽救无辜者的生命。

如果执行这些行动，美国飞行员将会遭受损失，因为法本公司布设的高射炮，有能力击中飞越奥斯维辛上空的美军轰炸机。[119]但风险最大的是那些囚犯。当年夏季，第十五航空队拥有一个值得称道的精确轰炸记录（以当时的标准看）。[120]尽管如此，正如我们所知道的那样，高空轰炸是很不准确的。引航机投弹手一个轻微的错误就会导致一场灾难。第一次空袭后，党卫队可能会让囚犯们靠近焚尸炉和毒气室，甚至让他们住到里面，以阻止进一步的轰炸。谁能断定毒气室被炸毁后，党卫队不会派集中营里的奴工将其重建，或者使用其他手段屠杀囚犯呢？[121]毒气室被普遍使用前，死于行刑队枪下的犹太人已多达150万。仅仅因为几次空袭，纳粹便会停止屠杀？

这些都是无法回答的问题。可以肯定的是，轰炸奥斯维辛将是一场困难而又危险的行动，飞行员和囚犯的生命都会遭遇风险。但它本来是可以完成的。

这场行动应该被发起吗？在更大战事的背景下，这样一场空袭合适吗？匈牙利的犹太人被送往死亡集中营时，适逢西线盟军处在战争的关键时刻——"霸王"行动的策划与实施、解放法国的战役、打击V型武器发射场以及极为重要的石油攻势。当时，这些行动被认为有望在冬季到来前结束这场战争。这个时候将美国的重型轰炸机从他们的主要军事目标上分散开，合适吗？麦克罗伊认为不合适，斯帕茨的副司令弗雷德里克·安德森也觉得不合适。[122]但根据历史学家理查德·戴维斯的计算，针对奥斯维辛发起四次空袭，只会占用执行轰炸油田任务的第十五航空队7%的轰炸机。[123]而且，这些空中指挥官在9月份奉命执行一场类似的"分散力量"的行动时，尽管认为这项行善任务"代价高昂且毫无希望"，[124]但他们还是接受并执行了命令。

但是，轰炸奥斯维辛存在着误炸无辜者的敏感问题。作家、奥斯维辛幸存者埃利·维塞尔写道，1944年9月13日，集中营被一些零星的美国炸弹击中时，"我们并不害怕……落下的每颗炸弹都令我们欢欣鼓舞"[125]。但另一些幸存者则说，他们能活下来全靠盟军不实施轰炸的决定。

轰炸机里的那些小伙子又如何看待这个问题？第八和第十五航空队的老兵中，很难找到认为应该轰炸奥斯维辛的人。"这样做的话，我们就是在帮助希特勒。"第八航空队的领航员路易斯·罗沃斯基说道。[126]罗西·罗森塔尔对此表示赞同。经历了"眼镜蛇"行动，目睹了美军士兵死于美国炸弹下，他知道，对奥斯维辛发起一场空袭可能会导致一场更大的灾难。[127]米尔特·葛洛班是一名善于观察的犹太人，他说，要是"为了救一些人而杀死另一些人"向比克瑙投下炸弹，他会将自己看作是犹太人中的败类。[128]

对美国的道德声誉来说，最不幸的并非不轰炸奥斯维辛——有良知的人在这个问题上各执一词——但战争部从未要求陆航队研究这一行动的可行性。相反，美国人是否有可能成功地轰炸奥斯维辛，这个问题被遗留下来，留待历史学家们在多年后予以思考和辩论，而那时，那些生命已不再处于危险中。

10月3日，"战时难民事务委员会"的负责人约翰·W. 佩勒递交了轰炸奥斯维辛的另一项建议，这一建议来自波兰流亡政府，斯帕茨将军通过电报获悉了此事，但没有下令采取行动。这是战争部唯一一次将轰炸奥斯维辛的建议转发给欧洲战区的空中力量指挥部。[129]

弗雷德里克·安德森将军提醒斯帕茨，"不要鼓励"这个设想。他说，轰炸不会改善囚犯们的状况，而且，"存在着一些炸弹落在囚犯们头上的可能性……这样一来，反而给德国人可能已经实施的大规模屠杀提供了一个很好的借口"[130]。斯帕茨对此的回答没有留下任何记录，但相关决定并不取决于他。"总统才能决定，其他人不行。"1983年，麦克罗伊对《华盛顿邮报》的一名记者说道。[131]没有可靠的记录表明那些接近罗斯福总统的人，包括麦克罗伊，曾将轰炸与否的问题交给他裁决。[132]如果有人将这个问题呈交给总统，他肯定会予以反对。他在欧洲的首要目标是打败希特勒，并将美国的小伙子们带回家。"就像南北战争期间，"第八航空队的领航员保罗·斯拉夫特说道，"胜利对林肯来说比什么都重要。奴隶获得解放，几乎总是发生在敌方领土具有战略重要性的军事行动的过程中。纳粹的死亡集中营就是这样被发现的，幸存者获救也是如此。"

罗斯福可能是对的，但轰炸奥斯维辛肯定能使成千上万人获救，并让美国发出一条响亮的信息：屠杀犹太人的行径不会被忽视，更不会逃脱惩罚。

致命的困境

卡尔·斯帕茨如何看待轰炸奥斯维辛的问题，这方面没有留下相关记录。当年夏季，他的关注重点放在燃油攻势上，"超级机密"拦截到的情报表明，该行动取得了巨大的成就。当年8月，施佩尔向日本驻柏林大使承认："战时经济首次遭到空袭，对德国真正的致命打击可能已经开始。"[133]德国各处突然间出现了短缺现象，[134]扰乱了他们抵御从东西两个方向逼近德国的庞大地面部队的军事行动。8月份，德国军队逃出法莱斯包围圈时，耗尽燃料的坦克和汽车被丢得到处都是。德国空军也被迫关闭了他们的大部分训练学校。飞行学员被送至步兵部队，教官们在炼油厂附近的机场投入现役。德国空军的菜鸟完全不是美国战斗机飞行员的对手，后者驾驶的"野马"由辛烷值100的汽油驱动，这种燃料使已占据优势的"野马"获得了更大的航程和加速度。十年前，吉米·杜立特尔便说服他的雇主壳牌石油公司，开始生产一种全新的、实验性的、辛烷值100的汽油，并对军方施加压力，订购使用这种汽油的飞机发动机。[135]

"这个夏季……就像是一场永无尽头的噩梦。"德国空军飞行员海因茨·克诺克在他的日记中写道。[136]几乎每一次任务，他那英勇的中队都会损失五名飞行员。上级命令他那些"破旧的飞机"迎战轰鸣着的美军战斗机编队时，他冷冷地说道："这无异于谋杀！"

克诺克和他的战友所对抗的不仅仅是盟国空军，而是世界上唯一一个工业和石油超级大国，美利坚合众国，这个国家出产的石油比地球上其他所有国家产量的总和还要多。从珍珠港事件爆发到战争结束，盟国消耗了近70亿桶石油。[137] 其中的60多亿桶出自美国，另外，世界上90%的辛烷值100汽油也出自美国。"这是一场发动机和辛烷值之战，"约瑟夫·斯大林在一次向丘吉尔表达敬意的宴会上敬酒，"我提议为美国的汽车工业和石油工业干一杯。"[138]

用阿道夫·加兰德的话来说，随着燃油短缺变得"越来越令人难以忍受"，[139] 德国空军陷入了致命的困境。他们被迫守卫为他们提供燃料的炼油厂，但又缺乏燃料以提供足够的防御。

与德国和日本开战的国家控制了世界上90%的天然石油输出，轴心国只控制3%。[140] 正是这种差距驱使德国和日本发动了征服俄国和东南亚的战争：从别人那里夺取自己所缺乏的东西。随着他们的石油储备逐渐耗尽——日本遭到盟军的海上封锁，而德国则是因为盟军的空中封锁——他们已无法赢得他们发起的这场世界大战。

对德国来说，这一点变得非常明显，盟军夏季轰炸造成其燃油生产短缺，已开始直接影响到他们的军队。从1944年7月至战争结束，德国军队一直无法获得足够的燃料和炸药。1944年9月初，甲醇（这是黑素金的主要成分，而黑素金则是一种威力惊人的炸药）的供应大幅下降，硝酸和合成橡胶的产量同样如此。[141] 为弥补炸药供应量的减少，完工的炮弹中被填入20%的岩盐后送往前线。盟军加速进行的轰炸计划也以其他方式破坏着德国的经济。到战争的这一刻，德国三分之一的火炮生产、三分之一的光学制品产量以及三分之二的雷达和通讯设备生产都忙于对空防御，这些防空任务消耗了德国五分之一的弹药产量。另外，约有200万名工人参与到防空任务中，不是操纵高射炮就是对工厂和城市遭受的破坏加以修缮。历史学家理查德·奥弗里总结说："直接破坏和资源分流的综合影响，使德国军队的武器和装备在1944年时减少了近一半。"[142]

在试图加以保护的产业中（主要是燃油和炸药，这是德国军队赖以生存和作战的基础），施佩尔被迫削减其急需的人力和设备。这又是另一个致命的困境。

1944年夏季，德国空军平均每周损失300架飞机，大多数是在东线和西线战场。但盟军不知道的是，德国人正在组建新的部队，而且，施佩尔和加兰德有理由相信，这些部队将被用于保卫炼油厂，而不是被派至前线。8月份向元首汇报石油行业的状况时，施佩尔全力推行他的新政策："如果敌人9月份以与8月份同样的强度和同样的精确度继续对我们的化工行业实施打击，该行业的产量将进一步下滑，最后的储备会被耗尽。"[143]

"这就意味着最重要的领域将缺乏继续一场现代化战争所必需的那些材料……"

"这里仍存在着一种可能性，但在很大程度上要靠运气。"他告诉希特勒。两件事必须同时发生：恶劣的气候必须出现在欧洲上空，至少需要持续三周，德国空军必须利用这一"喘息之机"，将其自身实力加强至能够给"敌人造成较重的损失并通过撕裂敌轰炸机编队阻止他们的密集式地毯轰炸"。

"德国空军必须为最迟发生于9月中旬前的这场大战做好准备。他们必须做出承诺，确保投入其最优秀的人员，其飞行教员和最成功的战斗机飞行员……"

"如果一切都顺利进行，成功的话就意味着一支新空中力量的开始，否则，就代表着德国空军的终结。"

当年秋季，施佩尔得到了他所需要的坏天气，以便对一些重要的炼油厂加以维修，并为新组建的德国空军战斗机编队（超过3000架飞机）增加航空燃料的产量，他一直在被隐蔽起来的工厂里生产这些飞机，许多工厂位于地下。施佩尔和加兰德相信，他们已说服希特勒将这支战斗机力量用于本土防御。[144]

但第八航空队在德国上空遭遇到重新武装起来的德国空军前，不得不先解决队伍中一个似乎很严重的士气问题。那年夏天，哈普·阿诺德开始接到报告，相当数量的轰炸机机组人员降落到中立国瑞士和瑞典，不是因为他们的飞机发生故障无法返回基地，而是因为他们想摆脱战争。

注释

1. 厄尼·派尔，霍华德新闻社电报稿，1944年6月16日，印第安纳州，印第安纳大学伯明顿分校利莉图书馆，副本。
2. 均引自约翰·W.休斯顿编撰的《美国空中力量的壮大：亨利·H.阿诺德将军的战时日记》（麦克斯韦空军基地，空军大学出版社，2001年），第148—159页；阿诺德，《全球使命》，第238—239页。德军对诺曼底滩头的空袭，可参阅1944年7月17日，斯帕茨发给阿诺德的电报，斯帕茨文件。
3. V-1项目的起源，可参阅迈克尔·J.诺伊菲尔德的《火箭与帝国：佩内明德与弹道导弹时代的来临》（剑桥，哈佛大学出版社，1999年），第147—178页。
4. 德怀特·艾森豪威尔，《远征欧陆》（加登城，双日出版社，1948年），第260页。
5. 阿诺德对巡航导弹的兴趣，可参阅肯尼斯·P.沃雷尔的《巡航导弹的演变》（麦克斯韦空军基地，空军大学出版社，1985年）。
6. 《二战中的陆军航空队，第三卷》，第95页。
7. 美国战略轰炸调查，"V型武器（十字弓）行动"（华盛顿，军事分析部，美国政府印务局，1945年），第1页。
8. 《二战中的陆军航空队，第三卷》，第530页；1944年7月5日，英国参谋长委员会大臣给首相的电文，斯帕茨文件。
9. 引自杰克·奥尔森的《阿芙洛狄忒：绝望的任务》（纽约，普特南出版社，1970年），第48页。
10. "飞弹"，英国情报处，1944年11月，第八航空队历史博物馆的副本。
11. V-1造成的伤亡，统计数据来自伊恩·迪尔和M.R.D.富特所编撰的《牛津二战指南》（牛津，牛津大学出版社，2001年）中，第798页，阿尔弗莱德·普莱斯的"V型武器"。德国人对英国发射了10000多枚飞弹，2000多枚过早爆炸，7446枚到达英国的飞弹中，3957枚被击落。

12 潘特–道恩斯，《伦敦战时笔记》，第333、335、339页。

13 哈里·A. 多尔夫，《脱险者：一名美国飞行员与荷兰地下抵抗组织在一起的八个月》（奥斯汀，伊根出版社，1991年），第28—31页。

14 奥尔森，《阿芙洛狄忒：绝望的任务》，第29页。

15 同上，第30页。

16 布彻，《与艾森豪威尔在一起的三年：艾克将军的海军副官哈里·C. 布彻上尉的个人日记》，第35页。

17 1944年7月22日，斯帕茨写给阿诺德的信件，斯帕茨文件。

18 1944年6月20日，斯帕茨发给战争部的电报，斯帕茨文件；奥尔森，《阿芙洛狄忒：绝望的任务》，第152页。

19 奥尔森，《阿芙洛狄忒：绝望的任务》，第95页。

20 1945年1月20日，"阿芙洛狄忒行动报告"，美国空军历史研究部，527.431A-A；奥尔森，《阿芙洛狄忒：绝望的任务》，第100页。

21 罗伯特·达莱克，《未竟一生：约翰·F. 肯尼迪，1917—1963》（波士顿，利特&布朗出版社），2003年，第106页。

22 肯尼迪之死，参见1944年8月12日，杜立特尔发给斯帕茨的电报，斯帕茨文件。

23 奥尔森，《阿芙洛狄忒：绝望的任务》，第228—229页。2001年，曾在战时担任电讯线路技工的一个英国人提出个不同的解释：美国人没有提醒英国人关闭飞机航线上的雷达，英国某座地面雷达站发出的强有力的脉冲信号激发了肯尼迪"解放者"轰炸机上脆弱的无线电控制系统，引发一场致命的爆炸。参见达莱克，《未竟一生：约翰·F. 肯尼迪，1917—1963》，第107页。但这种解释无法得到证实。

24 美国战略轰炸调查，"V型武器（十字弓）行动"；奥尔森，《阿芙洛狄忒：绝望的任务》，第254页。

25 1944年9月7日，斯帕茨发给杜立特尔的电报，安德森日记，斯坦福大学，胡佛研究所。

26 美国战略轰炸调查，"V型武器（十字弓）行动"，第24页。

27 加兰德，《第一个和最后一个：德国战斗机部队的兴衰，1938—

1945》，第235页。
28 潘特-道恩斯，《伦敦战时笔记》，第342—343页。
29 奥马尔·N. 布莱德利，克莱·布莱尔，《一位将军的一生》（纽约，西蒙&舒斯特出版社，1983年），第272页。
30 罗素·F. 维格雷，《艾森豪威尔的副官们：法国和德国战役，1944—1945》（布鲁明顿，印第安纳大学出版社，1981年），第137—138页。
31 卡洛·埃斯特，《决战诺曼底》（纽约，达顿出版社，1988年），第394页。
32 对"眼镜蛇行动"的精妙分析，可参阅约翰·J. 沙利文的《眼镜蛇行动中拙劣的空中支援》，《美国陆军军事学院杂志》第18期（1988年3月），第106页。
33 《美国空军历史研究》第88期，《战略轰炸机发挥战术作用的部署，1941—1951》（美国空军历史处研究所，空军大学出版社，1954年），第75—76页。
34 2003年3月29日，对罗森塔尔的采访。
35 1944年7月25日，切斯特·汉森文件，美国陆军战史研究所。
36 引自维格雷的《艾森豪威尔的副官们：法国和德国战役，1944—1945》，第138页；奥马尔·布莱德利，《一个军人的故事》（纽约，亨利·霍尔特出版社，1951年），第341页。
37 约翰·H. 德吕西备忘录，"1944年7月24和25日行动的规划与执行摘要"，美国空军历史研究部，520.453A；哈罗德·奥尔克，"7月24—25日，轰炸行动调查报告"，斯帕茨文件。
38 沙利文，《眼镜蛇行动中拙劣的空中支援》，第103页。
39 2003年3月29日，对罗森塔尔的采访。
40 厄尼·派尔，《勇敢的人》（纽约，亨利·霍尔特出版社，1944年），第298—301页。
41 休斯，《霸王行动：皮特·奎萨达将军和战术空军力量在二战中的胜利》，第216页。
42 肯尼斯·赫克勒，"眼镜蛇行动中的第7军"，未发表的报告，现代军事档案处，国家档案馆。
43 奥马尔·N. 布莱德利，克莱·布莱尔，《一位将军的一生》，第280页。
44 杜立特尔，《我再也不会如此幸运》，第375—176页；霍伊特·范登堡

45 采访弗里茨·拜尔莱因,《装甲教导师》,1944年7月24—25日,驻欧美军历史部总部,美国空军历史研究部的副本。

46 《闪电乔自传》(巴吞鲁日,路易斯安那州立大学出版社,1979年)。

47 欲更详细地了解这个问题,可参阅伊恩·古德森的《前线空中力量:盟军在欧洲的近距离空中支援,1943—1945》(伦敦,弗兰克·卡斯出版社,1998年)。

48 埃尔伍德·奎萨达中将,《战术空中力量》,《冲击》(1945年5月;华盛顿,负责情报工作的空军助理参谋长办公室,1992年再版)。

49 斯蒂芬·E.安布罗斯,《平民士兵》(纽约,西蒙&舒斯特出版社,1997年),第102页。

50 小贝尔尼·莱,《推定阵亡》,第105—119页。

51 卡洛·埃斯特,《决战诺曼底》,第517页。

52 1944年6月29日,艾森豪威尔发给特德的电报,斯帕茨文件中的副本;美国战略轰炸调查,"战略轰炸对德国战时经济的影响"(华盛顿,美国政府印务局,1945年),第4—5页。

53 阿瑟·哈里斯爵士,《轰炸机攻势》,147页。

54 同上。

55 《二战中的陆军航空队,第二卷》,第358页。

56 "空中攻势打击德国的石油工业",1945年1月29日,美国空军历史研究部。

57 美国战略轰炸调查,"统计附录"(华盛顿,美国政府印务局,1947年),第11、13页;美国战略轰炸调查,"综合报告(欧战)"(华盛顿,美国政府印务局,1945年),第71页;美国战略轰炸调查,"石油分部,最终报告"(华盛顿,美国政府印务局,1947年1月第二版),第2页。

58 1945年5月30日和7月18日,对施佩尔的审讯,查尔斯·韦伯斯特和诺布尔·弗兰克兰的《对德国的战略空中打击,第四卷》,第371—395页。

59 1944年6月30日,斯佩尔对希特勒所说,美国空军历史研究部,137.1-3;1945年7月18日,对施佩尔的审讯,查尔斯·韦伯斯特和诺布尔·弗兰克兰的《对德国的战略空中打击,第四卷》,第379页。

60 美国战略轰炸调查,"石油分部,最终报告",第15页。

61 雷蒙德·G. 斯托克斯，《纳粹德国的石油工业，1936—1945》，《商业史评论》第59期（1985年夏季），第1页。

62 美国战略轰炸调查，"石油分部，最终报告"，第1页。

63 丹尼尔·耶金，《石油大博弈：石油、金钱与权力之战》（纽约，西蒙&舒斯特出版社，1983年），第334页。

64 美国战略轰炸调查，"德国石油工业，部长级报告，第78组"（华盛顿，美国政府印务局，1947年第二版），第3—15、38、80页。

65 同上，第75页。

66 盟军情报部门估计，使用"贝吉乌斯加工法"的工厂，每年的产量为130万吨。正确的数字是50万吨。原油精炼厂的燃油产量约为100万吨，低于盟军情报部门的报告。参阅查尔斯·韦伯斯特和诺布尔·弗兰克兰的《对德国的战略空中打击，第三卷，胜利》（伦敦，女王陛下的文书局，1961年），第226页；以及美国战略轰炸调查，"德国石油工业"，第79—84页。

67 雷蒙德·G. 斯托克斯，《纳粹德国的石油工业，1936—1945》，第276页。欲了解德国的石油工业，可参阅阿诺德·克拉默的《第三帝国的油储》，《科技与文化》第19期（1978年6月），第394—422页。

68 美国战略轰炸调查，"石油分部，最终报告"，第1页。

69 美国战略轰炸调查，"德国石油工业"，第4页；美国战略轰炸调查，"路德维希港–奥堡，I.G.法本化工的工厂，AG，路德维希港，德国"（华盛顿，美国政府印务局，1945年8月4日），数处。

70 合成燃料厂生产出的氨也被用于制造化肥。盟军情报部门估计，对化工厂实施破坏，最受影响的会是农业经济。参见美国战略轰炸调查，"火药、炸药、特殊火箭和喷气机推进剂、军用毒气和酸雾"（华盛顿，美国政府印务局，1945年），数处。

71 美国战略轰炸调查，"石油分部，最终报告"，第12—14页，施佩尔，《第三帝国内幕》，第347—349。

72 同上。

73 1945年7月18日，对施佩尔的审讯，查尔斯·韦伯斯特和诺布尔·弗兰克兰的《对德国的战略空中打击，第四卷》，第379页；美国战略轰炸调查，"德国石油工业"，第53页。

74 美国战略轰炸调查，"1945年5月15—22日，对帝国部长阿尔贝特·施佩尔的审问",美国空军历史研究部,371-19。

75 罗纳德·C.库克、罗恩·科尼尔斯·内斯比特,《目标,希特勒的石油:盟军对德国石油供应的打击,1939—1945年》(伦敦,威廉·金伯出版社,1985年),第140页。

76 威廉·贝勒斯,《击败纳粹的幕后故事:对希特勒石油供应的战略轰炸》,《美国信使》第62期(1946年1月),第91页;美国战略轰炸调查,"德国梅泽堡,洛伊纳加氢厂"(华盛顿,美国政府印务局,1946年7月23日),第1—6页;沃尔特·托里,《不死的洛伊纳》,《大众科学月刊》,1945年11月,第127页。

77 霍斯特·布格等人编撰的《德国与第二次世界大战,第六卷》,第616页。欲了解德国高射炮防空的历史,可参阅爱德华·B.韦斯特曼的《高射炮:德国的防空设施,1914—1945年》(劳伦斯,堪萨斯大学出版社,2001年)。

78 1945年12月,陆军航空队在二战期间的统计摘要,第255页,美国空军历史研究部,134. 11-6。伤亡数字引自琳克和科尔曼的《陆航队在二战中的医疗支持》,第697页。从1944年9月至1945年5月,第八航空队被敌战斗机击落的轰炸机数量为551架,而被高射炮击落的数字则为1263架。德国三用途的88毫米口径高射炮,有效射高达到26000英尺;而105毫米口径的高炮可达到30000英尺。从机组人员的角度来说,被高射炮火击伤的人,最多的是投弹手,其次是尾部射手和领航员。

79 美国战略轰炸调查,APO413,"与冯·阿克斯特黑尔姆将军和西伯尔上校的会谈,1945年7月12—13日",美国空军历史研究部,137.315-68;A.D.冯·伦兹,"截止1945年,德国各种类型防空武器和装备的发展",美国空军历史研究部,258-80。

80 陆军航空队在二战期间的统计摘要,第255—256页。

81 戈登·W.威尔,《一名领航员经历的二战》;另可参阅斯泰尔斯的《大鸟小夜曲》,第75页。

82 汤姆·兰德里、格雷格·刘易斯,《汤姆·兰德里自传》(纽约,哈珀·柯林斯出版社,1991年),第69页。兰德里服役于第493轰炸机大队,驻扎在德比希附近。

83 引自杰弗里·佩雷的《胜利女神:二战中的美国陆航队》(纽约,兰登书屋,1993年),第331页。

84 本·史密斯，《小鸡机组：第八航空队的故事》，第97—98、121、157、159—160页。

85 斯泰尔斯，《大鸟小夜曲》，第75页。

86 邦德，《对飞行的热爱与恐惧》，第88页。

87 斯泰尔斯，《大鸟小夜曲》，第83、86页。

88 《二战中的陆军航空队，第三卷》，第303、306页。

89 理查德·G. 戴维斯，《卡尔·斯帕茨与欧洲空战》，第446页。实际数字是36%。

90 史密斯的话均引自本·史密斯，《小鸡机组：第八航空队的故事》，第137—139、147—149、171—173页。

91 汤姆·兰德里，《汤姆·兰德里自传》，第69页。

92 美国战略轰炸调查，"轰炸精度，美国陆军航空队，欧洲战区的重型和中型轰炸机"（华盛顿，美国政府印务局，1947年1月），第1页。

93 美国战略轰炸调查，"德国梅泽堡，洛伊纳加氢厂"，第20、51页。第八航空队，"攻击合成燃料厂的平均弹着点及炸弹和引信选择之备忘录"，1944年11月7日，美国空军历史研究部，520.310n BVIII。

94 同上。

95 同上。

96 1944年9月16日，施佩尔写给马丁·鲍曼的信件，查尔斯·韦伯斯特和诺布尔·弗兰克兰的《对德国的战略空中打击，第四卷》，第348页。

97 1945年7月18日，对施佩尔的审讯，查尔斯·韦伯斯特和诺布尔·弗兰克兰的《对德国的战略空中打击，第四卷》，第381页；美国战略轰炸调查，"德国石油工业"，第57页。

98 同上，第382页。

99 同上，第380页。

100 美国战略轰炸调查，"德国梅泽堡，洛伊纳加氢厂"，第1—4页；美国战略轰炸调查，"德国石油工业"，第4—5页。

101 美国战略轰炸调查，1945年5月15—20日，对施佩尔的审讯。

102 施佩尔，《第三帝国内幕》，第350页。

103 《二战中的陆军航空队，第三卷》，第303页；美国战略轰炸调查，"德国石油工业"，第59页；艾伦·S. 米尔沃德，《德国战时经济》（伦敦，阿斯隆出版社，1965年），数处。

104 第十五航空队,《空袭普洛耶什蒂》(巴里,意大利出版社,1944年),数处。

105 第97轰炸机大队情报处,特别情况报告;任务:1944年8月20日,波兰奥斯维辛合成燃料厂O/R,美国空军历史研究部,670.322。

106 米尔特·葛洛班,《写给编辑》,《时评》杂志(1978年7月),第10页。

107 历史学家戴维·怀曼在充满激情的文章《奥斯维辛为何从未遭受过轰炸》(《时评》杂志,1978年5月,第36—47页),和他的著作《抛弃犹太人:美国与大屠杀,1941—1945》(纽约,万神殿出版社,1984年)中,首次提出了这一争议。关于这个问题的著作汗牛充栋,但是,这其中有一本出色的论文和文件集,迈克尔·J.纽菲尔德和迈克尔·巴伦鲍姆编撰的《轰炸奥斯维辛:盟军应该试试吗?》(纽约,圣马丁出版社与美国大屠杀纪念博物馆,2000年)。

108 引自纽菲尔德和巴伦鲍姆编撰的《轰炸奥斯维辛:盟军应该试试吗?》中,第71页,马丁·吉尔伯特的《从当代案例看轰炸奥斯维辛的可行性》。

109 罗斯威尔·麦克莱兰发给战时难民事务委员会的电报,7月6日,第4291号,副本存放于美国大屠杀纪念博物馆,文件主题为:集中营——奥斯维辛;关于集中营完整的报告和地图,直至11月才传递给盟国政府。

110 助理参谋长托马斯·T.汉迪备忘录,《采取空中行动阻止匈牙利和斯洛伐克驱逐犹太人之建议》,1944年6月23日,国家档案馆。

111 约瑟夫·T.麦克纳尼中将,1944年1月28日给助理战争部长的备忘录,国家档案馆。

112 1944年2月8日,托马斯·T.汉迪少将给参谋长的电报,国家档案馆。

113 莫顿·明茨,《为何我们没有轰炸奥斯维辛》,《华盛顿邮报》(1983年4月17日),D2版。

114 纽菲尔德和巴伦鲍姆编撰的《轰炸奥斯维辛:盟军应该试试吗?》中,第2页,马丁·吉尔伯特的《从当代案例看轰炸奥斯维辛的可行性》。

115 《二战中的陆军航空队,第三卷》,第308—316页。

116 1944年4月27日,埃克发给斯帕茨的电报,斯帕茨文件。

117 龙达尔·里奇,《轰炸奥斯维辛:美国第十五航空队和一场可能的攻击的军事方面的问题》,《战争史》第6期(1999年),第205—229页;纽菲尔德和巴伦鲍姆编撰的《轰炸奥斯维辛:盟军应该试试吗?》中,第

214—226页，理查德·G. 戴维斯的《轰炸奥斯维辛：对一场历史思考的评述》。

118 纽菲尔德和巴伦鲍姆编撰的《轰炸奥斯维辛：盟军应该试试吗？》中，理查德·G. 戴维斯的《轰炸奥斯维辛：对一场历史思考的评述》，数处。

119 第5联队队部，1944年8月20日行动的第671号命令之附件，1944年8月19日，美国空军历史研究部，670.332。

120 纽菲尔德和巴伦鲍姆编撰的《轰炸奥斯维辛：盟军应该试试吗？》中，第222页，龙达尔·里奇，《轰炸奥斯维辛：美国第十五航空队和一场可能的攻击的军事方面的问题》。

121 纽菲尔德和巴伦鲍姆编撰的《轰炸奥斯维辛：盟军应该试试吗？》中，第223页，理查德·G. 戴维斯的《轰炸奥斯维辛：对一场历史思考的评述》。

122 安德森发给斯帕茨的电报，斯帕茨文件。

123 纽菲尔德和巴伦鲍姆编撰的《轰炸奥斯维辛：盟军应该试试吗？》中，第221页，理查德·G. 戴维斯的《轰炸奥斯维辛：对一场历史思考的评述》。

124 《二战中的陆军航空队，第三卷》，第316页。

125 伊利·威塞尔，《夜》，斯特拉·罗德威翻译（纽约，希尔&王出版社，1969年），第71页；奥斯维辛幸存者的看法，引自威廉·J. 范登赫威尔和拉斐尔·梅多夫的《盟军应该轰炸奥斯维辛吗？》http://hnn.us/articles/4268.html 。

126 2006年6月16日，作者对路易斯·罗沃斯基的采访。

127 2006年4月11日，作者对罗伯特·罗森塔尔的采访。

128 米尔特·葛洛班，《写给编辑》，《时评》杂志（1978年7月），第10页。

129 戴维·怀曼，《奥斯维辛为何从未遭受过轰炸》，第41页。

130 1944年10月5日，安德森发给斯帕茨的电报，斯帕茨文件。当年11月，最终从两名刚刚逃离奥斯维辛的生还者那里获得完整的报告后，约翰·佩勒深感震惊，并不建议采取轰炸行动的他改变了想法，敦促立即采取措施。他看到报告时，屠杀的进程已然加紧；参阅美国总统行政办公室、战时难民事务委员会，德国灭绝营——奥斯维辛和比克瑙，1944年11月，存放于美国大屠杀纪念博物馆的副本，档案号：轰炸奥斯维辛集中营至奥斯维辛集中营WRB报告。

131 莫顿·明茨，《为何我们没有轰炸奥斯维辛》。
132 麦克罗伊在其一生中坚持声称从未将这个问题提交给罗斯福总统。但在1986年与亨利·摩根索三世的谈话录音中，88岁高龄的麦克罗伊说他曾将此事告知过罗斯福，但总统强烈反对轰炸奥斯维辛的构想，他认为纳粹会用其他办法来杀掉那些囚犯，而陆航队则会被指责为滥杀无辜。麦克罗伊与罗斯福总统之间的会谈没有留下书面记录，但历史学家迈克尔·比奇罗斯将麦克罗伊的话引入到自己最近的著作《征服者》中。就连首位提出轰炸奥斯维辛这个争议问题的历史学家戴维·怀曼，也声称在他多年研究档案的过程中，一直未发现"轰炸与否这个问题被提交给罗斯福总统的证据"。怀曼的说法引自莫顿·明茨，《为何我们没有轰炸奥斯维辛》；迈克尔·比奇罗斯，《征服者：罗斯福、杜鲁门和纳粹德国的毁灭，1941—1945》（纽约，西蒙&舒斯特出版社，2002年），第66—67页。
133 引自理查德·G.戴维斯的《卡尔·斯帕茨与欧洲空战》，第442页。
134 美国战略轰炸调查，"德国空军的败亡"（华盛顿，美国政府印务局，1945年），第11页。
135 德国石油工业，第59—60页；《二战中的陆军航空队，第三卷》，第303页；杜立特尔，《我再也不会如此幸运》，第174—177页。
136 海因茨·克诺克，《为元首而飞》，第166—169页。
137 丹尼尔·耶金，《石油大博弈：石油、金钱与权力之战》，第379页。关于希特勒和石油，还可参阅理查德·奥弗里的《为何盟国能赢》（纽约，W. W.诺顿出版社，1997年），第七章。
138 丹尼尔·耶金，《石油大博弈：石油、金钱与权力之战》，第382页。
139 加兰德，《第一个和最后一个：德国战斗机部队的兴衰，1938—1945》，第229页；1944年8月30日，施佩尔给希特勒的报告，查尔斯·韦伯斯特和诺布尔·弗兰克兰的《对德国的战略空中打击，第四卷》，第331页。
140 理查德·奥弗里，《为何盟国能赢》，第228页。
141 甲醇产量从每个月34000吨下滑至8750吨，硝酸和合成橡胶产量减少了一半以上。美国战略轰炸调查，石油分部，第3—4页；施佩尔，《第三帝国内幕》，第406页；1944年8月30日，施佩尔给希特勒的报告，查尔斯·韦伯斯特和诺布尔·弗兰克兰的《对德国的战略空中打击，第四卷》，第330页。
142 理查德·奥弗里，《为何盟国能赢》，第131页。
143 1944年8月30日，施佩尔给希特勒的报告，查尔斯·韦伯斯特和诺布尔·弗兰克兰《对德国的战略空中打击，第四卷》，第332—333页。
144 加兰德，《第一个和最后一个：德国战斗机部队的兴衰，1938—1945》，第229页。

◀1942年8月17日，作为一名观测员亲自参加了第八航空队在战争中的首次轰炸任务后，第八航空队轰炸机司令部司令艾拉·C.埃克会见记者。

▲美国派驻欧洲的空军高级将领卡尔·斯帕茨，正对第八航空队的各位指挥官发表讲话。在他左侧的是第八航空队司令吉米·杜立特尔和第八航空队战斗机司令部司令威廉·E.凯普纳；斯帕茨右侧的是他的副手弗雷德里克·安德森。

▶美国陆军航空队司令亨利·阿诺德将军（右）在英国与吉米·杜立特尔会面。

▲两位中队长兼形影不离的好友：第100轰炸机大队的约翰·"巴基"·伊根（左）和盖尔·"巴克"·克莱文。

◀第100大队极具感召力的一名指挥官，罗伯特·"罗西"·罗森塔尔，在法国上空被击落后，伤势已得到恢复。

▲东英吉利亚，第826航空工兵营正用铺路机构建机场。到1944年前，派驻英国的非洲裔美国陆航队人员已超过12000人。

▲第八航空队大多数基地构建在英国东部的农田上。

▲德国空军的王牌飞行员克劳斯·米土希是JG26联队的一名大队长，该联队是纳粹德国抵御美国第八航空队的前线防御部队之一。克劳斯于1944年9月17日被击落后身亡。

◀阿道夫·加兰德，德国空军战斗机总监。

▲小海伍德·"负鼠"·汉塞尔（左），陆航军在战前最重要的规划者之一，在他身边的是柯蒂斯·E.李梅，对那些课堂理论深感怀疑的一名陆航队领导。

◀ 一名B-17投弹手坐在机头炮塔上方的位置，"诺顿"瞄准器摆放在他面前。

▲ 数百架受损的轰炸机在北海迫降。"暴风女神"号的机组人员穿着"梅惠斯"充气式救生衣，他们和他们的"解放者"隶属于第458轰炸机大队。

◀ 球形炮塔射手梅纳德·哈里森·史密斯，在自己的首次飞行任务中挽救了自己的战友。战争部长亨利·L. 史汀生为他颁发了荣誉勋章。

▲ 克拉克·盖博，既是一名好莱坞演员，也是第八航空队的一名机枪手。执行完任务返航后，与"三角洲反叛者2号"（隶属第91轰炸机大队）的机组人员合影。

▲本尼迪克特·B. 伯罗斯托夫斯基中士在"空中堡垒"的下方测试球形炮塔内的设备。

▲1943年5月17日,"孟菲斯美女"号的机组人员,在罗伯特·摩根上尉(前排左侧)的带领下,完成了他们的第二十五次任务后返回。他们是第八航空队第一个完成规定的二十五次飞行任务后返回美国的机组。好莱坞导演威廉·惠勒亲自参加了他们的飞行,并拍摄了一部纪录片——《孟菲斯美女号》。

◀一场作战行动开始于拂晓前,士兵们将炸弹装入轰炸机的弹仓。

▲拂晓时,一名情报官正在进行任务简报。

◀飞行员们驾车驶向他们的轰炸机。

▲迈克尔·里根牧师为飞行员们祈福。

▲"空中堡垒"列队起飞。爬升过程中,由于拥挤和昏暗的天色,空中相撞的事故很常见。

▲1943年中,P-47"雷电"式战斗机承担了大部分为轰炸机护航的重任。第56战斗机大队(泽姆克的"狼群")的指挥官休伯特·泽姆克(左)与格伦·米勒相遇。1944年间,格伦·米勒的陆航队乐队在第八航空队的各个基地巡回演出。

▲一名领航员坐在轰炸机的机鼻中，绘制着他们飞向目标的航线。

◀北海上空，这名无线电操作员兼射手打了几个点射，以检查他的机枪。在10000英尺高度，他们戴着氧气面罩。

◀这架"空中堡垒"的腰部射手穿着电热靴，戴着厚厚的手套，以抵御零度以下的严寒。他还穿着"防弹围裙"，围裙内缝着锰钢钢板。

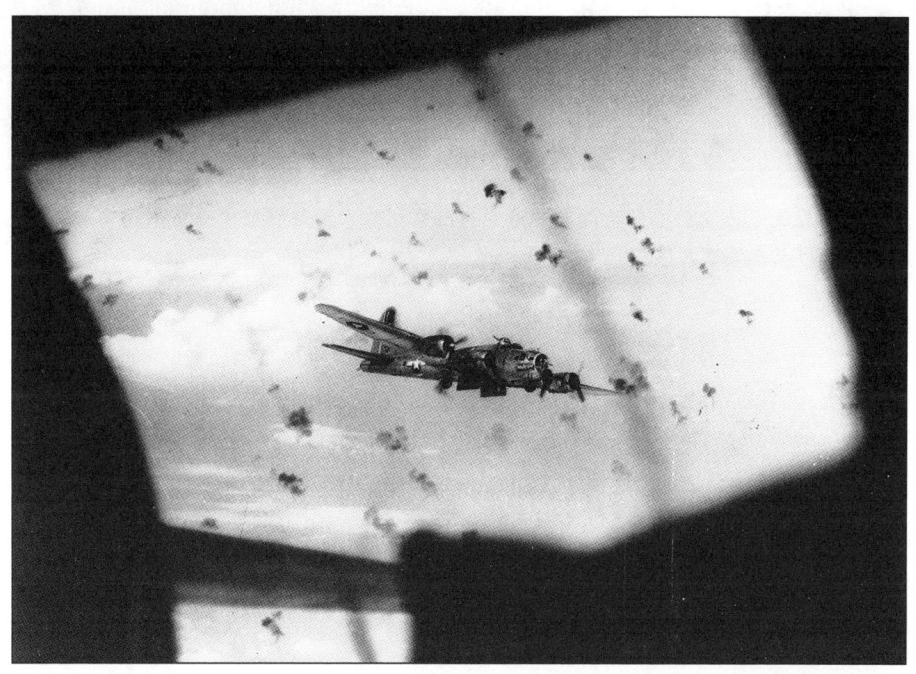

▲接近目标时，轰炸机进入到"高射炮领域"。驾驶员不能采取规避动作，因为投弹手需要一个稳定的平台，以实施更加准确的轰炸。

▲英国上空瞬息万变的气候使返回基地变得险象环生。两架"空中堡垒"轰鸣着穿过基地上空的云层时发生碰撞,双双坠毁。

◀轰炸机返回的消息传来后,基地人员聚集在控制塔,"为他们捏了把汗",数着飞回的数量,并试图辨别出每架轰炸机。

▲机械故障导致球形炮塔中的射手被困在有机玻璃罩内,电气故障又致使轰炸机无法放下起落架,他在迫降中被活活压死。

▲ "黎明欢唱"号的机组人员沿跑道走来,寻找车辆赶去进行作战汇报。

▲ 红十字会工作人员为返回的机组人员送上咖啡和三明治。

◀1943年8月，"解放者"贴着树梢逼近罗马尼亚的普洛耶什蒂炼油厂。执行任务的178架轰炸机，损失了54架，5名飞行员获得荣誉勋章。

▶约瑟夫·詹姆斯·沃尔特斯中士在一对比利时父子的护送下前往藏身处。沃尔特斯跳伞后落在一棵苹果树上，他那架"空中堡垒"是当天突袭雷根斯堡—施韦因富特的行动中损失的60架轰炸机中的一架。一名比利时工人拍摄了这张照片。

◀1943年年底，随着P-51"野马"战斗机的到来，第八航空队终于扭转了不利的空战局面，这种远程战斗机可以护送轰炸机一路赶往柏林。

▲D日到来的前夕，"雷电"战斗机帮助"野马"夺得了北欧上空的制空权，就像第八航空队遥遥领先的王牌飞行员弗朗西斯·"唠叨鬼"·加布雷斯基所驾驶的这架。

◀1944—1945年间，第八航空队重点打击两个目标，以摧毁德国的经济：合成燃料厂和铁路编组场。洛伊纳，这座庞大的合成燃料厂位于梅泽堡附近，是德国防御得最严密的地点之一。拍下这张工厂损毁照片的侦察机随后被地面防空炮火所击落。

◀大多数铁路编组场位于城市中心或其周边，击中它，而又不给附近居民区造成严重损害，这一点几乎无法做到。

▶好莱坞电影明星吉米·斯图尔特少校，是第八航空队杰出的作战指挥官之一。

▲随着德国战斗机力量的衰退，高射炮火成为轰炸机机组人员最大的威胁。驾驶员劳伦斯·M.德兰希将这架机鼻被高射炮火削掉的"空中堡垒"迫降在机场上。

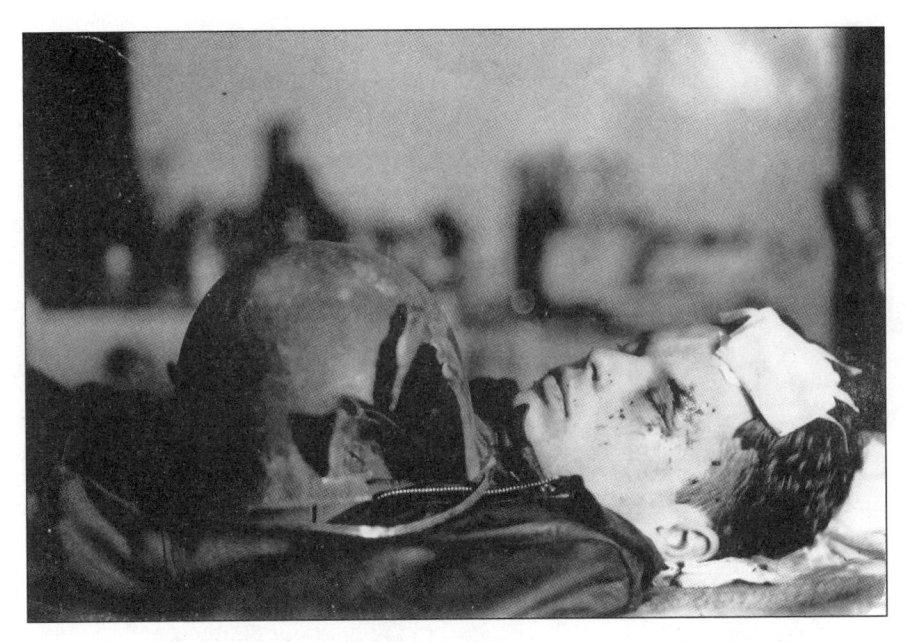

▲这顶防弹钢盔未能挡住一架德国战斗机射出的20毫米炮弹。照片中的这个小伙子活了下来。

▲一架"解放者"被一架Me-262射出的炮火切为两截，Me-262是德国在战争末期投入的一款喷气式战斗机。

▲第八航空队为那些遭受空中作战创伤的飞行员建立起疗养院。这些疗养院由航空队医护人员和红十字会女护士们管理。

▲第381轰炸机大队的射手们欢庆欧洲胜利日。

▶战争结束时,约有28000名第八航空队的飞行员从战俘营中被解放。路易斯·罗沃斯基(右)就是其中的一个,旁边是他的战友,伦纳德·史密斯。

▲战争期间，45000多名英国妇女嫁给美国军人。1946年1月，船上的这些"战时新娘"带着她们的宝宝离开南安普顿港，赶往美国跟他们的丈夫会合。

▲霍沙姆圣费思，村民们向第458轰炸机大队一架返回美国的"解放者"式轰炸机挥手道别。

第十二章

瑞士的囚犯

瑞士政府将美国飞行员扣为人质，
个中原因是第二次世界大战中保守得最好的秘密之一。
——唐纳德·阿瑟·沃特斯，第100轰炸机大队飞行员

1944年3月18日，瑞士

当天雾气蒙蒙，空中覆盖着碎云，第44轰炸机大队的一架B-24"解放者"——"地狱厨房"号，向东面的博登湖（Lake Constance）飞去，那是德国与中立国瑞士之间边境线的一部分。"地狱厨房"号遇到了麻烦，它在博登湖德国一侧的腓特烈港上空被高射炮弹击中，两具引擎损坏，汽油从左机翼的油箱中喷出。这架飞机从上千英里外的东英吉利亚飞来，已不可能再飞回去。离开编队后，乔治·D-特尔福德中尉告诉他的机组，他打算将飞机降落到瑞士的某个地方。

当天早上，中队的任务简报会上，特尔福德被告知，如果他的飞机在目标上空遭受到致命损伤，他可以飞入瑞士领空，并要求准许降落。关于瑞士，他知道的唯一一点是，他所在的航空师里的一些机组降落到那里后，再也没有回来。

"地狱厨房"号靠近瑞士边境时，19岁的空勤机械师丹尼尔·卡勒（这是他的第二十五次，也是最后一次作战飞行任务）看见四架Me-109向他们包抄过来。卡勒中士很害怕。他的炮塔已无法正常使用，另外他也很厌恶空战。这个小伙子来自印第安纳州的一个小镇，他的寡母是一名虔诚的贵格会教徒，在她的抚养下，他成长为一名和平主义者。但珍珠港事件后，他觉得对国家的责任高于自己的非暴力誓言，于是说服伤心的母亲在他的入伍文件上签了字。卡勒需要家人的签字，因为当时他还不到18岁。截至那时，卡勒唯一杀过的动物是一只兔子，射杀兔子是为了将食物放上"家里肉食匮乏的餐桌"。[1]卡勒对夺取生命一事非常敏感，以至于"地狱厨房"号投下炸弹时，他甚至会失声痛哭起来。"在这些任务中，我从未见到过一个敌人，挨炸的都是活生生的人啊！"尽管如此，他仍坚持参加飞行，作战也很英勇，因为他觉得有一种"反抗压迫"的道德义务。

就在他和其他射手准备向战斗机开火时，特尔福德中尉通过内部对讲机喊道，那些战斗机上有瑞士标志——两个白色的十字位于机身两侧。显然，这些是德国制造的飞机，但驾驶飞机的是瑞士飞行员。轰炸机上的射手们没有开火，但依然保持着戒备。一名说英语的战斗机飞行员用无线电联络上"地狱厨房"号，命令特尔福德放下起落架，否则他的飞机将被击落。这时，投弹手破坏了列为绝密的"诺顿"瞄准器，无线电操作员捣毁了电台，并将密码本撕掉。丹·卡勒将一些零部件从腰部舷窗丢出，并开始设法让飞机一着陆就起火燃烧。尽管对瑞士几乎一无所知，但他曾听说瑞士人将损坏的盟军飞机交给德国人，以换取战斗机，所以，他想确保"地狱厨房"号不会完整地落入敌人手中。

就在"地狱厨房"号降落在日内瓦城外的迪本多夫机场时，*卡勒走向机

---

*译注：此处的日内瓦疑为苏黎世的笔误。

身后部，躲入机翼剖面的上方，粗大的燃油管在那里汇集，并暴露在外。他打算用一把生锈的小刀将燃油管割断，打开油泵，等其他机组人员一离开，就用信号枪引燃这架轰炸机。就在他开始切割最粗的一根油管时，汽油喷得他一身都是，这时他注意到损坏的机翼上，油箱已因飞机着陆的震动而彻底破裂，整个机翼上满是汽油，他要做的只是向满是油气的空中来一发信号弹即可。其他组员从炸弹舱敞开的舱门离开后，卡勒从藏身处走上炸弹舱狭窄的过道，准备跳下飞机，并扣动信号枪的扳机。就在这时，一只有力的大手抓住他的一只脚，把他拖了下来。卡勒死死攥着信号枪，准备发射，但有人将全身力气压在他握枪的胳膊上，并从他手中夺走了那支信号枪。

卡勒这才看清，按住他的几个人是瑞士士兵，但他们的做法很可能救了他的命。"我的身上沾满汽油，要是信号枪发射的话，不仅飞机会被炸成碎片，恐怕我也在劫难逃。一支瑞士步枪指着我的头，三名士兵按住我，我环顾四周，看见瑞士哨兵用步枪指着我们机组中的每一个人。对我来说，这里不像是个友好的地方。"

当天，另外15架美国轰炸机也在瑞士安全着陆或迫降。[2]卡勒看见几架轰炸机在"地狱厨房"后飞入迪本多夫机场，他后来回忆说，这些飞机的模样，"看上去都很糟糕"[3]。他不知道的是，一些轰炸机遭到瑞士战斗机和高射炮的射击。这种情况并不少见。整个战争期间，瑞士人至少打死了20名皇家空军飞行员和16名美国飞行员，另有大批盟军飞行员负伤。[4]降落在瑞士的168架美国轰炸机中，至少有21架遭到对方的攻击，尽管他们中的大多数已明确显示出作战受损或发生故障的迹象。到1944年夏末前，一千多名美国飞行员落入瑞士人手中，他们受到瑞士士兵的看押，并被禁止在战争期间离开该国。这一千多人被拘押在中立的瑞士，他们的故事是二战中最大的秘密之一。

纳粹广播宣传员威廉·乔伊斯（由于他的口音，英国听众称他为"哈哈勋爵"）声称，这些美国飞行员带着他们的高尔夫球杆和滑雪板降落在瑞典和瑞士。"我们听到了在豪华度假酒店内喝着美酒、吃着美食并跟那些坏女孩约会的传闻。"美国飞行员勒罗伊·纽比回忆起他在战时对瑞士的印象。[5]瑞士政府证实,被击落的飞行员被关在度假酒店里,许多降落到瑞士的飞机只是稍稍伤了点漆的传闻不胫而走。1944年8月,《科里尔杂志》刊登了一组奢华的照片:神情愉快的美国飞行员们滑雪、骑自行车,还在斯德哥尔摩的夜总会里跟深具魅力的瑞典金发女郎喝香槟。[6]

华盛顿的陆航队司令部内响起了警钟,根据报告所示,光是7月份便有45架美国轰炸机和1架"野马"在瑞士避难。早在3月和4月,第八航空队与德国空军的激战到达高潮之际,哈普·阿诺德将军便对美国轰炸机降落到中立国恼怒不已。现在,他给卡尔·斯帕茨发去一封怒气冲冲的信件,声称他有证据表明,大批降落到中立国的美国轰炸机"既未受到严重的战损,也未发生机械故障或燃料短缺"[7]。另外,他还指控说,据派驻瑞典、曾会见过被拘禁的飞行员的美国外交人员确认,"降落到这里的目的是故意逃避进一步的作战任务"。

要让卡尔·斯帕茨心烦意乱甚至发脾气并不容易,但这封信件做到了。他以近乎犯上的语言告诉阿诺德,他和负责地中海战区空中力量的艾拉·埃克,"痛恨将这些机组人员暗示为懦夫、士气低下或缺乏作战意志。这是对这场战争中最英勇的一群战士的无耻诽谤"[8]。

并不以冷静而著称的阿诺德反应过火了。在发给斯帕茨的备忘录中,他夸大了从派驻瑞典的外交人员那里获得的证据。他的怀疑仅仅是根据美国驻哥德堡领事威廉·W.科科伦的一封来信,而科科伦则是个以反复无常而出名的家伙。科科伦指责被拘禁在该国的美国飞行员"完全没有爱国心",并以"一切可能的手段"积极逃避额外的服役期。[9]这番鲁莽的指控助长了阿诺德的关注,他认为最近在中立国的一连串着陆是一个更大的问题的苗头:疲劳和严重的损失造成机组人员的士气严重恶化。甚至在写信给斯帕茨之前,阿诺德已经展开三项独立调查:其中的两项是与被扣留在瑞士和瑞典的机组人员会面,并检查他们的飞机;另一项调查由总部工作人员进行,研究整个欧洲战区作战机组的士气问题。

这些调查正在进行之际,当年8月,阿诺德收到一份来自巴恩韦尔·瑞特·莱格准将的公文,他是美国驻伯尔尼使馆的武官,这份公文向阿诺德透露了瑞士的真实情况。莱格声称,他在劝阻那些被阿诺德指责为"试图躲避战事"的飞行员不要逃跑的问题上遇到些麻烦,这些飞行员想从"慈善的主人"那里逃走,甘愿冒上巨大的个人风险,在法国地下抵抗组织的帮助下返回英国。[10]这些飞行员为什么要逃离他们舒适的监禁地(高山度假村)?莱格将军为何要阻止他们?这些都是阿诺德要问的问题。

随着陆航队调查人员对瑞士的拘禁条件加以更仔细的调查,他们会发现一场严重的士气危机,尽管不是阿诺德所怀疑的那种。战争期间,1740名美国飞行员被扣留在瑞士,这个数字中包括"被拘留者"(1516人)和降落在敌方领土后设法逃入瑞士的"脱险者",其中的947人试图逃跑,有些人甚至试了两三次。[11]相比之下,被拘禁在瑞典的1400多名美国飞行员则很少有人想逃跑,尽管没有准确的官方统计。从瑞典逃回英国非常困难,而在四个专门为他们设立的拘留营里,这些飞行员受到良好的对待,他们都遇到会说英语、态度友好的瑞典官员,这些官员为他们提供了大量的娱乐设施,并给他们签发前往斯德哥尔摩和其他大城市的定期通行证。由于向德国销售铁矿石,瑞典政府处在美国沉重的外交压力下,因而加快了美国飞行员的遣返工作,这就使他们完全没必要冒着危险逃跑。即便有几个因不耐烦而试图逃离的飞行员,出于对美国经济制裁的担心,瑞典的官员们也不愿阻止他们。

瑞士的情况则不是这样。尽管国务卿科德尔·赫尔发出了强烈的抗议,但瑞士政府直到战争的最后几个月才开始遣返被拘禁的美国人。瑞士的宪兵积极追捕逃往边境的美国飞行员,不仅开枪,还射伤了其中一些人。那些被抓回来的人被判以不确定的刑期,非正式负责被拘禁美国军事人员事务的莱格准将对此听之任之。他以军事法庭相威胁,警告美国飞行员们不要逃跑。莱格告诉斯帕茨设在伦敦的司令部,逃跑的企图会使"主人们"不快,并拖缓他为美国飞行员们获释而进行的秘密谈判。[12]但莱格更关心的是如何讨好瑞士，而不是让被拘禁的美国人获释，逃跑的美国同胞被瑞士人抓回后加以囚禁，他带着不可原谅的冷漠查看了他们恶劣的监狱条件。战争的最后两年中，"慈善的主人"将187名美国飞行员关入欧洲最令人厌恶的监狱之一，管理这座惩戒营的是一个残酷成性的纳粹。丹尼尔·卡勒就是这些不幸者中的一个。

高山拘禁

降落在瑞士不到一个小时，卡勒所在的机组和当天下午降落在迪本多夫机场的其他美国机组人员便被武装警卫带至一个大礼堂，在那里，瑞士官员向他们简单介绍了监禁事项。他们被告知，当天晚些时候，火车会送他们到一个特别营地，该营地设在这个国家中部的一片隔离区内，他们会在那里先被隔离两周，然后在哨兵的看守下度过战争剩下的时间。他们最终会获得自由，但未经批准擅自逃离隔离区的人会遭到追捕，并被送入一座监狱。瑞士士兵已接到命令，如果对方不听从"停下！"的命令，他们将向试图逃离者开枪。由于瑞士是一个非交战国，这些飞行员并不被视为战俘或脱险者，携带武器并自愿进入这个国家的人便被列为"被拘禁者"。但在几乎每个方面，他们受到的对待都很像战俘，尽管他们被剥夺了《日内瓦公约》赋予战俘的许多权利。

在迪本多夫机场礼堂进行情况简报时，被俘的飞行员们看见台上瑞士官员的身旁坐着一名美国将军，他们肯定深受鼓舞。他们确信这是一场小把戏，他们是花了大价钱训练出来的美国飞行员，国家已经派人来到这里，他肯定能让他们回到各自的中队并再次投入战斗。但莱格将军（这个肥胖的一战骑兵军官穿着马裤和齐膝高的皮马靴）却以严厉的警告结束了简报会。企图逃跑的被拘禁者不会获得美国领事馆或美国武官的帮助，他们将受到瑞士法律的约束。莱格说，被拘禁者会得到良好的对待，应该耐心等待。战争很快就会结束，他们会获得遣返。丹尼尔·卡勒仔细聆听着，他被搞糊涂了。这位将军的警告与他在英国所接受的指示相冲突：被俘的飞行员应该设法逃脱，并返回自己的原部队。"据我看，尽管他们称我们为一个中立国的'被拘禁者'，但事实上，他们将我们置于枪口下，使我们成了囚犯。"若干年后，卡勒这样写道。[13]

卡勒中士所在的机组被送到阿德尔博登（Adelboden）的一个主拘禁营，这是个空置的避暑山庄，位于日内瓦湖东北方30英里处。从弗鲁蒂根（Frutigen）火车站通往阿德尔博登，只有一条蜿蜒的盘山公路。营地指挥官是一名金发碧眼的军官（他令卡勒想起在电影中见到的那些党卫队成员），他将军官和士兵们分开，并分配到各自的宿舍中。他们就这样住进了简陋的度假山庄，处在不间断的看押下。他们受到不错的对待，但条件很不理想。整个国家都处在严格的配给制下。[14]战时的瑞士，热水是个奢侈品，每十天供应一次，每次只有短短的几个小时。寒冷的天气里，宿舍里没有可供取暖的煤，他们穿着飞行服，戴着手套，吃着少得可怜的黑面包、土豆和稀薄的汤。肉，每周供应一次，样子还很吓人——通常是山羊肉做成的血肠。由于饮食的贫乏，半数以上的人患了肠胃和口腔疾病，这里没有医疗和口腔护理，除非是非常紧急的状况。一些在最后一次作战行动中负伤的飞行员，不得不等待几个月后才被送入医院。在瑞士降落时，丹尼尔·卡勒患了严重的冻伤，没过几天，脚上的皮肤开始发黑。他被告知，一名瑞士军医下次到阿德尔博登来时，就会为他提供治疗，但这个军医从未出现过。而瑞士却一直派遣医疗队在东线帮助德国军队。

阿德尔博登普遍存在的问题是无聊，最盛行的运动方式是饮酒，经常会过量。这些飞行员从美国驻伯尔尼领事馆收到一些微薄的津贴，以替代他们的飞行津贴，用这些钱，他们可以给自己买酒喝，有些人甚至一醉好几天。[15]书籍和信件从家里邮递过来，飞行员们还被允许在当地的山坡上滑雪，或独自到镇上逛逛，但在天黑前必须返回宿舍。小小的弗鲁蒂根镇上没什么姑娘，但年轻的美国飞行员挤满咖啡屋的消息传播出去后，来自伯尔尼和苏黎世，衣着入时的女人们开始在周末频繁光顾这度假小镇。"她们中的许多人嫁给了军官，"战时的一位居民回忆道，"但她们独自来到阿德尔博登，来一场'冒险'。她们会遇上这些仿佛来自另一个世界的年轻飞行员。"[16]

尽管与瑞典的"被拘禁者"相比,这里的外出旅行受到更多的限制,但一名品行良好的飞行员也可能会获得一张特别通行证去参观另一个镇子,如果他能得到一个瑞士家庭的正式邀请的话——也许是他在当地滑雪场上邂逅的某个深具魅力的姑娘的父母。但这些精力充沛的战士想得到的只是性和友谊,而不是持久的关系。整个战争期间,只有两名被拘禁的美国人迎娶了瑞士妇女。过了一阵子,单调、无聊、简陋的条件,再加上位于法国的盟军越来越逼近,被莱格将军描述为"重返战场的呼声"[17]激发起他们逃跑的冲动。可是,逃亡的障碍令人望而生畏。

一些飞行员进入深山远足,武装卫兵陪伴着他们,同时担任向导。那是一片童话般的美景:教堂的钟声每隔一个小时便会响起,冰川湖在正午阳光的照耀下,像巨大的宝石那样熠熠生辉。但一些人回来时无比沮丧,回到宿舍便倒头睡去。只有出色的登山者才有机会翻越阿尔卑斯山众多的山峰逃生,这些高耸的山峰就像监狱的墙壁,环绕着深邃、满是松香味的山谷。即便穿越过无法逾越的山脉,各个方向都是通往纳粹德国的。"自从有过瑞士的经历后,我对山峰始终怀有不同的心境,"飞行员马丁·安德鲁斯回忆道,"我觉得它们很美丽,但也有种压迫感。"[18]

卫兵们告诉卡勒,这些他所厌恶的山峰防止了他们的国家被德国军队侵占。他们还告诉他,瑞士居民中,60%的人有德国血统,许多瑞士人加入了当地的纳粹团体,他们不可能协助一名美国人逃跑。这些话半真半假。

瑞士的中立立场

凭借其强大的阿尔卑斯山防线和一支435000名士兵的军队,再加上斗志昂扬的民兵组织,瑞士是个很难被征服的国家。但希特勒并不需要这个阿尔卑斯山堡垒臣服,通过恐吓和意识形态相结合的手段,他从瑞士得到了大多数他想要的东西。

大多数瑞士公民支持盟军，反对纳粹分子接掌他们的国家，但这个国家至少有40个法西斯主义和极端爱国主义组织存在，有些组织甚至在150多个社区拥有基层机构和地方分部，大多位于以德语为主的州。在党卫队头子海因里希·希姆莱和宣传部长约瑟夫·戈培尔的积极支持下，柏林为这些亲纳粹组织提供了资金和指导，这些组织都持积极的反犹主义。德国驻伯尔尼领事馆公开支持国家社会主义德国工人党的一个分支机构，该机构吹嘘说，他们有好几万坚定的追随者。[19]历史学家艾伦·莫里斯·朔恩写道："整个欧洲可能没有哪个国家拥有这么多与其人口和地理区域成比例的类似团体。"[20]这些组织中的大多数，从劳动者和中下阶层吸收成员，但半保密的"瑞士祖国协会"的主导力量却是由战时统治瑞士的政治、商业和军事领导者所组成的三驾马车。（今天，该组织亲纳粹和反犹主义出版物的副本，从瑞士各图书馆和学术资料库中莫名其妙地消失了。）

祖国协会的领导者主要负责瑞士与纳粹德国和法西斯意大利之间牢固的经济关系。[21]这种关系是瑞士联邦委员会（该国的七人行政机构）里通外国的总统马塞尔·爱德华·皮莱–戈拉不遗余力培养起来的，但它也植根于瑞士极端的经济脆弱性：该国几乎所有的燃料和大部分食物都依赖进口。瑞士从德国购买煤和农产品，并以铁矿石回报。作为一个中立国，瑞士拥有与德国和意大利的合法贸易权，但国际法禁止一个中立国向交战国供应任何战争物资。瑞士违反了这一法令。祖国协会的成员瓦尔特·斯坦普夫里，组织起瑞士的工业生产，以满足纳粹德国的需求。瑞士的各大银行（纳粹德国银行家们的首选）为纳粹德国的武器生产提供资金，瑞士的各个行业为德国的战争机器生产出大量必需品，包括机床、航空机炮、无线电零部件、军用卡车、货车、化工品、染料、工业钻石和滚珠轴承。希特勒的同情者埃米尔·比勒所领导的庞大的厄利空工厂，为德国空军生产120毫米口径的高射炮，厄利空工厂的其他军工品也出现在德军几乎每一个单位的武器库中。瑞士还在德国境内建立起军工厂，其中的一些在党卫队的指导下使用了奴工。这些工厂中，位于德国南部的几座属于国际红十字会主席马克斯·胡贝尔博士。1942年，瑞士出口产品的97%以上流向轴心国或是他们的合作者。

罗马尼亚的石油经海路运往意大利，再由穿过瑞士的铁路线转运至德国，来自土耳其和巴尔干地区的镍、铜和铬同样如此。[22]意大利与德国之间，穿越瑞士领土所进行的贸易活动也很活跃。历史学家凯瑟琳·J. 普林斯写道："瑞士的铁路系统，甚至包括瑞士本身，有效地属于纳粹德国。"[23]纳粹强盗从集中营遇难者嘴里拔下的金牙所融成的金块，以及从德国上流犹太人家中没收的艺术品（这些犹太人已被送往死亡营），都被存放在瑞士的银行里。

战争期间，瑞士收容了大约20万难民，其中的28000人是犹太人，但瑞士的犹太社区和其他组织靠收取人头税来帮助他们。另外，瑞士拒绝了成千上万名向该国寻求避难的犹太人，其中一些遭到逮捕，并被转交给德国和法国维希政府。[24]1938年，瑞士司法和警察部长海因里希·罗特穆德博士建议德国官员，犹太人的护照上应该加盖上一个红色的"J"，以方便瑞士边境警察识别他们。

在防御问题上，战时瑞士政府向盟国解释说，他们不愿成为地理上的囚犯。1942年11月，维希法国被占领后，整个瑞士被轴心国所包围，最靠近的自由国家也在1000英里外。盟国的特别外交压力，再加上瑞士也意识到盟军将赢得这场战争，这才说服这个已有700年民主历史的政府于1945年2月改变了他们的经济政策，不再向第三帝国出口与战争有关的产品。但不顾盟国的要求，瑞士国家银行继续接收装满德国银行劫掠来的黄金的车队。直到欧战结束前的一个星期，瑞士联邦委员会才宣布所有纳粹党基层组织为非法组织。"最终在1945年4月，瑞士屈服了——只比约德尔将军早了一个星期。"外交家迪安·艾奇逊写道，他后来成为杜鲁门总统的国务卿。[25]

担心遭到报复或领土的完整性受到侵害，瑞士政府允许德国空军在达沃斯的一家豪华酒店为他们的飞行员设立起一个休息区，那里是一片遍布森林的山区休假胜地。受损的德国战斗机也被允许在瑞士机场着陆，而这些机场通常会对飞入的盟国飞机开火射击。"什么中立国？你只是想降落在那里，亲吻大地，可他们却朝你开火。"一名美国飞行员抱怨道。[26]但这位小伙子没有意识到，如果这种情况经常发生，瑞士的炮手们就有理由保持高度警惕。频繁而又壮观的大规模轰炸行动距离瑞士边境很近，美国航空队经常会侵犯瑞士领空，有时多达数百架，尽管大多出于意外，但还是激怒了赫尔曼·戈林，瑞士空军的大部分装备都是从他那里购买到的。战争期间，美国轰炸机有几次误炸了瑞士的城市，包括伯尔尼、巴塞尔和苏黎世。最严重的一次意外发生在1944年4月1日，沙夫豪森（Schaffhausen）遭到20架B-24"解放者"的轰炸，这些飞机在厚厚的云层中迷了路。他们认为自己正位于敌方城市的上空，炸弹投向市中心，40名平民丧生，100多人受伤。瑞士政府要求并得到了正式道歉和赔偿，但这并未平息边境社区瑞士人的怒火。也许不是历史中的一个意外事件，沙夫豪森遭到轰炸的当月，瑞士战斗机和高射炮手击落了一架严重受损的B-17"小鲢鱼"号，当时，这架轰炸机的两具引擎冒烟，左前轮被击落，正准备在苏黎世附近迫降。六名机组人员身亡，其中一个是被迫在600英尺高度跳伞时丧生的。美国领事馆提出抗议，声称"美国轰炸机以类似的信号回复了瑞士战斗机发出的绿色火箭信号后，仍遭到后者的攻击"[27]。对方的回应很简短，只是提到发给瑞士空军人员的指示"已经做出改变，部分原因是因为此次意外"[28]。

身处阿德尔博登的美国飞行员们忍受着东道国对希特勒的绥靖以及他们对盟国空军入侵越来越大的不耐烦。如果瑞士真的站在中立国立场，这些人和另外两个拘禁营里的美国飞行员就该获得与身处瑞典的美国飞行员同样多的自由，被拘禁在瑞典的美国飞行员，许多人在该国的飞机厂干活，住在舒适的高级酒店里。事实上，被拘禁在瑞士的美国飞行员待在营地里，等待着战争的结束，很少受到瑞士士兵的虐待。但那些大胆逃跑的飞行员则进入到一个全副武装的国家，这里的忠诚形形色色，而该国的士兵、警察以及法院人员已接到命令，严惩被抓获的美国飞行员。

沃维尔莫斯的黑洞

　　丹尼尔·卡勒对陌生的东西感到害怕。他在印第安纳州与世隔绝的锡拉丘兹长大，从未在离家30英里以外的地方溜达过。但他现在满脑子想的都是逃入一个陌生的世界，"以便重新参加战斗，反抗压迫……"[29]他的爱国主义情绪是如此强烈，以至于现在回想起来，甚至觉得有些做作。但为了国家的战争而放弃贵格会信仰，他认为自己放弃了进入天堂的一切机会。他只希望上帝已创造出一个特别的地方——离天堂近些，但远离地狱——专门留给那些为了一个正派的原因而打破杀戒的人。

　　卡勒第一次逃跑是在1944年5月，他和两名同伴迷了路，差点死在意大利边境的山区森林中。脚上血痂带来的难以忍受的疼痛，误食毒浆果造成的病症，这一切使他几乎无法行走，卡勒独自搭乘火车返回阿德尔博登，同一列火车曾把他和他的同伴送至贝林佐纳（Bellinzona）南部，那是意大利边境上最大的一座城市。"这次逃亡最神奇的是，我搭乘瑞士公共交通系统逃出去500多英里，从未有人盘问过我，或要我出示证件。"[30]原因之一是，他已经穿过意大利，而不是瑞士的德语地区，那里的警察更加警惕。瑞士"被拘禁者和住院治疗"委员会在战后发布的一份报告提供了另一个解释："我们尽了一切努力防止被拘禁者逃跑。遗憾的是，我们的努力受到阻碍，事实上，很大一部分居民对以任何可能的方式为被拘禁者逃跑提供帮助而感到荣幸。"[31]

　　向阿德尔博登的指挥官报告后，卡勒被处以在弗鲁蒂根监狱禁闭十天的惩罚。他后来得知，他的同伴被瑞士边境哨兵抓获，并被关了起来。十天禁闭期过后，卡勒被送往一座高度戒备的惩戒营，名叫"沃维尔莫斯监狱"，英语的意思是"位于沃维尔沼泽地里的监狱"，这是个靠近卢塞恩（Lucerne）的村落。卡勒从未被告知他为何被送至这里,或者要在这里关多久。就在他走进监狱大门时,看押他的哨兵对他低声说道:"我很抱歉把您带到这个地狱里来。万事小心。这里的家伙都很可怕,而您,太年轻了。"[32]

沃维尔莫斯是一座封闭、满是泥泞的营地,四周环绕着高高的铁丝网,巡逻的哨兵携带着机枪和警犬。这座惩戒营修建于1941年,专门用于关押来自十几个国家被监禁的军事人员中的不法分子和逃跑者。为管理这座营地,瑞士当局派了个坏得无法再坏的人选——法国外籍军团的前军官,安德烈-亨利·贝甘上尉,他是个既残酷又腐败的家伙。当时,他正因通奸、受贿、挪用监狱公款、为德国人充当间谍以及非法穿着纳粹制服(战前居住在德国时,他在信件中的签名总是"希特勒万岁")等罪名受到瑞士当局的调查。由于体重严重超标,他很少进入监狱,而宁愿坐在他的办公桌后处理事情,在这里,他偶尔会跟四个情妇中的一个"放松"一下,在这里,他还可以方便地没收邮寄给囚犯们的救济包裹。他所任命的官员都和他一样,粗俗、贪腐成性。"(他们)把我们当作败类般对待,"第八航空队的投弹手詹姆斯·米苏拉卡说道,"瑞士人称这里是惩戒营,但这里更像个集中营。"[33]

丹·卡勒被卫兵推入九号营区的大门时,差点被营区内的恶臭熏昏过去。他在印第安纳州任何一个谷仓里闻到的味道都比这里好得多。木地板上铺着脏兮兮的稻草,犯人们睡在上面,而在门外臭气熏天的窄沟里大便,他们就用这些稻草当卫生纸用。"当晚发生在我身上的事以及后来更多的遭遇,是一名犯人不得不忍受的人间地狱。"卡勒在他生动的监狱回忆录中写道。[34]一群俄国人把他按住,用稻草堵上他的嘴,多次鸡奸了他。"我来自农村的小地方,从未听说过男人可以做这些人对我所做的这种事。我……甚至从未跟一个姑娘做过,除了握握她的手,并在她的面颊或嘴唇上轻吻一下。我身上所有的口子都在流血,我不禁祈祷上帝,把我的生命带走吧。"

第二天早上,他再次遭到强奸,并被迫为几个攻击他的家伙口交,他们将木棒塞入他嘴里,把他的嘴撬开。他被打晕,苏醒过来后发现鲜血流入喉咙中。他虚弱得无法动弹，双手反绑在身后，被丢在营房外的一条废沟中。"终于恢复意识后，我从沟里爬出，试着用稻草擦拭身体，这才注意到有些东西挂在肛门外，随即意识到那是一截肠子，我又把它塞了回去。"

几个小时后，卡勒挣扎着走进贝甘的办公室，失声尖叫起来。"他们都盯着我，好像我是某种怪物，一种不怀好意的笑容出现在他们的脸上。"这个贵格会牧师的儿子平生第一次朝其他人大骂起来，但没人明白他的话，没人会说英语。贝甘对卡勒感到厌烦，他站起身，用总是带在身边的马鞭指指房门，他的卫兵立刻将卡勒扔了出去。卡勒面朝下倒在土路上，不禁祈祷四处游荡的警犬过来咬死自己算了。

跳蚤，再加上被老鼠粪便污染的稻草，没过几天，卡勒的身上长满了疮。强奸仍在继续，而且越来越暴力。他开始吐血，并吐出一种不知是什么的黄色物质，病情发展为慢性、出血性腹泻。一名英国军士长来视察监狱，看望英国囚犯时，卡勒问他，为何红十字会不到这里来视察，他为何未经审判就被关押在这里，为何美国驻伯尔尼的武官莱格将军未被告知自己被关在这里？

在随后的一次视察中，这位军士长告诉卡勒，他已通过驻伯尔尼的英国人员通知了美方代表，但他被告知，莱格将军不相信瑞士居然存在像沃维尔莫斯监狱这样的地方，另外，他的官方立场是，如果一名美国飞行员试图逃跑，他就该受到瑞士当局的惩罚。

在卡勒看来，他为之奋战的国家抛弃了他，而瑞士，这个派出红十字会代表团监督德国战俘营条件的国家，对视察一座中世纪般的临时监狱没什么兴趣，可这座监狱距离日内瓦国际红十字会总部还不到100英里。"（沃维尔莫斯监狱）没有任何虐待行为，"国际红十字会的一份检查报告中指出，"相反，对部分监狱指挥官的管理倒是很严格。"[35]这里有"铁一般的纪律"，一名瑞士少校查看了沃维尔莫斯监狱的条件后说道，但这是"必要的"。至于贝甘，他补充道，是个"理想的人选……非常适合管理此类监狱"。这位瑞士军官以他所能给予的最高赞誉结束了他的报告，他说，该监狱的文件"保存得井井有条"。[36]

当年晚些时候,莱格将军终于获悉了沃维尔莫斯监狱,但他起初并未采取行动。他没有实施干预,以帮助被关押在那里、人数不断增加的美国飞行员,相反,他对惩戒营的存在视若无睹,认为这能阻止进一步的逃跑行为。针对被拘禁在该国的所有美国飞行员,他签署了一份公告,警告他们,任何一个企图逃跑的人"都不会从我这里获得支持以对抗瑞士拘禁部门所采取的惩罚性措施,他将被送往沃维尔莫斯监狱关押5—6个月"[37]。飞行员们不知道的是,在国务院的压力下,莱格已开始与瑞士商谈遣返所有美国飞行员的事宜,不断发生的逃跑妨碍到他的努力。战争末期,他也为沃维尔莫斯监狱恶劣的条件几次向瑞士当局提出正式抗议,[38]几十名美国飞行员未经审判便被无限期地关押在那里。但这并不能为他拒绝视察沃维尔莫斯监狱,或未能在更早些时候采取密切的调查以确实该监狱的存在提供任何借口。

卡勒终于被带离沃维尔莫斯监狱,并被送至法庭,他发现瑞士的司法简直是荒唐可笑。[39]军事法庭的程序完全用德语进行,等这一切结束后,卡勒拿到一份被翻译成英文的副本。他没有得到任何医疗救治,还要被送回沃维尔莫斯监狱,再过上一段未明确说明期限的日子。他拿到的那份庭审副本中,没有收录他提供的遭到强奸和监狱内部条件的证词中的一个字。最后一个侮辱是,他还收到一张18瑞士法郎的账单,以补偿他给法庭带来的麻烦。

回到监狱,卡勒忍受着强烈耳鸣的折磨——这是他被俄国人殴打的结果。那些俄国人已被转走,但独自坐在营房的角落,裹着薄薄的毛毯,卡勒觉得自己要疯了。"我记得沃维尔莫斯监狱的最后一件事是,我像个疯子那样,试图将稻草塞入自己的喉咙,以便让自己窒息而死。"就在渐渐失去意识之际,他听见那名英国军士长向两名试图让他苏醒过来的瑞士看守大声喊着命令,"随后,眼前一片漆黑"。[40]

后来,那名英国军士长告诉他,在他的坚持下,英国政府派驻伯尔尼的代表让一名瑞士外交官签署了一份文件,要求立即让卡勒获得医疗救治。

丹·卡勒在瑞士的一所军医院中醒来，几天后，他又被转送至位于达沃斯的一所结核病疗养院，那里靠近奥地利边境。1944年9月26日，他从那里逃至法国，他的机长为这次逃亡铺平了道路。在派驻瑞士领事馆的陆航队人员的协助下，特尔福德中尉向一些瑞士工人支付了费用，以安排他的机组逃离，并将他们交给法国游击队。就在他们步行穿越边境时，瑞士哨兵向他们开枪射击，特尔福德的脚踝中弹受伤。[41]特尔福德的机组搭乘第八航空队的一架C-47货机返回伦敦，与他们同机返回的还有其他一些被拘禁者，英国人和美国人都有，他们也是最近才偷越边境的。卡尔·斯帕茨将军安排了这次空运行动。

1944年8月，斯帕茨便开始敦促华盛顿对瑞士施压，要求对方释放被拘禁的陆航队人员。[42]他还带话到瑞士，要求被拘禁的飞行员们恪守他们"努力逃脱"的誓言。这时，在瑞士从事外交工作的陆航队成员，以及美国驻苏黎世领事馆的人员，开始违抗莱格将军的命令，积极帮助飞行员们逃离。在国务卿赫尔的鼓动下，OSS（战略情报局）也组建起一个地下网络；飞行员被藏在美国驻伯尔尼领事馆内，然后再用棚车送往边境，或用渡船渡过日内瓦湖。

山姆·伍兹，这位前海军陆战队飞行员现在是美国驻苏黎世总领事，他独自一人组建起一个逃生网，帮助200多名被拘禁者逃至法国。他与他们中的几十个人在教堂或墓地秘密会面，为他们提供假护照，并用自己的黑色轿车将许多飞行员送至边境。在边境处，伍兹会走进一家瑞士小客栈，一条地下排污管连接着一座法国的酒吧，另外，这里还有相连的电话。伍兹用电话通知位于法国的同伴，一群美国人已做好偷渡过去的准备。经营这种逃生路线需要花钱，大部分用于贿赂，但伍兹有一个稳定的资金来源，由IBM公司的创办人兼总裁托马斯·J.沃森提供，他通过公司驻欧洲办事处为伍兹提供资金。[43]

随着地面战事越来越逼近瑞士，山姆将军（那些获得他全力营救的飞行员对他视若神明）开始设法增加逃亡飞行员的人数。成功逃生的机会已得到极大的提高，现在，德国军队已被逐出法国，美国第7集团军已于1944年8月18日在法国南部登陆，并到达日内瓦附近的瑞士边境。

就在这段时间，阿诺德将军收到了调查报告，他在夏初发起的这项调查旨在弄清飞入中立国瑞士和瑞典的美国飞行员是否故意以此来逃避服役。阿诺德委派的代表詹姆斯·威尔逊中校，花了一个多月时间在英国和意大利的航空队基地与飞行员们交谈，并未发现"士气危机"的证据。[44]甚至在更早些时候，航空队调查人员也给了阿诺德回复："没有哪个机组，除了个别的例外……故意降落到瑞典。"[45]尽管瑞典人提供了优待，但大多数被拘禁者都急于返回英国，当然也有些身负重伤者没有重返战场的强烈欲望。另外还发现，威廉·科科伦对身处瑞士的美军飞行员的全面指控，仅仅是基于他跟两个机组的会谈，科科伦大概是被"大多数美国飞行员对豪言壮语表现出的冷淡和蔑视所误导了"[46]。最终令阿诺德感到满意的似乎是来自艾伦·杜勒斯的一份报告，他是OSS负责中欧事务的负责人，总部设在伯尔尼。利用瑞士为基地，广泛从事其间谍行动的杜勒斯指出，他和派驻瑞士、奉命检查每一架降落到那里的美国飞机的美国军官，都未发现飞行员们试图逃避战斗的任何证据。"我相信，这只能是纳粹们搞的不怀好意的宣传。"杜勒斯做出了结论。[47]

战争结束后，斯帕茨仍对阿诺德的指责耿耿于怀，他命令美国维修组仔细检查每一架降落到瑞士的轰炸机，并做好准备，把它们带回美国陆航队。报告的结论是，除了一两架飞机外，所有降落到瑞士的轰炸机不是遭受到严重的损坏，就是燃料已缺乏到危险的程度。[48]

法国解放后，轴心国对瑞士的包围被打破。己方的空军基地遍布法国，迫降至瑞典和瑞士的吸引力大为降低。1944年最后的三个月里，只有5架美国重型轰炸机降至瑞士。这些飞机都属于第十五航空队，它们严重受损，已无法飞越吓人的阿尔卑斯山返回到意大利南部。

在伦敦，陆军情报人员和OSS特工对丹·卡勒进行了详细的盘问。[49]但没人相信他所说的关于沃维尔莫斯监狱的恐怖故事。"中士，你是个该死的骗子，"有人这样告诉他，"根本就没有沃维尔莫斯这样的地方……如果真有的话，瑞士人也不会把仅仅是想逃跑的美国士兵关到那里去。"⁵⁰无奈之下，卡勒脱掉他的衬衫和鞋子，向审讯者展示遍布全身的疮。但他很快便意识到，这些人根本就不想相信他的故事。当时，美国外交人员正跟瑞士政府商谈误炸瑞士城市的赔偿问题，而莱格将军仍在试图与瑞士达成交易，将剩下的600余名美国飞行员遣返回来。美国政府不希望在谈判过程中出现对瑞士的负面宣传。卡勒被告知，如果他坚持自己的故事，并公之于世，军方只能宣布他有智力障碍，并把他送入精神病院关上几年。*

发誓对自己遭受的拘禁保持沉默后（这是针对被拘禁者和逃生者的标准程序），丹尼尔·卡勒终于在1944年11月被送回国。走进母亲的厨房，她看到他的模样，脱口而出的第一句话是："我提醒过你，战争非常可怕！"⁵¹

---

* 1945年2月17日，根据每释放一名美国人必须释放两名德国人的协议，473名美国飞行员获得遣返，但直到战争结束后，最后一批美国飞行员才获释。1945年9月，沃维尔莫斯监狱指挥官安德烈-亨利·贝甘被瑞士当局逮捕，并被指控了通奸、贪污和令国家蒙羞等罪名。他被判有罪，处以三年有期徒刑（他只坐了两年牢），并被剥夺了瑞士国籍。

注释

1 卡勒的生平均引自丹·卡勒的《沃维尔莫斯的黑洞》（亚利桑那州格林瓦利，荆棘丛出版社，1995年），第104、156—164页。
2 新泽西州杰克逊，瑞士被拘禁者协会。
3 丹·卡勒，《沃维尔莫斯的黑洞》，第165页。
4 凯瑟琳·J.普林斯，《空中射击：瑞士的美国战俘》（安纳波利斯，海军学院出版社，2003年），第23—24页。
5 引自史蒂芬·坦纳的《远离德国的避难所：美国飞行员、瑞士和二战》（纽约罗克韦尔中心，萨尔珀冬出版社，2000年），第16页。
6 约翰·毕晓普，《瑞士停留地：被扣留的美国飞行员》，《科里尔杂志》，1944年8月26日，第25—26页。
7 1944年7月27日，阿诺德发给斯帕茨的电报，斯帕茨文件。
8 1944年7月29日，斯帕茨发给阿诺德的电报，斯帕茨文件。
9 1944年5月23日，威廉·W.科科伦发给赫谢尔·V.约翰逊的电报，斯帕茨文件。
10 1944年8月2日，美国派驻伯尔尼的武官发给阿诺德的电报。
11 凯瑟琳·J.普林斯，《空中射击：瑞士的美国战俘》，第43、190页。
12 1944年10月5日，本杰明·E.诺曼少校发给乔治·C.麦克唐纳准将的电报，斯帕茨文件；凯瑟琳·J.普林斯，《空中射击：瑞士的美国战俘》，第122—123页。
13 丹·卡勒，《沃维尔莫斯的黑洞》，第168页。
14 1945年9月17日，华莱士·奥维尔·诺斯菲特中校为美国战争部军法总署战争犯罪办公室所做的证词，国家档案馆。
15 2005年1月4日，作者对罗伯特·朗的采访。

16 凯瑟琳·J. 普林斯，《空中射击：瑞士的美国战俘》，第87—88页。

17 同上，第123页。

18 引自史蒂芬·坦纳的《远离德国的避难所：美国飞行员、瑞士和二战》，第140页。

19 艾伦·莫里斯·朔恩，《瑞士的纳粹和亲纳粹集团调查，1939—1945》，第1页，西蒙·维森塔尔中心，http://www.wiesenthal.com/swiss/survey/noframes/conclusions.htm；杰罗尔德·M. 帕卡德，《非敌非友：欧洲在二战中的中立》（纽约，麦克米伦出版社，1992年），第10页。

20 艾伦·莫里斯·朔恩，《瑞士的纳粹和亲纳粹集团调查，1939—1945》，http://www.wiesenthal.com/Swiss/survey/noframes/conclusions.htm。

21 同上，第1—5页。

22 乌尔斯·施瓦茨，《飓风眼：二战中的瑞士》（博尔德，西景出版社，1980年），第22页；帕卡德，《非敌非友：欧洲在二战中的中立》，第71—75页。

23 凯瑟琳·J. 普林斯，《空中射击：瑞士的美国战俘》，第174页。

24 朔恩，《瑞士的纳粹和亲纳粹集团调查，1939—1945》，第15—16、18—19页；阿尔弗雷德·哈斯勒，《救生艇已满：瑞士和难民，1933—1945》（纽约，芬克&瓦格纳出版社，1969年），第49页；托马斯·桑克顿，《惨痛的教训》，《时代周刊》，1997年2月24日，第41页；艾伦·科威尔，《瑞士开始质疑战时的英雄主义》，《纽约时报》，1997年2月8日；乔纳森·彼得罗普洛斯，《对纳粹德国的默许：二战中欧洲的中立》，《规模：大屠杀研究专刊，第7期》（1997年第1期），第15—21页。

25 凯瑟琳·J. 普林斯，《空中射击：瑞士的美国战俘》，第174页；格哈德·温伯格，《世界战争：二战全球史》（剑桥，剑桥大学出版社，1995年），第397—398页。皮莱-戈拉从1940年1月起担任瑞士总统，联邦委员会最终于1944年11月迫使他下台。

26 凯瑟琳·J. 普林斯，《空中射击：瑞士的美国战俘》，第22页。

27 1944年6月5日，伯尔尼，美国领事馆发给联邦政治部，国家档案馆。

28 1944年6月13日，利兰·哈里森发给科德尔·赫尔的电报，国家档案馆。

29 丹·卡勒，《沃维尔莫斯的黑洞》，第104、170页。

30 同上，第196页。

31 史蒂芬·坦纳，《远离德国的避难所：美国飞行员、瑞士和二战》，第

187页。
32 丹·卡勒，《沃维尔莫斯的黑洞》，第207页。
33 詹姆斯·米苏拉卡所做的证词，新泽西州杰克逊，瑞士被拘禁者协会。
34 卡勒的这些遭遇，均引自丹·卡勒的《沃维尔莫斯的黑洞》，第212—214页。
35 凯瑟琳·J.普林斯，《空中射击：瑞士的美国战俘》，第160—161页。
36 同上。
37 1944年9月14日，B. R.莱格准将，"致所有美国陆航队被拘禁者"，新泽西州杰克逊，瑞士被拘禁者协会。
38 1944年10月19日，B. R.莱格准将发给警察局长陶尔斐斯上校的电报，国家档案馆；1944年11月1日，莱格准将给驻伯尔尼领事利兰·哈里森的报告，国家档案馆。
39 丹·卡勒，《沃维尔莫斯的黑洞》，第235页；凯瑟琳·J.普林斯，《空中射击：瑞士的美国战俘》，第158页。
40 丹·卡勒，《沃维尔莫斯的黑洞》，第248页。
41 逃脱报告，乔治·特尔福德，1944年9月30日；丹尼尔·卡勒，1944年10月1日，国家档案馆。
42 1944年10月5日，本杰明·E.诺曼少校发给乔治·C.麦克唐纳准将的电报，斯帕茨文件。
43 山姆·伍兹和托马斯·J.沃森的故事引自约翰·VH.迪佩尔的《对抗希特勒的两个人：窃取纳粹的最高机密》（纽约，普雷格出版社，1992年），第126—127、194页；凯瑟琳·J.普林斯，《空中射击：瑞士的美国战俘》，第126—128页。
44 詹姆斯·威尔逊中校备忘录，"第八航空队作战机组的士气"，1944年9月15日，美国空军历史研究部，168.49。
45 美国驻欧洲战略空中力量司令部，情报处长办公室，"对罗伯特·A.希尔中尉的讯问，1944年6月21日"，斯帕茨文件；1944年6月8日，查尔斯·E.雷恩斯上校发给美国驻伦敦大使馆武官的电报，斯帕茨文件。
46 美国战术空中力量军医处处长，"1944年8月31日，关于第八航空队作战机组人员士气报告之备忘录"，美国空军历史研究部，519.701；《二战中的陆军航空队，第三卷》，第307页。
47 史蒂芬·坦纳，《远离德国的避难所：美国飞行员、瑞士和二战》，第

209页。

48 汉斯–赫利·施塔普菲尔，吉诺·康泽尔，《陌生国度中的陌生人，第二卷，逃至中立国》（德州卡罗敦，中队/信号出版社，1992年）。

49 丹·卡勒，《沃维尔莫斯的黑洞》，第317—318页。

50 同上，第316页。

51 同上，第338页。

第十三章

受够了这场战争

我想获得飞行徽章，然后我得到了这该死的东西。
现在，我再也不想要了。
他们教会我如何飞行，再把我派来这里送死。
我受够了这场战争。

——陆航军歌曲

1944年9月，东萨福克

在伦敦接受审查前，丹尼尔·卡勒中士先回到希普德姆（Shipdham）基地收拾他的个人物品：衣服、钱、照片、信件，还有一辆非常珍贵的自行车，执行自己的最后一次任务前，他把它锁在一个安全的地方。他所珍视的一切都已消失得无影无踪，过去那些中队战友也不见了——不是在战斗中失踪就是已返回美国。这里的新面孔，卡勒一个也不认识。

就连停机坪上的飞机也是新的。"破旧、难看、被伪装起来的B-24不见了，崭新、闪着亮光、抛光铝制成的飞机取代了它们。"他回忆道。[1]每架飞机都配有两个机组，这些人在短短几个月内便匆匆完成了他们的服役期，许多飞行员甚至没有费心为他们的轰炸机画上机鼻图案。有些飞机没有取名，只有个编号，这些机组人员也不再害怕德国空军。卡勒跟一名射手交谈，他已在夏季行动期间飞了二十次作战任务，没有看见一架德国战斗机。卡勒被告知，德国空军已经完蛋，随着盟军在当年9月逼近莱茵河和奥得河，战争将在圣诞节前结束。

来自新奥尔良的埃利斯·"伍迪"·伍德沃德上尉是第八航空队里的新飞行员之一。[2]他所在的第493大队驻扎在德比希（罗伯特·阿比布的工兵部队曾帮着修建这座机场），是加入第八航空队40个重型轰炸机大队中的最后一个。该大队飞的是"解放者"，但三个月后，将换成"空中堡垒"。他们在D日投入了战斗，当年夏季，伍德沃德的机组在炼油厂上空的高射炮火区域中见到许多屠杀场面，但没有一个射手愤怒地开火射击。

1944年9月12日清晨，[3]伍德沃德作为引航机驾驶员，率领着他位于下方的中队飞越北海，向马格德堡而去，这支300多架轰炸机组成的编队将摧毁德国人的一个军火库。目标上空出现了高射炮弹爆炸产生的阵阵黑烟，这是一次危险但又典型的任务，很快，轰炸机开始返航。就在这时，伍德沃德的一名射手喊道："战斗机！"几秒钟后，他们的飞机被一串炮弹击中。伍德沃德率领着十几架编队紧密的B-17，但90秒钟后，他朝空中扫视一番，只看见一架"空中堡垒"。

随后，一切都平静下来。就在他的轰炸机处于最脆弱的时刻，敌人的战斗机却消失了。四小时后，伍德沃德将受损的轰炸机降落在英国的一条应急跑道上。他后来获知，第493大队的7架"空中堡垒"被敌战斗机击落，还有一些受损严重，已无法留在编队中。站在跑道上，看着"停机坪的快乐家伙"号被拖往修理厂，伍德沃德不禁纳闷：那些战斗机从哪里来的？它们为何在完成这场屠杀前匆匆离去？

伍德沃德不知道的是，航空队的照相侦察机最近提交了令人震惊的证据，德国战斗机的实力正在恢复。但直到伍德沃德他们遭到德国空军打击的前一天,德国人才发起自D日后的首次大规模攻击。近100架敌战斗机避开"野马"后俯冲而下,每排20架,从后方扑向轰炸机群位于下方的大队——倒霉的"血腥100"的那些B-17。五分钟内,该大队的12架轰炸机消失在空中,随后,第92大队的8架轰炸机也被击落。伍德沃德的中队在第二天下午遭受打击后,第八航空队在两天内损失了75架轰炸机。尽管盟军情报部门知道阿尔贝特·施佩尔已实现了一个生产奇迹,但直到阿道夫·加兰德发起这些攻击后才揭示出德国新战斗机是如何部署的。旧策略带来了出人意料的新变化。

突击大队

通过出其不意,加兰德完全由志愿者组成的第1突击中队(Sturmstaffel I)在去年冬季便取得了一些成效,但其笨重、装甲厚实的双引擎战斗机开始被"野马"击败。加兰德的解决办法是制造一款装甲更厚、火力更猛的战斗机,一种改进型Fw-190,配有加强的装甲板、防弹座舱罩、2具副油箱和5门可怕的机炮,它被称作"突击槌"(Sturmbock)。[4]它们以突击大队的方式飞行,每波次多达40架,这种"飞行坦克"很快便成为战争中最具杀伤力的轰炸机驱逐者。

加兰德将突击大队的各个中队与速度更快的单引擎战斗机大队结合起来。Me-109提供高空掩护之际,突击大队便径直扑向重型轰炸机。他们的打击集中在轰炸机编队的部分飞机上,以获得最大的震撼效果,他们通常从后方发起攻击,翼尖连着翼尖。逼近到距离轰炸机100码时,飞行员才会对准第一个出现在他们瞄准器中的轰炸机开火。"在这样的距离内,我们几乎不会失手,"一名突击大队的飞行员回忆道,"30毫米的高爆弹命中目标时,我们能清楚地看见敌轰炸机在我们眼前解体。"[5]一击得手后,这架战斗机便立即向下俯冲,返回基地,以免被速度更快的"野马"逮住并击落。这就是敌战斗机没有停留,将伍德沃德的中队彻底干掉的原因。

如果一架"突击槌"的飞行员未能直接命中敌轰炸机,他必须完成自己庄严的誓言:撞向对方。但由于德国严重缺乏飞行员,指挥官们命令突击大队的志愿者,发生撞击的前后应立即跳伞逃脱。"撞击敌机并跳伞而出的生还机会,听上去就像是一场英勇的自杀。"中队长维尔纳·福尔贝格回忆道。[6]但令人难以置信的是,撞向美国轰炸机的德国飞行员中,半数以上的人靠降落伞落到地面而没有严重受伤。

确保这种战术成功需要惊人的勇气和无条件的爱国主义,大多数保家卫国的飞行员都具备这些品质。"你必须记住,"福尔贝格写道,"德国飞行员们知道,对城市中心住宅区残酷、无情的轰炸正逐步扩大……护航战斗机对非军事目标射击,他们向出现在其下方的一切开火,犁后的农夫、骑自行车者、行人和红十字会救护车。"他们同样知道,"如果最终达成一项和平协议,决不能指望对方有任何的怜悯……这一点激发起突击大队飞行员们执行任务的积极性"。[7]

新组建的突击大队制造并承受了可怕的伤亡。短短的两天,9月11和12日,他们损失了38名飞行员。勉勉强强获得些补充后,福尔贝格所在的单位又于9月27日对第2航空师的300架"解放者"发起攻击。这些战士(一方绝不肯转身离去,另一方则发誓要保卫其国土)在德国中部的上空相撞。对吉米·斯图尔特的老部队(驻扎在蒂本哈姆的第445大队)来说,这是战争中最黑暗的一天。他们遭受的损失超过了美军空战史上的任何一支部队。

第2航空师没想到当天会遭到敌战斗机的攻击。德国空军已有两个多星期没有露面。师指挥官充满自信,甚至下令拆除机腹部的球形炮塔,以便让轰炸机携带更多的炸弹。就在这些"解放者"逼近初始点,准备将炸弹投向卡塞尔的工业目标时,第445大队的35架飞机突然离开编队。主编队的领航员和驾驶员拼命用无线电提醒该大队的引航机,但他们收到的回复仅仅是一道"保持密集队形,跟着我"的命令。[8]

这些偏离航线的飞机到达距离卡塞尔20英里的哥廷根并投下炸弹时,三个德军突击大队从他们身后的下方发起打击。完成第一轮射击穿梭后,那些"突击槌"飞至"解放者"轰炸机螺旋桨的下方,对其暴露出的机腹猛烈开火,那里原本安装着球形炮塔。[9]轰炸机一架接一架起火爆炸,飞在前方的其他轰炸机,机组人员"甚至还未遭到攻击便一排排跳伞逃生",福尔贝格上尉报告道。[10]几秒钟后,一架德国战斗机撞向一架"解放者"。"逼近目标时,我做好开火的准备,随即扣动扳机,"突击大队的飞行员海因茨·帕彭贝格回忆道,"可什么也没发生……我随即想起突击大队每个飞行员所做出的撞击承诺,于是决定这样做。我仍记得对方尾部射手脸上惊恐的表情……我的左机翼锯断了轰炸机的方向舵……我的机翼损毁严重,已无法让飞机停留在空中,我开始翻滚。有那么一刻,我确定自己就要死了……我这架飞机已失去控制。我丢掉座舱盖,随即被吸出驾驶室。"[11]

帕彭贝格撞上他这架飞机的尾部,断了条腿,随即失去了意识。待他苏醒过来时,发现自己仍在下坠。片刻后,他也不记得是如何操作的,降落伞打开了。此刻的他距离地面只有几百英尺。

帕彭贝格安全降落在韦拉河谷(Werra),河谷上空,美国轰炸机正惊慌地呼叫着护航战斗机。第361"野马"战斗机大队及时赶到,避免了第445轰炸机大队全军覆没。

在这场6分钟的激战中,25架四引擎轰炸机被击毁,只有4架"解放者"返回蒂本哈姆。当年7月已被调至第2作战联队司令部的吉米·斯图尔特被派去了解情况,并设法安抚那些受惊过度、大多已说不出话来的飞行员。斯图尔特把他们分成一个个小组,试图让他们开口说话。但这些生还者被自己的遭遇吓得目瞪口呆,一句话都说不出来。

该大队的另外几架"解放者"降落在英国海岸一些"已无法使用"的特别机场,但大多数失踪的生还者落到德国人手中。在嫩特斯豪恩村(Nentershauen),一名美国飞行员被一个休假中的德军士兵枪杀,另外四人则被送至当地的一座劳工营,半夜里,他们被营区警卫人员枪决。乔治·卡勒和另外几名幸存者遭到一顿殴打后,又被派去收拾他们同伴残缺不全的遗体。这是个可怕的工作。"我们在山丘和树林里上上下下忙了一整天,收拾起大约十来具尸体,"卡勒回忆道,他的鼻子被打破,双眼也被一名愤怒的德国农夫揍青,"当晚,返回村子时,我们将装着尸体的大车留在墓地……然后,我们被送往监狱,带着一条面包……这是我们吃到的最后一条白面包,直到1945年5月获得解救。"[12]

第八航空队引入了新战术以对付德国人的突击大队。[13]战斗机编队被派至轰炸机前方,在敌人的突击大队尚未形成气势汹汹的方阵前将其撕裂,或者飞至敌人后方,将他们一架架击落,但那些英勇的德国飞行员不肯与美国战斗机交手,也不愿逃离。突击大队的一些战斗机仍能突破拦截,飞至轰炸机附近,但护航的美军战斗机几乎总是能追上他们,并让他们付出代价。速度较快的Me-109受到航速缓慢的"突击槌"的拖累,惨遭"野马"战机的屠戮。

10月12日,查克·耶格尔为一队"解放者"担任护航任务时,在不来梅上空击落5架Me-109,使自己成为第八航空队第一个"一天内成就的王牌飞行员"。但如果陆航队始终坚持其规章制度,耶格尔也无法飞到这一天。

当年5月,从西班牙回到英国后,耶格尔便与基地指挥官进行了一场斗争:战争部规定,在欧洲上空被击落的飞行员,不得重新回到作战行动中。"德国情报部门有我们大多数人的档案,知道哪位飞行员此前曾被击落过;要是你再次被击落,他们会把你的指甲拔出来",以此来掌握法国地下抵抗组织的情况。"但我提出,我必须完成自己已经开始的工作,而不是仅仅飞了八次作战任务便溜回家。让规定见鬼去吧。"[14]这个很能折腾的西弗吉尼亚小伙子将他的抗议逐级上报,一直闹到艾森豪威尔那里,艾克最终同意,待盟军在法国登陆,法国抵抗组织公开活动后,再让他恢复飞行。

耶格尔是个天生的空中杀手,他的视力和反应无与伦比,另外,用上级的话来说,他"胆大包天"[15]。但他在一个下午获得的五个战果,很大程度上是因为他所遇到的对手拙劣的表现，其中的两个，他甚至没有开火便将其"击落"。他冲至他们身后，两架德军战机被"惊呆了"，其中的一架惊慌失措，仓促左转，结果撞上了他的僚机。

喷气式战斗机

由于缺乏足够的飞行员和燃料，阿道夫·加兰德无法有效地派出他急剧缩小的突击大队。但他的囊中还有另一件法宝：一种没有螺旋桨的飞机，这是世界上第一款经过实战检验的喷气式战斗机。自7月份以来，杜立特尔将军便已接到关于少量喷气式战斗机和火箭助推飞机的报告，这给他的轰炸机编队带来一丝阴影；他们与轰炸机保持着安全距离，并以其出色的性能表现逗弄那些轰炸机，但很少发起攻击。航空队情报部门最担心的武器是使用双涡轮的梅塞施密特Me-262，这是当时速度最快的飞机。它的飞行速度为每小时540英里，比"野马"快了近100英里，另外，它用的是柴油，而德国拥有的柴油数量远远超过标准的航空汽油。第八航空队的情报部门严重低估了德国人在前一个夏季生产出的常规战斗机的数量，斯帕茨将军不想在Me-262的问题上重蹈覆辙。如果这种速度快得惊人、火力异常强大的飞机开始批量生产，德国空军便能重新夺回德国上空的制空权。

斯帕茨和杜立特尔催促阿诺德将军，加快生产一款有效的反制武器，[16]但美国的第一种喷气式战斗机，贝尔公司的P-59，速度并不比"野马"更快。斯帕茨被告知，真正的高性能喷气战斗机是P-80A，但要到明年才能准备好。英国人也有一款前景被看好的喷气式战斗机，但其生产计划太过缓慢，而且从未经历过实战。杜立特尔只能用他的活塞动力飞机去对付德国人的喷气式战机，从当年7月起，他开始对德国人的喷气机生产厂发起系统性打击。初秋时，他们继续这一行动，但收效甚微。与生产常规飞机的工厂相比，喷气机生产厂隐蔽得更加巧妙。

德国空军的一名中队长回忆道："我们的飞行员在1944年秋季还抱有一丝希望，那就是新式的喷气式战斗机。"[17]历史学家们一直坚持认为，完全是因为阿道夫·希特勒的拙劣干涉，盟军的空中力量才免遭厄运。这种观点的来源之一是赫尔曼·戈林。战争结束后，被问及"是什么原因导致Me-262作为一种战斗机被推迟使用"时，[18]他脱口而出："是阿道夫·希特勒的疯狂。"这是空军史上最经久不衰的神话之一。希特勒干扰了这种飞机的发展，但最多使它的出现延误了几个月而已。

1943年底，就在Me-262即将投入批量生产之际，令元首的技术顾问们震惊的是，希特勒下令将这种战斗机改为战斗轰炸机，也就是他所称的"闪电轰炸机"。未与直接负责该项目的工程师和管理人员协商，戈林便向元首做出承诺，1944年5月前能准备好大批这种飞机，希特勒希望用这种武器对英国的城市实施报复性空袭——"打破恐怖的只能是恐怖"[19]——并击退盟军在法国北部的入侵。

以加兰德为首的元首空军顾问们希望他能批准增加战斗机的生产，包括螺旋桨式和喷气式战斗机，以便用这些飞机来保护战时工业。他们意外地获得了他们想要的支持：空军装备主任埃哈德·米尔希，这位生产天才，不顾希特勒的命令，偷偷推动着Me-262作为一款战斗机的生产。直到1944年5月，希特勒才获悉此事，当时，第一批Me-262驶下生产线，戈林将其作为一款战斗机介绍给元首："它将把盟军的空中力量逐出天空。"[20]希特勒勃然大怒，要求去除这款飞机上的武器，它将作为一款轰炸机列装。米尔希被解职，飞机生产事宜交给施佩尔（施佩尔后来让米尔希担任了军备副部长）。戈林告诉美方审讯人员："你们在空战中有个大帮手，就是元首。"[21]

接下来的几个月，施佩尔和加兰德恳请希特勒改变他关于Me-262的计划，并将德国每一架可用的飞机投入到合成燃料厂的防御中。当年8月，在一场与加兰德和施佩尔的激烈争论中，希特勒失去了控制，他怒不可遏地吼道："我不要再生产战斗机了，战斗机部门将被解散。立即……停止飞机生产，明白吗？"[22]他希望将飞机制造业的技术工人和物资立刻转移到高射炮生产中，并告诉面带怀疑的施佩尔："这个项目是我们现有规模的5倍，我们将把几十万名工人转入高射炮生产。每天我都从外国的新闻报道中读到高射炮是如何如何危险。他们仍对它有着某种敬畏，而不是对我们的战斗机。"[23]说罢，加兰德和施佩尔被打发出去。

在被告知这样一场大规模军需资源转移所涉及的技术困难后，希特勒下令在高射炮防御的问题上采取一个较为温和的增长，但他向施佩尔和施佩尔负责战斗机生产的副手卡尔·绍尔重复了自己的命令，增加高射炮在对空防御中的比例。施佩尔后来写道："这是我和绍尔第一次违背希特勒的命令。"[24]第二天，施佩尔将他的军备生产人员召集起来，直截了当地告诉他们："我们必须……最大程度保持战斗机的生产。"[25]此时的希特勒多少有些冷静下来，他批准了施佩尔关于一种新型战斗机生产计划的提议。另外，希特勒也在Me-262的问题上清醒过来，允许它作为一款轰炸机和战斗机进行测试，[26]但大规模生产因其涡轮喷气发动机（这是全世界第一款）存在的问题而继续被推延。第八航空队于1944年冬季和春季发起进攻，开始了"最重要的一周"。这些因素，再加上训练飞行员操作这款极不稳定、高度易燃的飞机的难度，比希特勒不明智的介入更大地耽误了这款飞机的出现。[27]

1944年夏末，随着盟军向德国边境的逼近，希特勒终于批准加兰德组建一支喷气式战斗机单位以保卫德国。10月3日，这支部队在靠近荷兰边境的两个机场投入行动，这里正位于美国轰炸机进入德国的航线上。该单位由瓦尔特·诺沃特尼少校率领，他是德国空军最顶尖的王牌飞行员之一，拥有258个战果。当年10月，杜立特尔和斯帕茨认为他们不得不为争夺制空权而再打一次，但诺沃特尼的飞行员们只击落盟军的22架飞机，而他们的30架飞机却损失了26架。[28]几乎所有的损失都是因为技术上的问题和飞行员经验不足。"许多飞行员，驾驶这种革命性飞机的经验仅仅是在机场上空飞几个来回。"德国空军历史学家卡尤斯·贝克尔写道。[29]但盟军飞行员却是经验丰富。诺沃特尼的涡轮喷气发动机在起飞和降落时慢得危险，另外，这种飞机的滞空时间只有一个小时左右。警惕的盟军巡逻机每次发现一架Me-262出现在空中，英国和美国的战斗机便会聚集到它的基地，在上方盘旋，等待它返回。"我看见一个硕大的机场，拥有一条长达6000英尺的跑道，随即，一架孤零零的喷气式战斗机从南面朝机场飞来，高度为500英尺，"查克·耶格尔描述了他唯一一次击落Me-262的经历，"我朝他俯冲而去。他的起落架已放下，对准跑道，以不超过200英里的时速靠了过去，而我则以500英里的时速向他的后部冲去。"[30]耶格尔的子弹射入Me-262的机翼，这架喷气式战斗机坠落在距离跑道不远处，消失在一团烟雾和碎片中。

11月8日，诺沃特尼在机场迫降时被击落身亡。加兰德目睹了他被烧死的情形，并获知当天还有另外三起坠机事件，于是将这支部队撤离战斗，以进行额外的训练。尽管一个大三倍的喷气式战斗机中队已做好准备，但加兰德还是回到旧策略上，他准备利用德国空军唯一的预备力量来源——施佩尔最近刚刚交付的2500架单引擎战斗机，这个数字比德国空军1943年拥有的战斗机多了一倍。加兰德将他的计划称为实施本土防御最后的"绝地反击"。[31]

自1944年8月以来，加兰德已经为这种战斗机训练出大批飞行员，以便对一支单独的美国轰炸机编队发起一场庞大的攻击。他预计，击落500架轰炸机可能要损失同样多的战斗机。"这将是一场最大、最具决定性的空战。"他后来写道，[32]这将是一场空中大决战。这种前所未有的损失所造成的震动，可能会让第八航空队暂停对德国炼油厂的空袭，转而去对付难以命中的飞机制造厂。加兰德希望德国陆军随后能延缓苏军的推进，直至"西线盟军占领德国"，[33]或是元首的反对者与敌人谈判，达成某种和平协议。

11月中旬，攻击部队已做好准备。一待晴朗的天气出现，他们就将发起行动，加兰德预计，这场战役将决定德国的命运。但在接下来的几个星期，天气状况一直不是太好，加兰德被迫使用这支精打细算的力量中的三分之二（他一直没有投入全部力量），对斯帕茨雷达指引下的轰炸行动发起四次密集攻击。"不把全部力量投入战斗,这是个艰难的决定,"加兰德后来写道,"但领导者必须保持冷静,不能一意孤行,采取徒劳、代价高昂的行动。"[34]

即便如此,在这些大规模空战中,德国空军还是付出了惊人的损失:348名飞行员。"1944年11月的飞行是我在整个战争期间执行的最艰难的任务,"一名德国战斗机指挥官报告道,"我们与对手的损失率达到20∶1,有时候甚至是30∶1。"[35]敌人每次升空迎战,"野马"战斗机都会消灭对方进攻力量的四分之一,斯帕茨向战争部助理部长罗伯特·洛维特报告道,"他们的飞行员没有经过很好的训练,尽管很有闯劲"[36],对他们来说,这是个致命的结合。

11月这些可怕的战斗中,美方的阵亡名单上包括第339战斗机大队的一名"野马"驾驶员,很有前途的作家伯特·斯泰尔斯。完成了三十五次轰炸飞行任务后,斯泰尔斯要求调至一个战斗机单位。"我想飞一架真正的飞机,"他告诉一位英国朋友,"我想感受到风吹拂过我的脸——攀升、俯冲、翱翔,自由自在。"[37]他阵亡于汉诺威上空的一场空战,而在这场战斗中,美国战斗机编队击落了132架敌机。

11月20日,仍在等待好天气到来的加兰德接到一个令他无法接受的消息。他打算用于"绝地反击"的空军部队将于12月初调至西线,为"一场庞大的地面进攻"做好准备。[38]德国境内只留下两个战斗机联队。加兰德的飞行员们即将为地面部队提供支援,可他甚至没时间再训练他们的低空作战能力。他们即将投身新的任务中,但"毫无准备,并对计划的失败心灰意冷,而这个计划曾令他们所有人深感振奋"[39]。

交出自己的飞行员是阿道夫·加兰德作为战斗机部队总监的最后一项公务。他已不再受到戈林和元首的宠信,即将发起的行动中没他的份。当年12月,他的电话被监听,党卫队的人被安插到他身边充当文员,他过去的政治态度也受到调查,因为他从未加入过纳粹党。月底时,戈林把他叫至自己的司令部,在长达两个小时的独白中,指责加兰德制订了不明智的战术、不服从命令、在"战斗机部队中建立私人王国"。[40]随后,戈林宣布解除他的指挥权。加兰德要求将自己作为一名普通飞行员派至前线,但戈林命令他先休假,待找到接替他的人再说。

就这样,德国将在失去其最优秀的空军指挥官的情况下,进行历史上规模最大的步兵战之一。

当年11月,元首完成了发起一场全力以赴的反击战的计划,这场反击将于下个月在阿登森林展开,由北向南,从比利时向卢森堡延伸。这将是他的最后一搏,以此来扭转对德国越来越不利的战争态势。这场反击战在规模和意图上与加兰德曾打算发起的"绝地反击"同样壮观。

鲁尔之战

就在希特勒策划其出人意料的反击之际,盟军的轰炸机巨头们开始了欧洲战事中决定性的轰炸战,这场不可恢复的打击针对的是德国的整个战时经济,而不仅仅是其中不可或缺的某一部分。但之所以认真开始这场战役,仅仅是因为云层妨碍了盟军轰炸机准确命中他们的主要目标——德国的炼油设施。具有讽刺意味的是,阿尔贝特·施佩尔认为唯一有可能拯救德国经济的恶劣气候,却为其彻底覆灭铺平了道路。

1944年9月,就在盟军逼近齐格菲防线时,他们在欧洲西北部闪电般的推进突然间停顿下来。艾森豪威尔的部队成了这场胜利的受害者。他们的前进速度如此之快,已远远超出了自己的补给线,这条补给线从盟军当初发动进攻的海滩一路延伸,90%的补给物资仍需要从英国运来。[41]前进中的盟军严重缺乏弹药、医疗用品、食物和汽油。将这些必需品运至前线非常困难。法国的铁路系统尚未从盟国空军为配合D日进攻而进行的的轰炸破坏中恢复过来,德国人仍控制着一些重要的港口,其中包括勒阿弗尔、布雷斯特、加来和敦刻尔克。货运飞机和重型轰炸机被召集起来,为停顿在德国边境前的盟军运送汽油,另外还组织了一支昼夜不停的紧急汽运队。6000多辆卡车和拖车，23000名工作人员被动员起来，从登陆海滩和诺曼底地区唯一可用的港口——瑟堡，将燃料、弹药和口粮运送至已推进到莱茵河的部队手中。这种临时性措施无法满足补给需求，部队附近也没有足够的机场来实施空运，否则，补给情况会大为改观。

后勤工作的这场噩梦，重点在于安特卫普。英国人刚刚夺取了比利时的这座城市，它也是欧洲最大的港口之一，但英军未能拿下斯海尔德河河口，这条狭长的河流通往港口。如果安特卫普能彻底敞开，盟军的燃料问题便可得到解决。但艾森豪威尔并未集中力量肃清斯海尔德河两岸的德军，而是发起一场冒险性尝试，试图在年底前结束这场战争。在陆军元帅伯纳德·蒙哥马利的怂恿下，他批准了一次行动，将伞兵空投至齐格菲防线后的荷兰，并让他们设法穿越鲁尔工业区，朝柏林方向疾进。

这场代号为"市场—花园"的行动于1944年9月17日发起，结果却是一场灾难性失败，损失惨重，大多数伤亡者是英国伞兵。艾森豪威尔随即决定，沿德国边境发起一系列压倒性正面攻击，突破齐格菲防线。这个血腥的秋季和冬季，第一场进攻发生于10月初，目标是亚琛，这座古老的文化中心位于莱茵河西侧。经过一番激战，亚琛成为德国第一座陷落的大城市，但盟军未能突破至莱茵河。盟军战线的南端，巴顿（他的坦克没有足够的燃料）发现，攻克梅斯这座堡垒城市同样困难。蒙哥马利肃清了斯海尔德河河口，打开了安特卫普港的大门，但在1944年年底，战事沿着齐格菲防线陷入胶着状态，面对德军的坚固阵地，盟军步兵进展缓慢，损失惨重。

当年秋季，盟军空中力量指挥官已从艾森豪威尔的直接控制下摆脱出来，他们将全力解决如何利用空中力量帮助击败德国的问题。

一个新的指导机构——联合战略目标委员会——被组建起来，[42]但哈里斯和斯帕茨有权打击他们所选择的目标，该委员会服从联合参谋部以及各自空军首脑的整体指挥。现在需要一个协调一致的战略，但指挥官们拿不出来。从某种程度上说，这是D日期间曾发生过的纠纷的重演，斯帕茨倾向于轰炸德国的炼油厂，哈里斯希望摧毁德国的工业城市，而特德则认为应该打击运输目标。

这次，获胜的是斯帕茨，当年早些时候，同样的原因曾使特德占了上风。那时候，最紧要的任务是尽快为诺曼底进攻肃清障碍；而现在的任务是在圣诞节前打垮德国。联合参谋部决定，全力加强对德国炼油厂的打击，与艾森豪威尔的地面部队发起的秋季攻势相配合，从而为完成该任务提供了最好的契机。[43]

作为官僚场上一名机灵的斗士，特德利用他对参谋长委员会和皇家空军参谋长查尔斯·波特尔爵士的巨大影响力，继续为自己的计划游说。特德和他的首席政策助理索利·祖克曼教授提出，1944年春季对法国发起的铁路破坏战"应该被带入德国，因为德国的经济和工业命脉，以及军事行动的自由度，都取决于能否不受阻碍地使用铁路系统"[44]。当年9月，盟军的战斗轰炸机，在重型轰炸机偶尔提供的帮助下，已开始对德国西北部的铁路和水上运输目标发起打击，但特德希望力度更大些：调集起盟军的战略和战术空中力量，对德国的交通基础设施发起一场全面打击，包括其铁路、河流和运河交通。将这些经济命脉打垮后，"轰炸机"哈里斯想要摧毁的工业城市和斯帕茨希望消灭的合成燃料厂，都将难以为继；分散在德国各地的工厂将失去原材料、零部件以及生存所需要的市场。对交通网发起一场协调一致的攻击，也将使阿尔贝特·施佩尔巧妙但脆弱的工业疏散体系陷入混乱。"工厂越是进行疏散，他们就越要依靠良好的交通"，特德提醒波特尔，而德国军队"对交通的依赖就无须再说了……"[45]作为对斯帕茨"燃油攻势"获得成功的让步，特德提出，交通和燃油可被视作两个互补的目标，而不是竞争对手。

祖克曼的情报来源表明，诺曼底登陆前对法国北部和比利时境内铁路系统的破坏，对德国国家铁路同样起到了致命的削弱作用，他们被迫将车皮、机车以及运输业务填补至遭到盟军轰炸的国家。祖克曼认为，整个系统只需要

"轻轻推一把"，[46]就将彻底垮掉。他觉得奇怪的是，为何美国的"军头们"没能看清明摆在眼前的事情：敌人的运输体系已处于岌岌可危的绝境。

情况并不这么明确。第八航空队的情报专家们坚持认为，对法国铁路系统的空袭并不像祖克曼声称的那么有效：它们确实遭到了破坏，但并未令德国人的调兵遣将寸步难行。燃油空袭战已经将德国套入绞索中，为什么要把重型轰炸机转移到新的目标上？就像"霸王"行动那样，对盟军指挥层来说，时间就是一切。在年底前打垮世界上运行得最好的铁路系统似乎不大可能，而"超级机密"拦截到的情报却提供了无可辩驳的证据：德国的石油工业即将完蛋。

祖克曼这位杰出的动物学家，坚持认为他的战略轰炸计划是基于科学性原则和客观的分析的。这太荒谬了。战略轰炸与科学相距甚远，它更多地基于信念而非事实——不完整或不稳定的数据，大多数数据是根据空中侦察照推测而来，而这些照片则是在世界上某个长期被云层覆盖的地方的上空拍摄到的。与战略轰炸有关的一切都是全新事物，并未经受过检验。它与科学唯一相同的是实验的冲动。与其他军种不同，轰炸机指挥官和他们的顾问既没有先例，也没有经验可以遵循。

像特德和斯帕茨这类聪明的空中力量指挥官，通过轰炸行动，通过尝试新战术和新策略，学会了如何实施轰炸战，并最终找到了最有效的轰炸方式。他们唯一的矫正物是侦察机飞行员拍摄的红外线黑白照片，以及"超级机密"拦截到的情报。而后者提供的价值相当有限，因为德国人几乎所有的商业通信都使用固定电话，而不是编码机。[47]

祖克曼和特德制订了一项出色的作战计划，但他们根本就不是他们在自己杰出的自传中自我塑造的"战略远见者"。例如，他们主张燃油攻击战应该集中在鲁尔区，而不是位于更东面的洛伊纳和珀利茨。如果说斯帕茨错在没有充分注意对运输线的轰炸，那么，祖克曼和特德犯了同样的错误：他们没有给予燃油加工厂应有的重视。

10月下旬，空军参谋长们召开了一次重要的会议，空袭燃油加工厂被列为最优先级，对交通运输的轰炸远居其后。但一个附带条件无意中将主动权转移到特德的计划上。如果天气状况使斯帕茨空袭燃油厂的飞机无法行动的话（他们需要晴朗的天气，以便对合成燃料厂实施精确打击），他们将奉命对交通目标发起打击，"必要时采用盲炸技术"[48]。结果，恶劣的气候一直持续到第二年，将优势抛向铁路轰炸的支持者。战争的最后阶段，第八航空队的半数炸弹投向交通运输目标。[49]斯帕茨不想将德国铁路系统列为他优先打击目标的原因之一是该系统庞大的规模，这使其成为最后不得已手段的理想目标。它是个几乎总是可以随时加以打击的目标。

　　"轰炸机"哈里斯接到的轰炸指令几乎与斯帕茨一样，但波特尔仍无法完全控制他，因为哈里斯跟丘吉尔的关系非常密切，而且，他在英国国内的声望也很高，任性的空军司令几乎对他不加约束，他愿意怎么干就怎么干。1944年最后的三个月里，他的部队将53%的炸弹投入德国的城市，15%投向交通运输目标，只有14%被用于轰炸炼油厂。[50]由于他那些"兰开斯特"拥有庞大的载重能力，哈里斯在轰炸交通运输目标和炼油厂方面做出的贡献，比一般归功于他的成绩要更大些。但他没有更进一步，这使他的名誉多少有些受到玷污。

　　9月11日，达姆施塔特（Darmstadt）遭到饱和轰炸，空袭引发了一场大火，10000多人遇难，约占该市人口的十分之一，哈里斯将目标集中在鲁尔及其西部地区。当年秋季和初冬，他对三十多座工业城市发起空袭，其中有些城市曾在去年被他的轰炸机焚烧过。大部分残迹是工厂和交通基础设施，例如天然气加工厂、电网和水管等，但同样多的是人的鲜血和残骸。如果哈里斯投向鲁尔区各个城市的60000吨炸弹中的大多数被用于轰炸炼油厂和铁路目标，他对盟军的战争努力和自己的遗留问题做出的贡献会更大。

　　盟军空中力量的交通轰炸同样集中在鲁尔区，这里是德国最大的煤炭、铁和钢的出产地。特德认为，对这里发起一场决定性打击，会对整个德国经济产生连锁性影响。事实证明他是对的,但理由却是错的。对运输交通的打击中,盟军无意间卷入了一场赢得战争的轰炸攻势,他们剥夺了德国人的一种原材料,缺了它,德国的发电厂和其他工厂就无法运作。

德国几乎所有的货运都是靠铁路或运河,这些运输体系中,最重要的物品是煤,德国能源的90%来源于此。正如盟军未能看出德国合成燃油厂与军火工业之间密切的关系那样,他们也没能认识到煤炭与德国国家铁路之间关系的全部意义。第八航空队于1942年抵达英国时,他们所采用的轰炸策略是一个仓促准备的计划,依据的是美国,而不是德国的经济。但美国是个石油和汽车国度,德国却严重依赖于铁路和煤炭。特德来自一个煤炭驱动经济的国家,但就连强烈请求轰炸交通运输目标的他,也没有强调煤炭与铁路之间的密切关系。破坏某些重点行业(例如炼钢厂)的煤炭供应,是特德"轰炸交通运输"计划中的一部分,但并不是主要目标。在这个问题上,特德成了他自己情报来源的受害者。盟军情报机构从未设想过欧洲战事中最有效的轰炸结果是什么——破坏德国铁路与煤炭之间的联系。

尽管石油对纳粹战争机器至关重要,但煤炭更加重要。没有了煤,德国的整个经济就将崩溃。恶劣的气候,再加上好运气,这二者的结合使德国最重要的原材料遭遇到毁灭性打击。

德国主要的煤炭储量位于三个地区:鲁尔区、上西里西亚以及影响较小位于德国西南方法德边境处的萨尔区。[51]德国63%的炼焦煤出自鲁尔盆地,这是冶炼业重要的原料;另外,德国最宝贵的煤炭是烟煤,而不是褐煤(褐煤中包含的能量显然较少),80%来自鲁尔地区。鲁尔区的煤炭为该地区自身以及德国中部和南部的产业提供能源。上西里西亚的煤炭则满足了柏林这座大都市的能源需求。盟军在鲁尔区的轰炸并未对准矿井口或生产中心,而是出入鲁尔区的交通动脉,这些重要的交通线都穿过德国国家铁路庞大的编组场。这些编组场是所有铁路货运的调度中心,用特德的话来说,就是"铁路系统的心脏",但它们一直"未遭到太大的破坏"[52]。盟军轰炸机开始系统性地将其摧毁时,在德国引发了一场煤炭荒,这场灾荒愈演愈烈,最后导致整个经济在1945年初陷入停顿。"具有讽刺意味的是,"历史学家艾伦·S.米尔沃德写道,"它是德国所有原材料中供应得最好的一个,结果却要对最终的崩溃负责。"[53]

到11月前,盟军空中力量无情的轰炸,已将鲁尔区与德国其他地区的水路连接切断。这造成了经济灾难,因为该地区三分之一以上的煤炭输出依靠的是水路。从这时起,保持经济运作的重担落在德国国家铁路身上。通常负责全国四分之三货运任务的铁路线,现在却要承担起几乎全部的重任。简单地说,新的轰炸理念是这样的:不是将重点集中在产生货运的行业上,而是打击使其运转的运输工具,打垮铁路系统远比摧毁整个工业经济更加容易。铁路系统被破坏后,经济也将随之破裂、崩溃。正如燃油战一样,这是一场轰炸机与维修人员之间的竞赛。11月前,单是在鲁尔区,施佩尔便调集了20万名工人从事维修任务。[54]其中5万名是来自荷兰、"可被消耗掉"的奴工,但从军工行业中抽调出的3万人则造成了战时经济中不可避免的人力枯竭。

通过巨大的努力,部分铁路系统得以恢复,但破坏与重建之间的斗争——这始终是一种不均衡的较量——在1944年冬季对德国造成了灾难性影响。[55]此刻,消耗成了致命因素,因为只有实施了5—6次空袭后,一处铁路编组场才会失效。与"燃油战"一样,真正起到决定性作用的是空袭的频率和强度,而不是其准确性。美国航空队的宣传人员对外科手术般精确的空袭大加称赞,吹嘘说敌人的工业已被一千刀精确的切割所摧毁,但德国经济濒临崩溃却是源于"饱和轰炸"这把钝刀。

不可或缺的补给和运兵列车通常可以沿一条单轨铁路穿过破坏现场,但非常艰难。战斗轰炸机对移动中列车的攻击,使得将部队调运至前线的行动只能在夜间进行。这就是特德所构想的,战略与战术部队近乎完美的结合。重型轰炸机打击大型、易于发现的铁路编组场,战斗机和中型轰炸机则对付移动中的火车、高架铁路和桥梁。

当年11月，施佩尔提醒希特勒："交通的中断，很可能造成一场生产危机，这将严重危害到我们继续进行战争的能力。"[56]而鲁尔之战的结局，"将决定帝国的命运"[57]。

盲 炸

从1944年9月至欧洲战事结束，美国空中力量向铁路编组场投下的炸弹，比其他目标多两倍，以雷达轰炸为主。[58]对铁路编组场的攻击引发了令人不安的道德问题。与炼油厂不同，大型铁路编组场坐落在工业城市的中心区，与工人们的住处毗邻。这些城市——而不是其铁路编组场——很容易被H2X雷达透过云层摧毁。轰炸大型铁路编组场的同时，第八航空队也炸毁了人口密集的居民区，炸死炸伤成千上万名平民。按照航空队自己的计算，一场典型的雷达轰炸，只有2%的炸弹能落在瞄准点1000英尺的范围内，[59]误炸怎么可能不发生？

轰炸时，编队中的引航机采用柯蒂斯·李梅所制订的在军事上行之有效的策略，但这加剧了人为错误。"对一座小型工业城市的铁路编组场实施的一场轰炸中，我的中队位于编队尾端，"第八航空队的飞行员克雷格·哈里斯描述了对城市铁路中心一场典型的空袭，"逼近目标时，大约有400架轰炸机在我们前方。如果我们有个影子的话，它将覆盖住整个城市。云层很厚，我们甚至无法看见地面上的东西。引航机携带着雷达设备。穿越目标上空时，它投下了机上的炸弹，接着便是一道烟雾信号，指示编队里的其他飞机投弹。位于编队前方的飞机摧毁了铁路编组场，但我们这些位于后面的飞机则将整座城市炸毁。"[60]

即便在晴朗的天气实施目视轰炸，也可能造成巨大的附带损伤。"我们对迈恩……的铁路编组场实施轰炸，"第457轰炸机大队的约翰·J. 布里奥尔中士写道，"铁路线穿过市中心，'投弹'，投弹手奥齐按下了开关。"几分钟后，炸弹落在地面上，球形炮塔里的布里奥尔对这场屠杀看得一清二楚。"那是一座小城镇，大约有2000名居民。我们准确地轰炸了铁路编组场，但整个城市也被摧毁。看见整座城市消失时，我突然再次意识到，这是个多么肮脏的勾当啊！"[61]

"无辜者惨遭灭绝的阴影……将永远留存在我的内心深处，伴随我一生。"第八航空队的飞行员伯纳德·托马斯·诺兰回忆道。[62]虽然一些飞行员对杀戮毫无愧意，但第八航空队精神科专家所进行的研究表明，大多数重型轰炸机机组人员"无法容忍杀戮的罪行"，尽管受害者"相距遥远，几乎是抽象的"。[63]大多数情况下，个人仇恨针对的是德国的领导者，并非第八航空队与之交手的飞行员或是他们轰炸的那些人。"我们的生活中充满恐惧，但并没对其他人怀有强烈的仇恨，他们和我们一样，都不愿卷入这场疯狂的战争。"无线电操作员J. J. 林奇在他的作战日志中写道。[64]但一场丑恶的空袭后，更为典型的反应是将这番经历深埋于心中。

第八航空队以前曾实施过盲炸，但从未如此残酷无情。1944年最后的三个月，第八航空队大约80%的任务，第十五航空队大约70%的任务，是在浓浓的云层中进行。[65]现在，拥有大型铁路设施的任何一个社区都在打击范围内，这几乎包括了德国西部的每一个城市和村镇。当年12月，这个毁灭圈扩大到整个德国。

从11月起，航空队机组人员获得许可，如果未能找到主目标，他们就轰炸"不得已的目标"——"大到足以在H2X的显示器上产生可识别反馈的"[66]城镇或工业区。这是乔治·马歇尔将军交给杜立特尔的一项政策，马歇尔急于结束这场战争。这些城镇被假定为包含一个某种类型的"军事目标"，尽管它可能只有一座铁路桥或储油罐。

新的轰炸指令于1944年10月29日下达，这明显背离了第八航空队反对不分青红皂白进行狂轰滥炸的既定政策。到目前为止，第八航空队很少将他们的炸弹投向平民百姓，他们绝不会采用"轰炸机"哈里斯所用的"纵火"战术。

但尽快结束战争的压力促成了一种新局面：德国百姓现在必须预料到，他们的家园将在白昼轰炸中被摧毁，而这一点，他们过去只在夜间经历过。

第八航空队有一个被称作"空中侦察兵"的单位：一些前轰炸机飞行员，驾驶着"野马"战斗机飞在攻击编队的前方，用无线电提醒编队他们可能希望避免的气候状况的变化。[67]但在大多数情况下，这个冬季，与冬季前一样，德国上空的天气状况对是否派出轰炸机编队不再重要。轰炸机群将投入行动，除非他们基地上空的气候条件绝对不适合。

到1944年冬季，第八航空队与英国轰炸机司令部轰炸方式之间的差异已经缩小，尽管依然很明显。第八航空队开始对一些他们无法准确命中的城市目标实施密集轰炸，不可理喻地炸死了大批平民。"轰炸机"哈里斯则在其夜间部队的技术得到发展后，继续实施对德国城市的轰炸，1944年，制导技术使他的轰炸机能够以相当的精确度命中城市内及其周围的目标。[68]一支空中力量故意以平民为轰炸目标，而另一支，除极少数意外情况外，并未这样做。空袭者公开宣称的意图，对那些家园被一连串瞄准其他地方的炸弹所摧毁的人来说，可能无关紧要，但对被冷漠地标注在地图上实施屠杀的整座城市的居民来说，这就是个极其重要的问题了。

盲炸将美国飞行员以及德国百姓置于更加危险的境地。"如果我们现在落入德国人手中，他们会杀了我们。"约翰·布里奥尔在他的日记中写道。[69]但大多数执行盲炸任务的飞行员，更为担心的是天气，而不是德国人。一名引航机上的领航员在厚厚的云层中迷失了方向，带着刘易斯·威尔斯所在的第95轰炸机大队降至轰炸航路的后部。"刘易斯拼命拉起机头，直至飞机失速，以免撞上另一架飞机，"威尔斯的机尾射手鲁伦·帕拉莫尔在他的战时日记中描述了这起事件，"但在这场灾难中，我们损失了我们的僚机。没有撞上我们的那架飞机撞上了他们。两架飞机都被炸毁。"[70]

那年冬天，来自威斯康辛州简斯维尔，20岁的飞行员肯尼斯·"执事"·琼斯中尉，搭乘火车赶至剑桥，参加他所在的第389大队一名朋友的葬礼,这位朋友在英国迫降时丧生。这是一场集体葬礼,"还有那么多名字,无人来为他们哀悼。"安息号响起时,身穿军用风衣的琼斯不禁颤抖起来。[71]仪式结束后,他和另一名飞行员走进当地的一座酒吧,为他们逝去的朋友点了杯酒。"稍晚些时候,我们离开时,那杯未动过的酒仍放在吧台上。"

有些飞行员试图在东英吉利亚的城镇中寻求解脱,但他们回到基地时却比离开的时候更加郁闷。游览剑桥的三天里,出生于佐治亚州的本·史密斯爱上了那里古老的木建筑、老客栈、草坪和花园,这片美景从大学后方延伸至缓慢流淌的剑河,该城的名字来源于这条河流。在远离"死亡和恐惧"的二十英里外,史密斯感受到"和平与庇护",[72]他不想离去。返回莫尔斯沃斯基地的公交车之旅,令他感到与自己曾执行的任务那般漫长而又令人沮丧。

机库中的音乐

本·史密斯待在莫尔斯沃斯基地时,他所在的"地狱天使"大队以一场历时三天的疯狂派对庆祝了他们的第200次作战任务。军用卡车先是拖来大批威士忌和啤酒,随后又被派去接当地城镇的姑娘们。"就这样,一连好几天,毫不停顿的狂喝滥饮开始了。伤亡名单被裱好。散落在各处的帐篷被预订一空。酒吧里挤满了人,一个个醉醺醺地狂欢着。"[73]一些女人站在吧台上,为小伙子们脱掉衣服。宪兵们无法阻止一对对喝醉的男女溜进宿舍中交欢。"最后,一切都结束了,"史密斯回忆道,"德国人没能做到的,酒精却做到了!第303轰炸机大队彻底中止了行动。"[74]

为欢庆自己的"第200次作战任务"派对,第100大队包了一列火车,从伦敦运来数百名妇女,其中大多数人的贞操观值得怀疑。经过性病检查后,她们被安置在一座专门的营房内,门外有宪兵把守,尽管"她们中的大多数人并不睡在里面",飞行员基斯·兰姆回忆道。[75]但也有些健康的欢庆。周围村落的家庭被邀请来,这里举办了一场"行走英国嘉年华",有游乐设施、小卖部,甚至还有个算命先生。就在村里的孩子们狼吞虎咽着真正的美式热狗,乘坐着华丽的旋转木马之际,"空中堡垒"起飞,隆隆地飞向德国。下午,这些小伙子毫发无损地返回后,加入到欢庆的人群中,他们喝着啤酒,吃着在跑道附近烹制出来的厚厚的牛排。

日落后,欢庆活动转移到硕大的机库中。在第100大队"世纪轰炸机乐团"的伴奏下,飞行员和他们的女伴们跳起了吉特巴。"一旦你学会吉特巴,就再也不想跳其他的舞了,"一名当地妇女回忆道,"美国小伙会让你旋转,将你甩上他们的肩头和两腿间。所有人都陶醉在音乐中。这太美妙了!"[76]

派对结束的一周后,上级获悉,一些伦敦来的姑娘作为一群飞行员的嘉宾,仍留在基地内,这些飞行员非常友善,甚至跟她们分享自己的床铺。宪兵们被派去驱逐她们,但这些姑娘拒绝离开。卫兵奉命提供支援,很快,那些姑娘从兵营中消失了。"我从未见过这帮弟兄如此愁容不展。"罗西·罗森塔尔回忆起那些失望的飞行员们脸上的表情。[77]两天后,这些姑娘被发现在宪兵们的床上。

刘易斯·威尔斯所在的第95轰炸机大队,举办庆祝其"第200次作战任务"派对时,邀请来的贵宾是平·克劳斯贝、黛娜·舒尔以及格伦·米勒上尉和他的陆军航空队乐队。[78]"这一个小时中,机库的墙壁被响亮的音乐声所震颤,"威尔斯在一封家书中描述了格伦·米勒的音乐会,"就在屋顶快要被掀翻之际,乐队登上他们的卡车,匆匆离去。"[79]

D日后不久,格伦·米勒带着他的四十名乐队成员到达英国,在这个国家造成了轰动,几乎每个舞厅里的伴奏乐队早已学会他那种软摇摆乐。过去的一年中,这支乐队及其首席歌手约翰尼·德斯蒙德中士(号称"辛纳特拉第二"),与一个周六广播节目(《伴我飞翔》)合作,为战争募集了数百万美元,并在全美各地的战时债券销售会上举办演奏会。但格伦·米勒想去欧洲,去战争的心脏地带,用飞行员们从目标区返航时通过德国电台所听到的那些乐曲来犒劳这些小伙子:《一切随性》、《一串珍珠》、《燕尾服开叉口》、

《查塔努加啾啾》、《宾夕法尼亚6-5000》以及乐队伤感的经典曲目——《月光小夜曲》。

38岁的格伦·米勒已婚,有两个刚刚学会走路的孩子,这位身材瘦长,看上去颇有学者风度的长号演奏家,已超过征兵年龄上限3岁,"但我由衷地感到,我欠了这个国家一笔人情债",他告诉那些失望的美国乐迷们。[80]米勒解散了他在四年前组建起来的乐队,并被任命为陆航队上尉。在哈普·阿诺德将军的推动下,格伦·米勒获准组织一支新乐队,乐队的成员是那些不太可能结合到一起的音乐家:爵士乐手和训练有素的古典弦乐演奏家,他们都是加入陆航队的志愿者。乐队里一些年长的乐手并不想远赴海外,但米勒为重新分派进行了积极的游说,最终,艾森豪威尔将军要求将乐队派至英国,在一档专为盟国远征军服务的电台新节目中表演。一些音乐家已被宣布为不适合海外服役,但米勒没有在乎这些。他告诉他们:"你们只管去好了,不用管他们在你们的服役记录中写些什么。"[81]米勒飞赴伦敦进行先期安排,乐队其他成员经海路随后赶到。

米勒的乐队到达这座城市时,适逢纳粹飞弹空袭造成的恐慌到达最高潮。音乐家们发现米勒上尉大多数时间都躲在斯隆大街25号BBC广播大厦下的防空洞中,他们本来是打算在这里进行广播演出的。一枚无人驾驶的飞弹落在三个街区外后,米勒获准将乐队带至位于伦敦北面50英里处的贝德福德。接下来的六个月里,乐队驻扎在这里,与他们在夏季频繁巡演的美军基地相距不远。乐队离开伦敦的第二天,一颗V-1飞弹落在斯隆大街25号前方的一条街道上,摧毁了一些建筑,并使70多人丧生。

米勒乐队的演奏会大多在巨大的钢铁机库中举行,他们搭乘破旧的轰炸机从一个基地飞往另一个基地,这些飞机上用白色的油漆标明:不适合作战。患了音乐饥渴症的飞行员们挤在舞台四周,站在机翼上,坐在高高的横梁顶,跟随着来自家乡的音乐摆动。"机库里的那种声音似乎有魔力,"一名轰炸机飞行员回忆起米勒的乐队在阿特尔布里奇(Attlebridge)举办音乐会的情形,"我是说,在场的人都疯狂了。"[82]

11月下旬,米勒告诉他的乐队,他们要去获得解放的巴黎举办一场圣诞音乐会,让身处欧洲大陆的美国军队获得"家的感觉"。[83]他将先行飞赴巴黎,准备相关事宜。12月15日,就在他和他的朋友诺曼·F.巴塞尔上校准备从贝德福德附近,皇家空军的一个机场起飞时,米勒明显紧张起来。气候很恶劣:冰冷的蒙蒙细雨,浓雾,另外,他们搭乘的是一架轻型单引擎飞机,没有水上迫降设施,也没有降落伞(这架"诺斯曼"D-64飞机由皇家空军的约翰尼·摩根中尉驾驶)。登机前,摩根向他们保证,天气会好转。这对米勒是个小小的安慰,他很不喜欢飞行。这架"诺斯曼"飞入浓雾中,永远地消失了。

四十年来,格伦·米勒的死一直是个未解之谜。1984年,皇家空军一个轰炸机组的两位成员(领航员和驾驶员)站出来,提出了一个解释。12月15日下午,他们奉命对德国的一个铁路编组场实施白昼轰炸,但任务被取消,于是他们驾驶着四引擎"兰开斯特"轰炸机返回。在海峡上空,他们的投弹手将飞机上的炸弹抛下,领航员弗雷德·肖说,他和一名射手(这位射手去世于1983年)看见一架"诺斯曼"从空中坠落,显然成了他们丢弃炸弹所造成的冲击波的受害者,这些炸弹中,有一颗重达4000磅的"大家伙"在海面炸开。"机尾射手一直在环顾四周,他看见那架飞机发生了倾斜,随即坠入海中。"驾驶员维克多·格雷戈里告诉《纽约时报》的一名记者。[84]格雷戈里被问及为何不早点透露这个消息时,他说自己忘记了这起事件,直到肖与他联系后才想起,而且他也没有将这件事与格伦·米勒的失踪联系起来,格伦·米勒离开英国九天后,他失踪的消息才被报告上去。弗雷德·肖说,1954年,他看了一部由吉米·斯图尔特主演,讲述格伦·米勒一生传奇的好莱坞电影后,他的好奇心才被勾起。他查阅了自己的战时日志,意识到坠落的"诺斯曼"可能就是米勒搭乘的那架飞机。多年来,他的故事一直未被记者、历史学家以及格伦·米勒的乐迷们所重视,直到航空历史学家罗伊·内斯比特对气象图和解密的作战文件进行了详细的研究,才最终证实了这个说法。

突出部战役

格伦·米勒打算与朋友们在巴黎会面的那个晚上，德国陆军元帅格尔德·冯·伦德施泰德向他的部队下达了日训令，这支大军已被他悄悄埋伏在阿登森林对面的埃菲尔山区中。"西线将士们，你们的伟大时刻已经到来。生死存亡在此一举。"[85]第二天早上5点30分，雷鸣般的火炮齐射宣布一场令世界为之震惊的攻击拉开了帷幕。这是希特勒试图扭转战争态势的最后一次尝试，他不顾包括冯·伦德施泰德在内的那些高级军事将领们的反对，一意孤行地发起了这场豪赌。

希特勒的计划是组建一支号称"人民掷弹兵"的新军，由空军和海军抽调出来的人员、退役军人、纳粹占领国征召来的士兵以及德国国内十五岁大的孩子们组成。他们将与包括武装党卫军在内的正规部队相配合，从比利时南部至卢森堡中部这条80英里长的战线，发起一场闪电般的反击。这场进攻将由数百辆坦克为先锋，这些坦克是阿尔贝特·施佩尔加速的军备计划在当年夏季生产出来的，另外，他们还将获得德国空军新单位的支援，那是加兰德为"绝地反击"所准备的。突破阿登山区崎岖的地形后，两个集团军，连同保护其南翼的另一个集团军，将向北席卷，跨过默兹河，夺取125英里外的安特卫普港。这将切断盟军的补给线，并将英国和加拿大军队与南面的美军阻隔开。到那时，西线盟军可能会同意单独媾和，这就能让希特勒将手中的一切投入到抵御逼近中的布尔什维克的战斗中。

这个计划要获得成功，希特勒至少需要三样东西：出其不意、恶劣的气候以及额外的汽油。他认为汽油可以在战斗中缴获，他还预计，"浓雾、黑夜和大雪"将使盟国空军无法升空，并令他获得胜利。[86]冯·伦德施泰德的攻势发起时，近25万名德军士兵和900辆坦克冲破了美军薄弱的防线——据守这条聊胜于无的防线的是一些毫无经验的部队，以及当年11月在比利时许特根森林的激战中被消耗得筋疲力尽的老部队。战斗在厚厚的积雪和浓雾中展开，美军在林木茂密的森林中被打得措手不及，防线被突破，德国人获得了不错的进展，在美军防线上制造出一个巨大的突出部，这场战役由此得名。这段时间里，厚厚的云层一直延伸至英国，盟国空军无法升空支援，这使进攻方获得了希特勒预期的优势。

希特勒如何能在盟军掌握整片地区空中优势的情况下，出人意料地将一支庞大的军队埋伏到美军防线对面？美国军方曾获得这方面的一些情报，但并未采信。空中和地面侦察发现，德国人正在莱茵河以西集结，但美军地面指挥官们认为，德国人无非是沿齐格菲防线加强既设阵地，以应对英美联军即将向阿登南面和北面发起的攻势，盟军的主力都集结在那里。正如历史学家查尔斯·麦克唐纳这位老兵所写的那样：美军指挥官"盯着镜子，看到的只是其自身意图的反映"[87]。

一连串令人担忧的日子里，恶劣的气候促成并推动希特勒的装甲大军实施突如其来的攻击，其先头部队深深地插入阿登地区。最初几天的失败者成为扭转作战态势的英雄。步兵连的士兵、工兵群以及反坦克小组在酷寒中奋战，拖缓了德军的渗透，并给了艾森豪威尔调集大批援兵的时间。另一个至关重要的原因导致了德军的攻势渐渐失去锐势。盟军不知道的是，德国人的燃料只够他们实施5—6天的进攻。以约阿希姆·派普上校党卫军第1装甲师为首的德军装甲部队，指望在燃料耗尽前夺取敌军防线后方的燃料仓库。美军士兵的顽强抵抗破坏了这些计划，他们的小股部队用"巴祖卡"火箭筒和枪榴弹打击敌人的虎式坦克，以轻武器、手榴弹和迫击炮攻击敌人的步兵部队。"我们接到的命令是，要么守住，要么战死，"一名士兵回忆道，"不知怎么回事，我们守住了。"[88]他们和那些搭乘卡车赶至前线的伞兵们死死守住一些重要的交通路口，例如圣维特和巴斯托尼。德军攻势第一周结束前，巴顿的第3集团军星夜赶往岌岌可危的巴斯托尼，这是战争期间最惊心动魄的救援行动之一。与此同时，艾森豪威尔调集25万大军投入战斗。从未有哪支军队获得过如此迅速、如此强有力的增援。

圣诞节前两天，天色放晴，盟军战斗机和中型轰炸机开始消灭已因燃料短缺而步履蹒跚的德军装甲部队。罗杰·拉特兰中士回忆道："我们仰望天空，说道，'谢天谢地，他们又飞来了'。"[89]当天，第八航空队调集起每一架可用的飞机，这是一支近20000人的空中编队。他们对莱茵河以东的机场和铁路编组场实施了饱和轰炸，投下的炸弹比战争中的任何一天都要多。

第二天，第八航空队失去了一名创始者——艾拉·埃克带到英国部署美国轰炸行动的"六元老"之一。在埃克的司令部里待了一年后，弗雷德里克·卡索准将自告奋勇地接管了新近投入战斗的第94轰炸机大队，待这支桀骜不驯的部队恢复了纪律后，卡索于1944年4月奉命指挥第4作战联队，这是第八航空队麾下最大的一个联队。1944年圣诞节前夕，他率领航空历史上规模最大的一支力量，对交通中心和德国空军战斗机机场发起打击。在比利时上空，卡索的飞机由于引擎故障被迫退出领队位置。下方是友军的地面部队，因而他不肯抛弃机上的炸弹以获得速度，于是，这架落在后面的轰炸机成了七架梅塞施密特轻而易举的猎物。这些敌机跟踪着美国的轰炸机编队，这支编队绵延300英里，一直延伸至海峡。卡索将军的荣誉勋章颁奖书上描述了接下来所发生的事情："反复遭到的攻击使得两具引擎起火燃烧……意识到情况已然无望，跳伞的命令被下达。他没有考虑个人安危，而是勇敢地接手控制，以便为其他机组人员提供逃生机会。但是，另一轮攻击使油箱发生爆炸……轰炸机向地面坠去。"[90]卡索操纵着飞机撞向一片空地，剧烈的爆炸将金属残片和人的残肢断臂抛向600英尺的空中。

无情的攻击一直延续至圣诞节，战略和战术部队炸毁了桥梁和铁路线，将公路变得坑坑洼洼，由此造成的"补给危机"[91]使德军的攻势濒临崩溃。德国空军紧急升空，以捍卫德军的生命线，但在五天内损失近250架战斗机。燃料和弹药不足，美国工兵部队的骚扰（他们炸毁了许多桥梁），再加上遮天蔽日的盟军飞机的空中攻击，派普上校的党卫军部队丢下他们的坦克，开始步行逃回德国。圣诞节那天，哈索·冯·曼陀菲尔将军的第2装甲师已经穿过圣维特，但在距离默兹河三英里处耗尽了汽油，在那里，他们遭到突破圣洛的英雄，劳顿·柯林斯将军所率的一支装甲师的重创。第二天，巴顿集团军的先头部队打破了德军对巴斯托尼的围困。遭受到这一双重失败，德军到达安特卫普的一切希望已告破灭，尽管希特勒疯狂地命令他的部队继续进攻，他拒绝相信其目标已是可望而不可即。

盟军的重型和中型轰炸机继续摧毁敌防线后方的铁路枢纽、桥梁和铁路编组场，阻止其装甲掷弹兵团到达前线。甚至连骑自行车的士兵也无法穿越被盟军轰炸机炸毁的某些铁路城镇。战后，冯·伦德施泰德告诉盟军审讯人员："要是补给物资和预备队能像从南面赶来的巴顿那般迅速的话，德军的攻势是可以获得成功的。"[92]这一点值得怀疑，但盟军空中力量对莱茵河西部铁路运输的破坏，帮助地面部队在新年到来前决定了阿登山区德国军队的命运。[93]

元旦当天，德国空军按照来自希特勒的直接命令，发起一场大胆的进攻，试图扭转战役的进程。[94]日出前，800多名德国战斗机驾驶员完成了最后的准备，打算在清晨对荷兰、比利时和法国北部，盟军的战斗机机场发起一场突袭。行动的目的是消灭停在地面上的盟军战斗机，一举瘫痪敌空中力量中相当重要的一部分。[95]一些德军战斗机中队勉强升空，因为他们刚刚结束庆祝新年的聚会。"我们跳舞、欢笑、饮酒，突然，大队长做了个手势，乐队停止了演奏，"冈瑟·布勒默茨回忆道，"'各位，'大队长的声音在寂静的房间里回响，'对表，五十分钟内出发！'"[96]

冬季的太阳出现在地平线处，飞行员们钻入飞机，其中的两个穿着军礼服——白衬衫、漆皮皮鞋和白手套。如果被俘，他们希望敌人知道，"他们应该获得上等人的对待"[97]。过了一会儿，"60架飞机隆隆穿过机场，将除夕的初雪吹入旋转的云层中"[98]。他们以树梢的高度逼近目标，这支突袭力量将英国和美国的战术指挥部打得狼狈不堪，击毁和击伤的飞机超过450架，其中大多数停放在地面上。但德国空军的这场"底板"行动也使其自身损失了400多架活塞引擎战斗机和237名飞行员，其中包括59名指挥官。[99]这是德国空军遭受到的最大的一次灾难。"在这场被迫的行动中，我们失去了最后的资本。"

加兰德说道，[100]这些飞行员是他为"绝地反击"所准备的。

过去的一年，德国空军在各条战线的行动中，损失或损伤后无法修复的飞机超过13000架。[101]"底板"行动后，德国空军的单引擎战斗机只能偶尔对盟军轰炸机发起骚扰性攻击。当年12月，德国空军接收到的新飞机超过2900架，但他们没有足够的燃料和飞行员，这些崭新的飞机只能停放在机场，机轮前放着轮挡度过剩下的战时岁月。[102]

截止到1月份的第一周，盟军在历时一个月的行动中，已向着阿登山区推进，缓缓地将德军逐出70英里深的突出部。1945年1月，美军遭受到39000多人的作战伤亡，超过西北欧战事中的任何一个月。最后几周的战斗中，美军士兵最好的朋友是盟军空中力量。大群"雷电"和英国的"台风"战斗机贴着树梢飞来，追寻着雪地上德军坦克留下的履带印。与此同时，第八航空队继续对莱茵河两侧的铁路编组场发起猛烈打击，给德国人造成运输延误和武器及弹药的严重短缺。[103]德国军队仍能获得一些必需的补给物资，但极为困难，因为两个完整的运输系统（一个在科隆地区，另一个在法兰克福周围）已被炸成铁路"荒漠"。[104]冯·伦德施泰德的军队从比利时寒冷的森林中后撤时，斯帕茨"燃油攻势"造成的燃料短缺给他们带来了致命的延误。1月底前，德军出色的"边打边撤"演变为一场溃逃，仓促逃至齐格菲防线后，那里的战斗已在六周前打响。

突出部战役几乎是一场完全由美军参与的战斗，也是美国陆军经历过的最大、代价最高的一场战役。投入战斗的德军和盟军士兵超过100万，其中的60万是美国人。19000名美军士兵阵亡，47000人负伤，另有15000人被俘。德军遭受的伤亡超过10万。这是一场出色的步兵对决，但空中力量已呈不可或缺之势。

1月份是盟国空军打击希特勒战时经济的高潮期。德国国家铁路的损坏已毫无修复的希望，由此带来的煤炭荒演变为一场不可逆转的能源灾难。鲁尔区——德国经济跳动的心脏，其煤炭和铁矿石的主要来源——与德国其他地区之间的联系几乎被彻底切断。生产所必需的原材料被剥夺，天然气加工厂、发电厂、弹药厂和炼钢厂不是关闭就是被迫大幅度削减产量。[105]随着德国的铁路系统每天都遭受到攻击，包括滚珠轴承在内的零部件厂，已无法完成其生产目的。他们尚能高效生产出的产品无法被运出，整个滚珠轴承业崩溃了。

盟军对德国炼油厂的空袭加剧了煤炭危机造成的混乱。[106]秋末，厚厚的云层尚能帮助德国炼油企业恢复一小部分生产能力。但盟军轰炸机在当年秋季和冬季频频对目标区发起打击，使施佩尔挽救濒临灭亡的产业的希望彻底破灭。1月下旬，无论德国空军还是德国陆军中的机械化部队，都已不可能在西线组织起有效的抵抗。此刻，整体经济形势已无法挽回。德国战时经济最后的帷幕开始落下。

从1945年1月份起，东线和西线的德国军队将遭遇到严重的燃料和武器短缺，这是轰炸战的直接结果。"2月份，盟军在莱茵河西部实现突破，3月份跨越莱茵河，4月份贯穿德国，德国人缺乏汽油的情况非常普遍，这是大批坦克、火炮、卡车被摧毁，成千上万名德军士兵举手投降的直接原因。"奥马尔·布莱德利将军说道。[107]另外，斯大林也承认，1945年2月和3月，苏军在西里西亚获得的胜利以及红军最终冲向柏林，都获益于敌人的燃料短缺、铁路系统严重损坏，以及德国战斗机从东线调离，赶去保卫本土的军工企业。[108]

战后的审讯中，针对"哪种空中打击对德国的影响最大"这个问题，德军最高统帅部的看法有两种：交通运输、燃油生产。凯特尔元帅认为是交通运输，因为这直接影响到军事行动和战时生产；戈林说是燃油生产，"没有燃料，谁也无法进行战争"[109]。但西线德军的战地指挥官们——他们积极地进行了战斗——却意识到，正是盟军对交通运输和燃油生产的同时打击，才使德军难以进行有效的地面行动。"我们在西线的失败基于三个因素，"冯·伦德施泰德元帅说道，"首先是你们前所未有的空中优势，这使白天的一切行动不复可能；其次是燃料的缺乏——汽油和天然气——使德军装甲部队和残存的空军力量无法出动；最后是对所有铁路交通系统性的破坏，甚至连一列火车都无法穿越莱茵河，这使我们无法调集部队，所有的机动性都已丧失。"[110]

最高统帅部经济与军备局局长格奥尔格·托马斯将军做出简练的总结："胜利在于生产，你们摧毁了德国的生产。胜利在于机动，你们瘫痪了我们。"[111] 1944—1945年的秋季和冬季，盟军对燃油生产和交通运输的打击同时展开，毫无保留，这加速了战争的结束，本来，这场战争可能会持续至1945年年底。

一月危机

1945年1月，那些摧毁德国经济的空军指挥官并未意识到这一点。[112]持续的云层阻止了照相侦察机拍摄到盟军轰炸造成破坏的完整画面。直到2月份，天气有所好转，皇家空军副参谋长诺曼·博顿利爵士又下令全面检查"超级机密"拦截到的德国商业情报，这才使德国交通运输系统遭受破坏程度的完整画面呈现出来。博顿利爵士的调查发现，数千份敌方报告描述了国家经济的危险状况。联合战略目标委员会对轰炸燃油目标的热情大于对交通运输的打击，他们没有认真审阅这些报告，要么就是故意将其忽略了。

1月初并没有这些宝贵的信息，英美空中力量的高级官员们非常沮丧。"德军地面部队的战斗力仍很强，"战争部助理部长罗伯特·洛维特描述了美国空军领导层普遍存在的悲观情绪，"他们发动攻势的可能性仍很大……德国工业恢复力超出了我们的预料……没有迹象表明平民百姓的士气已被打破。"

在一封写给卡尔·斯帕茨的值得注意的信件中，哈普·阿诺德将军首次承认："我们也许无法以空袭迫使德国人投降。"1月11日盟军召开的空军高层会议上，弗雷德里克·安德森将军报告说："从战略角度看，情形很不乐观。"吉米·杜立特尔对这个结论"百分之百地"支持。安德森刚刚看过一份令人不安的报告，这份报告来自第八航空队情报处处长乔治·C.麦克唐纳准将。报告里提出警告，"德国战斗机生产中一个惊人的比例是喷气式战斗机项目"，如果战争持续到6月份，德国喷气式战斗机的数量将接近700架，完全有可能打破"目前欧洲空中力量的平衡"。[113]

"超级机密"拦截到的情报还表明，德国已开始一项生产计划，组装一款速度更快、静音效果更好的潜艇，配以电动发动机，这将使它可以在水下停留72小时。[114]1月份前，近100艘新型潜艇处于建造中，另有30多艘已在波罗的海进行训练。英国第一海军大臣A. V. 亚历山大说，这种新型潜艇有能力"给我们造成1943年春季时那样的损失"[115]。

"我们对形势的判断得出这样一个结论，德国的实力不会在近期内崩溃，"1月上旬，斯帕茨写信告诉阿诺德，"除非我们的地面部队能于不久的将来，在莱茵河以西地区成功获得一场显著的胜利，否则，就有必要对我们自身做出调整，为一场漫长的战争做好准备。"[116]联合参谋部同意这种看法。[117]他们曾满怀信心地认为将在1944年圣诞节前获胜的欧洲战事，现在看来要持续至1945年，这场战争结束后，还要18个月才能战败日本。

2月2日召开的盟国空军指挥官会议结束前，弗雷德里克·安德森将军提出一项充满激情的主张，要求"根据战争长时间延续下去的设想，重新规划战略空中攻势"[118]。对燃油和交通运输目标的打击，必须重新鼓起干劲贯彻下去，喷气机生产厂以及位于汉堡和不来梅的潜艇组装厂必须加以猛烈的轰炸。

对德国人口中心采取严厉措施可能也是必要的，这样才能熄灭纳粹抵抗的余烬。这就意味着要将柏林置于第八航空队轰炸议程的首位。另外，罗伯特·洛维特的办公室也传来一个戏剧性的计划，组建一支全新的战斗轰炸机突袭力量，以传奇性的邦联骑兵领导者杰布·斯图尔特的名字命名，这个构想出自皮特·奎萨达将军。其意图是"系统性地对德国境内的交通、小型工厂和发电厂等加以破坏"[119]。但这其实是个稍事伪装的建议，目的是在数百个尚未感受到盟军空袭力度的村镇中，以恐怖性轰炸打破德国百姓的士气。"如果要进一步削弱德国民众的抵抗力，"洛维特向阿诺德提出了不祥的建议，"我们很可能必须将对工业的破坏蔓延至较小的城镇，那些地方已因德国所进行的系统性疏散而成为新的生产地。"[120]

阿诺德司令部的工作人员没有接受洛维特的建议。他的计划需要"先期投入"500架额外的飞机来完成，这不在"陆航队目前的能力范围内"。但阿诺德敦促斯帕茨考虑同样的"远景"计划，这个计划"将造成比我们现在所能做到的更大的破坏……空中力量绝不能让西线战事陷入僵局"[121]。

1月初，哈普·阿诺德和英美盟军其他泄气的领导者曾寄希望于苏军即将发起的庞大攻势能获得成功。他们期盼这将迫使希特勒抽调重兵增援东线，并阻止其实力耗尽的部队沿莱茵河组织起顽强的防御。

注释

1. 丹·卡勒，《沃维尔莫斯的黑洞》，第304—305页。
2. 埃利斯·M. 伍德沃德，"纳粹空军的突击大队：不为人知的故事"，第八航空队历史博物馆文件；后以"飞行学校：战斗地狱"的名字出版发行（巴尔的摩，美国文学出版社，1998年）。
3. 1944年9月13日，第493轰炸机大队队部，第455号任务的作战报告，国家档案馆。
4. 亚当·林奇，《卡塞尔：灾难性任务》，《军事历史》杂志（2002年2月，第4期），第56页。这种飞机的正式名称为Fw-190A 8/R8。
5. 引自阿尔弗莱德·普莱斯的《德国空军的最后一年：1944年5月至1945年5月》（威斯康辛州奥西奥拉，汽车国际出版社，1991年），第52页。
6. 伍德沃德，《飞行学校：战斗地狱》，第161页。
7. 同上。
8. 亚当·林奇，《卡塞尔：灾难性任务》，第57页。
9. 1999年9月30日，亚伦·埃尔森接受Uebelhoer网站采访，www.kasselmission.com。
10. 伍德沃德，《飞行学校：战斗地狱》，第163页。
11. 海因茨·帕彭贝格的证词，www.militariacollecting.com。
12. 马丁·W. 鲍曼，《美国参与的伟大空战》，第110页；亚当·林奇，《卡塞尔：灾难性任务》，第60页。
13. 阿尔弗莱德·普莱斯、阿道夫·加兰德，"德国空军的诞生、发展和覆灭"，第58页，斯帕茨文件。
14. 查克·耶格尔、里奥·亚诺什，《耶格尔自传》，第44、58页。
15. 同上。

16　1944年9月21日，阿诺德发给斯帕茨的电报，斯帕茨文件；杜立特尔，《我再也不会如此幸运》，第385页。

17　科格勒中校，"1945年3月15日的德国空军讲座"，第12、14页。

18　陆军航空队，敌情摘要，1945年5月29日，对赫尔曼·戈林的审问，美国空军历史研究部，519.619-3。

19　引自约阿希姆·费斯特、施佩尔《最终判决》（圣地亚哥，哈考特出版社，2001年），第168页。另可参阅加兰德的《第一个和最后一个：德国战斗机部队的兴衰，1938—1945》，第259页；伊恩·克肖的《希特勒，1936—1945：报应》，第635页。

20　1945年6月29日，对戈林的审问，美国空军历史研究部。

21　同上。

22　施佩尔，《第三帝国内幕》，第408页。

23　同上。

24　同上，第409页。

25　同上。

26　加兰德，《第一个和最后一个：德国战斗机部队的兴衰，1938—1945》，第260页。

27　曼弗雷德·伯姆，《JG 7：世界上第一支喷气式战斗机部队，1944—1945》，大卫·约翰逊翻译（宾州阿特伦格，希弗出版社，1992年），第189页。

28　肯·C.拉斯特、威廉·N.赫斯，《德国喷气机与美国陆航队》，《美国航空历史协会杂志》第8期（1963年秋），第168页。

29　卡尤斯·贝克尔，《德国空军战时日志》，第356页。

30　查克·耶格尔、里奥·亚诺什，《耶格尔自传》，第61页。

31　加兰德，《第一个和最后一个：德国战斗机部队的兴衰，1938—1945》，第232—233页。

32　阿尔弗莱德·普莱斯、阿道夫·加兰德，"德国空军的诞生、发展和覆灭"，第59页，斯帕茨文件；加兰德的《第一个和最后一个：德国战斗机部队的兴衰，1938—1945》，第241页。

33　同上。

34　加兰德，《第一个和最后一个：德国战斗机部队的兴衰，1938—1945》，第241页。另可参阅《二战中的陆军航空队，第四卷》，第657—

658页。
35 阿尔弗莱德·普莱斯,《德国空军的最后一年: 1944年5月至1945年5月》, 第111页。
36 1944年12月13日, 斯帕茨发给洛维特的电报, 斯帕茨文件。
37 罗伯特·弗洛伊德·库珀,《蓝天小夜曲》, 第220页。斯泰尔斯阵亡于1944年11月26日。
38 加兰德,《第一个和最后一个: 德国战斗机部队的兴衰, 1938-1945》, 第241页。
39 阿尔弗莱德·普莱斯、阿道夫·加兰德, "德国空军的诞生、发展和覆灭", 第59页, 斯帕茨文件。
40 同上, 第61页。
41 阿尔弗莱德·D. 钱德勒编撰的《德怀特·艾森豪威尔文件, 第四卷》(巴尔的摩, 约翰·霍普金斯大学出版社, 1970年), 第2118页。
42 1944年10月4日, 斯帕茨发给阿诺德的电报, 斯帕茨文件。
43 与大多数盟军指挥官相比, 斯帕茨对1944年圣诞前击败德国的可能性不是太乐观。可参见1944年10月1日他发给洛维特的电报, 斯帕茨文件。
44 索利·祖克曼,《从猿猴到军事领袖》(纽约, 哈珀&罗出版社, 1978年), 第290页。
45 特德, "为迅速击败德国而应采用空中力量的政策之说明", 1944年10月26日, 斯帕茨文件。
46 祖克曼,《从猿猴到军事领袖》, 第305页。
47 对盟军战略空中力量情报系统的精辟分析, 可参阅阿尔弗雷德·C. 米尔泽耶夫斯基的《德国战时经济的崩溃, 1944—1945: 盟军空中力量与德国国家铁路》(教堂山, 北卡罗来纳大学出版社, 1988年), 第4章。
48 "指导欧洲战略空中力量的2号指令", 斯帕茨文件。
49 美国战略轰炸调查, "对德国交通运输实施战略轰炸的效果"(华盛顿, 美国政府印务局, 1947年), 第12页。
50 约翰·泰雷恩,《英勇的时刻: 欧战中的皇家空军, 1939—1945》(纽约, 麦克米伦出版社, 1985年), 第675页。
51 米尔泽耶夫斯基,《德国战时经济的崩溃, 1944—1945: 盟军空中力量与德国国家铁路》, 第23—24、33页; 米尔沃德,《德国战时经济》, 第173页。

52 特德,"为迅速击败德国而应采用空中力量的政策之说明",1944年10月26日,斯帕茨文件。

53 米尔沃德,《德国战时经济》,第173页。

54 1944年11月11日,施佩尔给希特勒的报告,查尔斯·韦伯斯特和诺布尔·弗兰克兰《对德国的战略空中打击,第四卷》,第349—351页。

55 美国战略轰炸调查,"对德国交通运输实施战略轰炸的效果",第4页;1945年6月3日,美国战略轰炸调查与彼得斯将军的谈话,美国空军历史研究部,137.315-23。

56 特德,《心怀偏见:皇家空军元帅特德勋爵的战争回忆录》,第637—638页;美国战略轰炸调查,"对德国交通运输实施战略轰炸的效果",第3页。

57 1944年11月11日,施佩尔给希特勒的报告,查尔斯·韦伯斯特和诺布尔·弗兰克兰《对德国的战略空中打击,第四卷》,第349—356页。欲了解美国对轰炸的反应,可参阅1944年12月13日斯帕茨发给阿诺德的电报,斯帕茨文件。

58 美国战略轰炸调查,"航空队的行动执行率"(华盛顿,美国政府印务局,1947年),附件24d。

59 第八航空队行动分析组,"1944年9月31日—12月,第八航空队轰炸精确度的报告",第5—7页,1945年4月20、22日,斯帕茨文件;美国战略轰炸调查,"轰炸精度,欧洲战区中的美国陆航队重型和中型轰炸机"(华盛顿,美国政府印务局,1947年),第4页。

60 2003年9月17日,作者对克雷格·哈里斯的采访。杜立特尔在战后的证词支持了哈里斯的说法,参阅1979年8月24日,罗纳德·谢弗对詹姆斯·H.杜立特尔将军的采访,美国空军历史研究部,K239.0512-1206。

61 约翰·布里奥尔,《险境:约翰·J.布里奥尔的二战日记》,约翰·F.韦尔奇编辑(南达科他州拉皮德城,银翼航空出版社,1993年),第166页。

62 伯纳德·托马斯·诺兰,《以赛亚雄鹰的崛起:一代空军》(费城,西利布里斯出版社,2002年),第201页。

63 黑斯廷斯等编著的《第八航空队的精神病治疗》,第21—22页;格林科、斯皮格,《压力下的人》,第24—25、35—36页。

64 J.J.林奇,《再一次》,未出版文稿,第45页,第八航空队历史博物馆。

65 美国战略轰炸调查，"航空队的行动执行率"（华盛顿，美国政府印务局，1947年），附件24d。

66 第八航空队司令部，司令官办公室，"对次要和不得已目标的打击"，1944年10月29日，美国空军历史研究部，519.5991-1。

67 塞缪尔·W. 泰勒，《幻影部队》，《扬基》（1945年5月4日），第4—6页。

68 空对地轰炸引导系统的操作手，英国人对他们的训练非常严格。皇家空军的雷达技师需要进行为期十个月苛刻的培训课程，而第八航空队H2X的操作手只获得四周的训练。关于这个问题可参阅W. 海斯·帕克斯的《精确与区域轰炸》，《战略研究》杂志第18期（1995年3月，第1期），第157页。

69 约翰·布里奥尔，《险境：约翰·J. 布里奥尔的二战日记》，第166页。

70 柯蒂斯·赖斯，《以身涉险：刘易斯·F. 威尔斯的二战经历》（麻省剑桥市，ACME出版社，2000年），第298页。

71 肯尼斯·"执事"·琼斯，"战时日记"，第八航空队历史博物馆。

72 本·史密斯，《小鸡机组：第八航空队的故事》，第151—155页。

73 同上，第133页。

74 同上。

75 基斯·兰姆，《三十五次：二战中我作为一名B-17驾驶员的经历》，未出版文稿，第59—60页，第八航空队历史博物馆。

76 2005年3月6日，作者采访贝蒂·史密斯。

77 2002年3月7日，作者采访罗森塔尔。

78 到达英国后，该乐队更名为"盟军统帅部乐队"，当年夏末，又改为"盟军远征军乐队"。

79 柯蒂斯·赖斯，《以身涉险：刘易斯·F. 威尔斯的二战经历》，第230页。

80 引自杰弗里·布彻的《家书：格伦·米勒少校的战时乐队》（爱丁堡，主流出版社，1986年），第6页。

81 同上，第39页。

82 同上，第119页。

83 克里斯·韦，《格伦·米勒在英国：前世今生》（伦敦，不列颠之战出版社，1996年），第10页。

84 乔·托马斯，《可能是皇家空军的炸弹击落了格伦·米勒的飞机》，

《纽约时报》，1985年12月31日。

85 引自本人《第二次世界大战的故事》，第339页。

86 艾德·坎宁安，《美国佬：美军士兵在战争中的故事》，《扬基》杂志社，德布斯·迈尔斯等人编撰，第71页。

87 查尔斯·B.麦克唐纳，《强大的努力：美国在欧洲所进行的战争》（1986年；纽约，大卡波出版社，1992年再版），第395页；《二战中的陆军航空队，第三卷》，第XXi页。

88 理查德·F.普罗克斯，《诸神的黄昏——记住我们》（未出版文稿，艾森豪威尔中心）。

89 罗杰·拉特兰的口述，波士顿还公共电视台，《美国历史》栏目。

90 荣誉勋章嘉奖令，弗雷德里克·卡索准将，空军历史部；小贝尔尼·莱，《向弗雷德里克·卡索准将致以战友的敬意》，《华盛顿邮报》，1945年1月20日。

91 《二战中的陆军航空队，第三卷》，第XXi、711、695页。

92 1945年5月4日，路易斯·P.洛克纳对伦德施泰德元帅的审问，美国空军历史研究部；休斯，《霸王行动：皮特·奎萨达将军和战术空军力量在二战中的胜利》，第289页。

93 美国战略轰炸调查，第55号会谈记录，1945年7月5日，与威廉·凯特尔元帅的谈话，美国空军历史研究部，137.315-55；美国战略轰炸调查，第17号会谈记录，1945年6月7日，与约德尔大将的谈话，美国空军历史研究部，431-1545A。

94 与戈林的谈话。

95 加兰德，《第一个和最后一个：德国战斗机部队的兴衰，1938—1945》，第243页；与戈林的谈话。

96 引自诺曼·L.R.弗兰克斯的《机场之战：1945年1月1日》（伦敦，威廉·金伯出版社，1982年），第20—21页。

97 同上。

98 同上。

99 美国战略及战术空中力量，1945年9月，对科勒尔将军的审问，美国空军历史研究部，19；理查德·G.戴维斯，《卡尔·斯帕茨与欧洲空战》，第535页。

100 加兰德，《第一个和最后一个：德国战斗机部队的兴衰，1938—

1945》，第243页。

101 马修·库珀，《德国空军：1933—1945，败亡的剖析》（纽约，简氏出版社，1981年），第370页。

102 阿尔弗莱德·普莱斯，《德国空军的最后一年：1944年5月至1945年5月》，第129页。

103 美国战略轰炸调查，"盟国空中力量对德国后勤的打击所造成的影响"（华盛顿，军事分析部，1947年），第4—5页。

104 同上，第22页。

105 美国战略轰炸调查，"对德国交通运输实施战略轰炸的效果"，第53—54页；德国情报官加仑坎普少校的证词，"德国战败的因素"，美国空军历史研究部。

106 米尔沃德，《德国战时经济》，第170页。

107 美国战略轰炸调查，"综合报告"（欧战）（华盛顿，美国政府印务局，1945年），第44页。

108 同上。

109 与戈林的谈话。另可参阅加兰德的证词，"德国失败的原因"。

110 对冯·伦德施泰德的审问。

111 "德国失败的原因"，对德国将领的审问摘要，1945年6月2日，格奥尔格·托马斯将军，美国空军历史研究部。

112 1944年1月11日，盟军空中力量指挥官会议记录，斯帕茨文件。

113 1945年1月3日，麦克唐纳发给斯帕茨的电报，斯帕茨文件。

114 1944年1月25日，盟军空中力量指挥官会议记录，斯帕茨文件。

115 内森·米勒《海战：二战海军史》，第502页。

116 1945年1月7日，斯帕茨写给阿诺德的信件，斯帕茨文件。

117 1945年2月2日，弗雷德里克·L.安德森发给斯帕茨的电报，斯帕茨文件。

118 1945年2月2日，美国驻欧洲战略空中力量司令部召开的会议，斯帕茨文件。

119 1945年1月9日，洛维特给阿诺德将军的个人备忘录，斯帕茨文件。

120 同上。

121 1945年1月14日，阿诺德发给斯帕茨的电报，斯帕茨文件；《二战中的陆军航空队，第四卷》，第716页。

第十四章

铁丝网

铁丝网无处不在,而我们待在铁丝网里面。
——尤金·E. 哈尔莫斯,战俘,隶属第八航空队

1944年3月22日,柏林

路易斯·罗沃斯基中尉落在遭到轰炸的柏林的地面上时,他担心两个问题:脖子上所戴的东西和留在英国的物品。"甚至在拉动开伞绳前,我就想到过,要是留着脖子里的狗牌,可能会让我冒上被盖世太保或党卫队枪杀的风险,因为狗牌上标有希伯来语的'H',这是为了让我能获得与宗教相符的安葬。我也知道,如果扯下狗牌丢掉,那我可能会被当作间谍枪毙。由于我们的军事简报没有涉及这方面的细节,我决定冒上被当作犹太人枪杀的风险。"[1]

罗沃斯基担心的第二个问题是这样的。用不了几分钟,他要么被杀,要么被俘。无论哪种情况,他都会被列入作战失踪者名单,他的个人物品,包括一些令人尴尬的东西,会被送至新泽西州林德赫斯特他父母的手中。一个星期

前，他所在的第466轰炸机大队坐船赶赴英国，一些人跑到基地的福利社，整箱整箱地购买"好时"巧克力，据说英国姑娘们喜欢这种巧克力。罗沃斯基则采取了更为大胆的做法，他买了好多保险套，塞入每一件军装的口袋里，包括身上穿的那件。"我在柏林上空下坠时，不禁在心里对自己说道，该死的！等我父母打开航空队送去的箱子时，他们会想：'我们养了个怎样的性欲狂人啊！'"多年后，罗沃斯基被问及当年的他是不是性欲亢进，他回答说："不，我只是个乐观主义者。"

24岁的罗沃斯基是"解放者"式轰炸机"特里与海盗"号上的领航员。在目标区上空被高射炮火击中后，轰炸机像脱缰的野马那样失去了控制，与另一架B-24"布兰德"号相撞，将其机尾切断，并使其进入到致命的旋转中。"布兰德"号爆炸前，一具螺旋桨切入"特里与海盗"号的底部，困住了位于机鼻正下方、前部炮塔中的投弹手伦纳德·史密斯。史密斯痛苦而又震惊，慌乱中，他摘下手套和氧气面罩。"23000英尺高度，温度近零下40度，他的脸迅速变为蓝色，我知道很快他就会被严重冻伤，"罗沃斯基回忆道，"我必须尽快把他弄出去。"

"我的个头不高（5英尺4英寸），他则是个大块头，所以，这是一场要命的挣扎，但我还是设法搂住他的胸部，把他拉了出来；然后我投下了炸弹。我不知道这些炸弹会落在何处，但我知道刚才的碰撞已让一些弟兄送了命，我不想此次任务徒劳无获。"

"随后，我把伦纳德踢出机舱，我在他身后跳了出去；我们的驾驶员比尔·特里也跟着跳了出来。我落在柏林市中心街道的一棵大树上。"

两名德军士兵逮捕了他，用枪押着他穿过满目疮痍的城市，朝他们的指挥部走去。"就在我们行走时，市民们聚拢过来，很快，我们不得不与一名被激怒的暴徒做搏斗。人群向我身上吐口水，用双手做着割喉的动作，并用完美的英语喊叫着：'绞死他！把他吊起来！'德国士兵不得不端起枪命令人群让开。如果不是他们，我肯定会被这帮人吊死。"

来到指挥部，罗沃斯基遇到了伦纳德·史密斯，他总算用被严重冻伤的手拉开了降落伞开伞绳，并落在一座小旅馆的屋顶上。后来，罗沃斯基获知，他的驾驶员已经身亡。德国人通知第八航空队，比尔·特里的尸体在他那架飞机残骸旁被发现。罗沃斯基知道这不是事实，他亲眼看见他的驾驶员跳出了"特里与海盗"号。"我没有证据，"数年后他说道，"但我相信，他要么是在跳伞过程中中弹身亡，要么是被愤怒的平民所杀。我们确实猛烈地轰炸了柏林和德国的其他城市，我们接到过警告，如果被击落，一定要躲开那些德国百姓。我们接到过这方面的报告，他们痛殴被击落的美国飞行员，甚至用私刑处死他们，他们把我们称作'婴儿杀手'。"

恐怖飞行员

与大多数被德国人俘虏的步兵不同，飞行员是被单独抓获，因为他们单独从空中落下，这就无法确定究竟有多少飞行员遭到殴打和杀害。但是，几十件证据充分的案例能够证明，那些被谩骂为"恐怖飞行员"的轰炸机机组成员以及战斗机驾驶员遭到杀害和残酷虐待。罗沃斯基被俘的那段时期，美国轰炸机的炸弹经常投入柏林和其他城市的居民区，担任护航的远程战斗机，奉命在返回英国的途中对一些临时目标实施俯冲和扫射。这些目标通常是德国人的机场和铁路编组站，但德国政府报告说，遭到攻击的是客运列车、校园、骑自行车者、行人和耕地的农民，并呼吁采取报复措施。宣传部长约瑟夫·戈培尔宣布："作为这种野蛮暴行的受害者，指望我们默默地承受这一切……这未免对我们的要求过高了。"[2]

战斗机对小城镇和村庄的扫射造成人数不详的德国平民伤亡，被击落的"雷电"和"野马"战斗机上，摄像枪所拍摄的影片可以证实这种杀戮。[3]但德国关于平民遭受伤亡的许多报告出自纳粹宣传部门的凭空捏造，旨在煽动民意。一些耸人听闻的报道也出现在德国的报纸上，他们说美国轰炸机机组人员组成的杀手小队，是从芝加哥的黑社会招募来的，专门对诸如柏林和汉堡这些城市实施"屠杀性空袭"。1943年末，柏林某家报纸的头版刊登出一张照片：一名B-17投弹手穿着一件背后印有"杀人公司"字样的飞行夹克。很快，这位投弹手的故事被发表在一份深受欢迎的德国杂志上。作者声称，第351轰炸机大队的肯尼斯·威廉姆斯中尉是艾尔·卡彭心狠手辣的杀手之一，[*]为组建一支号称"杀人公司"的空军部队，罗斯福总统坚持将他从恶魔岛放出，"杀人公司"的任务是对德国的妇女和儿童展开屠杀。据说，每个空中杀手执行一次任务能得到50000美元。"歹徒威廉姆斯现在在我们手中，"一名纳粹电台广播员幸灾乐祸地宣布道，"他是美国杀戮欲的活证据。他属于美国的秘密武器——某个大屠杀联盟——他们一直在对我们进行这种勾当。"[4]

而这件事的真相平淡无奇。肯尼斯·威廉姆斯和他的组员们到达英国时，分配给他们的是一架破旧的B-17，"杀人公司"号，出于某种故作勇敢的心理，威廉姆斯让一名士兵将轰炸机的绰号涂写在他飞行夹克的后背。但是，他从未飞过"杀人公司"号。这架破旧的轰炸机一直在机库中维修，威廉姆斯机组所执行的前两次任务飞的都是备用飞机。第二次飞行任务中，该机组被击落，一名德军中士为身穿飞行夹克的威廉姆斯拍了几张照片，其中的一张是他背对着照相机镜头。这张照片令纳粹宣传人员如获至宝。[5]

德国空军的调查人员并未将这个故事当真，但成千上万名德国百姓却信以为真。第八航空队的飞行员罗杰·伯维尔在不来梅附近被俘后，被送上一辆卡车，穿过这座仍在燃烧的城市的街道时，他看见一具美国飞行员的尸体被吊在灯柱上。"我很高兴自己落入军队而不是一群平民暴徒的手中。"伯维尔后来说道。[6]

戈林曾在战争初期下达过指示，空军宪兵应对被俘的敌飞行员加以保

---

[*]译注：艾尔·卡彭是美国二三十年代臭名昭著的芝加哥黑社会老大，黑帮传奇人物之一。

护，使他们免遭愤怒的德国百姓的伤害。[7]作为一名一战期间著名的王牌飞行员，戈林相信飞行员中普遍存在的亲密关系，他们是空中骑士。另外，他也希望被俘的德国飞行员能获得盟军"同志们"人道的对待。可是，到1944年初，在元首的坚持下，德国的官方政策开始出现不祥的转变。当年5月下旬，戈培尔在纳粹党报上发表了一篇社论，谴责英美空军对"手无寸铁"的妇女和儿童实施攻击是"赤裸裸的屠杀"，而不是战争。以后，不应指望德国人会保护这些"杀人犯"免遭义愤填膺的百姓的报复。戈培尔博士宣布，这将是"以眼还眼，以牙还牙"*[8]。

没过一个星期，希特勒的私人秘书，纳粹德国最阴险的家伙，马丁·鲍曼，下发了一份秘密通知给纳粹党地方官员，详述了所谓的英美战斗机飞行员蓄意以平民为目标的事件。他承认，许多飞行员"被俘后立即被怒不可遏的民众当场以私刑处死"[9]。这些暴徒行径并未遭到惩罚，他坚决认为，不干涉政策必须继续下去。正如希特勒的将领们在战后证实的那样，元首希望将被击落的恐怖飞行员"交给愤怒的民众"。[10]希特勒的秘密警察头子，恩斯特·卡尔滕布伦纳，接到指示后通知他的秘密警察，"不得干预民众对英美恐怖飞行员所实施的报复，相反，这种敌对情绪应予以鼓励"[11]。

鲍曼的通知下发后没多久，德军最高统帅部在希特勒的压力下，下达了一道绝密、但显然是罪恶的指令。通过口头命令——而不是可供追查的书面令——通知所有相关军官，防止士兵们干预那些对"空中强盗"实施报复的公民。纳粹官僚机构的最深层，偶尔会直接下达处决被击落飞行员的命令。战后对杀害四名英美飞行员事件所进行的一项调查中，一个名叫胡戈·格鲁纳的纳粹党官员作证说，他曾接到过当地纳粹党领导人罗伯特·瓦格纳的命

---

* 译注：应该公道地指出，戈林自始至终都反对对被俘的盟军飞行员施加私刑，一直坚持由他的空军管理被俘的盟军飞行员，甚至面对希特勒的压力亦是如此。可参阅戴维·欧文的《戈林传》中文版第352页。

令:"处决所有被俘的盟军飞行员。"*[12]格鲁纳以无情的决心执行了这道命令,用机枪对着每个飞行员的后背开了几枪。那些瘫倒的尸体随即被"拖着双脚丢入莱茵河中"[13]。

1945年3月15日,德累斯顿遭遇燃烧弹轰炸的一个月后,希特勒终于下达了一道不分青红皂白的指令:所有被击落的恐怖飞行员都将被枪毙或以私刑处死。[14]在他疯狂的想法中,这一做法不仅仅是一种报复行为。他也被大批德军士兵向艾森豪威尔的部队投降所激怒。"在东线奋战的士兵们要好得多,"他告诉海因茨·古德里安将军,"他们在西线之所以轻而易举地举手投降,完全是愚蠢的《日内瓦公约》的错(德国和西线盟军都签署过这个公约,而苏联没有),它向他们承诺,作为战俘会得到良好的对待。我们必须废止这个愚蠢的公约。"[15]

就连海因里希·希姆莱的党卫队也不愿执行希特勒的野蛮命令,他们担心战后会遭到盟军的清算。纽伦堡战争罪行法庭上,德军最高统帅部指挥参谋部参谋长阿尔弗雷德·约德尔将军证实,他和国防军其他领导者曾使用"拖延战术这种消极抵抗",来阻止希特勒将那些"级别较低的飞行员"转交给"实施私刑的人"。但他承认,这些计谋只是"偶尔生效"。[16]

德军高层将领这种做法的动机很难说是出自人道主义。他们关心的是保护落入盟军手中的德国飞行员,另外,如此严重违背《日内瓦公约》的行径会对德国空军人员的士气造成不良影响。这种出于自身利益,而不是道德方面的考虑,在战争最后几个月中挽救了成千上万名被击落的盟军飞行员的性命。但由于纳粹党的鼓励,再加上国防军向希特勒的疯狂做出越来越多的让步,街头治安员所实施的暴力继续着。1944年6月21日,一架B-24"解放者"在梅克伦堡上空被击落,九名机组人员被处决,借口是"企图逃跑"。[17]另一起有文件记录的事件中,盖世太保押着六名美国飞行员穿过吕塞尔斯海姆,这座城市一天前遭到过轰

---

* 译注:罗伯特·瓦格纳是巴登的纳粹党大区领袖,是党内"老同志",曾参加过1923年的啤酒馆政变,1946年被盟军处以死刑。

炸。一间当地工厂的工人涌上街头，要求以私刑处死这些美国人。据目击者称，两名妇女开始尖叫起来："这就是昨晚的恐怖分子，连狗都被炸死了！我们决不能怜悯他们！"[18]一名妇女扔了块砖头，很快，其他暴徒也加入其中，向几名飞行员投掷石块，并用农具殴打他们，直到他们倒下、身亡为止，一名飞行员在遭到致命一击前还在恳求："饶了我，我还有妻子和两个孩子。"[19]他们的尸体被丢在大街上，一天后才被扔进一座公墓。战争结束后，在达姆施塔特设立的军事法庭以谋杀罪判处五名德国平民死刑。进行煽动的两名妇女也被判以死刑，但艾森豪威尔将军将对她们的判决减为三十年有期徒刑。

战争结束的两年后，在达豪设立的美国军事法庭上，一名德国国防军军医，马克斯·施密特承认，他曾将一具美军飞行员的尸体的头颅割下，煮沸后加以漂白，抠出双眼，送给他妻子作为"一件纪念品"。[20]法庭以虐待作战人员尸体的罪名判处施密特十年有期徒刑。纽伦堡审讯的官方记录中，至少包括66起经司法认定为杀害或殴打落入第三帝国掌控下、手无寸铁的美军飞行员的事件，70%以上的罪行被控谋杀。[21]

被击落的盟军飞行员觉得，落入德国军队手中比落在被他们轰炸过的当地平民手里更安全。德国空军宪兵和审讯人员负责这些被俘的飞行员，他们获取情报的手段很糟糕，但很少动粗。被俘后，路易斯·罗沃斯基和其他一些被击落的美国飞行员被送至"空军战俘中转营"，*这里是德国空军针对盟军飞行员的审讯中心，位于美茵河畔法兰克福（Frankfurt am Main）郊区的奥伯乌尔泽尔（Oberursel）。经过脱衣检查后，罗沃斯基被单独关押在

---

* "Dulag Luft"，空军战俘中转营，这个词最初指的是审讯中心和马路对面的一座中转营，战俘们在这里等待被运往永久性战俘营。后来，中转营被迁走，先是移至法兰克福市中心的一座公园里，靠近火车站（以阻止盟军对这座城市的轰炸），后来，这座营地于1944年3月底被盟军轰炸机摧毁后，又迁至位于法兰克福北面30英里处的韦茨拉尔。德国人将这些中转营称为Dulag Luft，而将位于奥伯乌尔泽尔的审讯中心称为"Auswertestelle West，西线评估中心"，[22]以区别于针对东线苏军飞行员的一座类似的审讯中心。但美国陆航队和大部分被拘押在奥伯乌尔泽尔的战俘继续将这里的审讯中心称为Dulag Luft——这个词是Durchgangslager der Luftwaffe的简称，意思是空军中转营。在这个问题上，我遵循陆航队的惯例。

一间没有取暖设施的牢房里。"比纳粹的心还冷。"[23]这间没有窗户的牢房只比他的简易床铺宽几英寸，而且，没有灯光。他没有手表，不知道此刻是白天还是夜晚。吃罢不新鲜的黑面包，喝完橡树叶和木炭做成的味道糟糕的代用咖啡后，罗沃斯基被带出牢房接受审讯。"他们知道我是个新手，第一次执行任务便被击落了，没什么可以告诉他们的，所以审问几天后就把我放了。那些多嘴的飞行员或是高级军官在这里待的时间通常要更久些。"[24]

战俘中转营里的空军审讯员都是些技术高超的专家，他们喜欢更为巧妙的审讯方法，而不是使用橡胶皮管。[25]这些人都能说一口流利的英语，还有些人曾在英国和美国待过；其中的一个曾是纽约州扬克斯的一名钢琴销售员，希特勒上台后，他回到自己的祖国。德国空军反对盖世太保和党卫队的人对被俘的飞行员施加更大的压力。战争结束后，奥伯乌尔泽尔出名的主审员汉斯·沙尔夫声称，他和他的同事"听到德国电台中播出戈培尔发表的一份声明后，都对此惊骇不已……以后，落入德国手中的所有盟军飞行员将被宣布为可供民众'自由猎杀的目标'……我们没有退让。我们接到的命令仍和以前一样……我们要充分保护这些战俘"。[26]如果面前的战俘是一名军官，熟练的审讯专家沙尔夫——据说他能"从一名修女那里榨出她通奸的供词"[27]——便为他递上巧克力和香烟，并将他引入关于棒球或美国电影的某些话题中。谈话的气氛是如此融洽，以至于许多飞行员根本没有意识到审讯已经开始。德国空军的审讯员试图以他们所掌握的关于这些飞行员及其轰炸机大队的厚厚的文件来打动这些战俘。"你能不能告诉我们些我们还不知道的东西。"[28]有一次，在审讯中，一名面带微笑的德国空军少校问罗杰·伯维尔，他所在的第381轰炸机大队驻扎在里奇维尔，队里的弟兄为何还没对军官俱乐部内损坏的钟进行修理。[29]

拒绝透露军事和个人信息的飞行员通常会受到口头威胁。有些飞行员被告知，除非他们合作，否则他们的家人不会获得通知他们还活着，而且很"安全"；被俘时没有携带身份牌的飞行员则被警告说，他们将被交给盖世太保，以间谍罪处死。一名守口如瓶的军官——已婚，还有几个孩子——被告知，如果他继续顽抗，一份报告将由设在加来的德国电台播出：被击落的前一天晚上，他一直待在伦敦格罗夫纳豪斯酒店的413房，身边还有一位颇具魅力的金发女郎。这位少校知道这个情况完全属实，据报，他当场晕了过去。[30]

这些威胁很少真的被实施。[31]"由于身穿看上去像是平民打扮的飞行服，这种精神压力会让俘虏说出一切。"一份被缴获的审讯报告中这样写道。[32]战俘也会因中转营内令人震惊的条件而软化：坟墓般的隔绝，吃不饱的口粮，老鼠在潮湿的牢房中随意奔跑，甚至钻进战俘的口袋里寻找食物。有时候，答应提供一次热水澡，刮个胡子，再来顿热饭菜，也足以让一名战俘松口。卫兵们会像恶魔似的操控牢房内的温度，在冬天关闭电加热器，而在热天将其调至令人无法容忍的130华氏度。数百名飞行员被送至战俘中转营时身上有伤，但德国人拒绝提供医疗救治，这是对《日内瓦公约》中战俘条例的公然违背。罗杰·伯维尔回忆道："审讯我的人说，他能看出我负了伤，需要救治，而我的顽固态度只会耽误我被送往医院。"[33]但是，那些被认为掌握专业军事情报的盟军高级别飞行员会被邀请参加狩猎之旅或与德国军官一同出席热闹的酒会。

审讯者掌握着与美国航空队有关的大量信息，这是他们获取情报最有效的工具。在英国的情况简报会上，飞行员们曾被提醒过他们会遇到哪些情况，但那些看上去"显然无所不知"[34]的审讯者还是令战俘中的许多人深感震惊。一位飞行员回忆说："审讯我的人竟然问我在特雷霍特的母亲的健康状况，还问起我的小妹在高中里的情况。"[35]

许多战俘认为，德国人在英国的每一座美军基地内都有间谍，但没有证据表明哪座基地遭到了德国特工的渗透。事情并非如此。大部分信息是中转营那些高效的工作人员从盟军那里收集到的，他们仔细查看从中立国葡萄牙搞到的美国杂志和报纸，其中包括《星条旗报》，这是关于飞行员们家乡情况的一个丰富的资料来源。其他一些信息，包括日志、简介资料以及飞行员的个人日记，则是从轰炸机被烧焦的残骸中发现的衣物和其他个人物品中收集而来。这些文件中通常包括高度机密的数据，关于飞行模式、德军防御的效力以及为后续轰炸标示出的目标等。美国航空队反情报部门的一位军官指出，当时，"德国大型企业询问德国空军部门，他们的工厂是否被列在盟军的轰炸名单上，如果是的话，何时会遭到轰炸？这种情况并不鲜见。"[36]德国的语言学家还监听盟军飞行员们的无线电通讯。据汉斯·沙尔夫说，战俘中转营的审讯员有大批文件可用，这其中，"飞机与飞机在空中的交谈，或是基地与飞机之间的交流，每一个字眼都被仔细加以留意"[37]。正如航空队反情报部门专家在他们自己的绝密文件中指出的那样，对战俘中转营的情报人员来说，"没有什么手写或印刷的文件是微不足道，不值得加以密切关注的"[38]。

一个典型的例子是飞行员的定量配给卡。[39]身处欧洲战区的每一位美国飞行员都会拿到一张完全相同的配给卡，卡上并未标明他所驻扎的地方。但战俘中转营的调查人员可以通过配给卡上打的叉辨别出这名飞行员所在的轰炸机大队。例如，在索普-阿伯茨，福利社的文员用一种黑色铅笔在卡上做出标志，而福利社的柜台用粗木板制成。因此，该基地所有的配给卡上都带有黑色铅笔标注时造成的独特的压痕。航空队反情报部门估计，战俘中转营获得的情报中，80%来自被他们缴获的文件和被他们监听的无线电通讯，其余的来自对战俘的审讯。战争结束后，被美国军方雇为翻译的汉斯·沙尔夫估计，他审问过的500多名飞行员，除了20个，其他人都透露过证明对德国空军有用的作战和战术信息。[40]他强调说，这些飞行员当中，很少有人知道这一点，这些情报或是通过恐吓，或是通过战俘希望改善监禁条件的欲望所获得。"我估计他从我这里得到了某些东西，"一名飞行员说道，"但直到今天我也不知道究竟是些什么。"[41]

从战俘中转营获释后，路易斯·罗沃斯基和另外几十名飞行员搭乘电车来到法兰克福，[42]在那里，他们被赶上牛棚车，深深地进入德占区，前往Ⅲ

号空军战俘营（Stalag Luft III），*萨冈镇附近的这座战俘营位于柏林东南方100英里处，是德国空军关押盟军飞行员的六座战俘营之一，因而被称为"Luft"。Ⅲ号空军战俘营和位于荒凉的波罗的海沿岸的巴特镇附近的Ⅰ号空军战俘营，是两座关押军官的营地；另外几座战俘营里关押的则是士官和零星的军官。到战争结束前，德国战俘营里关押着33000名陆航队人员，约占欧洲战区美军被俘总数的三分之一。[43]

在萨冈，战俘等级制度中最强有力的两个人是来自"血腥100"的盖尔·克莱文和约翰·伊根。伊根是战俘秘密情报委员会的成员，负责逃跑行动；克莱文则是一名宝贵的训练官。他们俩与第100轰炸机大队的首任大队长达尔·阿尔凯尔上校——这位美军高级军官负责五座战俘营房中的一座——密切合作，建立起一种军事化的指挥结构，将战俘们组织起来，从事一切所能想到的跟那些"蠢货"（这是他们对德国看守的称谓）过不去的事情。"德国人和我们，在上西里西亚这片阴暗的松林中，被凑成一个不快乐的大家庭，"克莱文回忆道，"（而且，这是个）人员迅速增多的家庭。我们对德国人实施的惩罚越大，涌入战俘营大门的飞行员就越多。"[44]这些战俘都是可怕的空中经历的受害者，突然而又意外地落入敌人手中；所有人都被单独拘押过，都受过德国空军严密的审问。他们当中，至少有一半人受着伤痛的折磨，还有些人永久残废或毁容。[45]到达这里时，他们筋疲力尽、饥肠辘辘、心神不定，许多人裹着绷带或拄着拐杖蹒跚而行，他们的眼神带着迷茫和恍惚、惊讶和愤怒，甚至对自己的被俘感到羞愧。"奇怪的是，你投入战争时，从未想过自己会被俘。"尤金·E.哈尔莫斯回忆道，这位B-24的领航员战前一直在纽约担任一家杂志社的作者。赶至英国的每一个作战飞行员都知道，自己可能会负伤，也可能会阵亡。"但被俘呢？很少有人为自己想过这种情况。"[46]正如美国轰炸

---

* 德国陆军和海军有他们自己的战俘营。Stalag这个词是Stammlager的简称，德国人在二战期间用这个词描述关押被俘军官和士兵的战俘营。

机飞行员汉克·普卢姆在战争结束很久后所说的那样："要是我知道自己会成为一名战俘，我会更好地做些准备工作。"[47]

大逃亡

他们是"kriegies"，这是Kriegsgefangenen的简称，德文的意思是"战俘"。他们中的大多数人在被俘时被告知："对你来说，战争结束了。""（这是）一句谎言，"路易斯·罗沃斯基说道，"被俘意味着我们最漫长的任务的开始。"[48]

来到战俘营主建筑接受除虱和其他程序时，新接受"洗礼"的战俘会看见一群群挤近营房大门的美国战俘，他们挥着手，喊叫着。"几乎每个人都有认识的人，而且，几乎立刻会引起大呼小叫，"一名战俘回忆道，"'嗨，乔，你怎么会来这里的？快进来，这里的水不错！'……'亨利！你见到比尔了吗？我一直在等他。'……'你已经有室友了……对你来说，战争结束了。'"[49]

拍照、按指纹、分配了一个战俘编号后，路易斯·罗沃斯基领到了他的床上用品和餐具：两条薄薄的军用毛毯、一条床单、一条塞满刨花的粗麻布床垫、一条小小的亚麻布毛巾、杯子、碗、刀叉以及刻有反万字徽记的勺子。

罗沃斯基走进洋溢着兴奋之情的战俘营。就在他到达这里的几天前，76名皇家空军战俘爬过一条30英尺深的地道（这条地道，1000名战俘挖了一年多），从战俘营的北院逃脱。后来被称作"大逃亡"的这场越狱，发生在3月24—25日的夜间，各逃亡小组都由一名会说德语的战俘带领，朝十几个不同的方向分散逃跑。党卫队和盖世太保被召集起来，政府下达了最高搜索令：近500万德国人参与了搜捕。罗沃斯基到达萨冈时，战俘们认为那些越狱者仍在逃，因而，"营地里充满了欢欣鼓舞感"[50]。

他们不知道的是，除了三名战俘，其他越狱者已被迅速抓获，根据希特勒的命令，其中的50人被盖世太保处决，尸体被火化，从而销毁了这场冷血谋杀的物证。希特勒曾想将这76人全部枪毙，但他的将领们说服他将数字减为50人。

对被俘的英美军官来说，尽自己的一切力量逃脱是他们的职责。尽管没有成功的先例，但逃跑仍很常见，逃跑的战俘被抓获后便被送往可怕的"惩戒室"，单独监禁十天左右。由于对逃跑的惩罚并不特别严厉，许多战俘将此视作一种游戏。因此，英军高级将领赫伯特·M.马西于4月6日获悉，他手下41名（这个数字后来改为50人）逃跑的军官由于"拘捕或被逮捕后再次试图逃跑"[51]而被枪毙时，他惊呆了。他要求知道，有多少人受伤？他被告知，没人受伤。其他战俘获悉这个消息后，"陷入愤怒、震惊和绝望中"，罗沃斯基说道，"我永远不会忘记我们的营区负责人德尔玛·T.斯皮维上校所说的话，他把我们召集起来：'各位，我们无助而又无望。'这就是我进入Ⅲ号空军战俘营的序曲"。[52]

战俘营指挥官弗雷德里希-威廉·冯·林德艾纳-维尔道上校被逮捕，一连串连锁反应随之而来，这导致马丁·鲍曼于9月30日下达命令，各军种将所有战俘营的管辖权转交给党卫队。对战俘们来说幸运的是，希姆莱将战俘事务委派给党卫队全国副总指挥戈特洛布·贝格尔，而贝格尔有着急剧发展的生存意识。[53]他知道德国已无法打赢这场战争，因而希望在这场战争的最后阶段对英美战俘的人道对待，能将自己从刽子手的绞索下救出。贝格尔批准空军继续管理他们的战俘营。但是，战俘们接到警告，要是他们再度逃跑的话，就会被交给希姆莱处置，有谣传说，希姆莱想把所有战俘都解决掉。所有战俘营的显眼位置都被贴上大幅标语："从战俘营逃跑不再是一项运动了。"

一些犹太战俘开始担心自己会被送往集中营。1944年12月，萨冈的战俘们从其他战俘那里获知了集中营的存在，那些战俘曾在其中最恶劣的一座集中营里待过。1944年夏季，168名盟军飞行员（其中有82个美国人）身穿便衣在纳粹占领的法国逃避追捕时，被一名渗透进他们逃亡线路的盖世太保特务所出卖。他们被指控为破坏者和恐怖分子，随后被牛棚车运至德国魏玛附近的布痕瓦尔德，在那里度过了令人毛骨悚然的九个星期后，一名富有同情心的德国空军军官出面干预，这才被转送至萨冈。他们到达时，模样惨不忍睹。"他们就像是……骷髅，瘪瘪的前胸，双眼凹陷，四肢瘦得像木棒。"一名战俘回忆道。问过他们后，"我们才意识到，要是我们当中的任何一个进入一座集中营，情况也会像他们一样糟糕"[54]。

如果管理战俘营的是希姆莱，而不是贝格尔，数千名犹太战俘很可能会被送往贝尔加这样的党卫队特别劳改营。贝尔加距离布痕瓦尔德60英里，在那里，是或者被认为是犹太人的350名在突出部战役中被俘的美军步兵，与集中营的囚犯们一起，为一座地下合成燃油厂挖掘庞大的隧道。[55]

"大逃亡"后，所有战俘营中，战俘与德国空军警卫之间的关系严重恶化，特别是在萨冈。斯皮维上校过去一直在美国负责一所陆航队射手学校，1943年8月，执行视察欧洲战区的任务时被击落，他命令自己的部下，如果有德国人走进房间，大家就一起出去，除非命令他们留下。纳粹关于"空中强盗"的宣传，随着皇家空军对柏林空袭的加剧而加大了力度。"这使得看守我们的哨兵越来越多，"[56]大卫·韦斯特海默写道，他后来成为《冯·莱恩的快车》一书的作者，这是一本描写战俘逃亡的畅销小说，"从瞭望塔上向战俘营内开枪射击的情况，过去很罕见，现在有所增加……就在双方的神经被绷紧到最大限度时，阿瑟·W. 瓦纳曼准将出现在Ⅲ号空军战俘营。传闻散布得很快，据说他在德国上空从一架B-17上跳伞，而这架轰炸机和机上的其他组员都毫发无损地回到英国，另外，他能说一口流利的德语，战前跟赫尔曼·戈林是老熟人，此次专程来缓和目前的局势。"

瓦纳曼确实认识戈林，珍珠港事件爆发前，他曾在柏林担任过四年助理空军武官，但他并不是被派至Ⅲ号空军战俘营平息风波的。他来到这里是因为自己所犯下的一个愚蠢至极的错误。作为第八航空队新任情报处长，到达英国后不久，瓦纳曼便通过"超级机密"掌握了大致的情况。他随后决定——在获得杜立特尔勉勉强强的批准后——参加作战飞行任务，以便让情报处的部下们更加尊重自己。参加第三次作战任务时，他的"空中堡垒"被高射炮击中，一具引擎起火。驾驶员按下"跳伞"的按钮，瓦纳曼第一个跳离机舱。过了片刻，驾驶员控制住火势，取消了跳伞令，带着剩下的四名组员飞回伦敦。瓦纳曼被俘的消息震惊了盟军高级指挥层，艾森豪威尔对杜立特尔大发雷霆，认为他不该批准掌握着盟军最高机密的瓦纳曼飞越德国。"瓦纳曼被击落后，我们认为我们失去了一切，"劳伦斯·库特尔将军在战后的一次访谈中说道，"他知道所有最机密的东西。"[57]幸运的是，等级意识强烈的德国人没有审讯他。作为战争期间被俘的最高级别空军军官，瓦纳曼被送至柏林，受到礼貌的对待，并被告知将被送往德累斯顿一座舒适的城堡，那里专门收容特殊战俘。瓦纳曼敲着桌子提出抗议，坚持让德国人将自己送往最大的空军战俘营。到达Ⅲ号空军战俘营后，他取代了查尔斯·古德里奇上校，成为被俘的美军最高将领。他被分至中央营区，他的前任斯皮维上校则成了他的参谋长。

跳伞落入德国境内的过程中，瓦纳曼后背负伤，到了晚上，他便撕下伤口上的绷带，将自己的嘴贴上，以免在睡梦中泄露他那些惊人的秘密。运用精神控制法，他成功地将"超级机密"这个词逐出自己的脑袋。"离开德国时，我已不知道，也不记得'超级机密'这个代号了，"战后的一次采访中，他这样说道，"一个人的精神可以做到这一点，这很有趣。"[58]

当年10月，通过秘密渠道，战俘们收到来自华盛顿的消息，作为美国士兵，制订逃亡计划已不再是他们的职责。逃跑的风险实在太大，英美联军离莱茵河已不远，战俘们获得解救似乎已指日可待。但也有些战俘继续孕育他们的逃生计划，并挖掘地道，他们把这当作缓减抑郁的良药。他们和那些决定留下的战俘都将希望寄托于1944年的秋季和冬季，但对他们来说，这段日子不那么容易打发。"抱有希望非常困难，这种希望完全是为了让你保持精神正常，"罗沃斯基，他的父亲是个生活艰辛的移民，一名铜管乐器工匠，"我不会搭理德国人或其他什么人，但某些晚上，我寂寞、害怕得想哭。"罗沃斯基经常做同一个梦。"我从来就不是个虔诚的犹太教徒，但在梦中，一些犹太战俘要求我参加他们在营房里私下进行的祈祷仪式。相同的梦境总是反复出现。卫兵们冲入大门，把我们赶入松树林，将我们枪毙。我无法摆脱这个梦，也不能告诉其他人。我可是个以硬汉形象出名的人。"[59]

战俘营中的生活

Ⅲ号空军战俘营于1942年4月启用，是个小型、戒备森严的战俘营，专用于关押英国皇家空军飞行员。但到1944年年底前，营地里的战俘增加到10000多人，新囚犯中，半数以上是美国飞行员。为便于管理，战俘们被关在北、南、东、西和中央五座独立的营区，而德军看守和战俘营管理人员住在他们自己的营房内。Vorlager（管理区）坐落在战俘营的一角，这里有为战俘们准备的一些特别设施，包括一个医务室、一个澡堂、一座库房和一个冷库。英国皇家空军的飞行员被关在北面和南面的营区，另外几座营区则用于关押美国战俘。每座营区内有十来座饱经风霜的营房、一所厨房、一间淋浴房、一间洗衣房和一所剧院与教堂的混合体。单调的灰色营房四周，散布着战俘们修建起来的棒球、橄榄球和足球场。

使用双层和三层高低床，每座营房内安置的战俘多达150人。他们住在12—15间大小不一的卧室内，每间卧室配有几条长凳、几个破旧的木制储物柜和一张桌子，一盏20瓦的电灯从屋顶上垂下，这一切就像战后深受欢迎的电影《17号战俘营》中描绘的那样。这只灯泡是室内唯一的电光源。战俘们将漂浮在气味难闻的汤表层的油脂装入铁皮罐，做出了他们自己的简易灯具。高级军官住在双人或四人间，其他军官睡在12—15人的房间内，而勤务兵——这些军士是按照营区领导的要求，于1944年夏季被送至这所战俘营的——则住在中央营区一座大而拥挤的营房里。他们为军官们完成大部分清理、洗涤和烹饪工作，这是他们唯一被要求从事的劳动。根据《日内瓦公约》的相关条例，收容国不得强迫这些飞行员从事体力劳动。

狭窄的主通道将生活区分隔开，通道两端各有一个盥洗室，配有冷水水龙头；一间狭小的公用厨房里放着两具煤炉；还有一个小厕所，只供营房夜间上锁后使用——白天使用的较大的坑厕位于营房之间。俄国劳工修建的营房早已破旧不堪，大雨往往使薄薄的纤维板屋顶不堪重负，一些房间甚至变成了"微型湖泊"。[60]西里西亚酷寒的冬季，冰冷的寒风穿过墙壁上的缝隙，迫使战俘们穿着自己的衣服睡觉。一些飞行员仍保留着他们的飞行服，但大多数人穿着由美国陆军提供，国际红十字会转交的军用服装。其他一些衣物则是通过家里寄来的私人包裹。来自北达科达州费尔代尔的飞行员埃尔默·莱恩回忆道："你会把你所拥有的一切都穿上，以此来保暖。"[61]

夏季，纷飞的沙尘会被吹入房间，污垢嵌入这些战俘的衣服中、指甲下和皮肤上。跳蚤和臭虫潜伏在床垫里，坑厕频频溢出，生活区周围的空气中弥漫着难闻的气味。

生存是战俘们的首要问题，而对德国人来说，防护措施至关重要。战俘营被两道平行排列的铁丝网所环绕，这两道高大的铁丝网之间是一道密实的蛇腹形铁丝网，带有长而锋利的倒钩。三层楼高的木制监视塔——"看守瞭望塔"——布设在营房四周。这些瞭望塔上配有强力探照灯，并由那些面无表情的哨兵们操作。距离铁丝网30英尺处——战俘营内侧——有一道低低的铁丝网（某些战俘营则是一条横栏），战俘们接到警告，如果他们穿越这道"警戒线"，不管出于什么理由，哪怕是去捡一只棒球，也会被当场射杀。

营房离地两英尺，以防止战俘们挖掘地道。"密探"——会说英语的看守——身穿蓝色的连体工作服，配备着金属探测器，他们会潜入营房下，检查是否有挖掘地道的活动。这些密探利用营房下的狭小爬行空间窃听战俘们的谈话，整座营房里，到处都被他们暗藏了窃听装置。他们还进行突击搜查，通常是在午夜时刻。床垫被撕破，床被掀翻，木地板被揭开，战俘们微薄的财物被抛得到处都是，有的被警犬咬坏，还有的被偷走。

晚上10点，德国看守会关闭窗户，并用粗重的木梁封闭营房的大门。脖子上挂着施迈瑟冲锋枪的哨兵们在营区内彻夜巡逻，手里还牵着咆哮的阿尔萨斯狼犬。这些攻击性猛犬曾在战俘营外的树林里接受过识别盟军军装的训练，其凶猛性难以预料，有时候甚至会攻击主人。"如果天黑后打开窗户，将手伸出窗外是很危险的，你的手腕可能会被咬断。"[62]约翰·维克多回忆道，这位第八航空队的飞行员作为"元首的客人"被关押在巴特镇的Ⅰ号空军战俘营。

类似的事件也在其他战俘营内发生。在东普鲁士专门关押军士的Ⅵ号空军战俘营，看守无缘无故便开火射击，第八航空队的无线电操作员格伦·A. 约斯塔德，这个来自威斯康辛州，腼腆的农村小伙，在自己卧室的墙壁上数出十六个弹孔。[63]

关押军士的战俘营，看守们对待战俘很严厉。位于德国波美拉尼亚省（今天的波兰）的Ⅳ号空军战俘营里，最臭名昭著的看守是汉斯·施密特中士。被战俘们称作"大帆船"的施密特是个行动缓慢的巨人，身高6英尺7英寸，体重300磅，还是个凶狠的虐待狂。他会偷偷溜到战俘身后，用他大得出奇的手掌猛抽战俘的耳光，往往使战俘疼痛倒地，甚至有几名战俘耳膜破裂。"大帆船"垂着眼，拎着一条粗厚的皮带在营区内巡视。航空队机枪手乔治·古德利无能为力地看着施密特无缘无故地用皮带抽打一名战俘，皮带扣在头皮上造成深深的创伤，甚至连头骨都露了出来。"他根本就不是人，"曾是芝加哥街头混混的古德利说道，"他是只野兽。如果有机会的话，我会杀了他。"[64]

为确保安全，德国空军对战俘们实施较为松散的管理，允许他们完成营区内的日常事务。早上7点，战俘们站立在操场的一块四方形空地上，由营区管理官员进行点名。这种点名有时候会重复十次之多，清点结束后，德国人会向盟军高级军官们敬礼，再由这些军官将自己的部下们解散。当天剩下的时间，直到营房落锁，战俘们都处在他们自己的高级军官的非正式管理下，每座营区都由一名盟军高级军官负责（在关押普通士兵的战俘营，战俘们会选出一位他们所信赖的人实施管理）。对营区指挥官负责的是营房指挥官，每个营房指挥官负责一座营房。这些战俘营里的领导者在与德国人的谈判中充当中间人，并负责与瑞士政府的代表沟通，后者扮演的是设在德国的"保护国"。1929年签订的《日内瓦公约》要求各交战国接受保护国的援助，以帮助解决战俘事宜的纠纷，并对战俘营进行定期巡视，以确保战俘营里的生活条件符合《日内瓦公约》规定的标准。国际红十字委员会是个独立的人道主义机构，总部设在日内瓦，他们也根据《日内瓦公约》的战俘保护条款，对战俘营进行检查。[65]检查工作即将到来时，德国人会匆匆改善战俘营里的条件，但检查人员离开后，这种改善也就告一段落。

　　每座战俘营都有自己的"中央安全委员会"。在Ⅲ号空军战俘营，该委员会被称作"大X"，由第八航空队深具魅力的战斗机驾驶员阿尔伯特·P.克拉克负责，他是战争期间最先被击落的美国飞行员之一，也曾在"大逃亡"期间负责过北营区的安全。所有逃生计划都必须经过"大X"的批准。如果某个计划确实有成功的机会，而且不会对其他逃亡计划造成影响，它便能获得"大X"的批准和积极帮助。每座营区也有自己的安全委员会，以防止盖世太保的卧底实施渗透。新来的战俘被分配到各自的营房前，会受到安全委员会成员的审查。"我们也通过审查来发现他们的技能和背景，总之是对我们的逃亡计划有帮助的一切情况。"克拉克回忆道。[66]具有特殊技能的战俘被分配到散布在营区各处的小型秘密"工厂"内。和平时期担任过摄影师的人成了制假专家，专门伪造护照、德国的配给卡以及旅游通行证；证件上盖有图章，看上去很正式，而这些橡皮图章是用飞行靴的靴跟制成。针头、刀片和小片玻璃组装成微型指南针——金属磁化则是靠从德国人那里偷来的磁铁。战俘营里的裁缝用旧毛毯、麻袋、毛巾以及家里寄来的衣服做成德国人的军装,再用煮沸的书籍封皮将这些军装染成灰色。业余雕刻家用木块雕成假手枪,看上去跟那些哨兵佩带的没什么两样。"我们总能找到可以将事情顺利办好的人选。"克拉克说道。

这些"制假专家"工作,或是一群挖地道的人在营房下动工时,被称为"探子"的战俘便被安排在营区的各个入口处站岗放哨。如果有德国人走近,"探子"便会喊道:"蠢货来了!"偷偷摸摸的工作立即停顿下来。

挖掘地道是一项困难而又危险的工作,尤其是在萨冈,这里的沙质土壤似乎不停地发生着变化。由两名战俘组成的地道挖掘组——他们被称为"鼹鼠"——肚子贴着地面忙碌着,用他们的胳膊肘为支撑向前移动。寝室内的床板被用来支撑地道,挖掘工具由战俘中的金属工打制,手动风箱将新鲜空气穿过空牛奶罐构成的管道,灌入地道内。地道的入口隐藏在煤炉或澡堂的排水沟下。挖掘工作会持续数月,有些地道会长达数百英尺。挖掘出来的泥土会被冲入营房的厕所,或是塞入床垫和储物柜中。还有一些被称作"企鹅"的战俘帮着处理泥土,他们将挖出的泥土放入香肠形的长条布袋中,布袋则藏在他们宽松的长裤内。一根长长的绳子挂在他们的脖子上,另一端系着布袋。这些"企鹅"在营区周边来回走动,拉动扎紧袋口的绳索,将袋内的沙土慢慢倒出。走在他身后的其他战俘则将地面上的深色土壤踢到新挖掘出的黄色沙土上,这些沙土的气味甚至闻起来都与地表的土壤不同。

但这一切均属徒劳。正如一名战俘营领导在战后所说的那样:"每次……一群战俘从地道爬向战俘营外,都会遇到令人扫兴的结局,他们会发现德军哨兵正用步枪对着他们的出口,命令他们到禁闭室去。"[67]

作家戴蒙·鲁尼恩书中的一个人物曾吟诵道:"人生总是逆多顺少。"逃离德国战俘营的可能性少之又少。战俘们知道这一点,他们还知道,无论身穿便衣还是敌人的军装,成功穿越德军防线的机会也很渺茫,如果被盖世太保抓获,他们会被就地枪毙。这方面没有可靠的记录,但在整个战争期间,试图逃离德国战俘营的美国战俘可能不到2%，成功获得自由的人数不详。来自英国情报部门的消息声称，二战期间，28349名英联邦和盟国（希腊、波兰、法国、捷克和苏联）士兵以及7498名美国人逃离了战俘营，或是逃过了抓捕，躲过追捕的人远远多于越狱者。[*][68]

"大逃亡"后，没有一名战俘从空军战俘营越狱后到达盟军控制的地盘或中立国。为了让战俘们遵守纪律并保持昂扬的精神，盟军军官们开始执行严格的军事纪律。"如果你不闻不问，他们会变得不修边幅，邋里邋遢，胡子拉碴，"克拉克回忆道，"他们只是刚刚才离开军队。但我们每周六早上检查营房，让他们列队操练……我们抓住一切机会不让他们忘记自己是一名军人，等他们回家后，国家还需要他们。"[69]

战俘生活实行的是公有制。这些战俘形成了自己的小圈子，从四人到十来人不等，他们居住在一间狭小的寝室内，共享几乎所有的一切。"我们活在这个群体中，寻找着自己的朋友。"尤金·哈尔莫斯在他的秘密日记中写道，这些日记被他记录在纸片上。[70]这些群体必须在营房内自行解决伙食。战俘营的厨房每天只为他们提供一顿熟食，通常是大麦汤，这种汤很稠，汤面上漂着一层白色的小虫子。这些虫子备受珍视，因为它们提供了蛋白质。德国人也为战俘们提供生的食物，让他们在简易厨房中加工：生了虫的土豆、看上去像车轴润滑脂的人造黄油、用洋葱和动物凝固的血液做成的血肠。这些东西伴随着"蠢面包"——又黑又硬的面包，成分中含有锯末——被吃下。德国空军提供的伙食太过糟糕，一些新来的战俘甚至不肯吃。一名新来的战俘是个神气活现的上尉，头上的军官帽"潇洒地歪向一侧"，[71]他被分到罗沃斯基的营房内。身处战俘营的第一晚，他

---

[*] 究竟有多少越狱者和逃避追捕者获得自由，并没有一个准确的数字。战俘的人数与越狱者人数之间也没有可靠的分类数据。美国的逃生机构MIS-X声称，越狱或逃避追捕的美国人超过12000人。英国逃生组织MI-9的一名高官则认为，真实的数字可能介于英国和美国估测的数字之间。

盯着一块脏兮兮的肉咆哮道："这他妈是什么？"旁人告诉他这是用被宰杀的动物的血液做成的香肠，他把他那份食物推到一旁，宣布道："我宁愿去吃屎。"第二天，他回到桌旁，肚子咕咕作响，指着血肠说道："请把那狗屎递给我。"[72]

除了德国人提供的伙食，战俘们还有跟随国际红十字会包裹一同送来的更具营养的食物。每个战俘通常每周能获得一个包裹。盟军提供并包装这些包裹，再由瑞士红十字会送入德国。除了香烟和军队配发的巧克力外，每个纸箱内还装有十磅罐头食品：葡萄干、鲔鱼、肝酱、咸牛肉、糖果、果酱、午餐肉、梅子、饼干、咖啡粉和一磅罐装炼乳。红十字会包裹将成千上万名战俘从严重的营养不良中解救出来。除了香烟、巧克力和果酱，每个群体将包裹内的食物平均分配。盗窃事件确有发生，但不多见。"你可以将一块面包放在枕头上，没人会去碰它。"埃尔默·莱恩说道。[73]

战俘自行设立的机构中，最巧妙的一个是"Foodaco"（食物商店的缩写）。这个"战俘营交换中心"设立在营区的厨房内，在这里，红十字会的食物通过一种极其精确的易货制进行交易，而香烟则是这种交易中最主要的媒介。每样东西都有其价格，或称为"点值"，一根烟相当于一个点值。Foodaco中也备有盥洗用品和备用衣物，这里对每件物品都收取一些费用。"钱"用来贿赂那些需要香烟的看守，以获得一些越狱和生存所需要的物品：照相机、衣物、无线电零件和一些小工具。

各个小组也分配了厨房的使用时间，以便烹煮他们从德国人和红十字会那里获得的口粮。"厨师们围在炉子旁，拨弄着、翻动着、搅拌着、尝着味道"[74]，满怀热情地交流着烹饪方法。那些从未下过厨的人被证明拥有惊人的创造性。没有面粉，他们就用咸饼干做成面包，还用德国洋葱和午餐肉做出美味的汤。喜欢喝一杯的战俘用葡萄干、李子和糖酿制出啤酒。三杯啤酒令人精神愉快，四杯下肚便造成了肠胃不适。

德国人很少供应新鲜蔬菜，于是，战俘们在营房后开掘了"胜利菜园"*，种植萝卜、胡萝卜、甘蓝、生菜和洋葱。[75]但战俘们这个别出心裁的构思所创造的食物，只够他们勉强维持生计。"战俘营里的前辈会告诉你这样一个事实，吃大麦时，他根本不会费心挑出里面的蛆虫。"与罗沃斯基同住一间营房的罗杰·伯维尔说道。[76]

历史学家们认为，德国人普遍遵守了《日内瓦公约》，战俘营里的死亡率较低，大致为千分之五，但德国人提供的食物和衣服都未能达到《日内瓦公约》所规定的标准。当时，一名体重正常的战俘每天需要3000卡路里，才能维持合理的健康生命，但德国人提供的仅有1500—1900卡路里。[77]另外，军官战俘营里的飞行员，伙食水平比囚禁在其他战俘营的军士或关押在德国其他地区的步兵更好些。

所有战俘营里的医疗服务糟糕至极，医疗设施古老陈旧，受过训练的医护人员严重不足。身负重伤的飞行员被俘后，先被送往一所德国医院，他们在那里获得很好的照料。但转入战俘营后，伤员中很少有人能获得必要的后续治疗。"战俘营中，有些弟兄缺胳膊少腿，"理查德·H. 霍夫曼中士回忆道，他被关押在奥地利克雷姆斯的ⅩⅤⅡB战俘营，"美国医护人员……设立起一座诊室帮助他们……伤员们用自制的杠铃和滑轮拉力器锻炼他们的残肢，以便让自己的肢体更强健……德国人不会为他们提供假肢。"[78]

波美拉尼亚的Ⅳ号空军战俘营里——就是"大帆船"在营区内来回巡视的那座战俘营——美国航空军医莱斯利·卡普兰上尉治疗了数目惊人的病人，他们的病情都是因战俘营过度拥挤、无处不在的污垢（这座战俘营没有公共浴室）、寄生的沙虱以及食物短缺所致。[79]这是情况最恶劣的一座空军战俘营，掌管这座战俘营的是阿里贝特·鲍姆巴赫中校，这名凶狠的纳粹在盟军的一次空袭中失去了他的家人。1944年夏季，在这里，近2000名英美飞行员成为德

---

* 译注：二战期间，罗斯福夫人在白宫种植蔬菜，而不是鲜花，以此鼓励国民展开战时生产，实现蔬菜自给，这种菜园便被称作"胜利菜园"。

国人在其战俘营内所实施的最残暴行径的受害者。

这些军士从Ⅵ号空军战俘营转来，该战俘营位于海德克鲁格，那是东普鲁士一座荒凉的镇子，与立陶宛交界，正处在苏军猛烈的夏季攻势的前进路线上。7月14日那个闷热的下午，身处海德克鲁格的战俘们被塞入封闭的牛棚车，运往波罗的海的梅梅尔港，在那里，他们又被赶入两艘生锈的运煤货轮，臭气熏天的货舱内，"拥挤不堪"，一名战俘说道，"比奴隶贩运船上的黑奴还惨"。[80]舱内的恶臭太过惊人，一名战俘刚走进去便停步不前。整个海上航行期间，他一直紧抱着船上的舷梯。他就是约翰·W.卡森中士，第八航空队机尾射手尤金·卡森失踪的孪生兄弟。这位第十五航空队的无线电操作员于1943年12月下旬在希腊雅典上空被击落，航空队一直没能找到他。

在海上航行了两天后，载着约翰·卡森这群战俘的船只在波兰西北部，奥得河河口处的施韦因蒙德驻锚。这些飞行员两人一组，被戴上手铐，塞入货车车厢内。第二天早上，他们到达一个名叫基尔夫黑德的铁路枢纽站。卫兵拉开卡车的后车门，战俘们"以病快快的慢动作"爬出车厢，"喊叫着，哭泣着"，[81]跌倒在地上，B-17飞行员汤米·拉莫尔回忆道，这位Ⅳ号空军战俘营里的囚犯被叫来帮助新来的战俘进入营地。

从海德克鲁格来的这些战俘，身上满是擦伤和褥疮、呕吐物和粪便，他们大声咒骂着德国人。

"现在就杀了我们吧，你们这些德国王八蛋！"

"这些人，"拉莫尔写道，"已经丧失了理智，准备扑向那些哨兵。"[82]

以残暴而著称的战俘营看守瓦尔特·皮克哈特上尉被派至现场，以确保这种情况不会发生。他挥舞着手枪，努力将自己5英尺3英寸的身躯拔高，煽动着看守和一群碰巧出现在该地区的年轻的海军学员。这些海军学员穿着挺括、合身的白色制服，站在皮克哈特身边，闪闪发亮的刺刀已然出鞘。"就是这些人炸死了德国的妇女和儿童，现在是复仇的时刻了。"皮克哈特尖叫着。[83]这群受尽苦难的战俘从车上下来后，皮克哈特命令看守们将这些战俘赶上一条穿过一片茂密松林的狭窄小径。"刚刚上路，他们便命令我们加快步伐，那些海军学员们用枪托殴打着一些战俘，并用刺刀捅我们，"第八航空队的机尾射手，来自密西西比州的威廉·D. 亨德森回忆道，"他们不停地叫喊，让我们跑得再快些，随后又向队列放出了狼犬。"[84]

松林路两侧布设了隐藏的机枪巢。皮克哈特试图激怒这些战俘，让他们逃入诱人的树林中，但没有战俘上钩。

德国人没有足够的手铐将所有战俘都铐上，那些没戴手铐的战俘尚能在要命的酷暑下奔跑。许多被铐在一起的战俘同时跌倒。他们摔倒在地时，那些海军学员和狼犬便向他们扑去，一边用刺刀捅他们，一边叫喊着遭到轰炸的德国城市的名字："为了汉堡，为了科隆！"一些战俘仍忍受着战伤的疼痛，其他人则被波罗的海噩梦之旅造成的病患折腾得死去活来。埃德温·W. 海耶斯中士和他最好的朋友罗伯特·理查兹铐在一起，理查兹的腿上有个开放性伤口，被击落时还失去了一只眼睛。理查兹跟跄倒地，海耶斯将他拉起，背着他走完了剩下的路程。[85]其他人也对被铐在一起的战友做出同样的举动。"这是个无名英雄频现的时刻，"战俘中的诗人罗伯特·多尔蒂说道，"兄弟背负着兄弟。"[86]

奔跑了两英里后，战俘们来到一片宽阔的空地，一座松木板建成的战俘营出现在他们面前。战俘们一头倒在地上，皮克哈特将狼犬收了回来。这场行军中，150名战俘被咬伤或刺伤，是否有人死亡不得而知，但有些人永久地残废了。[87]

"和其他人一样，"约翰·卡森回忆道，"我渐渐习惯了服从和缓慢的饥饿这种常态。"本来，死亡比生存下去更容易，但从第92轰炸机大队的战俘那里获悉，他的孪生兄弟尤金又开始第二次作战服役后，约翰知道，尤金是回来找他的。于是，"我下定决心要活下去"[88]。

轰炸机机组人员接受过团队合作的训练，这种训练为战俘营中的他们帮了大忙,就像"死亡行军"那样。与12至16个人在一间狭小的房间里住上几个月,甚至几年,相应的压力会导致摩擦、争吵和偶尔发生的打斗。但空军战俘营的营房,就像轰炸机机舱,是个和谐得惊人的场所。身世截然不同的战俘们摒弃了他们之间的分歧和偏见,就像一名飞行员指出的那样:"屈从于做出正确判断的意愿。"[89]

一些战俘发现,独自生存比跟战友们在一起更加困难。时间是每个战俘的敌人。一名战俘写道:"每天都生不如死,这是个缓慢、痛苦的过程。"[90] 关押在巴特镇的两年时间里,B-17驾驶员弗朗西斯·"巴德"·杰拉尔德一直在坚持写日记,他认为,将他监禁起来的"铁丝网"带有某种人类的特性,是"一位无声、严厉的暴君"。"铁丝网上带有倒钩——准确地说,在我们的营房前,那段铁丝网上有8369个倒钩。我仔细数过,其他人也数过,经常数。过去是8370个,但最近有一个倒钩生锈后断裂了。这可是件大事。"[91]

"你可以欺骗'铁丝网'——但是长不了……你可以背对它,或者以铁皮罐制作相框、进行每周一次的洗涤或是写诗来逃避它……但你再度放眼望去时,它仍在那里……阻挡住每一个梦想、每一个计划、每一份徒劳燃起的热情。"

"铁丝网"是对战俘们的无望一种持续的提醒,它将许多人逼至"悬崖边缘"——按照战俘们的说法是,"铁丝网症"。这种疾病最显著的症状是"令人丧失信心的抑郁"[92],一种绝望的被困感。这种病症还会发展为更致命的形式——"囚禁精神病"[93],受害者无法集中注意力,甚至无法记得自己的名字。这些患者变得冷漠麻木、漫不经心,他们会整日坐在床铺上,茫然地盯着墙壁。还有些患者从精神萎靡发展为瘫痪性抑郁症,他们无法说话,甚至不能以手势进行沟通。战俘监禁固有的不确定性加重了他们的病情。与大多数民事监狱中的囚犯不同,战俘们从不知道自己何时会被释放,如果真能获得释放的话。这导致一些重症患者宁愿死去也不愿被继续关押。

一个夏日的夜晚,营房的窗户难得地敞开着,约翰·维克多和一个朋友看见一名投弹手爬出营房,自杀式地向铁丝网冲去。"几秒钟后,我们听到一声枪响和警犬被抑制住的吠叫……随即,强烈的探照灯光束扫过那片区域……十英尺外,一名负伤的战俘蜷缩着身子。站在他面前的是一只狂吠着的阿尔萨斯狼犬和一个矮胖的哨兵,手枪仍攥在他的手中。"[94]

夜间,臭烘烘的营房里,很难区分"铁丝网症"患者与那些受噩梦困扰的战俘所发出的痛苦的呼叫:爆炸的飞机、燃烧的降落伞和烧焦的尸体等场景出现在梦中。"某个晚上,我听见有人喊道:'腰部射手呼叫驾驶员,乔身负重伤。天哪,他被射成两截了!'"理查德·霍夫曼在他震撼人心的战俘回忆录中写道,"一片沉默,随即又传来低低的啜泣声。"[95]

战争期间,数千名美军步兵假装精神错乱,以便离开前线,被送入战地医院,然后回家。但在战俘营中,没有人假装精神错乱。营区医院的条件与营房内同样可怕,另外,德国人也不肯遣返患有精神障碍的战俘。战俘们将朋友当作自己的精神寄托。"我觉得自己正处在崩溃的边缘,"一天晚上,格伦·约斯塔德的一名机组成员向他表露,"留意我,要是我做出疯狂的事情,请把我控制住。"[96]这很有帮助。尽管如此,仍有些无法克服绝望的战俘试图结束自己的生命。B-24的投弹手菲利普·B. 米勒中尉讲述了在巴特的战俘营中,营房里一名沉默、孤僻的战俘用刀片割开了自己的喉咙和手腕,"流出的血,多得能用来粉刷房子。幸亏一名出色的英国医生帮他缝合了伤口,这位战俘才又回到营房中"[97]。

战俘营内发生的自杀事件并没有可靠的记录,但据大家所说,自杀的人数很少。[98]大多数战俘顶住了压力,许多人甚至从这番经历中获益。"我最好的朋友,大多出自那些战俘营,"克拉克中校后来说道,"我们没有觉得这是一次完全无益的经历,我们中的许多人对自己有了更多的了解。我们显然学会了在困难的情况下如何与人相处,这是非常重要的一课。"[99]战俘们忍受着物品的匮乏,这使他们中的大多数人对自己所得到的东西心生感激,而在过去,他们觉得这是理所应当的。约翰·维克多,在他的战俘回忆录中引用了一句古老的阿拉伯谚语：

> 我为自己没有鞋穿而抱怨，
>
> 直到我遇到一个失去双脚的人。[100]

1944年7月，在萨冈战俘营的第一周，尤金·哈尔莫斯陷入失魂落魄的抑郁中。"铁丝网总是在你身边……塔楼和看守总是存在……总是无处可去。"[101]但他很快了解到"诀窍是保持忙碌"。战俘营里有几把花剑，于是他开始学习击剑，并让自己参与进有组织的活动中。8月初，他发现自己在日记中写道："在这样一个地方，你居然能拓展自己的视野，这真令人惊讶。"[102]大卫·韦斯特海默则发现，"书籍是最好的逃避"[103]。美国红十字会、基督教青年会（YMCA）以及国内民众的慷慨捐赠，使德国空军战俘营图书室里的藏书非常丰富。Ⅲ号空军战俘营南营区的图书室占据了两间相邻的营房，其中一间配有战俘们用包装箱制成的扶手椅和长靠椅。点名结束后，许多人立即飞奔到这里，"占据最好的座位和最好的图书"[104]。一群常客几乎每天都到这里来看参考书，有些人打算在战争结束后重返大学就读。尼古拉斯·卡岑巴赫是一名从意大利起飞的中型轰炸机上的领航员，若干年后，他成为美国司法部长，在战俘营中，他带着严格的自律读书，这使他在战争结束后得以在普林斯顿大学跳过了本科的最后几年。他说服校方在六周的课堂考试中给了他两年的成绩，这就让他能跟同班同学一起毕业。"我父亲的所作所为……在我们家里呈现出一种神话般的意义，"他的儿子约翰（战俘小说《哈特的战争》的作者）写道，"这其中的经验很简单：机会可以在任何情况下创造出来，无论条件是多么恶劣。"[105]

卡岑巴赫的朋友韦斯特海默，开始阅读时几乎完全是为了打发时间，但他很快便发现，自己被带入到一个意想不到的世界中。"在战俘营里，书籍往往能传达出作者做梦也想不到的生动画面，远远超过坐在舒适的房间中的安乐椅上，一名漫不经心的读者所获得的任何体验……'米莉森特沿着小径奔跑时，树枝拂过她的双腿。'双腿！我看见了她的腿，没错。裸露的双腿。双腿上方的一切，也是裸露的。"[106]

战俘营图书室中最受欢迎的书籍是瑞士出版的电影画报，上面刊登着好莱坞女明星华丽的照片。樱桃红唇的蓓蒂·葛莱宝大受欢迎，但在Ⅲ号空军战俘营进行的一次表决中，性感的英格丽·褒曼轻松击败了她，当选为"最能让西营区战俘打开他们牛奶罐的女郎"。[107]

战俘们还设立起他们自己的"大学"。萨冈战俘营中的"大学"提供了近40门课程，授课的都是战俘。这些课程包括化学、数学、物理、哲学、拉丁文、文学、历史、自动机械、市场营销、会计、绘画和健美。教科书非常稀缺，但YMCA提供了黑板和大量笔记本。一名战俘写信回家说，他在"萨冈大学"[108]学习法国和英国文学，并以阅读《战争与和平》为消遣。战争结束前，美国一些院校为有资质的战俘营教官所开设的高水平课程提供了学分。

所有空军战俘营里都有生机勃勃的剧团。一些战俘有过舞台经验，但他们的热情比天分更充足。随着YMCA提供的物资运抵，战俘们制作了演出服和舞台布景，他们还用红十字会的食物箱做成舒适得令人难以置信的剧场座椅。吊灯用铁皮罐制成，YMCA提供了乐器后，战俘们组建起自己的交响乐队，并取了诸如"空军乐队"和"萨冈小夜曲"这样的名字。受过专业训练的音乐家们根据记录在厕纸残片上的灵感创作出自己的音乐，并教那些门外汉看懂这些乐谱。YMCA为他们提供了剧本，但战俘们创作并编排了几十部自己的戏剧。

剧场是个多用途设施。"从YMCA获得扬声器系统和几百张交响乐唱片后，我们便在下午将剧场变暗，"斯皮维上校回忆道，"我们的乐队指挥播放莫扎特、贝多芬或其他著名作曲家的音乐，并在播放的过程中加以讲解。剧场里几乎总是举办这样的活动。"[109]战俘们没有太多的音乐可听。萨冈战俘营南营区从红十字会得到一台便携式留声机后，它和一大叠发霉的唱片从一间营房传至另一间营房。"轮到我们享用这台留声机时，它就没停歇过，"韦斯特海默回忆道，"通宵聆听是最棒的。我们一直播放到熄灯。一名战俘会自愿熬通宵，给留声机上发条并更换唱片，其他人则躺在床上聆听，充满了喜悦和向往，有些唱片放了一遍又一遍。《罗莎丽塔》、《你永在我心中》、《古老的黑魔法》以及其他十来首歌曲。"[110]

战俘们的梦中总是充斥着女人，他们写给妻子和女友的信中也满含情欲意味。一名战俘告诉妻子，让她把卧室的天花板涂成她最喜欢的颜色，因为等他回来后，她会更多地看见它。[111]有时候，一些村里的妇女会挑逗性地从战俘营外走过，故意扭摆着臀部，这令战俘营里的男人们都要发疯了。这些看得见摸不着的女人让一些战俘几近绝望。一个阳光明媚的周日清晨，两名英国飞行员沿着萨冈战俘营边缘漫步，想象着自己回家后，在这样的好天气里会做些什么。他们没想到的是，两名颇具魅力的妇女从树林中的小径走出，沿着战俘营的铁丝网向前而去。就在双方交错之际，其中的一个妇女用轻柔的声音说道："早上好，先生们。多么美好的早晨啊。"[112]

"这几句话……像激光束那样令我们惊讶不已，"约翰·科德维尔说道，"我们没有对她们说一句话。我俩踉跄后退，倒在自己的床上，陷入了彻底的沮丧中。我们躺了几个星期，最后才将那一幕摆脱掉。"

合唱团和爵士乐队也出现在战俘营的剧场中，周日，英勇的牧师主持礼拜仪式，这些牧师自愿跳伞进入德国，以便跟战俘们在一起。宗教提供了慰藉，但邮件更重要。战俘们获准每月写三封信和四张明信片。审查合格后，每封信件需要三四个月的时间才能到达收件人手中——延误是由于信件必须通过战俘中的检查员和德国方面的检查员所造成的。（战俘中也设有信件检查员，目的是确保写信的战俘不会在无意间透露出逃跑计划或是营区内的秘密活动。）接收信件的数量没有限制，但德国的投递系统极不规律，这令一些战俘产生了不正确的怀疑：敌人通过扣留家信的方式来折磨他们。寄来的信中包含一些精彩的段落，收信人有时会拿出来与其他战俘分享。一名上尉通过红十字会收到一位妇女织就的毛衣，他写信给她表示感谢，她回信说："我很遗憾是一名战俘收到了我织的毛衣。我本来是为一名战士所织的。"[113]另一位飞行员从他妻子那里获知了意想不到的消息:"亲爱的哈里,希望你是个心胸开阔的人。我刚刚生了个宝宝……他是个多么棒的家伙啊……他还给你寄去些香烟。"

一位颇具想象力的战俘在床铺旁的墙壁上建立起一组照片展,题为"不耐烦的姑娘们",[114]一排排女人的照片,其中的一位身穿婚纱,这些姑娘都给自己身处萨冈战俘营的丈夫或男友写去了分手信。这些照片由惨遭抛弃的战俘提供。"营地里出现了许多欢笑,"罗沃斯基说道,"就连戴了绿帽子的人也会发出自嘲的笑声。生活太过严峻,你需要幽默来让自己保持理智。"[115]

没有什么能比邮件通知更能提高或降低战俘们的士气,战事消息大概是个例外。战俘们通过三个来源获知最新的战况:新来的战俘,盟军和德国人的广播以及秘密出版的战俘营小报。与充满八卦意味的战俘报纸不同,这些小报中包含来自全世界各条战线的最新消息。"德国境内唯一真实可靠的报纸"是如何编辑出来的?洛厄尔·贝内特,这位前国际通讯记者,描述了他在 I 号空军战俘营帮助设立《等待胜利的战俘》(Pow Wow)这份地下日报的情形。[116]报上刊登的战事消息来自一台隐藏在英军战俘营区墙壁中的收音机。钉子将收音机固定住,使其成为接收终端,天线和耳机连接在上面。制作收音机的零部件由德国看守偷偷带入营地,以交换美国香烟。一名打字员将新闻打印在厕纸上,再由一名英国联络员交到贝内特所在的营区,这位联络员已获得德国人的批准,可以在各营区盟军指挥官之间传递重要的公开性消息。这名英国军官将信息藏在一块空手表中。为避免被发现,他会将手表的指针调至当天适当的时间,以防被看守拦下检查。这张厕纸随后被传递给贝内特和他的工作人员,后者便忙碌起来,打印出一份单页报纸。每期报纸只用复写纸制作四份,复写纸是将普通纸张放在铁皮罐做成的简易灯具上熏黑制成,每座美国战俘营区各得一份报纸;足智多谋的英国人自行出版他们的报纸。信使将报纸传递给营房的安全官,他便将报上的内容大声读给部下们听,通常是在盥洗室内,这时,"探子"会被派至营房的两侧以及盥洗室的窗户前。读罢,报纸便被丢入营房的炉子中。[117]

德国人最终发现了《等待胜利的战俘》和秘密收音机。[118]出版报纸的营房，遭到搜查的次数比其他营房更多，但这份2000字的报纸从未中断过。德国人也没有找到收音机的藏匿处。

每座空军战俘营都有自己的报纸，战事消息传来时，盟军的进展会在张贴于营区墙壁上的大幅手绘地图上标出。1944年秋天，传来的消息令人鼓舞。西线盟军和东线红军都已到达德国边境，空中几乎每天都充斥着从英国而来的银色轰炸机。每当这些机群从空中掠过，战俘们便聚集到室外，发出赞许的欢呼。

但当冬季到来时，西线盟军在齐格菲防线变得停滞不前，战俘营里的情绪也跟着低沉下来。当年12月，消息传至战俘营：德国人在阿登山区发起了猛烈的反击。盖尔·克莱文回忆道："那些看守，大多数是又老又胖的德国国防军士兵，他们兴高采烈。"[119]一种绝望的情绪悄无声息地出现在战俘中，特别是那些老资格的战俘，开始以"压低的声调"谈论起"终身被囚禁"的可能性。[120]气温骤降，战俘们整日缩在床上取暖。随着盟军飞机对德国的铁路和公路实施猛烈轰炸，战俘营里的食物和邮件稀缺得令人沮丧。只有一小部分储存的红十字会包裹将战俘们从清汤、满是蛀虫的蔬菜以及"蠢面包"中解救出来。就连意气风发的尤金·哈尔莫斯也开始绝望。他在自己的日记中透露："从这里获得解放的日子渐渐退却，退入到遥远的未来。"[121]而对罗沃斯基来说，这个沉闷的冬季中唯一值得安慰的是来自英国的消息：他的储物柜已被清理，物品被运回家之前，一个朋友已将他那些保险套据为己有。

战事消息降低但并未彻底打消圣诞节的气氛。在Ⅰ号空军战俘营，飞行员们用红十字会捐赠的水彩颜料涂抹纸片，再用这些纸装点他们的营房。他们还用扫帚柄和牛奶罐上割下的金属条做了棵圣诞树，并用剪开并涂有颜色的厕纸加以装饰，以模拟树枝上的松针。"香烟包装盒上的银色锡皮纸被串成金属丝的样子。五颜六色的肥皂包装纸、罐头标签和笔记本封面经过精心剪裁，成了装饰物。被刀片切碎的纸片充当雪花。"[122]一位牧师（这位健壮的英国人是1940年在敦刻尔克被俘的）在食堂举行了午夜弥撒，合唱团的人数近2000人，大多数人站在门外，提供伴奏的是YMCA赠送的一只小口琴。

圣诞节早上的天气非常寒冷，但异常晴朗，Ⅲ号空军战俘营的飞行员们得到了红十字会寄来的特别包裹，里面是罐装的火鸡、饼干和葡萄干布丁。甚至连德国人也很投入，他们分发了便宜的派对帽和制造声响的小喇叭。战俘们努力让自己强颜欢笑，但大多数人只是装装样子而已。[123]和其他人一样，尤金·哈尔莫斯的整个思绪飞回到家中。一个名叫安的姑娘还在等他，期待着夫妻俩从未享受过的蜜月。

当天，德国看守们的家人参观了萨冈，战俘们可以隔着铁丝网看见他们。对那些带着孩子的人来说，这纯粹是一种折磨。圣诞节那天，邮件意外地送到巴特镇的战俘营，约翰·维克多拆开两封父亲写来的信，信中充满了来自家里的喜讯。随后，他又拆开第三封，是他儿时的一位朋友写来的，对维克多父亲的去世表示慰问。[124]

元旦，美国人仍在阿登山区的冰雪中苦战时，BBC宣布，苏军已到达维斯瓦河河畔，正准备发起攻势。近400万士兵和10000辆坦克构成了一条从波罗的海延伸至巴尔干地区的战线。这股压倒性进攻力量中的一部，准备穿越波兰西部，赶至波兰与德国的边界——奥得河，然后，"前进，冲向法西斯的老巢！"[125]这将使他们与位于维斯瓦河和奥得河之间的萨冈发生冲撞。

苏军的推进令战俘们喜忧参半：他们希望获救，但又担心德国人会在苏军到来前把他们解决掉。

苏军发起攻势的消息，也对伦敦附近的第八航空队司令部造成了复杂的影响。这是个机会，用轰炸加速苏军的推进，从而使战争早日结束。但弗雷德里克·安德森将军和其他"硬战"倡导者坚持认为，轰炸必须是灾难性的，因为敌人已经表明其军火库中还有大量武器弹药。他们的军火工业必须被摧毁，另外还包括其国民的士气。第八航空队到达了一条道德鸿沟——他们即将跨越过去。

注释

1. 路易斯·罗沃斯基的回忆均来自2002年10月2日、2003年4月24日,作者对罗沃斯基的采访。

2. 帝国部长戈培尔博士,"对敌空中恐怖行径的几句话",摘自《纽伦堡军事法庭对战犯的审判,第十一卷》(华盛顿,美国政府印务局,1950年),第168页;对轴心国犯罪、纳粹的阴谋和侵略实施起诉之美国首席法律顾问办公室,附录B(华盛顿,美国政府印务局),第75页;瓦尔特·瓦利蒙特的证词,《纽伦堡军事法庭对战犯的审判,第十一卷》,第182页。另可参阅戴维·A.福伊的《对你来说,战争结束了:身处纳粹德国的美国战俘》(纽约,斯坦&戴出版社,1984年),第23页。

3. 雷蒙德·F.托利弗、汉斯·J.沙尔夫,《审讯者:德国空军王牌审讯员汉斯·沙尔夫的故事》(加州法布鲁克,航空出版社,1978年),第229页。

4. 引自福伊的《对你来说,战争结束了:身处纳粹德国的美国战俘》,第22页。

5. 《"杀人公司"传奇》,《第八航空队新闻》第12期(1986年1月第1期),第1—3、6页。

6. 罗杰·伯维尔,《我的战争》,第20页,第八航空队历史博物馆。

7. 对轴心国犯罪、纳粹的阴谋和侵略实施起诉之美国首席法律顾问办公室,附录B,第74页。

8. 摘自《纽伦堡军事法庭对战犯的审判,第十一卷》,第166—169页。另可参阅S. P.麦肯齐的《二战中战俘的对待》,《现代史》杂志,第66期(1994年9月),第494页;阿瑟·A.杜兰德,《Ⅲ号空军战俘营:不为人知的故事》(巴吞鲁日,路易斯安那州立大学出版社,1988年),第

50页。1943年，希姆莱曾下达过一道命令，指出德国警方没有责任干涉德国百姓对被俘盟军飞行员的报复；《伦敦时报》，1945年12月18日。

9 沙蒙·道特奈尔，《对战俘的罪行：德国国防军的责任》（华沙，西部新闻社，1964年），第194页；麦肯齐的《二战中战俘的对待》，第494页。

10 对轴心国犯罪、纳粹的阴谋和侵略实施起诉之美国首席法律顾问办公室，附录B，第76页。

11 情报机构的瓦尔特·舒伦堡的证词，引自1946年1月3日的《伦敦时报》。另可参阅巴伐利亚副大区领袖伯图斯·格迪斯的证词，引自1946年1月3日的《伦敦时报》。

12 道特奈尔，《对战俘的罪行：德国国防军的责任》，第199—201页。

13 同上。

14 1946年3月16日，《伦敦每日电讯报》。

15 海因茨·古德里安将军，《装甲指挥官》，康斯坦丁·菲兹吉本译（伦敦，迈克尔·约瑟夫出版社，1952年），第427页。

16 约德尔的证词，《国际军事法庭对主要战犯的审判，第十五卷》（德国，纽伦堡，1948年），第297页。

17 道特奈尔，《对战俘的罪行：德国国防军的责任》，第200—201页。

18 "关于德国的特殊情报"，美国驻欧洲战术空中力量司令部，情报报告，第4页，美国空军历史研究部；福伊，《对你来说，战争结束了：身处纳粹德国的美国战俘》，第42—43页；1944年12月11日，施密特将军所下达的命令，《纽伦堡军事法庭对战犯的审判，第十一卷》，第179页；1945年11月10日，《伦敦时报》。

19 同上。

20 道特奈尔，《对战俘的罪行：德国国防军的责任》，第203—204页。

21 1945年11月2日，R.西利少校的证词，《纽伦堡军事法庭对战犯的审判，第十一卷》，第181—182页。

22 1945年，A.D.I（K）第328号报告，巴吞鲁日，路易斯安那州立大学，特洛伊·H.米德尔顿图书馆。

23 2004年10月21日，对路易斯·罗沃斯基的采访。

24 同上。

25 2002年1月14日，对克莱文的采访。

26 托利弗、沙尔夫，《审讯者：德国空军王牌审讯员汉斯·沙尔夫的故

27 同上，第17页。

28 "德国人对战俘的审讯"，陆航队情报摘要第45期，1月1—15日，美国空军历史研究部；2004年8月6日，作者对汉克·普卢姆的采访。

29 罗杰·伯维尔，《我的战争》，第23页。

30 德尔玛·T. 斯皮维，《战俘生涯：Ⅲ号空军战俘营中央营区往事及二战期间的秘密和平使命》（马萨诸塞州阿特尔伯勒，殖民地印刷出版公司，1984年），第22页。

31 汉斯·约阿希姆·沙尔夫，《没有酷刑》，《商船队》杂志（1950年5月），第88页。

32 A.K.I（K）第328号报告。

33 罗杰·伯维尔，《我的战争》，第21页。

34 约翰·维克多，《暂停：Ⅰ号空军战俘营的美国飞行员》（纽约，理查德·R. 史密斯出版社，1951年），第29页。

35 埃里克·弗里德海姆，《欢迎来到空军战俘营》，《空军》杂志第28期（1945年9月），第16页。

36 陆军反情报部门的戈登·德福塞上尉对德国空军战俘营所做的评估报告，被引述于弗里德海姆的《欢迎来到空军战俘营》，第16—17、73页。

37 托利弗、沙尔夫，《审讯者：德国空军王牌审讯员汉斯·沙尔夫的故事》，第133页。

38 弗里德海姆，《欢迎来到空军战俘营》，第17页。

39 同上。

40 托利弗、沙尔夫，《审讯者：德国空军王牌审讯员汉斯·沙尔夫的故事》，第190—191页；小埃德温·A. 布兰德，《德国人审讯被俘盟军飞行员的方法》（论文，空军大学空军指挥与参谋学院，阿拉巴马州麦克斯韦空军基地，1948年），第13—15页。

41 托利弗、沙尔夫，《审讯者：德国空军王牌审讯员汉斯·沙尔夫的故事》，第17页；阿瑟·A. 杜兰德，《Ⅲ号空军战俘营：不为人知的故事》，第70页。1945年初，德国人疏散了奥伯乌尔泽尔，1945年4月16日，沙尔夫被抓获，并遭到逮捕。

42 2002年10月2日，对路易斯·罗沃斯基的采访。

43 "二战统计"，佛罗里达州迈阿密海滩，被拘禁者权利中心。另一个稍高些的数字可参阅退伍军人管理局，规划与计划办公室，研究与分析科的"前战俘研究"（华盛顿，1980年），第31页；萨冈，现在被称作扎冈。

44　2003年4月18日，对克莱文的采访。

45　《莱斯利·卡普兰上尉，死亡行军中的军医》，空军协会，1982年8月25日，约瑟夫·P. 奥唐纳的《徒步跋涉》（自费出版），第59页；2002年10月2日，对路易斯·罗沃斯基的采访。

46　小尤金·E. 哈尔莫斯，《铁丝网的另一侧：二战中的美军战俘》（宾州希彭斯堡，白鬃野马出版社，1996年），第xiv页。

47　2004年8月6日，作者对汉克·普卢姆的采访。

48　2002年10月2日，对路易斯·罗沃斯基的采访。

49　斯皮维，《战俘生涯：Ⅲ号空军战俘营中央营区往事及二战期间的秘密和平使命》，第32页；约翰·维克多，《暂停：Ⅰ号空军战俘营的美国飞行员》，第29页。

50　2002年10月2日，对路易斯·罗沃斯基的采访。

51　保罗·布里克希尔，《大逃亡》（1950年出版；纽约，巴兰坦出版社，1961年再版），第200页。

52　2002年10月2日，对路易斯·罗沃斯基的采访。

53　贝格尔的证词，《纽伦堡军事法庭对战犯的审判，第十三卷》，第59页。

54　纪录片《铁丝网后》中，对皇家空军飞行员约翰·科德维尔的采访，这部纪录片是1994年A. 艾伦·齐默尔曼为第八航空队历史学会拍摄的。欲了解布痕瓦尔德集中营内飞行员的情况，可参阅托马斯·奇尔德斯的出色著作，《战争的阴影下：一名美国飞行员的经历》（纽约，亨利·霍尔特出版社，2003年），另外还有米切尔·G. 巴德的《被遗忘的受害者：希特勒集中营里的美国人》（博尔德，西景出版社，1994年）。

55　关于贝尔加劳改营中的美军战俘，可参阅罗杰·科恩的出色之作，《士兵与奴工：被困于纳粹最后赌注中的美军战俘》（纽约，诺普夫书局，2005年）。

56　大卫·韦斯特海默，《等待：一名二战战俘的回忆》（休斯顿，莱斯大学出版社，1993年），第253页。

57　1974年10月3日，对劳伦斯·库特尔将军的采访，美国空军历史研究部，K239.0512-810。

58　1976年2月10—12日，美国空军口述历史部采访阿瑟·W. 瓦纳曼少将，美国空军历史研究部，K239.0512-855。

59　2002年10月2日，2005年5月9日，对路易斯·罗沃斯基的采访。

60　鲍勃·尼亚利，《Ⅲ号空军战俘营》（自费出版，1946年），第40页。

61　1990年2月10日，采访埃尔默·莱恩，空军历史博物馆。

62　约翰·维克多，《暂停：Ⅰ号空军战俘营的美国飞行员》，第29页。

63　2005年6月10日，作者对格伦·A.约斯塔德的采访。

64　2003年5月7日，作者对乔治·古德利的采访。

65　"国际红十字委员会对其在二战中活动的报告"（日内瓦，1948），第1、222—228页。

66　克拉克的话均引自对阿尔伯特·P.克拉克的采访，纪录片《铁丝网后》。

67　洛厄尔·贝内特，《跳伞到柏林》（纽约，先锋出版社，1945年），第199页。

68　1945年8月31日，MI-9的报告，"统计摘要：截至1945年6月30日，越狱和逃亡者的归来"，转载于M.R.富特和J.M.兰利的《越狱和逃亡：1939—1945》（波士顿，利特&布朗出版社，1980年），附录一。

69　1979年6月20—21日，美国空军口述历史部采访阿尔伯特·P.克拉克，美国空军历史研究部，K239.0512-1130。

70　哈尔莫斯，《铁丝网的另一侧：二战中的美军战俘》，第35页。

71　2002年10月2日，2005年5月9日，对路易斯·罗沃斯基的采访。

72　同上。

73　1990年2月10日，采访埃尔默·莱恩，空军历史博物馆。

74　大卫·韦斯特海默，《等待：一名二战战俘的回忆》，第195页。

75　哈尔莫斯，《铁丝网的另一侧：二战中的美军战俘》，第27页。

76　罗杰·伯维尔，《我的战争》，第26页。

77　保护国第1号报告，1942年12月9日，舍夫勒博士的视察，"Ⅲ号空军战俘营"文档，卷宗389号，国家档案馆。

78　理查德·H.霍夫曼，《17B战俘营》（费城，西利布里斯出版社，1988年），第120页。

79　莱斯利·卡普兰医生为明尼苏达军区民政部门，战争罪行办公室提供的证言，转载于奥唐纳的《徒步跋涉》，第60—64页；国际红十字委员会的报告，1944年10月5—6日的视察，国家档案馆。

80　引自卡洛尔·F.狄龙的《特殊的英雄：一名飞行员在德国战俘营的经

历》（萨拉索塔，棕榈树出版社，1995年），第137页；肯尼斯·N. 奈尔编撰的《密西西比州人和第八航空队》中，威廉·D. 亨德森所写的《从海德克鲁格到地狱》，第88页。

81 汤米·拉莫尔、丹·A. 贝克，《一个人的战争：汤米·拉莫尔的二战经历》，第167页。

82 同上。

83 引自理查德·L. 宾的《19岁的你……欢迎回家：欧洲空战及其后遗症》（自费出版，1992年），第73页。

84 威廉·D. 亨德森所写的《从海德克鲁格到地狱》，第89页。

85 埃德温·W. 海耶斯手稿，18—32页，第八航空队历史博物馆；威廉·D. 亨德森所写的《从海德克鲁格到地狱》，第89页。

86 罗伯特·多尔蒂的话引自纪录片《铁丝网后》，空军历史学会。

87 卡普兰医生的证词，转载于奥唐纳的《徒步跋涉》，第63—64页。

88 尤金·T. 卡森，《一名尾部射手的回忆》，第187页。

89 赖特·李，《第八航空队，第445轰炸机大队详史》；《一名B-24领航员/战俘的回忆录，1943—1945》（南卡罗来纳州斯帕坦堡，霍诺里巴斯出版社，1995年），第153页。

90 莫里斯·约翰·罗伊，《铁丝网后》（纽约，R.R.史密斯出版社，1946年）。

91 弗朗西斯·杰拉尔德的"战时日记"，由他的女儿帕特里夏·卡鲁索提供。

92 沃尔特·A. 伦登，《战俘中的囚禁精神病》，《刑法与犯罪学杂志》第39期（1949年4月），第721—730页。

93 同上。

94 约翰·维克多，《暂停：I号空军战俘营的美国飞行员》，第113—114页。

95 理查德·H. 霍夫曼，《17B战俘营》，第119页。

96 2005年6月10日，作者对格伦·A. 约斯塔德的采访。

97 刘易斯·H. 卡尔森的口述历史证词，《我们是彼此的囚犯：二战期间美国和德国战俘的口述》（纽约，基础读物出版社，1997年），第84页。

98 2004年8月6日，作者对汉克·普卢姆的采访。另可参阅贝内特的《跳伞到柏林》，第192页。

99 对阿尔伯特·P. 克拉克的采访，纪录片《铁丝网后》。

100 约翰·维克多,《暂停:Ⅰ号空军战俘营的美国飞行员》,第46页。

101 哈尔莫斯,《铁丝网的另一侧:二战中的美军战俘》,第25页。

102 同上。

103 大卫·韦斯特海默,《等待:一名二战战俘的回忆》,第217页。

104 斯皮维,《战俘生涯:Ⅲ号空军战俘营中央营区往事及二战期间的秘密和平使命》,第91页。

105 约翰·卡岑巴赫,《哈特的战争》中的作者序(纽约,巴兰坦出版社,1999年),第489页。

106 大卫·韦斯特海默,《等待:一名二战战俘的回忆》,第218页。

107 鲍勃·尼亚利,《Ⅲ号空军战俘营》,第3—6页。

108 罗亚尔·D.费伊,《Ⅰ号空军战俘营的桂冠诗人》,《航空历史学家》第16期(1969年冬季),第17页;杜兰德,《Ⅲ号空军战俘营:不为人知的故事》,第224—226页;福伊,《对你来说,战争结束了:身处纳粹德国的美国战俘》,第100—101页。

109 斯皮维,《战俘生涯:Ⅲ号空军战俘营中央营区往事及二战期间的秘密和平使命》,第69页。

110 大卫·韦斯特海默,《等待:一名二战战俘的回忆》,第225—226页。

111 斯皮维,《战俘生涯:Ⅲ号空军战俘营中央营区往事及二战期间的秘密和平使命》,第73页。

112 纪录片《铁丝网后》中,对一名前战俘的采访。

113 洛厄尔·贝内特,《跳伞到柏林》,第214页。这些信件被刊登在巴特战俘营的营区报纸上。

114 墨菲,《运气至上:对欧洲空战的反思》,第200—201页。

115 2004年8月30日,对路易斯·罗沃斯基的采访;2004年8月17日,作者对汉克·普卢姆的采访。

116 洛厄尔·贝内特在《跳伞到柏林》一书中讲述了自己的经历。后来,雷蒙德·A.帕克中尉替代他成为秘密报纸的编辑。

117 大卫·韦斯特海默,《等待:一名二战战俘的回忆》,第208页。

118 休伯特·泽姆克和罗杰·A.弗里曼,《泽姆克的战俘营:二战的最后岁月》(华盛顿,史密森学会出版社,1991年),第31—32页。

119 2003年4月24日,对克莱文的采访。

120 莱曼·B.伯班克,《德国,Ⅲ号空军战俘营,中央营区内的美国空军战俘》（芝加哥大学博士论文，1946年3月），第6页。
121 哈尔莫斯，《铁丝网的另一侧：二战中的美军战俘》，第67、70页。
122 洛厄尔·贝内特，《跳伞到柏林》，第218页。
123 哈尔莫斯，《铁丝网的另一侧：二战中的美军战俘》，第81—83页。
124 约翰·维克多，《暂停：Ⅰ号空军战俘营的美国飞行员》，第154页。
125 引自安东尼·比弗的《1945，柏林的陷落》（纽约，维京出版社，2002年），第17页。

第十五章

无尽的恐怖

> 我们还没有杀够。我们必须赋予这场战争足够的毁灭性和恐怖性，从而使接下来的一百年里，再也没有新的煽动家和叛国者胆敢为实现其目的而诉诸暴力和战争。
>
> ——威廉·特库姆塞·谢尔曼将军
> 1863年8月20日

1945年1月30日，英国

这天晚上，吉米·杜立特尔接到了来自卡尔·斯帕茨的紧急指令。第八航空队下一次任务的瞄准点是柏林市中心。正如他们此前对德国首都的空袭那样，第八航空队的目标将是政府建筑，那是种族灭绝战的神经中枢。但这次，空袭的主目标并非军事设施，而是挤满难民——主要是妇女、儿童和老人——的铁路客运站。这些惊恐万状的家庭逃离了他们位于帝国最东端的家园，那片被鲜血浸透的土地已被苏联红军占领，他们的报复性进军中充斥着强奸、劫掠和屠杀。在杜立特尔将军看来，这不啻为恐怖轰炸，因而敦促斯帕茨重新考虑他的命令。

为打垮一个即便面对必然的失败也拒绝投降的敌人，何种手段才是符合道义的？希特勒战斗到底的疯狂命令，将使德国在战争的最后几个月中遭受一场真正的毁灭。而1945年初菲律宾失陷后，日本政府继续进行战争的决定，会令居住在该国由纸张和木头构成的易燃城市中的百姓尝到更为可怕的战争结局。3月9日夜间，柯蒂斯·李梅将军派出以塞班岛为基地的B-29"超级堡垒"轰炸机群，用燃烧弹对东京实施低空空袭，这场空袭令至少10万名平民丧生，16平方英里的城市被焚毁，其面积相当于曼哈顿岛的三分之二。东京大空袭仅仅是六十四次燃烧弹轰炸的第一次，这些空袭造成数十万日本平民丧生。光是东京、大阪和名古屋，被夷为平地的区域（近100平方英里）就已超过德国在整个战争期间被英美空中力量摧毁的全部城市区域（约79平方英里）。

有人认为，1945年3月对东京的空袭，标志着美国军事政策的一个历史性转折点，他们放弃了长期存在的克制：反对滥杀无辜。[1]但1945年2月3日早上，整个第八航空队出现在柏林冰冷的上空时，道德鸿沟便已被跨越。

雷霆一击

空袭柏林源于卡尔·斯帕茨原先反对的一个计划。1944年7月，英国参谋长委员会建议首相："时机很可能在不久后到来，我们将以所掌握的一切手段对德国国民的士气发起一场全力打击，这可能是决定性的……实施这种打击的方法应加以贯彻和检查，并做好一切准备。"[2]该计划的代号是"雷霆一击"，这将是英美空军对柏林进行的一次毁灭性打击——连续四天的狂轰滥炸会令25万平民丧生或致残，并将纳粹政府的行政中心夷为平地，从而给予"德国士气致命的一击"。[3]皇家空军参谋长查尔斯·波特尔宣布："这样一场空袭会导致大批伤亡，其中大多数是重要人员，肯定会对德国各地的政治和平民的士气造成粉碎性影响。"[4]

直到德国处于失败的边缘，一场针对平民士气的沉重打击有可能迫使德国投降，或引发一场反对纳粹政权的民众起义时，"雷霆一击"才会发起。[5]但这个"心理"时刻很可能即将到来，英国参谋长委员会认为会是当年7月，从东面和西面而来的两支决定性大军齐聚德国境内时。[6]但是，英国规划者们无法获得美国的合作。斯帕茨，在华盛顿陆航队总司令部的大力支持下，带头反对这项计划，反对参与皇家空军这场以平民为目标的毁灭性轰炸行动。在大多数美国陆航队指挥官看来，对城市中心的军事设施实施打击会造成平民的伤亡，"尽管令人厌恶，但有必要性"[7]。而将炸弹瞄准居民区则完全是另一回事。"发起一场针对平民百姓的战争，与我们国家的立国之本截然相反。"劳伦斯·库特尔少将宣布，[8]他现在是哈普·阿诺德将军负责计划与作战行动的副参谋长。查尔斯·P. 卡贝尔准将是一位重要的战术策划者，他更进一步，谴责"雷霆一击"是个"屠杀婴儿"的计划。[9]

这些陆航队指挥官并非心慈手软的人道主义者，他们的策略完全是基于军事方面的考虑。"我不赞同'雷霆一击'，不是出于宗教或道义上的原因。"卡尔·斯帕茨后来告诉空军历史学家们。[10]针对一个邪恶的敌人，他可以发起一场全面性打击，但他估计，所谓的"士气轰炸"并非取胜之道。"我们的整个目标政策建立在这样一个事实上，对军事和德国生产能力以外的任何目标实施轰炸都是浪费。"库特尔说道，[11]他的话代表了斯帕茨、杜立特尔以及其他继续致力于经济目标轰炸的指挥官们的看法。德国百姓已承受了英国人四年的轰炸，没有出现任何全面崩溃或一场有组织反抗现政权活动的迹象。现在，英国人要求美国人加入到他们的行列中，发动另一场规模更大的轰炸，以打破敌人的士气。这不禁让斯帕茨质疑他们在战争这么晚的时候推行"雷霆一击"的动机。他在给阿诺德的信中写道："我毫不怀疑，皇家空军想让美国陆航队受到'士气轰炸'可怕后果的玷污。"[12]

温斯顿·丘吉尔也反对"雷霆一击"，从而结束了这场讨论。他尖锐地指出："目前，德国领导者想打到最后一个人，并希望自己会是那最后的一个，除此之外，对其他一切没有任何兴趣。"[13]英国首相建议，不要对柏林的政府中心发起一场摧毁一切的轰炸，而应该列个战犯名单，名单上的人如果落入盟军手中，会被处决。他认为，这一招可能会让担心战争失败后所有德国人遭到全面性报复的德国民众与纳粹领导者保持些距离。

可是，"雷霆一击"背后的想法并未消失。8月下旬，艾森豪威尔告诉斯帕茨："做好准备参加一切真正能迅速结束战争的行动。"[14]艾克指示，斯帕茨应继续打击经济和战术目标，"除非在我看来出现了这样一个机会：一场突如其来的毁灭性打击可能会导致一个不可估量的结果"。当年秋季和初冬，西线德军发起出人意料的顽强抵抗时，实施"雷霆一击"为时尚早。但在1月份，朱可夫元帅向奥得河发起闪电般的推进，距离柏林已不到40英里时，一些高层策划者认为，对艾森豪威尔"突如其来的毁灭性打击"来说，时机到了。

确定的计划并非原先的"雷霆一击"。柏林仍是个目标，但清醒过来的英国情报专家们现在认为，"在不久的将来发起一场'雷霆一击'规模的打击，是否具有决定性……非常值得怀疑"[15]。盟军的目的是继续积极削弱德国，而不是试图发起单独一场空中致命打击。英国人相信，实现这一目的最有效的办法是为苏军地面攻势提供大力支援。由于1944年12月德军在阿登山区的猛烈进攻，西线盟军仍处于恢复状态，尚未做好继续向莱茵河进军的准备，因此，沿东线轰炸德军阵地将对唯一的军事主动性行动有所帮助，从而有可能在冬季结束前击败敌人。英国联合情报委员会在一份秘密报告中指出，对柏林这座德国东部的主交通枢纽和挤满上百万难民的城市发起一场大规模轰炸，"势必造成极大的混乱，干扰部队向前线的有序调动，并对德国军事和行政机构造成妨碍"[16]。盟军相信，党卫军第6装甲集团军刚刚离开比利时，即将穿过柏林赶赴崩溃中的东线，这给轰炸行动增添了紧迫性。对德国城市的轰炸也有其"政治价值，可以向俄国人展示……英国和美国帮助他们打赢目前战斗的一种愿望"，[17]从而改善丘吉尔和罗斯福在即将召开的雅尔塔三巨头会议上与斯大林的谈判地位，这次会议已定在2月份的第一周。

尽管不是"雷霆一击"，但这仍是一场令人心生恐惧的轰炸计划：挤满无家可归者的火车站将成为打击目标，不是为了破坏其士气，而是令德国的交通和城市"发生混乱"。"轰炸机"哈里斯阐述该计划时，建议对开姆尼茨、莱比锡和德累斯顿这些萨克森州城市，以及靠近东线并挤满难民的所有铁路中心发起额外的空袭。

就在这时，温斯顿·丘吉尔加入到讨论中，他向空军大臣阿奇博尔德·辛克莱爵士提出："无论柏林，当然还包括德国东部的其他大型城市，现在都不应被视作特别有吸引力的目标……但愿上帝能告诉我接下来该怎么做。"[18]近期的情报报告表明，如果苏军突入德国，德国人的抵抗可能会在4月中旬前崩溃，否则，战事将拖至11月，这个情况加剧了首相的焦虑。[19]

丘吉尔的介入加速了计划安排。辛克莱爵士告诉首相，待天气和月光条件许可，空袭行动就将展开。[20]此刻，俄国人已提前获得了通知；后来，在雅尔塔会议上，斯大林亲自提出，德累斯顿应该和莱比锡、柏林一样遭到轰炸。（会议的官方记录表明，苏联代表提出的轰炸目标只有柏林和莱比锡。但最近，英国参谋长委员会的翻译员——他参加了雅尔塔会议的每一场会谈——出面披露，斯大林亲自提出口头要求，而且相当强烈，将德累斯顿添加到英美计划对德国东部城市实施轰炸的名单上。[21]）

斯帕茨获悉英国人的计划后透露，他的参谋人员已开始筹划对柏林发起一次大规模空袭，尽管不是针对难民的行动。斯帕茨同样对苏军的攻势满怀信心。"俄国人推进的力量是目前最重要的战略因素，"他发电报给哈普·阿诺德，"……我认为应该通过轰炸柏林给予他们大力支持，那是德国人抵御朱可夫先头部队、实施控制和补给的中心。"[22]至此，修订过的"雷霆一击"已完全是英国人的计划。现在，新的联合轰炸指令由斯帕茨和皇家空军少将诺曼·博顿利下达：第八航空队将打击柏林市中心，而皇家空军则在美国的协助下，对另外三个铁路枢纽实施轰炸。[23]斯帕茨坚持着轰炸行动的前提：只有天气状况不利于对德国石油设施发动空袭时，才能对这些城市目标实施轰炸。

卡尔·斯帕茨为何会同意一项直接违背他"不以平民为目标"的既定政策的计划？来自哈普·阿诺德尽快结束战争的沉重压力是个主要因素。当年1月，阿诺德紧缠着斯帕茨，愤怒和焦虑使阿诺德在1月中旬第四次心脏病发作，差点死在办公桌后。阿诺德对美国空中力量无法击败德国的失望之情，充斥在发给斯帕茨的一连串言辞激烈的公报中。"在我看来，以我们所拥有的庞大的打击力量，我们应该获得比现在所得到的更好、更具决定性的结果，"他写信给斯帕茨，"我并不是在批评，因为坦率地说，我也不知道答案，我现在所做的只是让自己的思绪飞驰，并希望能让你从中获得一种模糊的概念、一种启发、一种新思路或某种能帮助我们尽快结束这场战争的东西。"[24] "思绪飞驰"的阿诺德最近试图恢复他所钟爱，但损失惨重的项目——"阿芙洛狄忒"。[25]去年秋季，他曾批准使用受损严重的轰炸机充当无人机，对德国工业目标实施打击，其中有一些针对的是重要城市的中心地区。尽管出动的11架无人机均未能击中目标，但阿诺德继续向联合参谋部施压，要求对实验加以雄心勃勃的扩大，其中之一是投入500多架"流浪汉"对德国的大型工业目标发起攻击，"以此作为一种刺激性和可能的手段，来打破德国境内民众的士气"[26]。

陆航队的高级军官中，阿诺德是个"实施恐怖统治，令人生畏的"人物。[27]（与前助理战争部长发生的一次激烈争执中，阿诺德抓起这位残疾者的拐杖朝他丢去。）另外，他对乔治·马歇尔将军有着相当的影响力，马歇尔出于对他的关照，取消了迫使患有心脏疾病的军官退役的规定（马歇尔本人患有严重的心脏杂音）。如果不是英国人极力反对的话，阿诺德也许能让"阿芙洛狄忒"项目获得通过。[28]丘吉尔和波特尔担心数百架德国无人机会对伦敦发起报复性袭击，但由于燃油和飞行员的短缺，这种行动已难以为继（德国人曾尝试用受损严重的容克88型轰炸机，在自动驾驶仪的引导下攻击伦敦）。尽管斯帕茨对"流浪汉"不太热心，但阿诺德继续推动该项目，直到罗斯福的继任者哈里·杜鲁门总统，在丘吉尔的催促下，于战争结束前的最后一个月才将该项目冻结。[29]

1945年初，斯帕茨写信给康复中的阿诺德，试图安抚这位上司狂暴的焦躁。[30]他对阿诺德强调，战争无法以新的、未经检验的措施赢得。胜利将通过激烈的战斗，在地面，在空中，对敌人的燃油和交通目标实施无情的打击来获得。但目前尚不知道他的空中攻势对敌人的经济造成了怎样的影响，斯帕茨同样对德国人顽强的弹性感到沮丧，此刻，他愿意容忍一项前所未有的措施——对柏林的恐怖轰炸。这是一场符合他信念的空袭：不是对德国士气的轰炸，而是为了援助俄国人的地面攻势。（斯帕茨和其他盟军指挥官不知道的是，阿尔贝特·施佩尔在1月底便已认定战争已经输掉了，尽管这位军备部长出于自我保护的目的，直到3月15日才鼓起勇气告诉他的元首。[31]）

对该计划的最终推动来自乔治·马歇尔。他急于将美国的全部战争资源尽快调往太平洋战区，因而愿意试试"士气轰炸"。雅尔塔会议召开前，弗雷德里克·安德森将军遇到马歇尔，马歇尔告诉他，除了沿柏林—莱比锡—德累斯顿铁路枢纽的各座城市外，他希望将慕尼黑也列入轰炸名单中。送至马歇尔办公桌上的情报表明，德国人预料到他们的首都会遭到更猛烈的空袭，一些政府部门已从柏林疏散至慕尼黑。马歇尔告诉安德森："对慕尼黑发起空袭可能会有极大的好处，因为这将向那些撤往慕尼黑的人表明，那里毫无希望。"[32]

艾森豪威尔和布莱德利将军对此表示赞同。不必征询罗斯福总统的意见。美国军方完全了解，他坚持对德国实施一场"硬战"。德国人曾发动过第一次世界大战，但迄今为止，其国土内尚未进行过任何一场地面战。"至关重要的是，德国国内的每一个人都应认识到，这次（与第一次世界大战不同），德国是个战败国，"罗斯福告诉战争部长史汀生，"从个体到整体都是战败国的事实，必须给他们留下足够深刻的印象，从而令他们在发动新的战争前产生犹豫……"[33]

"这里和英国，许多人持有这样一种观点，作为一个整体的德国民众不应对所发生的事情负责，只应由少数纳粹领导者承担责任。遗憾的是，这种看法并非基于事实。作为一个整体的德国民众必须理解，他们的整个国家一直在针对现代文明的行为准则从事着一场无法无天的阴谋。"

1939年9月，德国发动第二次世界大战时，罗斯福曾向各参战国发出呼吁，要求他们避免轰炸平民这种"不人道的野蛮行径"。[34]三年后，总统告诉国会，盟军打算"从空中发起对德国猛烈而又无情的打击。轰炸华沙、鹿特丹、伦敦和考文垂的人将自食其果"[35]。

1945年2月，美国人打算以比过去更猛烈的力度打击德国，其明确的意图是散播恐怖和混乱。它将于2月份的第一周从柏林开始，慕尼黑紧随其后。（天气和其他优先目标使第十五航空队直到3月24日才对慕尼黑发起空袭，而且其目标与马歇尔原先建议的有所不同。）盟军高层中，没人相信德国还能赢得战争，但也没人怀疑德国有意志和能力怀着自我毁灭的决心继续战斗下去。随着英国再度遭到纳粹火箭弹昼夜不停的袭击，呼吁克制的声音已变得寥寥无几。

纳粹的火箭弹

1944年9月7日，一名英国官员来到记者们面前，宣布道："除了有可能出现最后几颗飞弹，伦敦之战结束了。"[36]纳粹的飞弹攻势已经结束。次日，城内发生了两次连续的剧烈爆炸。为平息市民的恐惧，政府对"数根煤气管发生爆炸"的传言加以鼓动。接下来的几周，更多的爆炸震动了这座城市后，一位伦敦市民看见一个美国兵正用栏杆将一个大坑围起来，于是问道，是不是纳粹的火箭弹落在了这里？"不，伙计，"美国兵回答道，"那不是火箭弹，而是一根飞行的煤气管。"[37]

直到翌年3月，新型V-2火箭的发射场被盟军部队占领后，英国南部城市的居民才从另一场闪电打击的不确定性和每日的恐惧中解脱出来。这次的伤亡人数没有上一次那么多，但通过这种新型复仇武器，德国科学家们"将杀戮艺术提升至科学和效率所能达到的最高峰"，一位记者这样写道。[38]与V-1一样，这种新式武器极不准确，完全是不分青红皂白的杀戮。这次总共有2700名英国人丧生，另有6500人身负重伤；安特卫普、布鲁塞尔和巴黎，丧生和致残的人数几乎与之相当。但与V-1不同，这种新式火箭弹既无法预警，也无法拦截。从被占领的荷兰，一块小小的、难以被发现的发射台起飞，这些12吨的超音速火箭攀升70英里后进入平流层，然后以每小时4000英里的速度静静地冲向地面——快得令人根本无法看见。这使它们远比嘈杂、速度缓慢的V-1飞弹更为可怕。"要是我会被炸死，"一位伦敦妇女讽刺地评论道，"我宁愿知道死亡即将到来时的那种刺激。"[39]

英国政府非常担心公众发生恐慌，直到11月10日，丘吉尔才发现，许多瞄准英国的飞弹——德国人也恢复了V-1的发射——都是携带着一吨重弹头的超音速火箭。这是全世界过去从未见过的最可怕的武器。这种武器由可憎的机会主义者韦恩赫尔·冯·布劳恩博士所率的一群科学家，在荒凉的波罗的海岛屿上研发而成，又在一个被称作"米特威克"的绝密工厂内加以生产，整个生产体系深深地隐藏在哈尔茨山脉一条孤立的山谷的隧道中。[40]英国人轰炸了原先位于佩内明德的工厂后，阿尔贝特·施佩尔亲自挑选了北豪森小镇附近的这个地点。他还批准使用集中营奴工，这些囚犯从布痕瓦尔德运来，由党卫队监督，在中世纪般的隧道中劳动。1945年4月初，第3装甲师解放这座工厂前，总共有60000名囚犯经历了"米特威克"奴工体系，死于饥饿、疾病和杀害的人超过三分之一。另有1500人在英国皇家空军连续两次对工厂的空袭中丧生。

A-4（这是德国人对他们新型液体燃料武器的称谓）是世界上第一种短程弹道导弹，也是"所有现代导弹和航天器运载火箭的鼻祖"[41]。就在这种武器瞄准英国城市的同时，冯·布劳恩和他由物理学家及工程师组成的研究组还打算尽快研发一种ICBM（洲际弹道导弹）——A-10，或称之为"纽约火箭"，这种武器以其意图打击的城市命名。盟军情报部门掌握了这个情况，并怀疑德国人还在研发一枚原子弹。如果纳粹制造出原子弹并完善一种远程运载系统，整个世界的未来将发生惊人的改变。但希特勒对犹太科学家的迫害，加之他对更为传统的复仇武器的兴趣，剥夺了两个项目中的工业资源和不可或缺的人才。1945年5月，一个美国情报小组发现，德国科学家的进展"大致相当于1940年，我们尚未大规模开展原子弹研发工作前的水准"[42]。就连跨越大西洋的火箭，在1947年前也是无法投入使用的。[43]

但1945年1月，英美空军巨头正在商讨"雷霆一击"式的轰炸行动之际，盟军一方没人知道这一点。身处伦敦的战争领导人所知道的是他们所目睹的那一切。圣诞节的高峰期，一枚V-2击中伦敦的伍尔沃思商场，164名购物者和两名手推车中的婴儿丧生。在此之前，115名英国妇女在一场可怕的突然袭击中送命，当时她们正在食品市场排队等待每周的肉类配给。

新型火箭的发射场很小，并经过严密的伪装，另外，它们的地下生产厂几乎坚不可摧。皇家空军对敌人实施还击的唯一办法是以他们的城市为打击目标。尽管2月份针对德国东部城市发起轰炸战的计划文件中没有提及"报复"，但这个字眼肯定存在于那些在伦敦指挥空中作战的人的想法中。

就在第八航空队的"柏林空袭"进入计划阶段的最后时刻，一件不寻常的事情发生了。吉米·杜立特尔请求斯帕茨重新考虑他的命令。"指定区域中……并没有重要的军事目标"[44]，他发电报给斯帕茨。为准确轰炸城市，第八航空队的飞机不得不采用目视轰炸，这会使机组人员暴露在猛烈的高射炮火中。

杜立特尔是第八航空队中基于军事和道义的理由反对这次轰炸仅有的几名指挥官之一。与斯帕茨不同，他将"柏林空袭"视作是一次"打击德国人士气"的努力，[45]既是为了恐吓德国民众，也是为了摧毁他们的忍受意志。"仅靠一场加强的密集轰炸来威逼对方屈服,成功的概率微乎其微,因为那些人已承受了四年猛烈的空袭。"他告诉斯帕茨。[46]而在去年夏季,斯帕茨也曾用完全相同的理由反对过"雷霆一击"。杜立特尔最后的呼吁针对的是斯帕茨的良知以及更直接的东西:他对陆航队战后遗留问题广为人知的关心。"在这场可能是最后、最令人印象深刻的行动中,我们不顾其有效性,违背了美国对严格军事意义的目标实施精确轰炸的基本原则,而我们的战术规划和机组人员的培训及灌输都以这些原则为本。"[47]他恳求不要参与英国人的区域轰炸,继续专注于对严格军事目标的打击。尽管不充分的技术和恶劣的天气会妨碍到那些目标被准确命中,但历史仍会将美国的努力视为善意。

斯帕茨以命令的形式做出了简短的回复,没有附加解释:"只要天气条件不允许对燃油目标发起目视轰炸,而允许对柏林展开行动,就对柏林发起打击。"[48]他进一步通知杜立特尔,他的气象预报员已向他保证,这将是一次雷达行动,因而对机组人员来说更加安全些。不言而喻,恶劣的气候意味着精确度糟糕的轰炸,"这是对妇女和儿童的白昼处理",杜立特尔手下的那些轰炸机小伙子这样称呼他们的雷达轰炸。[49]

2月2日早上,杜立特尔聚集起他手中每一架可用的轰炸机,但厚厚的云层阻止了行动。斯帕茨下令次日发起大规模空袭时,杜立特尔发电报给他,要求澄清几个问题,并希望斯帕茨能重新考虑。"是否仍需要对柏林发起空袭?如果目视条件许可,您是否希望将优先打击的燃油目标列在柏林之前?您希望打击城市中心还是西郊的……绝对军事目标?"[50]

一个小时内,斯帕茨通过电话做出了答复,后来在一份措辞坦率的笔记中记录下他所说的要点:"如果目视条件许可,打击燃油目标;否则就是柏林市中心。"[51]

为掩饰一场毫无疑问的区域轰炸,斯帕茨指示杜立特尔,在新闻发布会上要强调,空袭的目的是为了"破坏德国人加强东线防御并增加其行政管理的混乱"[52]。杜立特尔照办了,但他也在轰炸名单上添加了一些军事目标,例如铁路编组场和军工厂。

1974年去世的六年前，斯帕茨几乎已承认2月3日对柏林的空袭实际上就是一场恐怖轰炸。"在纳粹占领的欧洲，我们从未打击过军事目标以外的任何东西，除了柏林。"[53]

1945年2月3日

凌晨3点30分，一个尖锐的声音打破了洞穴状营房的寂静。"各位，该你们上了！抓紧时间！"[54]二级军士长手电筒的光束照在睡意惺忪的飞行员们的脸上，他的叫声更响了，"起床！"说罢，转身离去，他是基地内最招人恨的人。

对查尔斯·埃林上尉和他的机组来说，这是他们的第十三次作战飞行任务，作为第34轰炸机大队的成员，他们将从诺福克的门德斯哈姆（Mendlesham）起飞。瘦削、结实、相貌英俊的查尔斯·埃林是个天生的领导者——头脑灵活、训练有素、面对压力沉着坚定。当天早上，他爬起床，穿过冷冽的空气走向盥洗间时，思绪仍在自己的家中。如果不是战争，他应该在本周返回卫斯理大学，开始自己的春季学期，但他现在却在这里，大洋的彼岸，清醒着自己的头脑，以便带领另外九个大学年龄的小伙子进入世界上最危险的空域。

埃林所住的活动营房外，一辆军用卡车等待着，棕色的篷布在风中飘摆。埃林和几名同僚登上卡车，坐在覆盖着冰霜的长木凳上，默默地跟其他机组人员挤在一起。卡车加速驶向军官食堂时，他们茫然地盯着被风吹得噗噗作响的帆布。漆黑的车厢内，唯一的生命迹象是十来根闪烁的香烟。

吃早饭时，每个人都沉默不语。有人想要盐或辣椒粉时，他会伸手指指。"没有人说话，"埃林回忆道，"弟兄们感到紧张、焦虑，有些人可能想知道，这次是不是大限将至。"[55]昨天早上他们已获悉要对柏林发起空袭，因而一个小时后，情报官拉开覆盖在墙壁大小的西欧地图前的帷幕，一条红线标示出通往硕大的柏林的空中突击航线时，没人感到惊讶。这些飞行员知道，上一个冬季，他们中的大多数人还没有来到英国前，第八航空队便已去过柏林，并对其施加过最严厉的惩罚。但在许多基地，飞行员们被告知，这次的空袭有所不同：瞄准点是人口稠密的市中心。[56]盖世太保、党卫队和其他可憎的纳粹将死在他们数量众多的办公楼内，但一些非作战人员也会因此而丧生。第457轰炸机大队的球形炮塔射手约翰·布里奥尔在他的日记中写道："我们今天被告知，如果对轰炸平民有任何顾忌，对我们来说不是件好事，因为从现在起，我们将对妇女、儿童和任何一个德国人进行轰炸和扫射。"[57]

在第95轰炸机大队的机场上，射手们被建议带上军队配发的随身武器，"要是在目标区上空被击落，你会需要它们……因为目标是城市中心——那里全是人"[58]。任务简报官"就是这样说的"，驾驶员刘易斯·威尔斯机上的无线电操作员詹姆斯·亨利埃塔回忆道，"换句话说，那里没有军事目标，能轰炸什么就轰炸什么……这纯属一场摧毁对方士气的行动"。

掌握了天气状况和敌人的防御情况后，埃林和他的机组赶往"普鲁迪小姐"号，这架银色的"空中堡垒"以埃林的妹妹来命名，就在哥哥赶赴海外的几天前，21岁的她因脊膜炎而去世。4点43分，"普鲁迪小姐"号穿过漆黑的天空和险恶的雾色升入空中，作为引航机进入到大队的上方中队里。太阳升起时，雾气消散了，升空的轰炸机开始集结，翼尖贴着翼尖。"有时候它们呈白色，在蓝天的映衬下，犹如海鸥般曼妙；有时候它们进入云层穿行，看上去又呈黑色，显得很险恶，"一名东英吉利亚人描述了这些壮观的空中编队，"但最令人印象深刻的是飞机的数量，这个数量令农田里的姑娘们停下了手中的农活，令乡村巴士的售票员们从车内探身向上观望。不列颠之战中，被击败于这些农田和树林上方的德国空军，从未派出过如此庞大的空中编队。他们从未有过美国人派出去执行任务的这种四引擎怪物，一次数百架……"[59]

"他们在海外有个约会，而且，他们准时赴约。"

900多架"空中堡垒"和超过这个数字一半以上的护航战斗机被派出,赶赴目标区,这是有史以来针对单独一座城市所派出的最大的空中力量。(当天早上,第八航空队麾下的第2航空师派出400多架"解放者"式轰炸机赶往马格德堡的合成燃油厂,据预测,那里的天气状况非常好。)驶往柏林的"空中列车"长达300英里,先头编队进入德国时,仍有轰炸机位于北海上空。

在描述欧洲地面战的经典著作《勇士》一书中,美国情报官J. 格伦·格雷唤起了人们对"战争的美感"、"强大力量的魅力"以及"战争的情感吸引力"的关注。[60]腰部射手约翰·莫里斯感受到格雷所说的"战争奇观"的吸引力,他从自己所在的机枪射口惊奇地凝视着纪律严明的轰炸机编队穿过德国北部的天空,引人注目的羽毛状白色凝迹出现在每一个作战中队的身后。

最先到达目标上空的轰炸机飞入到一片美丽得出乎意料的空中,蔚蓝的天空清澈透亮,对轰炸行动来说,这是个美妙的天气,但也为高射炮手们提供了便利。防御柏林的高射炮比其他任何一个城市都要多。就在驾驶员通过内部对讲装置宣布"伙计们,柏林上方晴朗明净……没有云层"时,[61]执行第三十五次,也是最后一次作战任务的罗伯特·汉德中尉,开始体验到熟悉的战斗恐慌症症状:汗水流出他的防弹头盔,模糊了视线,他的整个上半身开始颤抖。他所在的是第三个飞临目标区上空的大队,他看见前方"黑色的烟雾形成了一座名副其实的山脉"[62]。引航机投下了所载的炸弹,几秒钟后,汉德也将一连串炸弹投下。随后,他的中队倾斜机身,飞入目标区外的保护云层中。就在他们这样做时,汉德看见他们身后的一架轰炸机被炮弹直接命中——这是当天损失的二十五架轰炸机之一。十名机组成员和三吨金属(原文如此)只剩下一团黑色的烟雾。"这么大的东西消失得这么快,这似乎不太可能。"汉德后来说道。[63]

当天,罗伯特·汉德和查尔斯·埃林平安返回英国。而执行第五十二次飞行任务的罗伯特·"罗西"·罗森塔尔却没有。

那天，空中的美国飞行员几乎都是第一次看见柏林，但罗西曾跟他的老机组来过这里好几次，最令人难忘的是"强大的老八"打断德国空军脊梁骨的那一周，1944年3月8日。当时是他的第二十五次，也是最后一次作战飞行任务，但在当晚的庆祝会上，罗西决定继续飞下去。"回家吧，冰激凌、姑娘们、球赛，再加上安然无恙的你。你应该休息了。"他的朋友索尔·莱维特恳求他。[64]但这毫无用处。罗西后来说道："只要我还能飞，我就必须继续飞行。"[65]

二次服役期的两个月后，作为一名特级飞行员的罗森塔尔从柏林返航时，在英国的一座应急机场进行了一次惊心动魄的着陆，当时他所驾驶的轰炸机已有三具引擎发生故障，飞出的螺旋桨切断了半个尾翼。当年9月，他那架率队的"空中堡垒"被高射炮击中，迫降在法国北部一片由美国军队控制的地带。罗西从驾驶舱内被拖出，手臂和鼻梁骨折，不省人事的他被飞机送往牛津的一座军医院。五周后，回到索普–阿伯茨的罗西被分配到联队司令部，从事他所厌恶的案头工作。他想重新参加战斗，于是不停地提出申请，最后，他回到第100大队，晋升为少校，并出任他原先所在中队（第418中队）的中队长。

1945年2月3日，逼近柏林时，罗森塔尔少校坐在引航机副驾驶的座位上，这是留给当天负责率领整个第3航空师的军官的位置。接近轰炸初始点时，罗森塔尔的师遭遇到浓浓的烟柱，这是第1航空师的轰炸引发的大火所造成的。"烟雾上升的高度超过7000英尺"[66]，一名飞行员说道，这使第3航空师的大多数轰炸机错过了他们的主要目标，并击中了主目标东面的居民区。"离开德国前，我打开收音机，调至柏林广播电台，"无线电操作员克利福德·惠普尔回忆道，"播音员说：'每个男人、女人和孩子都在灭火。'"[67]

进入投弹飞行时，罗森塔尔的轰炸机被高射炮弹击中。两名组员当场身亡，一具引擎起火燃烧。大量烟雾在驾驶室内弥漫开来时，约翰·恩斯特上尉看着罗森塔尔，等待他的指示。罗森塔尔没有说话，只是用左手指向正前方。

恩斯特完成投弹飞行后，罗森塔尔用电台通知副领队接手指挥全师。这架受损的轰炸机到达奥得河时，罗森塔尔知道红军就在这里，于是按下警铃，发出弃机信号。就在这时，这架"空中堡垒"第二次被炮弹击中，一团燃油造成的烈火开始在轰炸机中段燃烧起来。其他机组人员惊恐地看着这一幕，等待着跳伞，这时，飞机进入到缓慢而又可怕的螺旋中。六顶降落伞出现在空中，随后又是一声爆炸，几秒钟后，这架编号为448379的飞机消失在视线中。

"不可战胜的罗西阵亡了。"当晚在索普–阿伯茨的营房内，哈里·克罗斯比难以置信地写道。[68]

克罗斯比不知道的是，当天，他的朋友独自为生存而战，并获得了胜利。那天上午看见这架垂死的轰炸机的人并不知道机舱内发生了什么。飞机第二次被击中后，罗森塔尔从驾驶员恩斯特手中接过控制权，并命令他跳伞。此刻，飞机上只剩下他和两名阵亡的组员。罗森塔尔挣扎着爬到机鼻处的前部逃生舱口。由于自动驾驶仪已无法使用，快速下坠的飞机进入到令人眼花缭乱的旋转中，离心力令罗森塔尔动弹不得。"我几乎无法移动。这种感觉就像是在流沙中，但不知怎么回事，我设法来到敞开的舱门，在飞机爆炸前挤了出去。"[69] 轰炸机距离地面不到2000英尺时，罗森塔尔跳伞而出，重重地落在地上，9月10日执行空袭纽伦堡任务时断裂的那条胳膊再次被摔断。他躲在一个弹坑中，左手握着点45口径的手枪，随即看见三名士兵向他逼近，他们的军帽上都缀着红星。一名苏军士兵以为他是德国人，抢着枪托向他冲来。就在这时，罗森塔尔将手臂伸向空中，喊道："美国人！可口可乐！好彩香烟！"[70] 几秒钟后，苏军狠狠地抱住罗森塔尔，亲吻他的面颊。

罗森塔尔被送往莫斯科，成了美国大使艾夫里尔·哈里曼的客人。他在那里发电报给索普–阿伯茨，让伙伴们给他留架飞机，他说，他的战争尚未结束。"罗森塔尔的传奇保持着完整，"索尔·莱维特回忆道，"这是个真正的传奇，由以下因素构成：他可以停止飞行，但他不会阵亡。"[71]

飞越柏林时，约翰·布里奥尔机上的副驾驶约翰·韦尔奇中尉想着下方遭到轰炸的那些人。他这个中队的目标是弗雷德里希大街火车站，他被告知，那里挤满了难民。投弹手投下大量500磅炸弹时，他不禁低声说道："上帝啊，救救他们。"[72]

空袭柏林的一周后，瑞典一家报纸的通讯记者赫利·格兰贝格将一份报告偷偷送出德国，轰炸时，他躲在地铁的隧道里。"地面震颤，灯光闪烁，混凝土墙壁似乎凸了出来。人们像受惊的野兽那样爬行着。"[73]更多的炸弹雨点般落下，灯光熄灭，大量尘埃弥漫在隧道中。人们跪在铁轨上祈祷，白垩尘侵入到他们的眼中，令他们什么也看不见。轰炸结束后，格兰贝格看到车站前方的广场上，到处都是死者和奄奄一息的受害者。

与此同时，市中心的另一个街区，乌苏拉·冯·卡尔多夫，这位年轻的柏林报纸记者冲过街道，寻找着自己的朋友和家人，"跟随着惨遭轰炸的人群，他们的脸色发灰，弯着腰，背负着他们的财物"[74]。冯·卡尔多夫讨厌希特勒，并为一场野蛮的种族战争和她两个兄弟在前线的阵亡而谴责他。她部分接受德国遭到轰炸是咎由自取，但她穿过工人阶层的住宅区时，不禁想到这真是个残酷的讽刺，这里的朋友赞同她的政治观点，结果却"得到了最糟糕的结果……看不见一片天空，只有有毒的黄色烟雾所形成的尘云"，当晚，她在自己的秘密日记中写道，这本煽动性日记如果被警察发现，将使她的性命处于危险中。"夜幕降临在这座燃烧着的城市时，没人注意到这一点，因为这一整天都是昏天黑地的。"

空袭过后的几天里，定时炸弹发出惊天动地的爆炸声，整个城市都能听见。水、煤气、电话和供电悉数中断。未爆炸的炸弹和管道爆裂形成的硕大的污水坑使得街道无法通行，滚滚烟云一连数天悬挂在这座遭受到打击的城市的上空。宣传部长约瑟夫·戈培尔宣布，劫掠者将被就地枪毙，[75]但一群群逃离业已崩溃的东线的士兵喝得烂醉，在城市的废墟中游荡，他们砸毁商店的橱窗，抢劫亚麻床单和银器、玻璃器皿和瓷器，他们还从车库里偷车，杀掉鸡和猪。在余烬未熄的瓦砾堆中，赫利·格兰贝格发现了三枚被丢弃的纳粹党徽。"要是费点功夫，我也许能找到更多。"[76]

经过商讨，希特勒决定，政府必须留在柏林。用汉斯-格奥尔格·冯·施图德尼茨这位绝望的德国外交部官员的话来说，就是在这里等待"奇迹或是湮灭"。[77]如果撤离，就会给柏林人树立起一个怯懦的榜样，而元首曾呼吁他们抵抗到底。这里也不会进行任何疏散，甚至包括那些难民。戈培尔宣布："在昨天猛烈的空袭中遭受到可怕的伤亡后，无家可归的人们被困于仍在燃烧的首都，他们必须共同承担任何可能降临的新的灾难。"[78]他告诉元首："如果在150年内，一场类似的大危机出现在德国，我们的子孙可能会回顾，并将我们视作一个坚定不移的英勇范例。"[79]

时至今日，2月3日丧生的柏林居民人数究竟有多少，并没有一个准确的数字。最近一次空袭的遇难者和过去轰炸的死者仍被压在废墟下。为这一切增添混乱的是，300多万来自帝国东部的难民涌入城市中心，这是历史上规模最大的人类迁徙之一。他们中成千上万的人在倒下的地方被烧为灰烬，这使识别或报告他们的死亡根本无法做到。第八航空队和瑞典记者对死亡人数的最初估计为25000人，而一位受人尊敬的德国历史学家最近得出的结论将这个数字大幅降低——大约为3000人。[80]如果准确，即便这个低得可疑的数字代表了整个战争期间单次空袭造成柏林人丧生的最大人数，那么在此期间，这座城市遭受到363次轰炸，总计5万名市民丧生。唯一确定的是，2月3日轰炸造成的无家可归者高达12万人。

英国皇家空军此前曾对这座城市投下过更多的炸弹，但是，正如《纽约时报》所报道的那样："从未有哪个目标区遭受过如此饱和的轰炸。"[81]主目标是民事和军事政府区域——帝国总理府（位于希特勒藏身的元首暗堡的上方）、宣传部、空军部、外交部、盖世太保总部，以及对那些发生动摇的德国人实施报应性司法且令人鄙视的"人民法庭"——"被覆盖在高爆炸弹的十八个集中点下",航空队的报告指出。[82]两个中央火车站和庞大的滕珀尔霍夫铁路编组场同样遭到猛烈轰炸。同时被摧毁或遭到重创的还有重要的电子设备、皮革、印刷和服装厂,另外还包括旅店、报社、百货商场以及与主目标毗邻的居民区。[83]柏林的情况本来会更加悲惨,就像汉堡那样,一场彻底的城市大浩劫,第八航空队计划在三天后再次回来,但气候状况导致行动被取消。

行动结束后根据飞行员的口头证词所做的报告表明,这是一场恐怖轰炸。"柏林,周六。各个大队飞越其上空时,高射炮火有所减弱,""太空飞鼠"号上的投弹手写道,"飞机未受到损坏,目视投弹!5枚1000磅炸弹,投向那些妇女和儿童!"[84]一些飞行员并未被悔恨或内疚所困扰。轰炸战冷漠的匿名性使一些人得以散布死亡而无须丝毫的个人责任感。"我从未见过这些人,"飞行员刘易斯·威尔斯数年后说道,"我也从不认识这些人当中的任何一个。回到基地后,我饱餐一顿,爬到干净的床单上,沉沉睡去。"[85]还有些人将这一轰炸视作是合理的报复行为。"德国百姓支持希特勒在欧洲各地横冲直撞。仅凭他自己是无法做到的。"空袭结束后,詹姆斯·古德·布朗牧师对第381轰炸机大队的飞行员说道。[86]对布朗的那些听众来说,制造飞机、大炮、汽油并提供情感和资金支持使希特勒得以继续其杀戮和侵略的平民,与穿军装的士兵没什么区别。飞行员们的极端反应是:道德冷漠和正义的复仇。而飞行员小哈里·S.米切尔的反应可能最具普遍性。"看见那些炸弹径直落入城市中心是一件可怕的事,但更可怕的是我看见50英尺外的长机发生了爆炸,并断为两截,"他在自己的战地日记中写道,"那些小伙子中的一个,跟着这架飞机……执行了五十五次任务。另外,他的妻子这个月将生下个宝宝。"[87]

这次任务在许多机组人员的心中萦绕了多年。"它……困扰了我很长一段时间,"刘易斯·威尔斯的无线电操作员詹姆斯·亨利埃塔说道,"事实上，它让我想到，遭受我们轰炸的许多人，也许都是些无助的受害者。"[88]

2月17日，德国电台播报说，德国国防军授予斯帕茨将军一枚"特别勋章"——白羽毛奖章。*[89]他因对一座"挤满数百万难民，主要是在布尔什维克红军有组织的野蛮行径和恐怖主义降临前逃离的妇女和儿童"的城市发起"地毯式轰炸"这种"特别怯懦"的行径而获此殊荣。广播中没有提及的是，对格尔尼卡和考文垂的空袭，对伦敦的火箭弹袭击，或是德国空军于1942年8月末对斯大林格勒的轰炸造成40000名俄国人丧生，难民中的许多人曾为德国军队到达顿河对岸而发出胜利的欢呼。战争初期，流亡的诺贝尔奖得主、小说家托马斯·曼，曾在他位于加利福尼亚州的家中，通过BBC广播电台向他的同胞发出一个凶险的警告："难道德国相信，她永远不必为其暴行付出代价？难道她认为残暴的行径是被允许的？"[90]

德累斯顿

轰炸德累斯顿的计划是一通"组合拳"，皇家空军和第八航空队将联手对这座战前人口六十万，最近由于东部难民的涌入而激增至近百万的城市发起空袭。第八航空队将率先打击德累斯顿，对其铁路设施实施"精确"轰炸，但恶劣的天气造成了延误。这就使"轰炸机"哈里斯获得了对这座城市打响第一枪的机会。

2月13日那个舒适得不合时宜的夜晚，两个波次的"兰开斯特"轰炸机，超过800架，逼近了这座以其瓷器、宽敞的公园和奇特的建筑而著称的美丽的河畔城市。德累斯顿人称他们的城市为"易北河上的佛罗伦萨"。但那是她变为一片瓦砾和尘埃的荒漠之前的事。

---

* 译注：白羽毛这个词就是怯懦、胆小鬼的意思。

与1943年夏季对汉堡的轰炸一样，高爆弹和燃烧弹的致命组合引发了一场风暴性大火，被烧为灰烬或窒息而死的市民至少有35000人，比在汉堡大火丧生的少了约11000人。第八航空队于当天早上和第二天对位于市中心的一座铁路编组场发起打击，空袭波及周围的居民区，那里居住着数千名逃离火场的市民。

库尔特·冯内古特是一名在突出部战役中被俘的美国步兵，盟军发起轰炸的几天前，他跟随一支"强制劳动队"被送至德累斯顿。"棚车车门打开时，出现在眼前的是大多数美国人从未见过的一座最美丽的城市"[91]，在冯内古特看来，她就像是《绿野仙踪》中的"奥兹国"。

战俘们列队来到一座屠宰场，他们住在其中的一座建筑内，这座混凝土房屋是用于关押即将被屠宰的猪。房子上涂写的编号为"5"。炸弹落下时，冯内古特躲在冷藏室中，这是个安全的地方。

直到第二天中午，战俘才被允许走出屋子。"现在的德累斯顿就像是月球，除了石块别无他物。石头都是滚烫的。住在附近的其他人都已丧生。"冯内古特后来在他的小说《五号屠宰场》中写道。[92]

冯内古特很幸运，因为他躲在一个安全的住处。整个德累斯顿没有一个其他德国大型城市都有的那种公共防空洞——厚重的混凝土构成的多层建筑或地下空间，配有空气过滤器、通风设施、紧急出口、消防和急救设备。德累斯顿人不得不依靠火车站和其他大型公共建筑的地下储物室，以及私人住宅和公寓楼的煤窑。萨克森州腐败得令人愤慨的大区领袖马丁·穆切曼没有理会市政官员构建大批避难所的请求，却让党卫队在他的办公室下和他家的花园中修建了混凝土掩体。

德累斯顿不仅毫无保护，还没有任何防御。当地的军用机场上排列着新出厂的战斗机，但飞行员接到的命令是不得起飞，以免消耗祖国微薄的燃料供应，这些燃料被收集起来，以实施最后的抵御。配属给这座城市的高射炮也在当年冬季被抽调到鲁尔区和奥得河前线。按照"轰炸机"哈里斯的说法，德累斯顿是一座完好无损的城市。五年的战争中，她只遭受过两次轰炸，两次都是美国人干的：1944年10月7日，作为一个次要目标；另一次是1945年1月16日。[93]第八航空队对市中心附近的主铁路编组场及其周边的工业目标发起打击，炸死数百名工人，但并未对德累斯顿宝贵的历史核心区造成破坏。

带着三个孩子的主妇莉泽洛特·克莱米希回忆道："我们觉得很安全。"[94]灾难降临前，流传的说法是，丘吉尔有一位年迈的姑母住在德累斯顿，这是这座城市免遭汉堡和柏林那种厄运的原因。"渐渐地，我们也开始认为德累斯顿会继续保持完好，因为其美妙的艺术珍品，也因为这座城市本身太过美丽。我们已变得粗心大意。很多次，警报响起时，我甚至没有叫醒我的孩子们。但在这个特殊的夜晚，我打开收音机（大约为9点30分）……惊恐地听到庞大的轰炸机编队正在途中，我们应该立即隐蔽。我唤醒三个小女儿，帮她们穿好衣服，又给她们背上小小的背包，里面放着额外的内衣。我带了个公文包，里面有全家人的证件、我所有的珠宝和一大笔钱。我们冲入地下室，许多人已经来到这里。他们的脸色看上去很惊恐。"

身边的人啜泣、祈祷时，克莱米希夫人抱着她的孩子们想："这次他们要来真的了。"她还为腹中未出生的孩子而担心。

在8英尺的地下，能听见上方传来英国轰炸机的轰鸣。"就像是一条巨大、嘈杂的传送带，朝我们隆隆而来，这片噪音中掺杂着爆炸和震颤。"格茨·贝甘德回忆道，[95]这个18岁的小伙子是当地酒厂经理的儿子。哈里斯的机组人员接受过让城市燃起猛烈大火的训练，但到目前为止，他们只实施过三次大规模的城市浩劫：汉堡、卡塞尔和达姆施塔特。要制造一场飓风般的烈火风暴，所有的一切必须准确无误。[96]德累斯顿便是如此。

未遭受抵抗的"兰开斯特"飞入晴朗的空中，将致命的高爆弹和燃烧弹投入城市，市内满是高度易燃、紧密相连的建筑物，而这些建筑物内又堆积着大量用于冬季取暖的燃料。

高爆弹（其中大多数是4000磅的航空炸弹，被称作"饼干"）的目的是摧毁建筑物、炸断水管，并在街道上制造出庞大的弹坑，以阻止或困住消防队和紧急救援组。它们还被用于炸开窗户和房门，从而创造出通风条件，使成千上万枚燃烧弹引发的较小的火焰得以传播、合并，并形成冯内古特所说的"一场大火"，一场吞噬"一切有机物，一切能燃烧的东西"的大火。[97]雨点般落下的高爆弹还有另外一个目的：恐吓城内的居民，让他们躲在藏身处，这样一来，他们就无法用沙子灭火，或是用钳子移开落在他们屋顶和公寓楼上方的那些小型燃烧弹。

第一轮空袭结束后，贝甘德所在的防空洞内死一般的沉寂，这座设施先进的防空洞位于他父亲所经营的布拉姆舍酒厂下，而他父亲则是一位著名的工程师。"走出防空洞，所见到的情景令人难忘。夜空被红色和粉红色的光芒所照亮。房屋显示出轮廓，一团红色的烟云笼罩了一切。"[98]贝甘德被惊呆了，他忘记了恐惧，爬上酒厂的屋顶，以便为燃烧的天空拍张照片。"彻底发狂的人们朝我们跑来，一个个灰头土脸，头上裹着湿毛毯。"这些德累斯顿人从老城区逃来，那里是德累斯顿保存得最古老、最美丽的地区，是市民生活的中心，也是"兰开斯特"第一波次的打击目标。

英国皇家空军于凌晨1点发起第二轮空袭后，烈火风暴卷起了高潮。燃烧弹引发的数千处小型火灾烧穿了屋顶和阁楼，使房屋燃起熊熊烈火，火焰越来越猛烈，并与第二轮炸弹造成的火焰会合。那些炸弹落入老城区的南部地带，主要是在德累斯顿宏伟的"大花园"，几万名惊恐的市民躲在那里避难。

实施第二轮轰炸的"兰开斯特"机组人员奉命打击市中心历史悠久的"旧市场"广场，但他们看见那里已被火海所吞噬，于是做出临时决定，继续飞行，将炸弹投向没有出现火焰的地点，烧毁那些尚未被焚毁的目标。

每个德累斯顿人都听到了"航空炸弹"雷鸣般的爆炸声，但防空洞里的人没有听见一个更为阴险的声音——四磅重的镁罐噼里啪啦地落在瓦片铺就的屋顶上。这些装有铝热剂的燃烧弹——德国人错误地称之为"磷弹"——是当晚最大的杀手，它所造成的伤亡五倍于传统的钢铁炸弹。[99]很快，德累斯顿被一场圣经中才能见到的烈火风暴所吞噬，消防队对此无能为力，只限于扑灭风暴周边一些较小的火焰，并为困在这股大漩涡中的人打开一条逃生通道。

市中心，许多藏在煤窑中试图躲过这场灾难的市民遭遇到灭顶之灾。面对如此猛烈的风暴大火，就连构建良好的防空洞所能提供的保护也极为有限。德累斯顿的遇难者中，70%死于燃烧所释放出的一氧化碳中毒，[100]他们中的许多人迅速死亡，毫无痛苦，躯体上也没有灼烧的痕迹。

克莱米希夫人藏身的防空洞并不在烈火风暴的直接路径上，她和她的孩子在两轮空袭中幸免于难。居住在城市另一边的安妮·瓦勒险地捡了条命。这位出生于美国的妇女在战前嫁给了一名德国官员，她带着三个年幼的孩子和他们的保姆设法逃到了安全处。"热得几乎令人难以忍受，突如其来的狂风迫使我们紧紧抓住对方，以免被吹走。火焰在我们身边不停地旋转，就像一场红色的暴风雪，几乎无法望穿，我们勉强透过火舌张望，寻找着某种避难所的标志。"[101]

人们的鞋子融化在街道上滚烫的沥青中，火焰移动的速度如此之快，以至于许多人还没来得及脱掉鞋子便已化为灰烬。烈火融化了钢铁，将石块焚为齑粉，并使树木因其自身的树脂受热而发生爆炸。从火中逃出的人能感觉到热量穿过他们的后背，焚烧着他们的肺。

但幸存者们最可怕的印象并非惊人的热量，而是强风。看似飓风般的狂风实际上是对流旋风，或称之为火焰龙卷——极热的空气所形成的"热柱"从火焰中升起，被较冷的下沉气流送入到一个旋转、龙卷风似的运动中。通过这种方式——较冷、较重的空气被拖入较热、较轻的空气逃离后所形成的真空中——大火自行产生了风力，旋转的风将火焰投向远离主火堆的地方，进而引发新的火势。这些较小的火焰一同燃烧，将生命体困在从后方而来的主火堆与迎面扑来的新火堆之间。在这场烈火的钳形攻势中，许多德累斯顿人迷失了方向，惊慌失措。

安妮·瓦勒看见一名妇女从对面跑来，推着一辆大大的婴儿车，"车内的两个孩子像洋娃娃那样坐得笔直……她疯狂地从我们身边跑过，径直冲入火中……她和她的孩子立即消失在火海里"[102]。一些被困于火中的人绝望至极，干脆跪在街上，等待着自己可怕的结局。

过了一会，瓦勒和她的家人看见一座依然伫立着的房屋，并在其地下室中找到了避身所。第二天早上，她们试图逃离这座城市。街道空空荡荡，经过的每一座房屋几乎都已被烧成废墟。"人都到哪儿去了？他们都被烧死了，还是仍躲在地下室里？"[103]靠近"大花园"时，她们有了发现：烧焦的残肢挂在树上。她们继续往前走，精心修剪过的草坪上，一排排尸体排列着，就像是烧焦的树干。这些可怜的受害者，五官已被烧化，严重收缩的躯体看上去非常怪异，他们从老城区燃烧的房屋中逃出，来到这片被他们认为是避难场的地方。"苍白的阳光下，喷泉池中的水依然漾起平静的涟漪，"战争结束后，安妮·瓦勒回到美国，她回忆道，"我不禁想起，就在昨天，孩子们还在这里玩他们的纸船。"[104]

当晚，瓦勒和她的一家离开了这座城市，最终设法来到保姆位于奥地利阿尔卑斯山的家中。但第二天，圣灰星期三，第八航空队出现在城市上空，飞入升至15000英尺高空的烟柱中时，莉泽洛特·克莱米希和她的孩子们仍在德累斯顿。311架"空中堡垒"向这座饱受摧残的城市投下771吨炸弹和燃烧弹，命中了"腓特烈施塔特"铁路编组场和客运站，以及一片相邻的工业区。同时遭到轰炸的还包括一个较小的铁路编组场和市中心外至少三个小型住宅区。随着目标被云层和漂移的黑色阴霾所遮蔽，大多数中队被迫采用雷达轰炸，有些则进行了"随机性"投弹。[105]照片情报和雷达操作员行动后的报告指出，"大多数炸弹"落入铁路编组场或"市内密集的建筑区"[106]，其中有一些靠近编组场，其他的则"远离目标8—10英里"[107]。

如果所有派往德累斯顿的美国轰炸机大队都到达目标区上空的话，他们造成的破坏会更大。有三个大队在德国中部上空的云堤中迷失了方向,将布拉格当作德累斯顿进行了轰炸。[108]

格茨·贝甘德所在的区域靠近"腓特烈施塔特"铁路编组场。炸弹落在他住处的周围,但待在防空洞里的他和其他人毫发无损。不过,他们家的住宅已被摧毁,贝甘德44岁的母亲心脏病发作。贝甘德一家和邻居们将他们的床铺搬入防空洞,战争剩下的阶段,这里将成为他们的夜间容身处。

美国轰炸机首次出现在空中时,贝甘德所在的街区有数千名从老城区逃出来的无家可归者。他们"确实觉得2月14日午间的空袭是专门来残害他们的",贝甘德后来说道。[109]美军的空袭并未进行如此阴险的策划,但对受害者来说,情况看上去就是这样。就像历史学家理查德·泰勒指出的那样:英国人先是轰炸老城区,然后又轰炸"大花园",那里聚集着数千名逃离老城区的生还者。最后,美国人对西郊未遭受厄运的地区展开轰炸。"仿佛敌人已预料到德累斯顿人的一举一动,随后,就像将牲畜巧妙地赶入候宰栏那样将他们杀害。"[110]

德累斯顿人和一些历史学家(其中最为突出的是英国人戴维·欧文),后来声称在易北河的草地和"大花园"地区,美军第20战斗机大队的P-51"野马",用机枪扫射火灾的幸存者,犯下了另一桩屠杀惨案。[111]这种事不可能发生。当天,第20战斗机大队与偏离航线的那些轰炸机都去了布拉格;[112]另外,德国和美国的记录均未提及美国实施轰炸的那几天,德累斯顿附近有过任何扫射行动。如果真有这种事,约瑟夫·戈培尔肯定会欣喜若狂,但他从未提到过低空战斗机对德累斯顿人发起攻击一事。

2月15日,第八航空队200多架"空中堡垒"回到德累斯顿,他们的主目标是莱比锡附近的炼油厂,但由于当地恶劣的气候,他们改道这里。郊外工业区遭到一些破坏,但没有一颗炸弹落入瞄准点——市内的铁路编组场。

就在美国轰炸机转身返回基地时,一名纳粹官员在电台中发表了讲话。"没有一座独立建筑依然完好或能得以重建。市内看不见活人。这座伟大的城市已从欧洲地图上被抹去。"[113]德国战时报告指出，40万人丧生。格茨·贝甘德曾撰写过一份一丝不苟的轰炸记述，根据他的最新研究结果，丧生者在35000—40000人之间。[114]但由于城市中还有数十万难民，又有谁知道究竟有多少人身亡？

空袭的几周后，柏林记者乌苏拉·冯·卡尔多夫——她最近决定辞去工作，到农村找个安全的避风港——听说了人们从德累斯顿的废墟中挖掘尸体的"可怕故事"。"英国人应该为自己骄傲，特别是他们杀死了那么多的难民。这种野蛮行径跟我们没有太大的不同。将高爆弹、磷弹投向难民、老人、母亲和孩子，对任何人来说都是一种不人道的行为。"[115]

"烈火燃烧了几个星期，"莉泽洛特·克莱米希回忆道，"我没有参加尸体清理工作。我们从报上读到了消息。他们将那些尸体堆在广场上焚毁。"[116]盟军战俘参加了清理，从废墟中拉出干瘪的尸体——"挖掘尸体"，库尔特·冯内古特这样称呼这份可怕的工作。[117]战俘们用干草叉将严重萎缩的尸体抛上农民的大车和小推车。[118]然后，这些尸体被放在城市中心广场的铁架上，用苯浸透，再由从当地集中营调来的党卫队灭绝专家加以焚烧。那些骨灰后来被埋葬于集体墓地。庞大的火化工作一直持续到3月份，任务完成后的几周内，参加清理工作的盟军战俘始终无法除去衣服上焚烧肉体的味道。

"我们想的是尽快结束这场战争。"冯内古特在他的小说里写道。[119]"从德累斯顿大轰炸中获益的只有一个人，那就是我，"他后来说，"我写了一本反战小说，赚了不少钱。"[120]

第八航空队的腰部射手约翰·莫里斯对此并不赞同。"我并不对参加……2月15日空袭德累斯顿的行动感到羞愧，这是正当的军事策略，而且我相信它加速了欧洲胜利日的到来……整个东线，抵御苏军的德国军队迅速后撤……可一旦进入祖国的神圣土地，可以预料，他们将重整旗鼓，再度成为一股致命的力量，进行最后的抵抗……所以这是个很好的策略，以阻止德国军队到达相对安全的大后方。我们这样做了：我们无情地轰炸了铁路编组场以及德国人后撤路线上的公路枢纽——德国东部边境的所有城市——斯德丁、柏林、奥得河畔法兰克福、莱比锡，当然还有德累斯顿……"[121]

"我并不为35000名德国人的丧生而感到高兴。顺便说一句，我对这个数字中有许多犹太人的说法很怀疑，德累斯顿的好市民最近刚刚将他们中的最后一批运至奥斯维辛。"

这个说法基本上是正确的。维克多·克伦佩勒是德累斯顿工业大学的一名教授，第一批"兰开斯特"穿过2月份的晴空出现时，他是德累斯顿仅存并登记在册的198名犹太人之一。其他犹太人不是逃亡就是自杀，或已被送往奥斯维辛及其他死亡工厂。希特勒上台后，歇斯底里的种族清洗席卷全城，作为一名获得过勋章的一战老兵和忠诚的爱国者，克伦佩勒失去了他的工作、他的家庭和他毕生的积蓄。但是，他没有被驱逐出境，因为他娶了个"雅利安人"，一个纯种德国人。但这一点在2月13日发生了改变，所有具备劳动能力的犹太人奉命在三天内报到，他们将被送往一个未知的"劳动营"，这道命令被这些犹太人视为死刑判决。

亨尼·布伦纳的父亲是德累斯顿剩下的犹太人之一。"那天早上接到报到命令后……他忧虑万分，"他的女儿回忆道，"他对我说：'亨尼，现在只有奇迹，只有意外才能挽救我们。'"[122]炸弹刚一落下，布伦纳和他的家人便撕掉衣服上有辱人格的黄色大卫星，开始设法逃出这座遭受打击的城市。维克多·克伦佩勒和他的妻子爱娃也跟随在逃亡者中，他们逃了三个月才在巴伐利亚的乡村找到个安全的地方，那里已被美国军队所占领。

老布伦纳离开德累斯顿前，坚持要看看盖世太保所在的大楼。"我们无法靠得太近，"他的女儿说道，"因为所有的一切都在燃烧，但从远处能看见那座楼烈火熊熊。没错，这让我们觉得很满意。"[123]

德累斯顿是不是一个合理的军事目标？杜立特尔将军认为是。尽管对英国人造成的大规模破坏感到不安，但他还是认为德累斯顿是个重要的交通中心——是德国国家铁路三条主干线的枢纽。[124] 2月初，每天都有28列军车，搭载着近20000名士兵穿过这座城市。[125] 杜立特尔的主要目标——"腓特烈施塔特"铁路编组场——是德国东部最重要的铁路枢纽之一。皇家空军发起空袭的前一天晚上，一些美军战俘被押着经过这座编组场。"近12个小时里，德国军队和装备络绎不绝地从德累斯顿进进出出，"战俘之一的哈罗德·E.库克上校回忆道，"我亲眼看见德累斯顿已成为一座大兵营：成千上万名德军士兵、坦克和大炮，数英里长的货车队列搭载着补给物资向东而去，迎战苏军。"[126]

作为德国第七大城市，德累斯顿是个繁荣、活跃的中心，制造着火炮瞄准器、雷达设备、炸弹引信、电子元器件以及空军和陆军所用的毒气。1945年时，全市约有50000名产业工人从事着战时生产。[127]

距离德累斯顿不远，有一个被称作"施利本"的劳工营，犹太囚犯在那里生产"铁拳"，这种致命的反坦克火箭弹将成为狂热的希特勒青年团成员在抵御盟军部队的自杀式战斗中最喜爱的武器。2月14日凌晨，"施利本"劳工营里的奴工们看见德累斯顿燃起了大火。"对我们来说这不啻为天堂，"本·哈尔夫哥特回忆道，"因为我们知道，战争即将结束，我们的解放指日可待。"[128]

半个世纪后，有人问约翰·莫里斯，为何那么迟才对德累斯顿发起轰炸。他回答说，我们那时候怎么知道战争会在5月初结束呢？[129] 圣灰星期三时，美军仍在埋葬突出部战役中的阵亡者。

阿瑟·哈里斯爵士在他的回忆录中不容置疑地表明："当时，一些比我更重要的人物认为，对德累斯顿发起空袭具有军事必要性。"[130] 但关键问题并非为何或何时对德累斯顿发起打击，而是如何轰炸她。对铁路设施实施选择性打击，会更贴近修改过的"雷霆一击"计划的目的，在这种情况下，为何要发起一场破坏城市的轰炸？这完全是哈里斯的决定。哈里斯的轰炸行动和政策缺乏政府警惕的监督（英国和美国的文职领导者将作战事宜完全交给他们的空军指挥官），在这种情况下，哈里斯对作战行动几乎拥有完整的控制权。德累斯顿受到与被他摧毁或试图摧毁的其他德国城市毫无差别的对待，就不足为奇了。

这是个比例问题。正如格茨·贝甘德所说的那样："尽管在战争中，目的与手段有关，但在这里，手段与目的的比例似乎完全失衡。我不是说德累斯顿不该遭到轰炸——这是个铁路中心，因而是个重要的目标。我也不是说德累斯顿跟德国其他城市相比是个特例。但我不明白她为何会遭到如此大规模的破坏。"[131]

德累斯顿并未被专门列为毁灭目标。除了意想不到的破坏规模，轰炸行动并没有什么特别之处。[132]哈里斯策划此次行动，与1945年前三个月中他策划对另外38座德国城市的轰炸完全一样。空袭德累斯顿只是一次使用燃烧弹的例行任务，事件的发生纯属偶然。"从我们的角度来看，这只是个意外，"杰出的物理学家弗里曼·戴森回忆道，他当时作为一名非军方科学家，在轰炸机司令部工作，"此前我们曾轰炸过柏林十六次，其强度跟空袭德累斯顿的那次完全一样。空袭德累斯顿没什么特别之处，只是这一次，所有的一切都如我们预料的那样顺利进行……空袭德累斯顿就像是一场高尔夫球赛中的一杆进洞。"[133]伤亡数字高得惊人，但与皇家空军对至少五座其他德国城市的火攻相比，并非完全不成比例，那五座城市是：普福尔茨海姆、达姆施塔特、卡塞尔、汉堡和伍珀塔尔。

对第八航空队来说，这同样是一次例行轰炸，"一如往常"[134]。事实上，没有什么比这次联合空中行动更好地说明了皇家空军与第八航空队在战争后期轰炸政策上的差异，尽管这种差异正在快速汇聚，但仍很明显。两支强大的空中力量被派往同一座城市，相隔几个小时，他们的战略目标也相同：封锁柏林—莱比锡—德累斯顿这条铁路通道。但杜立特尔和哈里斯这两位指挥官，却采用了不同的轰炸技术。一个试图摧毁城市的铁路系统，另一个则想将整座城市抹去。

这两人都未能实现自己的目标。空袭结束后，哈里斯放出豪言："德累斯顿是个大规模的军工生产厂，也是个完整的统治中心，还是通往东线的关键交通枢纽。现在，这一切已不复存在。"[135]这种说法并不准确。尽管火攻对城市的工业和铁路交通网造成了惊人的打击，但如果轰炸机司令部将其目标定位于郊区，对德国经济的破坏本来会更大，因为德累斯顿的大多数制造业都聚集在那里。

美国人的空袭及其后续行动同样令陆航队的战略规划者们失望。没过两个星期，德累斯顿的铁路服务便得到部分恢复，军用列车很快便开始穿过这座城市的铁路编组场。[136]作为一个铁路枢纽的德累斯顿最终被消灭，所采用的方式与消灭鲁尔区交通中心的办法完全一样：实施反复攻击。面对德累斯顿这种情况，第八航空队分别于3月2日和4月17日发起两次获得良好执行的行动。[137]最后的打击深具决定性。第八航空队近600架轰炸机将德累斯顿的铁路编组场夷为平地，切断了德国残存的南北向连接。至少500名平民被炸死，但这是美国人对一座城市的军事目标所能发起的最为精确的打击。

在云层和硝烟的遮蔽下，第八航空队从未能精确命中一个铁路编组场。小伙子们拼死尝试，但总部显然对其"英勇的失败"并不满意。战争结束后，他们清理了作战记录。战争期间，第八航空队的各位大队长从未试图掩饰他们所做的事情。尽管目标可能被指定为"编组场"，但行动后的总结对所摧毁的东西一清二楚。"位于下方的中队命中了城市中心地区以及小型住宅区。"一份典型的作战总结中写道，这份报告来自1944年10月7日对德累斯顿的空袭。[138]但在战争结束后，姓名不详的陆航队历史学家们编撰美国战略轰炸任务报告的两份大规模统计纲要时（这些报告仍被独立历史学家们广泛使用），两份统计纲要都未将"城市区域"列为目标类别。正如"空军历史研究部"资深历史学家理查德·戴维斯所写的那样："不知是谁或谁们，将所有对城市区域的空袭打击改为'铁路编组场'、'港口'或'工业区'。"[139]另外，对柏林市中心的所有轰炸被改为一个专用于这座城市的特殊类别——"军事和民事管辖区域"。这样一来，仿佛美国派驻欧洲的航空队从未派出飞机轰炸过敌人的城市似的。

这种蓄意的混淆政策始于战争期间航空队强大的公共关系部所发的新闻稿，他们的公共关系部在各军种中无出其右，甚至连海军陆战队也无法与之抗衡。轰炸德累斯顿后，弗雷德里克·安德森将军将以下令人欣慰的消息发电报给忧心忡忡的哈普·阿诺德："公共关系官已建议，应对被打击目标的军事性质加以特别关注，无论在任何情况下，都应将其指出并加以强调。与过去一样，涉及此类攻击和此类城市的声明会加以避免；具体目标则予以说明。"[140]

城市空袭任务所携带的炸弹——高爆弹与燃烧弹的比例——道出了实情。[141]燃烧弹没有冲击波效应，因此，一般不用它来打击"硬目标"——工业厂房、铁路编组场以及重型军用机械。它们的唯一用途是摧毁"软目标"，例如房屋、兵营、商场和政府机关等。但在2月14日第八航空队空袭德累斯顿的任务中——这次任务是摧毁铁路编组场——高爆弹与燃烧弹的比例是60比40，这一致命的混合物的目的是区域轰炸，而不是精确轰炸。

这种情况很常见。实施雷达轰炸时，美国战略轰炸机经常使用高比例的燃烧弹对其他城市的铁路目标发起打击：科隆（27%），纽伦堡（30%），柏林（37%），慕尼黑（41%），但在D日期间却很少使用燃烧弹打击法国的铁路系统，因为他们担心使法国平民丧生。[142]1945年2月26日对柏林的后续空袭中，一千多架美国轰炸机以雷达为引导，所携带的炸弹中包括44%的燃烧弹，摧毁了市内的三个中央火车站，并引发了席卷意外目标区的大火，其中包括居民区。[143]三个星期后的3月18日，第八航空队发起战争期间对柏林最为猛烈的轰炸，投下50多万枚燃烧弹。柏林的规模，其现代化建筑，其出色的消防队，其强大的高射炮防御，以及宽阔的帝国大道（它充当了防火带），使这座城市与德累斯顿相比更难燃烧。否则，战争后期这些"交通目标"空袭中的任何一场,都将引发一场烈火风暴。

第八航空队并未试图焚烧柏林或任何一座德国城市。他们知道,不可能准确命中市中心的目标,特别是雷达轰炸,因此,轰炸机上携带了大量燃烧弹,试图以此来扩大破坏圈,这确实增加了破坏既定目标的机会。当然,这也增加了大批非作战人员丧生的可能性,特别是1944—1945年冬季期间,美国的大多数轰炸行动都是以雷达为引导。为弥补雷达设备不精确、天气、德国人的抵抗以及人为错误(他们被要求在敌人的炮火下完成一项精确、高度压力的任务)所造成的不准确,美国的轰炸机机组频频采用地毯式轰炸,第十五航空队的雷达导航员兼投弹手米尔特·葛洛班说道。"常见的时间间隔计设定,以500磅的炸弹算,是400英尺,"葛洛班解释道,"这就是说,炸弹会被连续投放,为的是形成一条4800英尺长的炸弹带。一个典型的四中队制大队,50架轰炸机,将在目标上方投下50条这种近一英里长的炸弹带。我们通常会击中些东西——经常有一颗或两颗炸弹命中或摧毁目标。"[144]为了让自己与英国人区别开,美国人要求根据其瞄准的对象来判断,而不是击中了什么。但解决轰炸不精确的另一个办法是根本不进行轰炸,并承担反纳粹暴政的行动延长的风险,其中包括奴工、战俘以及集中营囚犯的性命。

第八航空队的"交通轰炸"与英国皇家空军的"区域轰炸"之间的区别在城市中更加明显,那里的大多数或全部工业目标均位于郊区。1944年9月11—12日夜间,英国轰炸机司令部在不到一小时的时间里造成一场烈火风暴,将达姆施塔特的市中心彻底抹去,这座用于居住的城市根本没有大型的铁路站场或战争工业。然而,这场空袭全然无效,该市90%的工业设施位于未遭到燃烧的郊区,没过一个月,达姆施塔特的战时生产几乎已获得全面恢复。当年12月,第八航空队对达姆施塔特郊区的工厂发起打击,那是个很大的目标,即便采用雷达轰炸也很容易发现。这种战略打击对达姆施塔特的工业形成"致命的一击",[145]同时,该市在9月份英国皇家空军的大屠杀中幸免于难的部分区域，也没有出现生命和平民财产的严重损失。

1945年2月和3月对柏林和德累斯顿的多次空袭，是空中战争迅速加速的组成部分。1944年年底前，居民超过10万的德国城市，近五分之四已被摧毁，这还是盟军空袭到达顶峰之前的情况。1945年的前四个月，英美空中力量对德国投下的炸弹数量是英国皇家空军1943年全年投弹量的两倍。"整日整夜地等待着不可避免的灾难，这是对精神的一种摧残"[146]，68岁的马蒂尔德·沃尔夫-门克尔贝格写信给她已自立的孩子，他们居住在国外。1943年夏末，一场大规模疏散发起时，这位年迈的德国护士长拒绝离开"可怜的，被焚毁"的汉堡。战争期间发起的十余次疏散，撤离了上千万人，主要是母亲和她们的孩子（没有孩子的职业妇女和大多数带着稍年长孩子的母亲被禁止疏散）。[147]

只要德国政府不投降，盟军就不会停止轰炸。轰炸什么和如何轰炸，在道义和军事方面值得商榷。全世界对德累斯顿的关注，使得同等的过激行为被忽略。普福尔茨海姆是德国西南部一座中等规模的城市，那里生产精密仪器，同时，作为军用列车的一个连接点，她对德国军队具有一定的价值。德累斯顿遭受空袭的十天后，哈里斯的轰炸机摧毁了普福尔茨海姆80%的地区，四分之一以上的战时居民（约为德累斯顿的5%）被抹去。"整座城市已被焚毁。"哈里斯于3月1日通报他的同僚。"这次空袭，"他带着显而易见的满意补充道，"就是众所周知的一场蓄意的恐怖轰炸。"[148]他宣布，轰炸机司令部"以这种方式"已摧毁了63座德国城市。

他并未就此罢手。3月16—17日夜间，他的轰炸机编队摧毁了符兹堡，那是巴伐利亚北部一座历史悠久的教堂城和大学中心。[149]城市的建筑区，近90%被焚毁，10万名居民中，5000人丧生。1945年初这场不可原谅的、完全失控的轰炸，是对那些悍然发起赤裸裸侵略战争的国家的一个警告。而成为蓄意攻击目标的人们被迫为了自己的生存而战，如果有足够的力量，他们将以彻底粉碎敌人为目的，满怀愤怒地奋战到底（与第一次世界大战不同，这场战争将以投降，而不是和平条约告终）。在这样一场战争中，"令人惊讶的是，道义上的顾忌更多地进入到他们的筹划中"，历史学家理查德·科恩写道。[150]

德国人民成了"他们的领导人系统地散播仇恨"的受害者，德国消防部门的前首脑汉斯·伦普夫将军写道，"不得不为此买单的是那些普普通通的男人、女人和他们的孩子"。[151]但数百万这些"普普通通"的德国人和伦普夫将军本人都是希特勒邪恶意志的支持者，这样一来，他们便将他们自己、他们的城市和他们的孩子置于可怕的风险下。战争结束的半个世纪后，德国作家W. G. 泽巴尔德，在他颇具争议的空战著作《毁灭自然史》中写道："大多数德国人今天知道，或至少被希望知道，是我们自己造成了所居住城市的湮没。"[152]

号 角

1945年初，没有哪个德国城镇可以免遭空袭的威胁。其中最具争议的空中打击行动，代号为"号角"，旨在对德国境内不设防或防御较轻的目标发起轰炸。这个计划由阿诺德率先提出，再由斯帕茨加以改进，要求美国和英国的轰炸机波次从低空进入，对各个小城镇和村落先前未遭到轰炸的交通目标发起"广泛、同时展开的攻击"。[153]在战斗机的陪伴下，轻型和重型轰炸机将被派往这些城镇，目的是打垮德国铁路维修组，并在这些铁路工人中造成"一场危机"。[154]"由于我们对交通目标持续保持压力，铁路员工的士气已严重下降，"陆航队的一份规划书中指出，"使用一切可用力量实施反复攻击，很可能会造成对方大批人员弃职潜逃。"[155]

行动的另一个目的是在迄今为止躲过猛烈轰炸的数百万德国人中制造恐慌。美国空中力量领导人预计，德国空军的抵抗会很轻微，或根本就没有，因而他们想让德国人牢牢记住——就像威廉·特库姆塞·谢尔曼将军如入无人之境的"向大海进军"给南方人留下的深刻印象——"他们的处境很无望"[156]。

"号角"在美国空军领导层中造成了不和。吉米·杜立特尔反对这项计划，仍在指挥地中海战区盟军空中力量的艾拉·埃克也反对。他们俩担心，该计划会分散打击燃油目标的力量。另外，"号角"行动会"彻底让德国人相信，我们就是他们所说的野蛮人"，在一封直抒胸臆的私人信件中，埃克告诉斯帕茨，"因为这次行动在他们看来会非常明显，就是一场主要针对平民的大规模袭击……可以预料，这场空袭的丧生者中，95%以上的人会是平民"。[157]查尔斯·卡贝尔将军补充道："这就是老生常谈的婴儿屠杀计划……穿了件新马甲。这是个拙劣的心理战计划和糟糕的铁路空袭计划。"[158]

埃克并不是从道义上反对攻击敌战略目标时造成德国平民的附带伤亡，在他看来，"号角"行动的目标定位没有重要的经济和军事价值。埃克还担心这场轰炸的结果会给陆航队造成战时遗留问题。"我们不应让这场战争的历史为轰炸街上的无辜者而判我们有罪。"在给斯帕茨的信中，他这样写道。[159]这封信肯定给斯帕茨留下了深刻的印象，因为去年夏季，英国人首先提出"雷霆一击"计划时，斯帕茨自己也使用过类似的论调。但斯帕茨感觉到来自阿诺德迅速结束战争的压力，也知道马歇尔和罗斯福想让所有德国人体会到战争的分量，用罗斯福的话来说，"从父亲到儿子，再到孙子"[160]，世代传承这番可怕的经历，因此，斯帕茨下令该计划继续进行。轰炸机部队的各位指挥官接到提醒，要特别留意他们的新闻稿，以打消"这次行动的目标是平民或旨在恐吓他们"的想法。[161]但斯帕茨肯定知道，这场恐怖轰炸是建立在上千架飞机发起低空攻击的基础上。

"号角"行动于2月22日发起。两天的时间里，3500多架轰炸机和近5000架战斗机在德国25万平方英里的领空中游荡，对铁路站场、客运站、桥梁、平交道口、机动车辆和运河驳船实施轰炸和扫射。这些打击目标中包括大学城海德堡和疗养胜地巴登-巴登。没有关于平民伤亡的记录,盟军的损失很轻微。

航空队领导宣布"号角"行动取得了"令人瞩目的成就",[162]并计划于3月3日再次发起该行动。但随之而来的情报表明,行动失败了:德国的维修人员并未不堪重负,德国人的士气没有明显的衰落,高优先级的军用交通继续畅通无阻。[163]瑞士的一座城市遭到猛烈轰炸——这是沙夫豪森第二次遭到第八航空队的误炸。

在一次新闻发布会上,陆航队官员对行动做出了奇怪的解释,声称摧毁一个士气已被摧毁者的士气是不可能做到的。[164]但斯帕茨取消了3月份的行动,并开始将全部注意力集中于战争后期三个突出的目标上:摧毁德国的石油工业,破坏其铁路系统,为艾森豪威尔将军的部队提供支援。*但是,在他得以结束战争期间最后一场空中战役前,斯帕茨不得不先处理美国航空队在战争期间最令人尴尬的媒体关系过失。

德累斯顿遭到轰炸的三天后,一个名叫霍华德·考恩的美联社记者发出一封急电,结果令SHAEF(盟国远征军最高统帅部)惊慌失措。"盟国空军指挥官做出了期待已久的决定,他们将对德国人口中心实施深思熟虑的恐怖轰炸,以这种无情的权宜之策来加速希特勒的灭亡。"[166]

"正如英国和美国轰炸机最近对柏林、德累斯顿、开姆尼茨和科特布斯的居民区所实施的空袭那样,对纳粹德国更多的轰炸即将到来,而公开宣称的目的是给德国的交通制造更大的混乱,并削弱德国人的士气。"

考恩是在C. M. 格里尔逊主持的一场新闻发布会上获得的信息,格里尔逊

---

* 盟军最终向莱茵河的推进开始于"号角"行动发起的当晚,这可能进一步解释了斯帕茨为何会支持一场他确实认为用不了"几天"便能瘫痪德国铁路交通的行动。[165]也许他希望"号角"行动能够给莱茵兰地区的德军补给线造成足够的破坏,从而让考特尼·H. 霍奇斯将军的第9集团军在遭遇最小抵抗的情况下,在科隆附近渡过莱茵河。

是皇家空军的一名情报官,在SHAEF的空军参谋部任职。他告诉记者们,轰炸德累斯顿是为了阻止德国人将部队和补给物资运往东线,摧毁后撤人员的集结中心,并粉碎"尚存的士气"。[167]格里尔逊从未使用过"恐怖轰炸"这个词,但考恩以充分的理由解读了他罕见的公开承认:盟国空军司令部已正式批准将平民作为打击目标,他们已开始执行屠杀性轰炸政策,以此来缩短战争进程。SHAEF的检查员荒谬而又令人费解地批准了他的急电公开发表后,考恩肯定对自己的解读更加深信不疑。

考恩的报道成了美国报纸的头版头条,这给美国陆航队造成极大的难堪。此刻,由于心脏病发作,哈普·阿诺德仍在佛罗里达州的科勒尔盖布尔斯休养,危机处理交给了他的副手巴尼·贾尔斯将军和罗伯特·洛维特,后者在马歇尔的力主下,成了陆航队首脑。经阿诺德签署后,陆航队要求斯帕茨立即做出解释,对柏林和德累斯顿的空袭究竟是恐怖轰炸,还是优先考虑的军事目标?[168]

斯帕茨做出了令人放心的答复。他强调指出,格里尔逊对轰炸政策并不了解,他的讲话也超出了他的权限;他的观点也许能代表"轰炸机"哈里斯的那些看法,但绝非美国空军指挥官的观点。正如弗雷德里克·安德森将军解释的那样,这是"一名不称职的官员干出的愚蠢至极的"事情。[169]他和斯帕茨都向陆航队司令部保证,对柏林和德累斯顿的空袭延续了既往的政策。科隆、明斯特、法兰克福和德国西部的其他交通中心继续遭到猛烈轰炸,但这些任务并未像在德国东部地区实施的空袭那样,被冠以"针对平民百姓的恐怖袭击"。[170]近期对德国东部城市的空袭,并不是轰炸政策发生了改变,而是轰炸"地点"的变化。[171]打击目标是敌军队和军用补给运输,而非难民。

这番解释令阿诺德感到满意,在病床上休养的他,急切希望将这些问题掩盖起来。战争部长史汀生对他们不太满意,他曾希望德累斯顿完好地保存下来,以便在战后成为"一个不再独裁化和致力于自由的新德国的中心"[172]。另外,斯帕茨的情报主任乔治·麦克唐纳将军也跟他们不太能处得来。

在美国陆航队历史上最值得注意的一次内部沟通中，麦克唐纳于2月21日写信给弗雷德里克·安德森将军，对"博顿利"提出强烈抗议——那是斯帕茨在1月底签署的命令，要求对柏林、莱比锡、德累斯顿和德国东部其他城市的交通目标实施轰炸。"这道指令将……美国陆军航空队明确投入到对拥挤的平民实施区域轰炸的行动中。"[173]此外，这道指令签署时，"没有任何情报向这位领导表明，对这三座城市的破坏将决定性地影响到敌人实施武装抵抗的能力"。对这些作为交通中心的城市加以破坏，"可能会拖延，但无法决定性地切断敌部队和补给物资必要的调动"，麦克唐纳坚称，"这一点并不难懂，如果不是虚幻的士气目标证明这些城市重要性的话。实施士气打击的最大愿望是激起（德国民众对纳粹政权的）反抗。但所有相关部门都同意，德国人民是无力反抗，而不是不愿意反抗目前的统治"。

麦克唐纳讽刺地补充道，如果第八航空队以往的轰炸政策及行动被证明是无效的，"我们应该正视这个问题……放弃一切优先目标……全神贯注地致力于根绝居民和夷平城市"。

"如果这种做法确实被认为是获得胜利的捷径，那么据此推论，我们的地面部队同样应该奉命杀掉所有平民，毁掉德国所有的建筑，而不是限制他们打击敌人的干劲。"麦克唐纳认为："（这道轰炸指令)否定了我们过去的目的和做法，将我们与白日梦紧密联系起来，并将空战限制于不分青红皂白的屠杀和破坏……因此，建议高层以最强硬的措辞检讨我们的指令，以允许陆航队继续其获得证明的方式，为击败敌人做出最具成效的贡献。"

考恩事件，对斯帕茨亲自下达的"恐怖轰炸"指令惊人的反对意见，以及因误炸瑞士领土而引发的外交危机，这一切促使斯帕茨于3月1日下达了一道新指令。[174]该指令以最强硬的措辞重申，只能对军事目标发起打击。这道指令还落实了严格的预防措施，以防止再次误炸瑞士，仍有美国飞行员被拘禁在那里，陆航队正试图让他们获得遣返。

1945年3月，军事轰炸到达了战时的顶峰，每个月投向德国的炸弹多达17

万吨,其中的10.2万吨来自美国空中力量。当月,第八航空队出动轰炸机的次数达到26天,其中的20次任务中,出动的轰炸机多达一千架或更多。某些轰炸行动有些杀伤过度,但对战争的学习者来说,这应该不足为奇。强国间的战争有一种内在的动力,一种恶魔般的加速力和过度打击力,这种力量并不一定出自深思熟虑的决定,而是在利用人类的情感和物质资源获得全面胜利的过程中产生。另外,一项成本高昂的军事计划以及战略轰炸攻势的规模,在到达其破坏能力的顶峰时获得了自身的发展动力。一旦轰炸机、炸弹和机组人员组成一股势不可挡的力量,"让飞机和宝贵的炸弹闲置在英国东部的机场上,是与任何健康的经济本能背道而驰的",W. G. 泽巴尔德挖苦地评论道。[175]因此,美国那些轰炸机小伙们以超过摧毁敌战争机器所需要的数目继续飞行、继续牺牲,而在这场战争的前几年,他们的飞行和大量牺牲并不足以完成任务。

在佛罗里达州卧床不起的阿诺德收到来自总部的一封电报,提醒他史汀生部长对可能既不必要又有些过度的德累斯顿大轰炸一直保持着关注。阿诺德在电报顶端写下一行黑体字:"我们绝不能心慈手软。战争必定是毁灭性的,在某种程度上甚至是残忍无情的。"[176]

德累斯顿挥之不去的气氛是什么?尽管格茨·贝甘德对"轰炸缩短了战事进程"的说法持怀疑态度,但他坚信,这场空袭造成的冲击——其突然性和毁灭性怒火——"以一种根本性方式为改邪归正做出了贡献。这一点在当时的一句话中得以表述:以恐怖告终比无尽的恐怖更好些。"[177]

"改邪归正"正是轰炸机巨头们曾希望他们的恐怖轰炸所能产生的效果。但正如我们将看见的那样,它在这场战争中来得太晚,已无法对战争结局产生直接影响。它展现在一种内向型宿命论中,使得轰炸的幸存者无法公开挑战纳粹的统治。"每个人都被其个人的烦恼所压倒,不再关心德国的命运,"一位妇女表述了当时的心情,"更为重要的是,一个人能不能得到吃的东西,鞋子能不能穿得更久些,尤其是,还会有空袭吗?明天,我们栖身的房子还在吗，或者，我们还能活着吗？"[178]

在此期间，这些轰炸幸存者所能做的只是忍受，并为生存而挣扎，用马蒂尔德·沃尔夫-门克尔贝格的话来说，他们不知道"何时会轮到自己"[179]。而这也是盟军轰炸机机组人员的困境。

注释

1. 可参阅刘易斯·芒福德的《灭绝的道德》，《大西洋月刊》，1959年10月，38—44页；唐纳德·L.米勒，《刘易斯·芒福德的一生》（纽约，韦登菲尔德&尼克尔森，1989年），第23章。
2. 报告的副本被引用于劳伦斯·库特尔将军1944年8月9日发给哈普·阿诺德的电报，斯帕茨文件。
3. 查尔斯·韦伯斯特和诺布尔·弗兰克兰，《对德国的战略空中打击，第三卷》，第98页；给空军参谋部的备忘录，主题：打击德国民众的士气，1944年7月22日，国家档案馆—英国，20/3227。
4. 引自诺曼·朗迈特的《轰炸机：皇家空军对德国的攻势，1939—1945》（伦敦，哈钦森出版社，1983年），第331页。
5. 1944年7月22日，空军参谋部文件，国家档案馆—英国。
6. 1944年8月9日，劳伦斯·库特尔将军发给哈普·阿诺德的电报，斯帕茨文件。
7. 毕晓普·C.布罗姆利·奥克斯纳姆，《令人作呕的必要性》，《国家》杂志第158期（1944年3月），第324页。
8. 1944年8月15日，库特尔发给F.L.安德森的电报，1944年8月9日，劳伦斯·库特尔将军发给哈普·阿诺德的电报，"打击德国民众的士气"，斯帕茨文件。
9. 1944年9月8日，查尔斯·卡贝尔发给理查德·休斯的电报，美国空军历史研究部，168.7026-9。卡贝尔对美国轰炸政策的看法，可参阅查尔斯·P.卡贝尔的《睿智者：关于战争、和平和中情局的回忆》（科罗拉多泉，无畏书局，1997年），第194—196页。
10. 1962年2月21日，诺尔·F.帕里什、阿尔弗雷德·戈德堡采访斯帕茨，美国空军历史研究部；理查德·G. 戴维斯，《卡尔·斯帕茨与欧洲空战》，第434—435页。

11　1944年8月15日，库特尔发给F. L. 安德森的电报，斯帕茨文件；1944年9月12日，查尔斯·G. 威廉姆森上校发给F.L.安德森准将的备忘录，斯帕茨文件。

12　1944年8月27日，斯帕茨发给阿诺德的电报，斯帕茨文件。

13　1944年8月23日，首相备忘录，国家档案馆—英国。

14　1944年8月28日，艾森豪威尔发给斯帕茨的电报，斯帕茨文件；康拉德·C. 克兰，《炸弹、城市和平民：二战中的美国空中力量战略》（劳伦斯，堪萨斯大学出版社，1993年），第106页。这是关于美国实施恐怖轰炸计划的一本出色之作。

15　1945年1月27日，空军中将诺曼·博顿利爵士发给空军上将阿瑟·哈里斯爵士的电报，查尔斯·韦伯斯特和诺布尔·弗兰克兰，《对德国的战略空中打击，第四卷》，第301页。

16　1945年1月25日，联合情报委员会的报告，国家档案馆—英国；查尔斯·韦伯斯特和诺布尔·弗兰克兰，《对德国的战略空中打击，第三卷》，第100页。

17　同上。

18　1945年1月16日，丘吉尔发给辛克莱的电报，查尔斯·韦伯斯特和诺布尔·弗兰克兰，《对德国的战略空中打击，第三卷》，第103页。

19　1945年1月21日，联合情报委员会的报告，国家档案馆—英国。

20　1945年1月27日，辛克莱发给丘吉尔的电报，查尔斯·韦伯斯特和诺布尔·弗兰克兰，《对德国的战略空中打击，第三卷》，第104页。

21　休·朗希，《旁观者》杂志，第273期（1994年8月6日），第25页；二战会议，雅尔塔（克里木），第四箱，附录RG 43，国家档案馆；1945年2月7日，安德森发给斯帕茨的电报，美国空军历史研究部。

22　1945年2月18日，斯帕茨发给阿诺德的电报，斯帕茨文件。

23　1945年1月25日，"在盟国远征军总部召开的盟国空军指挥官会议之纪要"，斯帕茨文件。

24　《二战中的陆军航空队，第四卷》，第71页。

25　1944年12月10日，斯帕茨发给阿诺德电报，斯帕茨文件。尽管对无人机项目并不热衷，但斯帕茨愿意用它们对德国城市（只要是军事和经济目标）发起打击。

26　1944年11月23日，阿诺德发给斯帕茨的电报，斯帕茨文件。

27　引自杰弗里·佩雷的《胜利女神：二战中的美国陆航队》，第373页。

28　1945年2月2日，F.L.安德森将军发给斯帕茨的电报，斯帕茨文件；1945年2月5日，库特尔发给阿诺德电报，阿诺德文件；《二战中的陆军航空队，第四卷》，第727页。

29　《二战中的陆军航空队，第四卷》，第737页。欲了解"流浪汉"项目更多的详情，可参阅康拉德·C.克兰的《炸弹、城市和平民：二战中的美国空中力量战略》，第78—85页。

30　1945年2月5日，斯帕茨发给阿诺德电报，斯帕茨文件。

31　阿尔伯特·C.米尔泽耶夫斯基，《阿尔贝特·施佩尔何时放弃的》，《历史》杂志第31期（1988年6月第2期），第391—397页。

32　1945年2月1日，马歇尔的话被安德森引用在发给斯帕茨的电报中，斯帕茨文件；1945年2月1日，美国陆军航空队召开的参谋会议纪要，斯帕茨文件。

33　引自罗伯特·达莱克的《富兰克林·D.罗斯福与美国对外政策，1932—1945》（纽约，牛津大学出版社，1979年），第472—473页。

34　塞缪尔·I.罗森曼编撰的《富兰克林·D.罗斯福的公开文件和演说，第八卷，战争与中立》（纽约，兰登书屋，1939年），第454页。

35　富兰克林·D.罗斯福，《富兰克林·D.罗斯福的战争信息，1941年12月8日至1942年10月12日》（华盛顿，美国出版社，1943年），第32页。欲了解这个主题更多的详情，可参阅乔治·霍普金斯的《二战中的轰炸和美国的良知》，《历史学家》杂志第28期（1966年5月第3期），第451—473页。

36　1944年9月8日，《伦敦时报》。

37　引自格雷戈尔·达拉斯的《1945：永不结束的战争》（纽黑文，耶鲁大学出版社，2005年），第210页。

38　《V-2武器》，1944年11月20日，《新闻周刊》，第34页。

39　潘特-道恩斯，《伦敦战时笔记》，第348页。

40　诺伊菲尔德，《火箭与帝国：佩内明德与弹道导弹时代的来临》，第212页。

41　同上，第279页。

42 引自约翰·基根《第二次世界大战》，第582页。
43 约瑟夫·沃纳·安杰利，《本可以获胜的制导导弹》，《大西洋月刊》第189期（1952年1月），第57—63页。
44 1945年1月30日，杜立特尔发给斯帕茨的电报，美国空军历史研究部，520.422。
45 杜立特尔，《我再也不会如此幸运》，第402页。
46 1945年1月30日，杜立特尔发给斯帕茨的电报，斯帕茨文件。
47 同上。
48 1945年1月30日，斯帕茨发给杜立特尔的电报，美国空军历史研究部。批准恐怖轰炸的过程中，斯帕茨自觉或不自觉地遵从了美国空中力量战前的计划报告——空中作战计划处1号文件。这份颇具影响力的报告指出，待敌人接近崩溃，"民众由于遭受持续的痛苦和贫困而士气低落"时，"对城市实施猛烈而又连续的轰炸可能会将其士气彻底摧毁……待适当的心理条件存在时，可以认为，整个轰炸努力可能会促成这一目的"。AWPD/1，附录2，第2段第3节，国家档案馆。就连库特尔将军也在较早的一次秘密商讨中表示，如果能确定"包括炸死德国平民在内的士气轰炸"能够"扭转乾坤，击败敌人"的话，这种做法也许可以实施，1944年9月4日，查尔斯·G.威廉姆森上校发给库特尔的备忘录；9月6日，库特尔的签字；1944年9月12日，发给安德森的备忘录，斯帕茨文件。
49 罗杰·A.弗里曼，《美国第八航空队的人员和飞机》，第209页。
50 杜立特尔发给斯帕的电报，斯帕茨文件。
51 1945年2月2日，斯帕茨电话交谈记录，斯帕茨文件。
52 1945年2月2日，斯帕茨给杜立特尔的指示，美国空军历史研究部。对于斯帕茨动机的另一个解释，可参阅理查德·G.戴维斯的《"雷霆一击"行动：美国空中力量与轰炸柏林》，《战略研究》杂志第14期（1991年3月），第90—111页；理查德·G.戴维斯，《卡尔·斯帕茨与欧洲空战》，第550页。
53 1968年8月8日，穆雷·格林采访卡尔·斯帕茨将军，科罗拉多州，科罗拉多泉，美国空军学院档案，格林收集的阿诺德文件。
54 查尔斯·埃林，《强大的空中堡垒：引航轰炸机飞越柏林》（宾州哈弗福德，炮台出版社，2002年），第71页。其他一些著作也描述了这次行动，其中包括罗伯特·A.汉德的《最后的空袭》（1996年自费出版），收存于第八航空队历史博物馆。

55 同上。

56 莫里斯·G.韦斯特法尔的日记，该日记现存于其家人的手中。

57 约翰·布里奥尔，《险境：约翰·J.布里奥尔的二战日记》，第181页。

58 柯蒂斯·赖斯，《以身涉险：刘易斯·F.威尔斯的二战经历》，第316页。

59 德斯蒙德·弗劳沃、詹姆斯·里夫斯编撰的《战争1939—1945：一部文件史》，第556页。

60 格伦·格雷，《勇士》（1959年出版，内布拉斯加大学出版社1970年再版），第25—58页；约翰·莫里斯的证词，艾森豪威尔中心。

61 汉德，《最后的空袭》，第19页；1945年2月3日，第303轰炸机大队第360中队（H）作战任务加载清单，国家档案馆；1945年2月3日，第303轰炸机大队任务完成报告，国家档案馆。

62 同上。

63 同上。

64 索尔·莱维特，《罗森塔尔的传奇》，卡拉汉，《凝迹，我的战时记录：英国诺福克郡迪斯附近，索普-阿伯茨，美国陆军航空队第139号基地的二战历史记录》，第247页；莱维特，《美国-柏林》，1944年3月26日，《星条旗报》。

65 2005年8月8日，作者对罗森塔尔的采访。

66 1945年2月3日，《星条旗报》。

67 同上。

68 克罗斯比，《逆境求生》，第363页。

69 2002年3月21日，对罗森塔尔的采访。

70 2002年1月25日，作者对罗森塔尔的采访。

71 索尔·莱维特，《罗森塔尔的传奇》，卡拉汉，《凝迹，我的战时记录：英国诺福克郡迪斯附近，索普-阿伯茨，美国陆军航空队第139号基地的二战历史记录》，第246页。

72 约翰·布里奥尔，《险境：约翰·J.布里奥尔的二战日记》，第187页。

73 1945年2月24日，《星条旗报》；1945年3月5日，《时代周刊》，第30—31页。

74 乌苏拉·冯·卡尔多夫，《噩梦日记：柏林，1942—1945》（纽约，约翰达河出版社，1966年），第191页，尤恩·巴特勒翻译。

75　汉斯－格奥尔格·冯·斯图德尼茨，《柏林在燃烧：汉斯－格奥尔格·冯·斯图德尼茨日记，1943—1945》（新泽西州恩格尔伍德克里夫斯，培生教育出版社，1963年），第242页。

76　1945年2月24日，《星条旗报》头版；1945年3月5日，《时代周刊》，第30—31页。

77　冯·斯图德尼茨，《柏林在燃烧》，第242页。

78　同上。

79　《约瑟夫·戈培尔日记：最后的记录，1945》，休·特雷弗－罗珀编辑，理查德·巴里翻译（纽约，普特南出版社，1978年），第1页。

80　奥拉夫·格勒勒，《轰炸柏林》（柏林，学院出版社，1990年），第398页；另可参阅理查德·G.戴维斯的《德国的铁路编组场和城市：美国轰炸政策，1944—1945》，《空中力量史》第42期（1995年夏季第2期），第57—58页。

81　1945年2月4日，《纽约时报》第五版。

82　1945年2月，《星条旗报》第三版。

83　"'雷霆一击'目标清单"，斯帕茨文件；1945年2月3日，3AD任务报告，第八航空队任务报告RG18，国家档案馆；莫里斯·G.韦斯特法尔的日记。

84　引自弗里曼的《美国第八航空队的人员和飞机》，第208页。

85　柯蒂斯·赖斯，《以身涉险：刘易斯·F.威尔斯的二战经历》，第316页。

86　詹姆斯·古德·布朗，《第381大队的勇士，都是英雄：一名牧师所揭秘的第381轰炸机大队内幕》，第532页。

87　小哈里·S.米切尔，"战地日记"，空中力量历史博物馆。

88　柯蒂斯·赖斯，《以身涉险：刘易斯·F.威尔斯的二战经历》，第316页。

89　1945年2月17日，德国对外广播电台的广播，抄本，斯帕茨文件。

90　引自弗雷德里克·泰勒的《1945年2月13日，星期二，德累斯顿》（纽约，哈珀－柯林斯出版社，2004年），第126页。

91　库尔特·冯内古特，《五号屠宰场》（1969年出版；纽约，戴尔出版社，1999年再版），第189页。

92　同上，第227页。

93 1944年10月17日，德累斯顿，照片解读报告，国家档案馆；1945年1月16日，第466轰炸机大队任务文件，德累斯顿，国家档案馆；约瑟夫·W.安格尔，"1945年2月14—15日轰炸德累斯顿的历史分析"，美国陆航队历史部，美国空军历史研究部。

94 施泰因霍夫，《来自第三帝国的声音》，第224—226页。

95 同上，第228页；格茨·贝甘德，《空袭下的德累斯顿》（1994年出版；符兹堡，伯劳出版社1998年再版）。

96 弗雷德里克·泰勒，《1945年2月13日，星期二，德累斯顿》，第416页。

97 冯内古特，《五号屠宰场》，第227页。

98 施泰因霍夫，《来自第三帝国的声音》，第229页。

99 美国战略轰炸调查，"对德国城市的火攻"（华盛顿，美国政府印务局，1947年第二版）。燃烧弹通常以500磅为一组投下，某些空袭行动中，第八航空队也使用凝固汽油弹，这种武器出现于1944年夏季。原子弹被研发出来并使用前，给德国和日本城市造成最大人员伤亡和财产损失的武器便是燃烧弹；美国战略轰炸调查，"有形损害报告，欧洲战区"（华盛顿，美国政府印务局，1947年），第23页。

100 美国战略轰炸调查，"对德国城市的火攻"，第1、8、35—38、47、50页。

101 安妮·瓦勒、罗尔·滕利，《烈火的磨难：一名美国妇女在战火纷飞的德国的恐怖历程》（纽约，戴尔出版社，1965年），第34页。这场大火，另一份出色的目击记录是爱丽丝·奥因斯的《德国妇女对第三帝国的回忆》（新不伦瑞克，罗格斯大学出版社，1993年）。

102 瓦勒，《烈火的磨难：一名美国妇女在战火纷飞的德国的恐怖历程》，第35—36、40—41页。

103 同上，第35—36、40—41页。

104 同上。

105 1945年2月14日，PFF轰炸报告，德累斯顿，第94"A"轰炸机大队，下方中队，国家档案馆。

106 1945年2月15日，第1航空师司令部，情报处长办公室，第232号解释性报告，斯帕茨文件；1945年2月15日，第1航空师作战报告，德累斯顿，第94"A"轰炸机大队，领头中队，国家档案馆。

107 同上。

108 1945年2月17日，第91轰炸机大队，"米奇"行动汇报，国家档案馆；1945年2月14日，第91轰炸机大队的补充报告，斯帕茨文件。

109 弗雷德里克·泰勒，《1945年2月13日，星期二，德累斯顿》，第332页。

110 同上。

111 戴维·欧文，《启示录，1945：德累斯顿的毁灭》（伦敦，焦点出版社，1995年），第191页。

112 弗雷德里克·泰勒的《1945年2月13日，星期二，德累斯顿》，第435页。

113 1945年3月12日，《时代周刊》，第33页。

114 霍斯特·布格编撰的《第二次世界大战中的空战》中，第279—297页，奥拉夫·格洛勒撰写的《战略空袭及其对德国平民的影响》；格茨·贝甘德，《空袭下的德累斯顿》，第157页；四十年代，国际法尚未能跟上航空技术的发展。海牙条约关于陆地战的第25条规则（1907年），禁止地面部队对居民区实施不加区分的轰击，当然，没有提及空袭。远程轰炸得以在"某种法律真空中"运行，用一位著名国际律师的话来说，这种真空使得区域轰炸在目前的战争法规下合法化。但正如空军历史学家理查德·G. 戴维斯指出的那样，英国和美国空军在欧洲，针对德国城市使用高比例的燃烧弹，可以被解读为违反了战争法"适度"的比例。简单地说，如果平民处在危险中，进攻方就不能使用过度的武力去摧毁其合法的军事目标。1948年，红十字会关于"保护战时平民"的公约，终于将不分青红皂白的区域轰炸宣布为违反国际法。参见霍斯特·布格编撰的《第二次世界大战中的空战》中，第354页，W. 海斯·帕克斯的《空战与战争法》；理查德·G. 戴维斯，《德国的铁路调度场和城市：美国轰炸政策，1944—1945》，第56页。

115 乌苏拉·冯·卡尔多夫，《噩梦日记：柏林，1942—1945》，第202页。

116 施泰因霍夫，《来自第三帝国的声音》，第229页。

117 2000年1月10日，作者采访库尔特·冯内古特。

118 乔·克莱文和阿特·屈斯佩特，"雨水和土豆皮"，未发表的个人证词，艾森豪威尔中心。

119 冯内古特，《五号屠宰场》，第230页。

120 采访冯内古特。

121 莫里斯的证词，艾森豪威尔中心。

122 引自马丁·查尔默斯介绍他所编辑的维克多·克伦佩勒的著作，《直至最后一刻：维克多·克伦佩勒日记，1942—1945》（伦敦，韦登菲尔德&尼克尔森，1999年），第xiii、390—394页。

123 同上。

124 1945年2月15日，盟军指挥官会议纪要，美国空军历史研究部，K239.046-38。

125 弗雷德里克·泰勒，《1945年2月13日，星期二，德累斯顿》，第163页。

126 引自艾伦·库珀的《目标，德累斯顿》（布罗姆利，独立图书出版社，1995年），第245页。

127 理查德·G.戴维斯，《卡尔·斯帕茨与欧洲空战》，第563页。

128 引自罗宾·尼尔兰茨的《轰炸战：盟军对德国的空中打击》（伍德斯托克，远眺出版社，2001年），第359页。

129 莫里斯的证词。

130 阿瑟·哈里斯爵士，《轰炸机攻势》，242页。

131 引自黑斯廷斯的《大决战》，第335页。

132 整个战争期间，皇家空军至少对40座德国城市发起火攻；美国战略轰炸调查，"全面报告"（欧洲战事），第71—72页。

133 弗里曼·戴森，《宇宙波澜》（纽约，哈珀&罗出版社，1979年），第20、28页。

134 理查德·G.戴维斯，《卡尔·斯帕茨与欧洲空战》，第564页。

135 引自亨利·普罗伯特的《轰炸机哈里斯》，第332页。

136 空军部，"区域轰炸评估：德累斯顿"，日期不明（1945年10月30日提交），国家档案馆—英国。

137 第352号行动文件摘要，第303轰炸机大队，德累斯顿，1945年4月17日，国家档案馆。

138 1944年10月7日，"照片解读报告"，发给第41作战联队指挥部助理参谋长（A2），国家档案馆。

139 理查德·G.戴维斯，《德国的铁路调度场和城市：美国轰炸政策，1944—1945》，第51页；"第八航空队目标摘要"，日期不详，可能起草于1945年5月，美国空军历史研究部；"第八航空队行动摘要统计，欧洲战区，1944年8月17—1945年5月8日，1945年6月10日"，美国空军历史研究部。

140 1945年2月20日，经斯帕茨签署，安德森发给阿诺德的电报，斯帕茨文件。

141 弗雷德里克·泰勒，《1945年2月13日，星期二，德累斯顿》，第319页。

142 理查德·G. 戴维斯，《卡尔·斯帕茨与欧洲空战》，第568、570页。

143 1945年2月26日，第202号行动文件摘要；1945年2月26日，第303轰炸机大队任务报告，柏林，国家档案馆。

144 米尔特·葛洛班，《写给编辑》，第10页。

145 美国战略轰炸调查，"对达姆施塔特实施区域轰炸的效果之详细研究"（华盛顿，美国政府印务局，1947年），第1—8页。

146 马蒂尔德·沃尔夫-门克贝格，《另一面，给我的孩子：来自德国，1940—1945》，第68、99、112页。

147 伊丽莎白·海涅曼，《一个女人的遭遇：关于德国"危机岁月"和西德国家认同的回忆》，《美国历史回顾》杂志第101期（1996年4月第2期），第362页。

148 1945年3月1日，盟国空军指挥官会议纪要，斯帕茨文件。

149 赫尔曼·内尔，《摧毁一座城市：二战中的战略轰炸及其给人类造成的后果》（马萨诸塞州剑桥市，大卡波出版社，2003年）。

150 霍斯特·布格编撰的《第二次世界大战中的空战》中，第410页，理查德·科恩撰写的《评述》。

151 汉斯·伦普夫，《轰炸德国》，爱德华·菲茨杰拉德翻译（纽约，霍尔特、赖因哈特&温斯顿出版社，1962年），第150页。

152 W. G. 泽巴尔德，《毁灭自然史》，安西娅·贝尔翻译（纽约，兰登书屋，2003年），第103页。

153 1944年12月11日，"对运输目标发起最大程度攻击的整体计划"，斯帕茨文件；《二战中的陆军航空队，第三卷》，第639页。

154 同上。

155 同上。

156 1944年8月15日，库特尔发给弗雷德里克·安德森的电报，斯帕茨文件。

157 1945年1月1日，埃克写给斯帕茨的信件，斯帕茨文件；1944年12月27日，杜立特尔发给斯帕茨的电报，斯帕茨文件。

158 卡贝尔的评论保存在麦克斯韦基地的文件夹中，该文件夹还包括"对运输目标发起最大程度攻击的整体计划"的副本，美国空军历史研究部，168.7026-9。

159 1945年1月1日，埃克写给斯帕茨的信件，斯帕茨文件。

160　1944年9月9日，富兰克林·D. 罗斯福对亨利·史汀生所说，阿诺德文件中的副本。

161　1945年2月21日，斯帕茨发给埃克、特文宁、范登堡、达维勒的电报，美国空军历史研究部，520.3233-40。

162　号角行动，"摘要"，未注明日期，斯帕茨文件。

163　美国战略轰炸调查，"对德国交通运输实施战略轰炸的效果"，第16页。

164　《二战中的陆军航空队，第四卷》，第735页。

165　1945年2月5日，斯帕茨发给阿诺德的电报，斯帕茨文件。斯帕茨的传记作者理查德·戴维斯认为，艾森豪威尔的总部积极要求发起"号角"行动，以协助第9集团军渡过莱茵河。这可能是对的，但戴维斯没有使用解密的文件来支持自己的说法，即"1945年2月1日，盟国空军指挥官会议记录"，斯帕茨文件。

166　1945年2月18日，《华盛顿明星报》，头版。

167　该新闻发布会文字记录的一份副本现存于国家档案馆，RG331。发布会摘要被发送给斯帕茨；可参阅1945年2月18日，雷克斯·史密斯发给斯帕茨的电报，斯帕茨文件。

168　1945年2月18日，阿诺德发给斯帕茨的电报，斯帕茨文件。

169　1945年2月19日，安德森发给斯帕茨的电报，斯帕茨文件；1945年2月27日，安德森发给库特尔的电报，美国空军历史研究部，519.1611。

170　同上。

171　同上。

172　亨利·史汀生日记，1945年3月5日，纽黑文，耶鲁大学图书馆。

173　麦克唐纳的话均引自1945年2月21日乔治·麦克唐纳发给安德森的电报，弗雷德里克·安德森文件，第50箱，2号文件夹，胡佛研究所档案馆。

174　1945年3月1日，轰炸政策，内森·F. 特文宁文件。

175　W. G. 泽巴尔德，《毁灭自然史》，安西娅·贝尔翻译，第18页。查尔斯·P. 卡贝尔将军在回忆录中写道："随着地面战事向着可见的结局而去时……我们越来越发现自己拥有一支庞大的空中力量，整装待发，却无处可去。"卡贝尔的《睿智者：关于战争、和平和中情局的回忆》，第194页。

176　"对德累斯顿实施空中打击的报告"，美国空军历史研究部，519.523-6。

177　弗雷德里克·泰勒，《1945年2月13日，星期二，德累斯顿》，第413页。

178 引自厄尔·R.贝克的《轰炸下的德国后方，1942—1945》（列克星敦，肯塔基大学出版社，1986年），第168页。

179 马蒂尔德·沃尔夫-门克贝格，《另一面，给我的孩子：来自德国，1940—1945》，第89页。

第十六章

几乎从不倒塌的烟囱

> 我看见城市的废墟中，到处都是一堆堆瓦砾和垃圾，只有烟囱像手指那样伸向昏暗的空中。烟囱几乎从不倒塌。
> ——希比拉·克瑙特，定居于莱比锡的一位美国妇女

1945年3月2日，德累斯顿

当天上午10点，"普鲁迪小姐"号机组逼近这座已成为废墟的城市，准备对其铁路编组场再次实施轰炸时，查尔斯·埃林发现地平线处出现了几个小小的黑点。几秒钟后，一群德国战斗机向他们扑来，翻滚着、射击着。这场攻击令各轰炸机机组猝不及防。严重的燃料短缺已令德国空军的战斗机防御被严重削弱，空中抵抗在1945年的前两个月中一直很微弱。[1]

可是，看见德军攻击编队中有几架"看上去很危险"[2]的Me-262时，埃林的机组却并不感到惊讶。他们一直被告知要留意纳粹的神奇武器，瓦尔特·诺沃特尼少校的第一支喷气式战斗机部队被解散的四个月后，这种飞机已

于当年2月再次小批量出现。到目前为止，很少有敌喷气式战斗机对密集的轰炸机编队发起攻击，但这次，德国人出动了100余架战斗机，其中有不少Me-262，这是德国空军针对美国白昼轰炸实施最后抵抗的组成部分。

第二天，第八航空队的另一支轰炸机编队遭遇到迄今为止规模最大的一支喷气式战斗机编队，面对30余架下定决心的Me-262，他们损失了6架轰炸机和3架"野马"。[3]过去的一个月里，通常是2架或3架喷气式战斗机发起零零星星的攻击，但今天，他们以大规模编队的方式展开致命的进攻。随后，经历了由于气候恶劣而造成的为期两周的平静后，3月18日上午，数目相同的一支德国喷气式战斗机编队，由传统的活塞引擎战斗机陪伴，在空中排列开来，他们面对的是一支赶往柏林的空中编队——1329架轰炸机和700余架远程战斗机，他们将对德国首都发起战争期间最为猛烈的空袭。这场战斗与美国人曾打过的任何一场空战都不一样，传统的活塞引擎战斗机对抗的是下一个空战时代的飞机和空-空导弹。*

在这场1945年间规模最大的空战中，多达30架喷气式战斗机掠过"野马"战斗机组成的护航屏障，没用一分钟便摧毁了2架"空中堡垒"，接下来的三分钟里又击落3架，随后又是2架——八分钟内，总共有7架轰炸机被击落，其中的3架隶属于倒霉的"血腥100"。接着，又有6架喷气式战斗机投入战斗。这些是出现在德国上空最快速、武器装备最精良的飞机——Me-262配备着最新式的武器，R4M空对空火箭弹。每架喷气式战斗机的机翼下装有木架，携带着24枚火箭。一枚火箭弹的威力足以将一架重型轰炸机击落，但喷气式战斗机飞行员设法加剧了这些火箭弹的杀伤力，他们组成密集队形，同时发射火箭弹，形成一道道毁灭性的"射击线"，穿过第八航空队排列紧密的防御编队。[4]

---

* 译注：原文使用的是air-to-air missiles这个词。实际上，一些非制导式空对空火箭，在英语国度也被列入air-to-air missiles这个范畴中。

这些喷气式战斗机在近距离内，以致命的精确性射出他们的高速火箭弹。"破裂的机身、折断的机翼、扯掉的引擎、铝片以及各种尺寸的碎片旋转着穿过空中，"一名德国飞行员回忆道，"看上去就像是有人倒空了一个烟灰缸。"[5] 第八航空队损失了6架"野马"和13架重型轰炸机，尽管在这场空战中德国人只损失了3名飞行员，但他们完全寡不敌众，因为双方的实力对比为100∶1。[6]

接下来的几个星期，德国的喷气式战斗机几乎每天都出来游荡。到3月底前，他们已击落63架轰炸机。[7] 飞机充裕的美国人可以轻而易举地弥补这种损失，但杜立特尔将军担心这场空战已进入一个全新和不祥的阶段。[8] 航空队获得的情报表明，阿尔贝特·施佩尔的地下飞机制造厂正以每周30多架的速度生产喷气式战斗机。与第八航空队在当年冬季遇到的大多数德国空军飞行员不同，这些喷气机驾驶员的经验似乎非常丰富。一个美国战斗机中队在其作战报告中指出："他们从不让自己在糟糕的位置上被逮住……根本无法追赶上他们，爬升也不及对方。"[9]

精锐飞行员是德国这支刚刚组建起来的战斗机联队的核心，该联队被称作Jagdgeschwader 7（JG 7），拥有60架飞机。2月下旬，这支部队全面投入行动，开始挑起德国空军防御作战的重任。另一件出人意料的事是，希特勒已于当年1月将阿道夫·加兰德召回现役，命令他组建第二支喷气式战斗机部队，Jagdverband 44（JV 44），这是由50名飞行员组成的一支小股精锐部队。这位战争开始时曾是一名中队长的战斗机指挥官，将作为一名普通飞行员结束他为国家的服役，而他驾驶的，恰恰是这种他未能说服希特勒批准大批量生产的喷气式战斗机。

加兰德将德国最优秀的活塞引擎战斗机王牌飞行员召集起来，作为战友的他曾跟他们一同飞行、一同欢庆畅饮过。有些飞行员被"哄骗出"医院的病床，戴着假肢参加飞行；另一些飞行员赶来报到时，"根本没有获得调令的批准。他们中的大多数人自战争第一天起便开始参加战斗"，加兰德后来写道，

"他们所有人都曾负过伤"。遭受过失败的磨砺后，他们当中很少有人还想扭转战局，但作为垂死的德国空军的"第一代喷气机小伙子"，他们都渴望为自己的荣誉而战。加兰德说道："'喷气机'这个神奇的词，将我们团结在一起。"[10]

这个"尖子中队"驻扎在慕尼黑附近，甚至在4月5日第一次在空中与敌对阵前便遭遇到麻烦。3月18日对柏林实施空袭后，杜立特尔下令对所有喷气式战斗机的机场展开粉碎性地毯式轰炸。就像1944年秋季那样，美国战斗机开始在德国机场上空展开固定的飞行巡逻，希望在那些性能优异的喷气式战斗机最容易被击落的时刻（起飞和降落时）将其摧毁。美国战斗机飞行员称之为"捕鼠"。[11]

即便在近距离空战中，"野马"战斗机驾驶员也已学会该如何对付那些喷气机。驾驶着机动性能出色、拥有超强转弯半径的"野马"，他们能够以小组为单位——很少像查克·耶格尔那样单干——在空战中抢在Me-262之前先发制人，"兜过"对方，再将其击落。"在一场个人对个人的战斗中，我们的飞行员面对一架Me-262，几乎没什么胜算，"美国第339战斗机大队的大队长威廉·C.克拉克上校评述道，"那种飞机实在太快。我们只能以数量来抵消对方的速度优势。"[12]

与轰炸机从事的战争一样，战斗机之战也沦为一场消耗战，德国人同样无法获胜。尽管施佩尔付出了巨大的努力，但生产出一架喷气机并不等于交付了一架喷气式战斗机，因为就在地下工厂开始源源不断地生产出数量可观的喷气式战斗机时，德国的交通运输系统几乎已被摧毁殆尽。到4月份时，1200多架可用的Me-262只剩下不到200架仍在各作战单位中服役，[13]而这些实力薄弱的单位，驻扎在散布范围很广的各个基地内，遭受着盟军飞机的骚扰性射击。

另外，这其中还有人手的问题。德国空军勉勉强强对盟军轰炸机进行了为期两周的最后抵抗，4月初，技术娴熟的德军飞行员已消耗殆尽。新手们被要求从事不可能完成的任务——在激烈的战斗中熟练操作世界上速度最快、火力最猛、机械性能最不可靠的飞机。JG 7联队一名幸存的老飞行员回忆道："他们不了解自己的飞机，不了解敌人，不了解对方的战术，也不了解己方的战术，甚至对德国的防御体系也知之甚少，更要命的是，他们几乎个个都缺乏训练。"[14]他们无法在恶劣的气候条件下依靠仪表飞行，他们中的大批人员无法形成组织良好的打击力量；他们单独或以两人为一组发起攻击，遭受到难以承受的作战损失。飞行事故的损失远较作战损失为高。

此刻，德国空军薄弱的防御力量已被挤入德国中部，从柏林至慕尼黑一条狭窄的地带中。从这一地区的各个基地，德国空军发起了一次自杀式行动，这与日本人为了将集结于冲绳的美国舰队逐离，在当月发起的神风攻击没什么不同。这场孤注一掷的行动来自一名德国轰炸机王牌哈乔·赫尔曼上校的构思。作为一名充满热情的民族主义者，他深信Me-262是使德国避免比《凡尔赛条约》更屈辱的无条件投降条款的唯一机会。"但这种飞机投入服役还需要一些时间，"他后来阐述了自己的想法，"我们迫切需要一些手段，给美国的一支轰炸机编队造成高得无法接受的损失……这样，我们便能获得一个喘息空间，从而将大批喷气式战斗机投入服役。"[15]

赫尔曼的计划对过去突击大队的"撞击战术"进行了较大的修改。[16]前一年，他们那种半自杀式攻击一直不太成功，因为笨重的Fw-190、超载的武器装备以及过厚的装甲使他们很容易被护航的美军战机猎杀。只有在速度更快的战斗机提供掩护的情况下，他们才能给敌人造成损失。1944年底提交给戈林的一份计划中，赫尔曼建议使用一款不同的攻击机，一种高空版Me-109，去除装甲板，只保留一挺机枪用于自卫。在轰炸机群上方5000—6000英尺集结后，每位驾驶员挑选一个目标，然后俯冲而下，撞向重型轰炸机最薄弱的部位——尾翼的前方。一次准确的撞击能让一架轰炸机断为两截。

过去，突击大队的飞行员们只是在近距离内无法用机炮摧毁对方时，才会试着撞击敌轰炸机；而赫尔曼的各个中队将把撞击作为他们唯一的攻击手段。但与日本人的神风敢死队不同,德国的自杀机飞行员在撞击敌机的同时,将从他们毁坏的飞机中跳伞逃生,以便为祖国再次效力。投入800架飞机,使用为这次关键性任务而节约下来的燃料,赫尔曼希望能消灭400架轰炸机,他估计将牺牲掉200名祖国的英雄。

希特勒和戈林批准了这项计划,但他们提醒赫尔曼,不能为此而浪费那些老驾驶员,只能使用飞行学员。当年2月,征召志愿者的电话打到各个飞行训练学校,赫尔曼很快便得到了比飞机数量还要多的飞行员,他那些飞机驻扎在易北河附近,施滕达尔的一个战斗机基地内。他们自称为"易北河特遣队",而他们的行动代号是"狼人"。

训练——主要是旨在推动爱国热情的政治灌输——随着西线迅速崩溃的消息而加速进行。"就是在1945年3月,我们打断了德国军队的脊梁。"布莱德利将军的参谋长切特·汉森少校回忆道。[17]在科隆、科布伦茨、波恩以及盟军部队到达莱茵河的各个地点,德国人将桥梁炸毁后,仓促向东后撤。但在3月7日,第9装甲师的一支特遣队抢在德国人引爆炸药前,夺下了波恩南面,雷马根镇上的鲁登道夫大桥。这使美国第1集团军得以冲入莱茵兰平原。虚弱的敌军仓促试图提供支援,却被盟军空中力量打垮。该地区的二十五个铁路编组场中,二十个被摧毁,这是一位记者所称的"战争中最伟大的空中突击"[18]的组成部分。

3月份的最后一周,四个集团军,包括巴顿的第3集团军,利用驳船和工兵旅以惊人的速度构建起的浮桥渡过了莱茵河。位于鲁尔河谷的德军遭到包围,盟军抓获了32.5万名俘虏。"德国最具价值的工业区已无法为她的战争而效力,"陆航队历史学家们描述了敌人最后的困境,"在鲁尔区身后是一群士气低落的民众,一个饱受摧残的工业体系,一支被击败的军队和一个衰败的政府。"[19]

4月2日,夺取德国第三大城市科隆的一个月后,美国军队在城内遭到炸弹重创的大教堂内举行弥撒。现在,戈林不得不采取行动了。4月7日拂晓,他命令尚未准备好的"易北河特遣队"投入行动,对付正在逼近的千余架美国轰炸机组成的编队。在JG 7联队的活塞式和喷气式战斗机的掩护下,120名飞行学员驾驶着飞机攀升至云层中,赶往集结点,他们的耳机中播放着爱国歌曲,同时伴以一名纳粹护士长响亮的嘱托,提醒他们"埋在城市废墟中那些死去的妻子和孩子"[20]。

驾驶自杀式战斗机的飞行员并不都是头脑麻木的纳粹狂热分子。许多人自愿参加是因为他们觉得自己和自己的国家毫无希望可言,盟军不肯做出非惩罚性和平的承诺,在这种情况下,除了战斗和牺牲,别无他法。"毫无疑问,我们的宣传未能给德军士兵提供一个积极的理由来促使他们投降,"美国第1集团军的心理作战组在一份报告中宣称,"相反,大多数官方声明让他们觉得,战败的前景会令他们丧失一切……如果宣传工作能将德国阐述为一个艰难却可以忍受的存在,并辅以某种官方的保证,这将给予普通德国士兵一个积极的理由来停止抵抗。"[21]正如聚集在蓝天中准备迎战美国人的那些"易北河特遣队"的小伙子,他们带着迷茫的绝望,相信他们的奋战是为了让德国免遭一个惩罚性和平条约,而这种条约将令德国永远处于虚弱无力的状态,并在很大程度上屈从于布尔什维克的脚下。如果美国人遭受重创,付出重大代价,再加上尚未赢得的太平洋战争,可能会使他们寻求单独媾和。

这是一场残酷,却呈一边倒状态的战斗。五十架德国战斗机,包括十余架喷气式战机,突破"野马"的屏护,冲向轰炸机群。至少有八架自杀式战机撞上美国重型轰炸机,并令其坠落,自杀式飞机撞入轰炸机的机鼻,或是击中机身处,旋转的螺旋桨被他们当作嗡嗡作响的电锯使用。轰炸机内的机组人员死状可怖,就像是被切开的罐头,撕碎的躯体被狂风卷走。十架轰炸机被撞落,但有些遭到撞击的重型轰炸机奇迹般地生还下来,而自杀机部队的十余位飞行员同样如此。

德国空军为其绝望的行动付出了高昂的代价,参加此次突击的战斗机,损失率高达四分之三。[22]"自杀式战斗机的初次使用并未带来成功的希望,"

戈培尔在他的日记中写道，"但是……这仅仅是一次初步试验，接下来的几天，这样的行动还将继续，希望能获得更好的结果。"[23]但"易北河特遣队"再也没有发起这样的攻击。

三天后，第八航空队倾巢而出，去完成一天前发起的对德国喷气式战斗机基地的猛烈打击。[24]戈林投入50余架Me-262，去对付近2000架盟军战机，喷气式战斗机当天获得了16个被证实的战果，但这其中只有3架重型轰炸机。这是喷气式战斗机对阵轰炸机最为成功的一天，但美国人击落了德军近半数的攻击力量。美国战斗机还摧毁了地面上的284架德国战机，其中至少有25架喷气式战斗机。对德国空军而言，喷气式战机的这一损失被证明是致命的。柏林和德国中部所有城市的空中防御被放弃，实力严重受损的战斗机部队的残余力量被调至巴伐利亚南部简陋、长满青草的机场。第八航空队的战史中，4月10日被称为"喷气机遭到大屠杀的一天"[25]。

4月19日，罗斯福总统去世的七天后，第八航空队最后一次跟德国空军交手。[26]当天的打击目标是位于捷克斯洛伐克乌斯季（Aussig）的铁路编组场。这是一次陆军所要求的战术行动，目的是为了阻止补给物资被运送给仍在布拉格地区抵御苏军的德国部队。查尔斯·埃林的"普鲁迪小姐"号率领着第34轰炸机大队，美国人准确地击中了他们的目标。轰炸正在进行之际，2架喷气式战斗机从埃林的左舷窗高速掠过，几秒钟后，4架"空中堡垒"消失了。"野马"战斗机立即投入战斗，一眨眼工夫便葬送了40名美国小伙性命的2架喷气式战斗机被击毁。埃林机上晕头转向的射手们还没来得及将他们沉重的机枪调转方向，又一架喷气机从八点钟方向高速飞来，击落了第五架"空中堡垒"。那是罗伯特·F. 格莱兹纳中尉驾驶的"死亡之手"号，与战争末期许多轰炸机的做法一样，这架B-17上没有安排两名腰部射手。执行第111次作战飞行任务的"死亡之手"号隶属于第447轰炸机大队，是战争期间第八航空队被敌战斗机击落的最后一架重型轰炸机。埃林和他的组员们没有看见降落伞，但他们后来获悉，七至八名机组人员设法逃出了燃烧着的飞机，后来被美国军队解救。

战争结束后，盟军审讯者问德国空军参谋长卡尔·科勒，如果德国在战争较早些时候便拥有大批喷气式战斗机的话，情况会怎样？科勒将军毫不犹豫地做出了回答。如果是那样，德国空军便可以将500—600架Me-262投入到"1944年秋季的持续作战行动中"，美国人的白昼"恐怖轰炸"将会被"击败"。[27]

这一点值得怀疑。开发涡轮喷气发动机的技术挫折，以及希特勒最初坚持将Me-262作为一款轰炸机使用，妨碍了德国赢得这场与时间赛跑的技术战，本来，他们也许可以削弱美国人的白昼轰炸攻势。[28]就算德国人拥有科勒将军所说的500余架喷气式战斗机，他们也只能在很短的时间内阻止"恐怖轰炸"——美国陆航队将利用这段时间把迅速壮大的B-29"超级堡垒"编队中的一部分调至英国，它们在1944年中期已开始被派往太平洋中部。B-29是航空技术上的一个重大飞跃，与"空中堡垒"这个老大哥相比，"超级堡垒"更大、更快、火力更猛。这种飞机以超过350英里的时速在40000英尺的高空中飞行——在这一高度，那些引擎较小的飞机，包括喷气式战斗机，性能表现极不稳定——并配备了革命性的遥控机枪，这款强大的飞机本来是用于对付德国第一代喷气式战机及其严重缺乏经验的飞行员的。而德国人的喷气式战斗机，由于油耗过高，只能在距离基地25英里的范围内活动。[29]

就算Me-262设法将战事延续至1945年夏末，那么，德国，而不是日本，可能会成为第一颗原子弹的打击目标，以犹太人为主的研发小组所研制的这种武器，最初就是为了打击纳粹。"如果德国人不投降，我就将这颗炸弹投向他们，""艾诺拉·盖伊"号的机长，前第八航空队飞行员保罗·蒂贝茨在战后说道，"对此，我会感到满意，因为他们曾向我射击过……我得到的指示是，组建一支精锐轰炸力量……根据对指令的理解，训练时，他们被分成两组：一组派往欧洲，另一组飞赴太平洋。日本人并不是优先打击的目标。我们最初的计划是想将原子弹同时投向德国和日本。"[30]

如果将B-29部署到英国,只需要花上很短的时间将跑道延长,以适应这款飞机;甚至在原子弹做好准备前,B-29这种长机翼的毁灭性武器,在这种紧急情况下,很可能会对德国的城市投下大量燃烧弹,制造出十几起德累斯顿那样的大火灾。显然,美国人准备对德国这样干,用哈普·阿诺德的话来说:"只需时机成熟。"[31]

1943年,犹他州荒凉沙漠中的达格威试验场内,好莱坞雷电华公司仿真部门的设计师和标准石油公司的工程师,根据与陆军化学战部队签署的协议,构建起两座工薪阶层住宅区,一座是德国人的,另一座则是日本人的。[32]从家具到床上用品,这些住宅精确复制了东京和柏林工人们的住房。为确保"德国村"的真实性,军方招募了声望卓著的现代派建筑师埃里克·门德尔松,这位德裔犹太流亡者设计了六座砖结构住宅,柏林郊区,这种类型的出租房紧密排列,1945年初,第八航空队曾对其进行过多次轰炸。盐碱沙漠中这两座模拟村庄遭到燃烧弹的轰炸,然后进行重建,反复试验的目的是为了让燃烧弹具备穿透德国建筑物屋顶的能力。在达格威试验场,军方还试验了M-69凝固汽油弹,这种阴险的新式武器由标准石油公司研发而成。"如果打算与德国来一场全面战争,我们或许会让这场战争变得可怕至极。"助理战争部长罗伯特·洛维特说道。[33]1944年年底时,洛维特鼓励陆航队开始制订对德国军队集结区和城市使用凝固汽油弹的计划。对德国来说,喷气式战斗机实施抵抗,将战事延续下去,并不会带来条件更为宽松的和平——那只是纳粹的白日梦——只会造成一场蛾摩拉城般的毁灭,凝固汽油弹的飓风后,原子弹的台风将接踵而至。

结果,作为世界上最可怕的打击力量,德国空军拉开了战争的帷幕,他们摧毁过格尔尼卡、华沙和鹿特丹,最终在萨尔茨堡一条窄小的跑道上,他们走到了尽头,美国的"野马"战斗机像秃鹰那样在猎物的上空盘旋。但这些胜利者并未发起俯冲和攻击,阿道夫·加兰德和他那些王牌飞行员成了六年激烈空战中寥寥无几的幸运儿,他回忆道:"他们显然很希望,过不了多久便能亲自飞一飞曾令他们大吃苦头的德国喷气式战斗机。"[34]就在第一队美国坦克叮当作响地来到机场时,加兰德的飞行员们将汽油泼在他们的喷气式战斗机上,并点火将其烧毁。

战略轰炸调查

空中战争尚未结束时,斯帕茨的副手弗雷德里克·安德森将军便急于看到轰炸行动的原始成果。4月中旬,安德森将军征用了一架轻型飞机和一架搭载着两辆吉普车的C-47运输机,并派出一支小规模空军小组,对美国曾轰炸过的那些城市和工业区进行了为期八天的空中和地面考察。安德森将军的随行人员中有一名摄影师、一名情报官和历史学家布鲁斯·C.霍珀博士。

这是一次惊心动魄的考察。安德森将军对自己的目标"就像小孩子对他的弹球那般了如指掌",小小的飞机贴着树梢飞行,"钻入滚珠轴承厂残存的框架中",霍珀在他的日志中写道。[35]主要的道路上挤满难民,部分高速公路被后撤中的德军埋设了大量地雷,但安德森将军驾驶着一辆C-47所搭载的吉普车,行驶在颠簸的乡村道路上,加速穿过一个个尚未获得解放的村庄。由于美因河上所有的桥梁都已被炸毁,安德森找来一条被丢弃的木船,和他的情报官(他俩都是经验丰富的渔夫)划着船与危险的湍流搏斗,四个人最终渡过水坝来到对岸的施韦因富特。几天后,他们差一点儿送命,当时,安德森将军驾驶着他的轻型飞机,在暴风雨中飞行,飞机上没有高度计,他穿过陡峭的峡谷,在峭壁间寻找降落场。后来,在纽伦堡,在一群"开枪取乐的美国兵"的护送下,他们驱车驶入这座刚刚获得解放的城市,一些建筑物带着雷鸣般的巨响倒塌在街道上。他们的吉普车在施韦因富特附近抛锚后,安德森和他的随行人员骑在一位当地农民的牛背上,赶往一座被炸毁的滚珠轴承厂。

霍珀博士未出版的战地笔记,读起来就像是一名考古学家考察着远古文明的遗迹："达姆施塔特，一片废墟，似乎没有一座屋顶是完好的……法兰克福，看上去就像是放大的庞贝城……卡塞尔……只剩下几英里的锈迹盯着天空……维尔茨堡，一堆皱巴巴的花生壳。洛伊纳，一片钢铁框架所形成的大沙漠……马格德堡……又一座幽灵般的科隆……难以言述。只有一种恐怖感，什么都没有，什么都没有留下。"

在他们停留的几个地点，安德森小组与美国记者们共进晚餐，所有人都同意，他们目击了"这个世界史无前例的破坏和混乱"[36]。他们所穿过的各个城市已没有居民区，记者伦纳德·莫斯利说，那是地球的伤口。[37]整个考察期间，安德森小组见到的唯一现代生活迹象是一节行驶着的火车。

如果安德森需要为他的轰炸机所造成的荒芜进行某种道德上的辩护，那么他在布痕瓦尔德找到了答案。那里，烧了一半的尸体仍在尚有余温的焚尸炉内，人骨堆得比任何一个活人都要高。霍珀在他的日志中写道："这就是对质疑战略轰炸的解毒剂。"

就在安德森小组完成他们的现场调查之际，美国陆航队已进入收集资料、对战略轰炸德国所造成的经济和心理影响进行系统研究的第二个月，该项目名为：美国战略轰炸调查（欧洲战争）。军方人员组成的先头小组已在3月跨过莱茵河，跟在盟国军队身后，在军工厂和炼油厂的废墟中进行挖掘，搜寻着相关文件。[38]他们搭乘吉普和武器装运车，携带着鼓励当地人合作的巧克力、香烟和肥皂，他们甚至在美军坦克部队之前进入到某些交火地带，并遭遇到猛烈的火力射击。战地调查组中的四名成员身亡，其中有两位是平民，另外四人身负重伤。

这是迄今为止最广泛的社会调研项目之一，这场大规模实地考察产生了208份报告。这些报告使美国在纳粹德国上空所进行的空中战争"跻身于历史上最出色、最辉煌的军事行动之列"[39]。一些初期发现是运气与优秀的勘察工作相结合的结果。[40]驻扎在路德维希港I. G. 法本加氢厂的残垣断壁中时，一支战地调查组无意间遇到了厂长，他把他们带入一个防空洞，那里堆满了工厂遭受破坏和人员伤亡的统计资料。另一个小组发现了德国石油工业四个文件柜的资料，它们被藏于松林深处的一片村落中——废弃的啤酒厂里发现了一个，其他的则被藏在一间牛棚里。其他小组也在矿井、村墓地以及林间空地的深洞中挖出了大量文件记录。这些发现中有十六桶德国合成燃料工业的资料文件，其中包括德国对日本制造合成燃料不太成功的尝试加以援助的高度敏感性情报。

在科隆，一个先头小组驻扎在莱茵河西岸德国国家铁路的办事处里。[41]就在组里的成员们开始搜索建筑时，遭到河对岸敌军的射击。他们叫来两个美军步兵排提供掩护，随即手足并用，将那些散落在各间办公室地板上的铁路文件收集起来。

其他工作也在获得解放的法国和比利时展开。在伦西斯·利科特这位著名的民意调查专家的带领下，调查组的士气分部询问了数百名前法国战俘、南斯拉夫难民以及逃离纳粹魔掌的奴工。[42]询问小组随即在德国各地分散开，在34个城镇中采访了近4000名平民。与此同时，调查组的经济分部对工厂经理和市政府官员加以追捕和审问。

德国投降后，一个小组——技术军士保罗·巴兰也在其中，[43]这个富裕的波兰犹太家庭的孩子，过去曾是战略情报局的侦探，后来成为斯坦福大学颇具争议的马克思主义经济学者——秘密飞入柏林的苏占区，以便从罗尔夫·瓦根菲尔博士那里获得经济统计资料。瓦根菲尔博士是施佩尔部门的首席统计学家，被认为是个"烤牛肉"纳粹——外表是棕色（纳粹），内里是红色（共产主义者）。巴兰从战前便在哈佛大学认识的一个柏林人那里获知了瓦根菲尔博士的下落后，安排了一次会面。瓦根菲尔博士向巴兰交出了自己刚刚完成的一份手稿的副本——"德国战时经济的兴衰"。巴兰要求瓦根菲尔博士跟随调查小组一同返回德国西部时，他拒绝了，说他已经"决定跟俄国人同甘共苦"。[44]当晚，保罗·巴兰带着"一群人"[45]进入苏占区，他的一名队员回忆道："毫不夸张地说，瓦根菲尔博士从床上他妻子的身边被拎起。"这位统计学家被带至德国西部，尽管苏联红军施加了沉重的压力，但直到他向陆航队研究人员交代了他们所需要的情报后，才被允许返回东部地区。

当年夏末，巴兰审讯了一名德国钢铁大亨。注意到巴兰不合身的军装、乱蓬蓬的头发以及典型的犹太人特征，傲慢的德国大亨告诉他，自己只习惯于"跟行业的领导者交谈，可您是谁？"[46]巴兰回答说，自己所处的地位有足够的权力将这位德国大亨投入监狱，每天只问一个他拒绝回答的问题。随后而来的回答迅速而又完整。[47]

巴兰进入调查组是出自过去哈佛大学同事约翰·肯尼斯·加尔布雷斯的推荐，加尔布雷斯后来成了著名的经济学家和公共知识分子，并在约翰·F. 肯尼迪总统的任期内担任驻印度大使。加尔布雷斯是个诙谐、优雅的反传统主义者，永远在挑战"传统智慧"，这个词被这位不够谦虚的著名经济学家称作是自己的发明，他已被未来的副国务卿兼驻联合国大使乔治·鲍尔所招募。战争初期，这两人曾在华盛顿短暂共事，都对轰炸战赢得战争的能力持怀疑态度。加尔布雷斯的情感陷得更深些，他认为轰炸战是一件"可怕的事"[48]。

鲍尔接近他时，出生于加拿大的加尔布雷斯刚刚辞去罗斯福总统"物价管理局"中的显赫职位，在《财富》杂志社担任一名高级编辑。尽管不太愿意离开《财富》杂志社，但他认为，自己对轰炸战的怀疑态度，会对轰炸机巨头们失控的热情起到必要的纠正作用。保罗·尼采这位年轻的政府经济学家、未来的五角大楼官员，也加入到鲍尔的队伍中，鲍尔让加尔布雷斯确信，这个调查将是一次民间操作的行动，"不受陆航队支配，尽管他们提供建议和支持"[49]，最终，加尔布雷斯同意加入。

阿诺德和卡尔·斯帕茨希望如此。进行调查的想法出自他们；这个调查能为轰炸日本提供重要数据，并为将来的制空权学说打下基础。[50]为了让此次调查具有广泛的自主权，阿诺德说服罗斯福，使调查组成为一个"蓝带委员会"。[51]陆航队领导者们相信，一场不带偏见的调查会得出这样的结论：空中力量在击败德国的过程中起到了重要作用。他们对此深信不疑，加尔布雷斯指出：“正如其他人相信圣灵那样。”[52]由一个独立的委员会做出空中力量不可或缺的结论，也会对陆航队在即将到来的为其独立性而进行的"战斗"中有所帮助。出于这个原因，阿诺德拒绝了英国皇家空军进行一项英美联合调查的提议。英国人发起了一次独立、不够全面的调查研究，直到1998年才作为普通出版物发行。

由于未能找到一个他所希望的突出、公正的公众人物来领导这次调查，阿诺德不得不勉强接受保德信人寿保险公司总裁、一战时期的炮兵上尉富兰克林·D. 奥利尔。但调查的管理工作很快便转给亨利·亚历山大，他是纽约的一名律师，也是J. P. 摩根的合伙人。其他高层职位交给了美国商业和法院系统里的人，他们都来自显赫的新英格兰家庭和传奇性的大银行。但真正的权力落入各工作委员会首脑的手中。这些工作委员会被称为"分部"——针对每一个主要目标或轰炸战的打击对象设立的一个个独立分部，如：石油分部、交通运输分部、士气分部等等。各分部的领导和工作人员由声望卓著、能力出众的人出任：工程师、科学家、经济学家、律师、心理学家、统计学家和管理者。乔治·鲍尔负责交通运输分部，加尔布雷斯率领的一个委员会则专门调查轰炸德国的动员情况对"整体经济的影响"。

加尔布雷斯后来写道，他那些"经济战士"成了"下一个经济时代中一系列著名人物"。[53]除了巴兰，小组中还包括伯顿·H. 克莱因，他是加尔布雷斯的首席助手，后来成为一名重要的经济理论学家；尼古拉斯·卡尔多（后被封为勋爵），剑桥大学的一位杰出人物；E. F. 舒马赫，后来成为开创性的环保著作《微即美》的作者；另外还有G. 格里菲斯·约翰逊这位未来的助理国务卿。此外，还有少量"不太像战士的人"[54]也加入到他们的行列中，这其中包括英国诗人W. H. 奥登和作曲家尼古拉斯·纳博科夫，这些任命让哈普·阿诺德目瞪口呆。只有一位杰出的陆航队将领在委员会中担任有影响力的职务，完全是顾问性质。他就是奥维尔·A. 安德森，吉米·杜立特尔负责作战行动的副司令,是领导层中唯一一个精通陆航队轰炸程序的人。

调查委员会的领导们面临着一项前所未有的任务。正如《纽约时报》的汉森·鲍德温所指出的那样:"一项军事行动经受来自官方,但主要是民间委员会的详细审查和评判,这大概是历史上的第一次。"[55]陆军和海军领导人关切地注视着,他们纳闷,哈普·阿诺德怎么会对军方的特权制造出这样一种危险的威胁。"这个构想对他们并无吸引力,"鲍德温写道,"他们担心该委员会开了一个对地面和海上战事进行类似调查和评判的先例。"

一个海外办事处设立在伦敦,就在格罗夫纳广场,艾森豪威尔过去的总部里;陆军巩固了对莱茵兰地区的控制后,前进总部便设立在巴德瑙海姆的公园酒店,那是法兰克福附近一个豪华的温泉疗养地。加尔布雷斯和鲍尔于4月中旬到达那里。不在现场询问纳粹们时,他们便把工作人员召集到酒店用皮革和木板装饰的酒吧中,就战略轰炸的影响展开生动的辩论,加尔布雷斯已下定决心要证明战略轰炸的影响非常小。就像他对朋友们所说的那样,他加入轰炸调查时便已掌握了"战争的基本原则:对空军将领们告诉你的东西要有一种本能的怀疑"[56]。(加尔布雷斯对军事扩大化的鄙视显然也波及普通的美国士兵。1945年夏季,搭乘飞机返回美国的途中,"一名满身勋章的中士坐在我身旁,问我是否想听听他在战争期间的冒险经历,"加尔布雷斯在他的回忆录中写道,"我告诉他,我不想听。他又几次试着与我交谈,但都被我拒绝。最后,他问我,我觉得谁能赢得世界职业棒球大赛。我问他今年参加决赛的是哪个球队。"[57])

战略轰炸有效吗?

4月初,德国境内已没有什么可以轰炸的目标。燃油战已经获胜。[58]合成燃料厂的产量下降至正常输出量的6%,航空汽油的生产完全停止。燃油战"折断了德国空军的翅膀",[59]破坏了德国陆军的机动性,阻止其保护为合成燃料厂提供电力的煤炭资源。1945年2月，德国陆军拼凑起1500辆坦克，试图阻止苏联红军冲入上西里西亚的煤田，但由于燃料短缺，他们无法正确地部署这些坦克。[60]此时的德国军队给自己施加了时速17英里的限制，另外，一道长期有效的命令指出："任何人将燃料用于直接军事行动以外的用途，都将被视为破坏者，并受到无情的军法审判。"[61]

战争的最后一年，施佩尔的副手埃德蒙·盖伦贝格，已着手实施一项紧急计划，建造七个地下加氢厂。[62]与航空工业不同，合成燃料的生产太过庞大和复杂，根本无法迅速转入地下，这七个工厂无一完成。

情况本来不会这样。战争初期，石油工程师们曾建议将生产转入地下，却被纳粹官员们告知，还没等工厂搬迁完，战争便会获胜。这些工程师不仅没有因他们的主动性获得奖励，反而遭到盖世太保的警告，如果继续提出这样的建议，他们会因"质疑帝国的不可战胜"而被送至集中营。[63]美国战略轰炸调查委员会招募的石油专家们认为，如果搬迁至地下的工作在1942年展开，通风良好的厂房建造在靠近煤炭供应处，再加上完整的石油输送管道，"德国的石油工业可能会在轰炸中一直处于相对安全的境地"[64]。但这是个太少、太晚的实例。承担起将德国石油生产转入地下这一艰巨任务的一年后，埃德蒙·盖伦贝格被发现在德国北部经营着一间小小的自行车修理铺。

1945年4月初，盟国空军的运输交通战也已完成其主要目标。德国的河流和运河交通网已无法使用，铁路系统变为一片废墟，另外还包括为经济提供动力的煤炭工业。尽管对盟军轰炸机是否应该将重点集中于炸毁桥梁、地下通道、隧道和高架桥上的铁路线，而不是粉碎维修工人能迅速加以修复的铁路编组场这个问题仍存在争论，但盟军空中力量对铁路和河流运输系统进行的缓慢绞杀，可能是导致德国经济崩溃最主要的一个原因。[65]

今天，没有哪个国家能在缺乏工业经济的前提下打赢一场全面战争，1945年初的德国也无法做到。他们几乎已没有石油，尽管他们有大量的煤炭，但盟军的空中力量使德国无法运送这些煤炭。"即便是第一流的军事强国——像德国那般顽强、富有弹力——也无法在空中武力在其腹地上空进行的全面打击中存活下来。"美国战略轰炸调查委员会的筹划者们所作的报告中将得出这样的结论。[66]一个世界大国的经济被彻底摧毁，与之一同遭殃的还包括该国所有的大型城市，这在现代历史中尚属首次。战地记者朱利安·巴赫指出，将数百座陷入燃油荒，却依然完好无损的工厂视作"工业"，"是将牲畜的尸体视作牲畜的错误"。[67]

尽管直到盟军踏上德国领土，准备施以致命的打击后，德国经济才发生了彻底的崩溃，但其遭受到的无法恢复的破坏很早便已开始。没有制空权，艾森豪威尔的军队根本无法进入德国的大门。

但大多数人对盟军轰炸战成果的印象并非如此。对恐怖轰炸的道德愤怒（英国历史学家J. F. C. 富勒认为，"轰炸机"哈里斯"骇人听闻的屠杀……甚至令匈奴王阿提拉自愧不如"[68]）以及轰炸行动巨大的耗费——批评人士指责，这些钱本可以用于盟军战争行动中更具成效的其他方面——使得战略轰炸对德国战争行为的影响被严重低估。一些杰出的记者和历史学家坚信，战略轰炸未能缩减德国的战时生产，对城市的轰炸反而加强了德国人民抵抗的意志。这些批评者还引用了美国战略轰炸调查委员会的调查结果来支持他们的结论。

挑战陆航队关于战略轰炸的说法是一回事，而认为战略轰炸调查委员会说了些他们绝对没有说过的话则完全是另一回事。该调查结果何以被严重误读，这是现代军事学术中的谜题之一。约翰·肯尼斯·加尔布雷斯是这一混淆的主要贡献者。在越战时期的著作中，他将打击纳粹德国的空中战争说成是一场"灾难性"失败，[69]这让不知情的读者误以为这就是他在1945年得出的结论。加尔布雷斯对林登·约翰逊总统针对北越的首次大规模空袭——滚雷行动——提出可以理解的反对，他坚持认为战略轰炸从未奏效过，在越南，在朝鲜，甚至在二战期间都没有奏效。加尔布雷斯的传记作者理查德·帕克，甚至比他的研究对象更执意地认同这一点。美国战略轰炸调查委员会发现，战略轰炸"实际上并未能成功摧毁——或者严重妨碍——德国的战时生产能力……就连D日后对炼油设施和铁路系统的专项打击也不过是拖缓了德国陆军和空军，并未能将其削弱"[70]。

这是对加尔布雷斯的结论以及调查委员会总结报告的歪曲。真实情况完全不同，更复杂，更耐人寻味。

1945年夏末，战略轰炸调查委员会完成了他们的实地考察，各分部的头头回到伦敦和华盛顿撰写他们的报告。加尔布雷斯这个部门研究的是轰炸德国战时生产所造成的总体影响，他们所掌握的信息主要有两个来源：罗尔夫·瓦根菲尔和阿尔贝特·施佩尔。瓦根菲尔提供了德国战时生产的宝贵数据，而施佩尔给加尔布雷斯的更多——关于纳粹战争规划和政策的内幕信息。

德国投降的第二天，加尔布雷斯先头小组的两名成员，乔治·斯克拉兹中尉和技术中士哈罗德·法斯贝格，非常偶然地发现施佩尔在弗伦斯堡的一座办公楼内，[71]希特勒选定的继任者，海军元帅卡尔·邓尼茨在靠近丹麦边境的这个度假小镇建立起一个临时政府。此刻，这里是德国唯一未被盟军占领的地方，施佩尔居住在一座16世纪的城堡内，由党卫队士兵守卫，四周环绕着一条湖泊大小的护城河。加尔布雷斯与乔治·鲍尔、保罗·尼采、伯顿·克莱因和一群翻译飞抵弗伦斯堡后，驱车来到施佩尔的避难所，这位温文尔雅的纳粹部长迎接了他们，施佩尔个头很高，腰杆笔挺，穿着一身精心裁剪的棕色制服。

施佩尔是加尔布雷斯和鲍尔最想见的人，这位"奇迹创造者"[72]拥有关于军事经济内部运作无可比拟的情报，战争的最后几年，他以近乎独裁的权力掌管着这一切。乔治·鲍尔说，与他会面，"就像是一个人为解开某个谜而忙碌几个月后，无意间发现了答案那样"。[73]意识到战争已彻底结束，施佩尔同意进行为期七天的详尽会谈——这位帝国部长将他们这场马拉松式的会谈称为

"轰炸学校"。[74]

七天后,施佩尔被英国士兵逮捕,而在此之前,他很高兴,也很渴望提供自己所掌握的情况。美国人到达弗伦斯堡的第二天,与施佩尔会谈时,他穿着一身普普通通的西装,这使他看上去像是个年轻的大学教授,[75]与许多教授一样,他很高兴成为众人关注的焦点。"他的魅力和显然是自发的坦率,激起了我们对他的同情,这不禁令我们暗自惭愧,"[76]鲍尔后来承认,"他当时对大屠杀了解多少呢?"也许是担心破坏悠闲、亲切的会谈气氛,没人敢提出这个问题。

施佩尔坐在一张小小的沙发上,双手交叉于膝盖,说话时来回做着缓慢的摆动,他诉说出惊人的故事——他是如何将一个浪费、低效的战时经济变为一个专注生产的机构。通过这些会谈和来自瓦根菲尔的统计表,加尔布雷斯和他的"经济战士"为德国的经济表现塑造出一个引人注目的理论,这个理论被美国和英国所进行的战略轰炸调查所采用,并决定了一些杰出的历史学家和经济学家战后研究工作的走向,这些人中包括伯顿·克莱因,他是加尔布雷斯将来在哈佛大学的学生,也是《德国为战争进行的经济准备》这一重要著作的作者。[77]

这就是闪电战经济理论,[78]该理论宣称打破了关于纳粹最为流行的一个观点:从战争的头几个月起,他们便为一场全面战争无情地动员了德国各个州的资源。德国的战争管理"在很长一段时间里一直不太积极,能力也不够",施佩尔告诉加尔布雷斯的小组。[79]德国最初进行的动员只够他们在欧洲邻国取得一系列"廉价而又简单"的胜利。[80]这就是闪电战,该理论的支持者们后来这样称呼这些胜利,闪电般迅速的地面和空中打击赢得了战事。这些胜利也受到闪电战经济的支持,生产体系只进行短期动员。这是一种大炮和黄油并重的经济模式,并未迫使普通百姓付出更大的牺牲,因为希特勒担心,采取后方紧缩的激进措施可能会引发社会不满情绪,进而破坏战争的努力,就像一战期间德国所采取的那些措施。德国比希特勒预想的更快地击败了法国后,军工生产

"故意减缓下来",加尔布雷斯核对了罗尔夫·瓦根菲尔博士的经济数据后得出这一结论。[81]即便在入侵苏联前,"也没有进行准备,以获得军备生产的大幅度增加"[82]。俄国人的抵抗在几个月内便会崩溃,希特勒被说服了。于是,大多数德国工人继续以单班形式从事生产,另外,妇女们也没有被征召进战时工业生产中。

1941—1942年冬季,德国军队止步于莫斯科门前,进行这场残酷的冬季战役,他们的服装和装备都严重不足,德国没有为一场长期战争做好准备,现在终于尝到了恶果。当年2月,施佩尔被任命为军备军需部部长,随即开始了一项全面动员方案。

美国陆航队未能对纳粹战时经济的真正特点做出正确评估,"也许是战争期间最大的失误之一",与施佩尔交谈后,加尔布雷斯确信这一点。[83]这导致了两年令人毛骨悚然但又无效的轰炸行动,并在1943年针对施韦因富特滚珠轴承厂的大空袭中达到顶点,加尔布雷斯认为这些行动是"空战历史中……最大的灾难"[84]。第八航空队抵达英国时,轰炸机指挥官们认为他们将要打击的是一个彻底动员起来的经济,一个"绷得紧紧的"工业体系,这个体系没有任何"懈怠",没有可从和平状态转为战时经济的后备厂房、劳工和物资,以弥补轰炸造成的损失。[85]但赫尔曼·戈林领导的经济就像其领导人那样,"肥胖而又无能",施佩尔告诉加尔布雷斯和其他美国审讯者。[86]戈林和其他纳粹领导人过着"奢侈得惊人"[87]的生活,并进行"毫无限制的贪污"[88]。(具有讽刺意味的是,施佩尔是在一座豪华海滨庄园的客厅里说的这番话,为了自己的享受,他把它据为己有,出版审讯记录时,加尔布雷斯故意忽略了这一点。)

施佩尔出任军备部长一年后,他和他那些技术专家给予了战时经济几乎全方位的指导,他们降低了军方和党在决策方面的影响,并使用亨利·福特的原则,规范和简化工厂的生产,在重要行业开始了从手工到大规模生产的转变。美国对德国的飞机制造和军工厂展开轰炸后,施佩尔分散了生产控制权,并将许多生产体系转入地下。在近两年的时间里,这一仍未动员起来的经济体系承受着来自空中的毁灭性打击。[89]利用充足的储备,施佩尔得以将滚珠轴承的生产转移至其他地方,并将因"轰炸机"哈里斯的城市空袭而失业的经济消费品领域工人——店员、推销员和服务员——更好地用在军工厂中。这些措施使施佩尔增加了坦克和飞机的产量,这种增产一直持续至1944年夏末。[90]根据瓦根菲尔博士的统计,当时的军备生产是遭受猛烈轰炸前的三倍多。

这是个令人信服的理论:一个廉洁的生产天才,几乎是凭一己之力在两年的时间里挫败了世界上两支最强大的轰炸机力量的共同努力。可是在最近,闪电战理论的基础被动摇。包括军事历史学家理查德·奥弗里和威廉姆森·默里,以及经济历史学家维尔纳·阿贝尔绍瑟在内的当代学者,认为战时与战前的德国是同一个国家,而不是两个,这个国家早在三十年代中期便已开始为一场种族征服的全球性战争做准备,并"沿着这条不断加强动员的道路"进入四十年代。[91]自1939年起,德国的消费品生产便被大幅度削减,军费开支稳步上升,在施佩尔获得支配地位前,其涨幅高达400%。[92]当时,大多数消费品行业被迫将其半数以上的产量投入到军事领域,另外,德国动员起来的女性劳动力比英国要多得多。

威廉姆森·默里认为,尽管有过打算,但德国未能在三十年代末和四十年代初全面重整其军备,因为除了煤,德国缺乏几乎每一种从事战争必不可少的战略原料。[93]除石油外,他们还不得不进口铁矿石、铜、铅、锌、铝土以及用于加工优质钢的有色金属:镍、锰、钨、钒和钼。另外,熟练和不熟练的劳动力,德国也都很缺乏。

奥弗里指出,希特勒的另外一个问题是,他为战争所进行的经济准备,与其外交现实不符。[94]德国对波兰的入侵引发了欧洲大陆的全面战争,而希特勒原打算到40年代中期,在中欧巩固德国的力量后再发动这场战争。全面战争出人意料地到来时,德国的经济却缺乏强有力的战略指导和管理。正如施佩尔明确告诉加尔布雷斯的那样,执行不力。但施佩尔的生产奇迹并未能实现闪电战经济向全面战争经济的成功转型。他只是采用了更具效率的办法，在军方较少介入的情况下，所有资源已投入到全面战争中；他和他那支由工业家和工程师所组成的团队，将战时经济表现带至巅峰，而在1941年，施佩尔的前任，军工业的统治者弗里茨·托德便已开始战时经济合理化的进程，1942年2月，托德在一次飞机失事中身亡。随着希特勒对欧洲诸国的征服，施佩尔几乎可以利用整个欧洲大陆来弥补劳工和原料的短缺：普洛耶什蒂的石油；西里西亚的煤；巴尔干地区的铜、铅、锌、铝土；以及来自标准中立国瑞典的铁矿石。施佩尔的经济帝国包括设在法国、荷兰和捷克斯洛伐克的飞机、军火和电子设备厂；这些和另外一些国家为德国提供了奴工、战俘和契约劳工，总计约800万外国工人，其中，近300万来自波兰和苏联。在施佩尔的管理下，从1942至1944年中期，生产的大幅度增长"根本没有依赖于松弛的战前经济的支持"，默里在他重要的著作《欧洲力量对比的变化，1938—1939》中指出，"相反，这种增长是因为德国人能够对被占领国及其控制范围内的中立国的资源加以无情的利用"。[95]

1945年，施佩尔向盟军审讯人员承认了这一点，他的证词与瓦根菲尔博士相矛盾，而瓦根菲尔这位统计学家并未实际参与军事和经济政策的制订。[96]正如历史学家塞巴斯蒂安·考克斯指出的那样："（只是在）很久后，准备自己的回忆录时，施佩尔才接受了瓦根菲尔博士的许多论点，可能是因为这些观点使得他作为帝国军备部长的个人成就看上去比实际情况更重要，表明他是个被那些什么也不懂的幻想家所包围的现实主义和实用主义者。"[97]

德国战时经济的这个新诠释，对了解轰炸战又有怎样的重要性呢？如果德国的动员已于1942年全面展开，那么，斯帕茨和特德至少部分正确。1944年前，尽管德国的整个经济结构并未被绷得很紧，但至少在两个重要领域是这样：石油和交通运输。[98]这使它们成了完美的目标，这两个领域最终遭到打击时，德国已没有储备的汽油和列车来弥补轰炸造成的损失。

加尔布雷斯在轰炸调查报告中写道，1944年夏季前，盟军的轰炸"对德国的军需品生产或全国总体产量未产生明显的效果"[99]。尽管这似乎支持了战略轰炸全然无效的观点，但加尔布雷斯在报告中继续说道，对石油和运输交通的打击最终给德国的经济造成了无法恢复的破坏，严重削减了钢铁、石油和飞机的产量。他甚至承认，1944年夏季前的轰炸给德国战机生产设置了一个上限，"如果没有这种轰炸，其产量可能会提高15%—20%"[100]。

加尔布雷斯的经济小组未能获得的证据表明，这个上限设定得过低。1945年1月，施佩尔军备部的官员对去年如果不遭受轰炸，可能的产量进行了评估。他们的结论是，德国的坦克产量减少了36%，军用飞机减少了31%，卡车则减少了42%。这些未能实现的产量帮助阻止了战时德国成为一个经济超级大国。[101]

在弗伦斯堡，施佩尔认为，第二次世界大战显然是一场"经济战"，是双方生产体系之间的一场战争，而且是在1944年5月，斯帕茨发起燃油战后，这场战争"通过来自空中的打击被决定"[102]。这番证词没有出现在加尔布雷斯发表的关于他跟施佩尔进行会谈的回忆中。施佩尔说："美国和英国空中力量造成的损失，构成了德国在战争期间最大的败仗。"[103]他强调指出，是美国人做出了最为沉重的打击。

有很好的理由质疑施佩尔面对美国陆航队审讯人员所做出的证词。知道自己很快将作为战犯受审，他肯定很愿意告诉对方他们想听的东西——美国的经济轰炸比英国的区域轰炸更有效。但是，施佩尔告诉英国审讯者的内容完全一样。"美国人的空袭遵循着一个明确的体系，那就是对工业目标的打击，这是迄今为止最危险的。事实上，正是这些打击导致了德国军工业的崩溃。"[104]用军备副部长埃哈德·米尔希元帅的话来说："英国人给我们造成了严重而又血腥的伤害，而美国人则是一剑穿心。"[105]

轰炸战对经济的影响，其历史性辩论往往忽略了它为胜利做出的一个重要贡献：它对地面战的影响。英美轰炸战的批评者和拥护者往往落入到分割式思维的错误中，将地面和空中力量做出的贡献看作是"相互隔离"的。[106]欧洲战事的进行并非如此。就像海神波塞冬的武器三叉戟，盟军作战力量的三个尖刺——陆军、海军和空军——协调一致地展开行动，盟军的战略和战术空中力量处于艾森豪威尔的控制下时亦是如此。如果不控制住希特勒欧洲堡垒的空中和海上通道，推进至易北河的盟军部队当初就无法在法国北部登陆。[107]制空权和制海权的获得，是通过击败戈林的空军和邓尼茨的U艇获得的。*尽管美国战斗机小伙们为空战的胜利做出了巨大贡献，从而使D日成为可能，但如果没有轰炸机对德国人不得不防御的目标发起打击并承受严重的损失，德国空军的战斗机就能腾出手来迎战美国战斗机。[108]

没有战术空中支援，以及战斗机和轰炸机对法国交通运输目标的打击，盟军步兵从诺曼底达成突破是无法做到的，持续而又毁灭性的空袭隔绝了战场，阻止了敌人调集起足够的援兵。

对德国交通运输系统的轰炸开始得太晚，已无法阻止德军于1944年年底在西线实施顽强的防御性作战，并在阿登山区发起一场凶猛的反击战。但在1944年初冬前，盟军的轰炸已将德国的铁路和水路运输系统摧毁，给陷入煤炭荒的德国军工业造成了严重的生产损失。尽管德国仍能继续生产武器和弹药，但产量已大幅度下降，而且这些武器弹药甚至无法交付到德国军队手中。这阻止了德军按照希特勒的命令在德国边境实施最后的、狂热的抵抗，"诸神的黄昏"本来会延长这场战争，并使双方付出可怕的代价。[109]

就连加尔布雷斯也在战略轰炸调查报告中一个不太引人注意的章节承认了这一点。如果德国人设法将战争延续至1945年春末和夏初，对交通运输和石油行业双管齐下的空中打击将使德国的军工生产"彻底停顿"，他写道，"而德国军队将彻底丧失武器弹药和铁路机车，几乎可以肯定，他们不得不停

---

*另外，如果没有苏联红军和人民在东线付出的痛苦和牺牲，1944年的登陆也将是不可能的，苏联公民和士兵的伤亡，远比其他各条战线的伤亡总和大得多。

止战斗"。[110]

美国的战略轰炸指挥官并不是各军种合作的热心支持者。是海军上将欧内斯特·金的持续压力才使得B-24"解放者"获得有效部署，去对付德军的U艇，而艾森豪威尔作为最高统帅的权威，迫使斯帕茨派出轰炸机执行战术行动，帮助扭转了欧洲战事的进程。真正的战争，与30年代麦克斯韦基地的教室里所进行的纸上战争完全不同，单靠空中力量便能击败一个工业化和高度军事化国家的想法迅速消失，就像轰炸机能实现自身防御的概念那样。

第八航空队在二战中的作战记录喜忧参半。战争初期，他们的目标制订得太过糟糕。他们轰炸的潜艇坞坚不可摧，而滚珠轴承厂里的那些机床又无法被尺寸过小的500磅炸弹所摧毁。对施韦因富特滚珠轴承厂的纵深渗透空袭，应该在集结起一支更大的轰炸机编队并获得远程战斗机掩护的前提下实施。美国陆航队的规划者们错误地估计了不幸被命名为"空中堡垒"的轰炸机对抗德国空军的能力，从而无谓地牺牲了那些年轻人的性命，而这些年轻人并未充分体会到任务的无望性。

经历了"尝试错误法"政策后，第八航空队最终找到了正确的目标，但他们忽略了一个极为重要的目标：德国的电力网。摧毁敌人极其脆弱的发电和配电站，将破坏他们的石油工业，因为这个行业严重依赖电力。战前，以海伍德·汉塞尔为首的陆航队规划者们，曾将摧毁德国电力系统作为战略轰炸攻势的一个首要目标，[111]但斯帕茨未对其发起打击，原因与他起初对打击德国铁路网产生的犹豫相同：该系统似乎太过庞大，太过分散，无法有效地予以摧毁。但到1944年年初，德国的电力系统与他们的铁路系统一样，已延伸过度，以汉塞尔将军在战后所做的评论来说，"绷得太紧，太过脆弱"，而且，"对空袭毫无防范"。[112]美国战略轰炸调查委员会得出结论，如果德国最大的几个发电厂在当年被摧毁，"所有证据表明，这种破坏……将对德国的军工生产造成灾难性影响"。[113]

盟军在二战期间的轰炸行动，所受到的审核比历史上任何军事行动更为严密，但几乎没有一个批评者指出其最危险的不足之处：没有将空中行动——轰炸些什么、如何轰炸以及何时轰炸——置于严密的民间审查下。盟军的空中力量指挥官，个个能力出众，但对他们的约束太过松散。[114]

但这些指挥官和他们英勇的组员们打了一场果断的战役——这是战争期间延续时间最长的战役——对确保欧洲战事的胜利来说，它与大西洋战役同样关键。经历了数年的挫折和骇人听闻的损失后，联合轰炸机攻势终于在1944年冬季和春季对德国战争机器展开了致命的打击。就这一点而言，其战略重要性仅次于红军在东线击败德军以及1944年盟军在诺曼底的登陆，而如果没有掌握空中优势，盟军在诺曼底不可能获得进展。除了美国战略轰炸调查委员会的成员外，德国最著名的空战历史学家霍斯特·布格也认为："（英美空中攻势是）战争中的决定性因素……从1944年夏初起，他们对德国的战争机器发起一场致命的打击，没有他们，这场无止境的恐怖战争可能会在一段不可预见的时间内得以延续，至少会持续到第一颗原子弹使用为止。"[115]

国内战线

英美空中力量达到其满编实力后——总计28000架作战飞机——他们便成为民主国家可怕的利剑。*[116]这股庞大的空中力量聚集在北海和阿尔卑斯山南部上空，对德国投下200多万吨炸弹。[117]而他们付出的生命代价也令人震惊。[118]战争中规模最大的一支空中打击力量是第八航空队，承受的阵亡人数在26000至28000人之间，大约为美国人在二战期间阵亡总数的十分之一。

---

* 第八航空队的实力到达顶峰时，有近20万人员，2800架重型轰炸机和1400多架战斗机。该航空队辖有40个轰炸机大队和15个战斗机大队。战争期间，35万名美国人在第八航空队服役过。该航空队的机组人员总共获得17枚荣誉勋章，并诞生了261位王牌战斗机飞行员。相比之下，第十五航空队实力最强时拥有1190架轰炸机。

以较低的数字来说，它占了第八航空队21万名参加作战飞行的机组人员中的12.3%。美国武装部队各军种中，只有太平洋战区的潜艇部队占有更高的阵亡率：大约为23%。另外，第八航空队约有28000名组员被击落后成为战俘。如果把他们和估计的18000名负伤者添加到伤亡名单中，作战损失的数字（不包括数目不详的心理创伤者）至少为72000人，约为参战人数的34%。这是美国军队在二战期间最高的伤亡率。

战争的大多数时间里，英国轰炸机司令部和第八航空队所承受的伤亡率都超过50%。在第八航空队，1942—1943年间的那些老前辈付出了沉重的代价。那些飞行员中，只有五分之一的人能完成他们的服役期。英国轰炸机司令部所辖的11万名机组人员中，56000人阵亡，损失率高达51%，在英联邦各军种的伤亡率中居首位。

德国人的损失也很惊人。[119]战争的过程中，约有70000名飞行员阵亡，另有25000人负伤。其损失率仅次于U艇组员，但根据某些估测，前者的损失率更高。

最大的损失在地面上。历时五年的轰炸战给61个人口超过10万的德国城市造成严重破坏。这些城市中的大多数，半数或半数以上的建筑区被焚毁或炸平——总计128平方英里密集的城市居住区。许多城市只剩下"环绕着被摧毁的市中心的郊区"[120]。

总计2500万德国人（几乎是该国战时人口的三分之一，占其工业劳动力的近一半）遭受到猛烈的轰炸。[121]约有50万至60万非作战人员（自由或不自由）在轰炸中丧生。这个数字大约为美国军队在欧洲和太平洋战区作战阵亡人数的两倍（405399名美军士兵在战争中丧生，其中，191557人在作战行动中阵亡）。另外，至少有80万名非作战人员在轰炸中身负重伤。这些丧生或致残者中，绝大多数是妇女、老人和五岁以下的儿童，超过这个年龄的孩子，大多已被疏散至乡村。德国城市居民中，96%的人无法在固若金汤但限制人数的政府防空洞中找到藏身处，而大多数受害者就是这其中的一部分。

至少有300万个居住单位被摧毁——约为全国住房的20%——另外可能还有300万个居住单位遭到严重损坏。[122]据估计，2000万居民——仅汉堡就有50万人——无家可归。柏林是盟军310次空袭的受害者，70%的住宅被摧毁。科隆遭受的苦难比例更高，80%的住宅被夷为平地。

面对这种规模的毁灭和死亡，士气居然能获得提升，这一点令人难以置信。这种士气可以粗略定义为一个人对战争的支持，对胜利的信心，在诸如工作考勤、遵守战时限制和对战时领导人的信心这些方面所表现出的态度。[123]战争结束后的审讯中，德国军事和政府领导人坚持认为，整个战争期间，德国百姓的士气并未崩溃。"（你们）低估了……德国人民的承受力，"阿尔贝特·施佩尔告诉英国皇家空军的审讯人员，"换做其他国家的人民，例如意大利，遭受到一系列类似的夜间空袭，肯定会发生崩溃，无法开展进一步的战时生产工作。"[124]但具有钢铁般意志的日耳曼人不会这样，他对此坚信不疑。

"即便遭到最猛烈的空袭，第二天通常会有90%的工人回到工厂，清理瓦砾废墟，只要有可能便展开生产。"德国劳工阵线领导人罗伯特·莱伊告诉盟军情报机关。他强调指出："这种做法完全出于自愿，而不是对他们下达的命令。"[125]

战争结束的半个多世纪后，前轰炸机司令部的顾问弗里曼·戴森仍确信："大量证据表明，对城市的轰炸是加强而不是削弱了德国人血战到底的决心。轰炸会造成民众士气崩溃的见解被证明是天方夜谭。"[126]

美国战略轰炸调查，对德国战时士气进行过最全面的研究，他们得出一个明显不同的结论，近年来对德国档案的研究也支持这一结论。"轰炸令德国平民的士气严重下降，"调查委员会的士气分部在其最终报告中指出，"这种心理影响是失败主义、恐惧、绝望、宿命论和冷漠。与未遭受轰炸的人相比，厌战情绪、愿意投降、对德国的胜利丧失希望、对领导人不信任、不团结感以及令人泄气的恐惧在遭到轰炸的人当中更为常见。"[127]轰炸令士气得到提升的断言"是纳粹宣传机构的发明，却被后来的学者们不加鉴别地吸收了"，历史学家尼尔·格雷戈尔这样认为。[128]

但是，就算德国人的士气最终发生崩溃，士气轰炸的战时支持者们还是严重误判了这种崩溃的性质和政治影响。这使他们实施恐怖轰炸的决定备受质疑。

德国民众的士气在战争最初几年中剧烈波动，德国军队胜利推进，后方相对安全时，他们的士气会上升，而在遭受到令人震惊的挫败后，例如汉堡遭到燃烧弹空袭以及斯大林格勒的失败等，他们的士气便会下降。盟军于1943年开始对德国的城市展开轰炸，并在D日后加速进行，这使德国民众的士气稳步下降，其梯度与落下的炸弹数量大致相符。我们知道这一点是因为历史学家们已发现纳粹党安全机构（保安处）的当地官员所写的"思想倾向"报告。

对诸如纽伦堡和施韦因富特这些遭受轰炸的城市的士气，这些汇报公众看法的报告做出了与保安处高级官员所作的国情报告截然不同的描述。后者的报告出演了戈培尔宣传机器的主题之一：共命运思想。这种团队精神将战时后方的民众与前线士兵团结在一个共同的爱国事业下：无条件地永远支持现政权。早在1937年，党卫队首领海因里希·希姆莱便阐述过这种共命运思想。"在即将到来的战争中，我们不仅要在地面、海上和空中战斗，还将有第四个战场，这就是国内战线。这条战线将决定德意志民族的继续存在或不可挽回的灭亡。"[129]

战争初期，遭受空袭后，纳粹党成功地维持了地方上的士气，不是靠爱国主义言论，而是靠对受害者提供慷慨、个人化的帮助。"针对轰炸破坏所进行的组织工作创造了奇迹，"克里斯蒂娜·克瑙特，这位年轻的美国人和她的母亲及两个姐妹被拘押在遭到猛烈轰炸的莱比锡，"一切都掌握在党的手中，那些组织工作为党赢得了很高的声望……人们立即获得了照料，尽管只是些帐篷和战地厨房。"[130]

在莱比锡和德国其他城市，党与当地援助小组密切合作，为轰炸受害者提供临时住处、在公共厨房就餐、医疗救助、购买衣物的配给卡，并支付紧急寄宿的费用。党还承担了所有医院的账单和殓葬费用。用不了一个月，在轰炸中失去住处的家庭便可以搬入城市另一部分的永久性住宅中。在那里，当地纳粹党官员会去看望这些家庭的成员，帮助他们完成住处被毁的索赔工作。在他们最需要的时刻，党和他们在一起，并为他们提供不断的帮助。"这场灾难既打击了纳粹，也同样打击了反纳粹者，它将民众紧密地团结在一起，"讨厌希特勒的乌苏拉·冯·卡尔多夫叙述了D日前的轰炸，"每次遭受空袭后，都有特别口粮配发——香烟、咖啡和肉类。正如陀思妥耶夫斯基的宗教大法官所说的那样：'给他们面包，他们就会支持你。'要是英国人觉得他们能以此来破坏我们的士气，那只能是白费力气。"[131]

邻居们也互相提供帮助。在莱比锡，初期的轰炸改变了这座城市的"品德"，就像克瑙特的一个妹妹所说的那样。"最直接的变化是，每个人都变得健谈、亲切、友善。莱比锡人过去可不是这样，但他们现在……每个人都在帮助其他人。当然，他们不得不这样，但不管怎样，他们似乎很想拉近与邻居间的关系，这样他们就能有个伴，不会感到孤独。这就是位于死亡边缘的人们还能活着的原因。"[132]

这是1944年2月。猛烈的轰炸带来了巨大的变化，尽管克瑙特一家没有经历过。她们被德国当局释放，并让她们设法返回美国。从1944年夏季起，对居住在城市中的德国人来说，轰炸成了他们的共同经历。党的救援组织被大规模破坏所淹没，党的宣传不再为人们所接受。人们开始公开抵制疏散，不想让自己的家庭破裂；撤往其他地区的家庭经常被宗教和文化背景相冲突的人们冷淡地接纳。克瑙特的一个妹妹写道："柏林人疏散至慕尼黑时，普鲁士人与巴伐利亚人之间旧有的厌恶之情变得更加恶劣。"[133]一名政府官员报告说，越来越多的被疏散者认为，待在自己家里，尽管每天要面对危险，那也比"寄人篱下惬意得多"。[134]无视直接来自元首的命令，成千上万人返回自己的家园。随着德国空军明显消失于空中，盟国军队离他们越来越近，只有最死硬的德国人还抱有胜利的信念。道德败坏、失败主义和社会解体的迹象比比皆是。

为了公共避难所里的空间，出现了丑恶的争夺；避难所内，随着"里面的人比牛棚中的牲畜更为拥挤"[135]，成了不满和不爱国言论的滋生地，其中大多数是冲着那些拥有私人防空洞的当地纳粹党官员。

空袭警报停止哀鸣后，人们走出他们藏身的洞穴，用湿衣服蒙着头脸，以便让自己在纷飞的硝烟和尘埃中呼吸，然后，他们开始寻找自己的住处。没有街道和建筑为引导，一些辨不清方向的家庭不得不依靠太阳来判断自己所在的方位。遭受到猛烈轰炸的那些地区，瓦砾堆得比某些尚存的建筑还要高，没有水，没有暖气，没有电，没有电话服务，也没有公共交通，这种状况往往要持续数周。柏林商会在1945年冬季的报告中指出，住房被炸毁的工人，未经批准便长期离开了他们的工作岗位，而出现在工厂里的工人，士气也"陷入了低谷"。[136]

乌苏拉·冯·卡尔多夫和她的朋友们注意到，越来越多遭受到轰炸的柏林人不再准时去上班，而那些每天仍赶来上班的人则处在高度焦虑的状态下[137]。疾病也影响到工作表现。在那些缺乏足够电力或燃料供应的城市中，呼吸道疾病开始蔓延；精神紧张的妇女们停了经，或是出于绝望，不再想有孩子；另据医生报告，冠心病患者的数量有所增加。致命的心脏病获得了一个新名称：避难所死亡。[138]

遭受到最大痛苦的不是"生产战士"，而是些真正的无辜者。漆黑的地窖和掩体中，吓坏了的孩子失声尖叫，而那些从家里冒着烟的废墟中被拉出来的孩子，陷入长期的惊恐中，还被可怕的噩梦所侵扰。一位柏林妇女看着一个年轻的姑娘站在一堆破砖乱瓦前，拾起每一块砖，拂去上面的灰尘，再把它丢开。她的全家都被埋在废墟下，她已精神失常。[139]

轰炸给所有年龄段的人造成了深深的心理创伤。这怎么可能不发生呢？睡眠不足的人们日复一日地挤在地下掩体内，不知道何时轮到自己被炸得面目全非，并被有关当局移走——他们会先用钳子将遇难者身上的首饰摘除。美国战略轰炸调查委员会的医疗研究小组指出，经历过一场大规模空袭后，三分之一以上的人遭遇到"相对永久性的精神影响,也就是说,恐怖超出了眼前这场空袭的限度,到达这样一种程度,下一次警报响起时,它又将恢复"[140]。

今天我们称之为创伤后心理压力紧张综合征,这种症状在投放炸弹的机组人员中也普遍存在。战后,耶鲁大学的心理学家欧文·詹尼斯对城市轰炸的心理影响发起一项广泛调查,得出了与美国航空队军医相同的结论,后者曾在英国的诊所内为那些精神紧张的轰炸机机组人员治疗过:身处前线者对危及生命的状况不适应或不习惯。不存在"渐渐习惯"这种事。[141]慢性紧张或焦虑只会加剧,在焦虑诱导的情况下进一步暴露。轰炸者和被轰炸者都活在被直接命中的持续恐惧中。"我从未习惯空袭和轰炸,"一名德国受访者告诉美国轰炸调查人员,"我不觉得其他人会习惯。我总是害怕、颤抖和紧张。"[142]接受轰炸调查员采访的德国人中,91%的人说,轰炸是他们在战争期间"最大的苦难"。[143]

轰炸令其受害者感到困惑。有那么一段时间,他们不知道该责怪谁。战争初期的倾向是痛斥英国人,尖叫着要求报复。但随着盟军轰炸战的加剧,而德国的轰炸机和报复性火箭又未能给英国造成同样的苦难后,纳粹政府被挑出来,成为谴责对象。到1945年,纳粹党及其最高领导人成了公众不满情绪的主要目标。"我们要感谢元首给我们造成的这一切。"在遭到轰炸的杜塞尔多夫,一个男人当着一名党卫队士兵的面大胆地说道。[144]1945年初,越来越多为保安处工作的地方调查人员开始汇报,在遭到猛烈轰炸的地区,普遍拒绝向希特勒敬礼,不少敢于发表意见的家庭主妇将空袭视作是对犹太人犯下暴行的神圣报复。一名妇女在公众场合做出预言,说这场战争对元首而言"很轻松"。"他不需要照顾一个家庭。如果战事出现最糟糕的情况,他会用一颗子弹射穿自己的头,把这个烂摊子丢给我们。"[145]

柏林人开玩笑说,美国炸弹的爆炸威力是如此之大,以至于元首的肖像都"从窗户飞了出去"。[146]在写有"元首永远正确"这种口号的海报上,有人写下了请求:"结束这场战争。"[147]希特勒从未像丘吉尔那样视察过轰炸后的废墟，这令盲从的纳粹官员们感到紧张，他们试图安抚遭受到轰炸的人们，告诉他们说，元首"已打来电话询问他们的情况"。[148]

德累斯顿的毁灭是对国民士气的最后一击。逃离城市的人们传播着毁灭和绝望的故事，四处散布严重的恐惧，说这将是德国所有城市的命运。一名德国军官说道："这场灾难在整个德国变得妇孺皆知后，各处的士气纷纷瓦解。"[149]

在此之前，许多德国人已到了几乎漠不关心的地步。反复轰炸造成的精神创伤已令他们听天由命，不是向死亡，而是向失败和持久的痛苦屈服。在柏林，尖酸的评论中体现了人们的宿命论："各位，趁着还能的时候享受战争吧，因为和平将是可怕的。"[150]这种行为并不是在鼓励反抗。逆来顺受造就了温顺的城市公民，他们可能已经丧失了爱国热情，但仍在继续服从命令。纳粹党的一名官员说："许多人发现自己处于一种彻底宿命论的状态下。一个人无法改变什么时，担心也就毫无意义了。他们把所有的一切都交给领导阶层去解决。"[151]许多不再相信纳粹战争正义性的人继续支持现政权，是因为担心"失败将带来灾难性后果"[152]。

党的官员开始抱怨民众太过冷漠、萎靡，以至于根本无法进行有组织的政治活动，拒绝出席党的会议也不足为奇了。人们不再关心政治，"食物和住房这些生活必需品"才是他们最为关注的。[153]但对党的领导人来说，这个问题也有有利的一面。保安处的一份报告中写道："民众深陷于基本的生存问题中……不再有时间或精力从事革命的准备工作。"[154]

乌苏拉·冯·卡尔多夫看着她那些朋友——这些聪明、忙碌的人，大多是现政权的反对者——缩回到他们的个人生活中。"每个人都在关心自己的事。我的房子还能存在吗？从哪里能搞到些屋顶用的瓦片或是挡窗户的硬纸板？最安全的避难所在哪里？"[155]屋顶是最值得关心的问题。"我们在柏林的生活，"一位家庭主妇在她的日记中写道，"现在已沦落为一种为了生存而进行的纯粹的动物之争。"[156]人们在街头相遇时，彼此的问候用上了新的表达方式:"BU",这是"Bleib übrig"的简称,字面意思是"活下去"[157]。

有些人无法坚忍地承受他们的痛苦。他们形容憔悴,筋疲力尽,无精打采地坐在遭受到破坏的家中,静静地啜泣,但有时也会彻底崩溃,歇斯底里地"尖叫、哭泣,或是剧烈颤抖"[158]。在柏林,落魄的人们"像游魂那样在街头踯躅……紧抱着他们的财产中仅剩下的某些东西,一个花瓶,一个锅或是随手拿起的某些毫无用处的物品"[159]。

这种悲伤或痛苦的公开展示招致了人们的不满,遭到猛烈轰炸的城市中,几乎每个人都是受害者。大多数人明白,他们应该在私下里默默地忍受。逆来顺受和长期萎靡不振是那些轰炸受害者最常见的心理症状。"他们失去了他们的家庭,他们的家,他们的一切,通常会心灰意冷,对别人的安慰毫无反应。他们变得冷漠、麻木不仁,甚至不仇恨那些摧毁了自己家园的飞行员。"[160]嗜睡、悲观、逃避社会活动——精神抑郁症的明确迹象——变得如此普遍,以至于战时的德国医生将战争的最后阶段描述为"植物性神经官能症之战"。[161]

斯多葛主义有其局限性。1945年初,轰炸战猛烈加剧,苏军向柏林发起最后的推进时,就连那些意志最为坚强的人也开始发生动摇。乌苏拉·冯·卡尔多夫曾发誓说轰炸绝不会打破她和她那些柏林同胞的士气,现在却说她和她的朋友们"陷入了歇斯底里的状态"[162]。危机继续将人们凝聚在一起,但这种"聚会"死气沉沉。她在自己的日记中写道:"人们像风雨中的鹿。"[163]

1944—1945年冬季,政府的"思想倾向"报告中勾勒出严重的不满,这是三种灾害齐聚的产物:轰炸、盟国军队日益逼近以及经济的崩溃。"报上的文章告诉大家,空中恐怖的日子已屈指可数,但宣传效果适得其反。如果轰炸继续发生,人们低落的情绪会更恶化。对我们的领导人——包括元首——的信心迅速消失。他们已彻底厌倦了戈培尔的文章和演说,并认为他欺骗了德国人民,总是说大话。"[164]据历史学家杰拉尔德·柯温说,盟军的轰炸"对纳粹媒体的威信造成了无法弥补的破坏"[165]。

"为何没人发疯呢？"2月3日，美国人发起猛烈的空袭后，乌苏拉·冯·卡尔多夫问自己，"为什么没有人跑到街上去高喊'我受够了'？这里为何没有发生一场革命？"但答案连她自己也很清楚。"一个人只能用他自己的武器，以残暴、背叛和谋杀来击败这个政权，"她在日记中引用了一位朋友的话，"而我们无法使用这些武器。"[166]

这就是恐怖轰炸的问题所在。这是一种直截了当的手段，旨在将德国工人的士气破坏至这样一种程度：他们要么奋起反抗他们的政府，要么丢下手里的工具去保护他们的家园和亲人。但这两种情况都没有出现。恐怖轰炸建立在对人们如何应对压倒性灾难的错误理解上，也建立在对德国人民挺身反抗的机会一种难以置信的乐观看法上。正如弗里曼·戴森声称的那样，恐怖轰炸的幻想并未能降低对方的士气。这种幻想寄希望于打击对方的士气，进而对结束战争产生影响。

评估轰炸对德国人士气的影响，必须对"态度"和"行为"加以区别，并理解"态度"并不总是或可预见地影响到"行为"。家园被炸毁或公共交通工具出现问题而无法去上班时，确实有数千名德国工人离开了他们的工作岗位。但尽管意志消沉，大多数人仍坚持上班，直至德国投降。这并非施佩尔所认为的那样，是雅利安民族顽强坚韧的表现，或是对事业和国家不懈的支持。这其实是局面异常糟糕的一种征兆，除了在工厂里继续从事单调的工作，几乎没有其他选择。随着纳粹的救济制度日益式微，为家人搞到食物的唯一办法是工作；另外，在这段危急和混乱的时期，有序的日常工作为一些人提供了某种程度的稳定情绪。一名德国矿工说："在工作中我什么也不会想，可回到家里我就害怕。"[167]

整个国家濒临崩溃时，一些气馁的工人出于恐惧和无助，开始更多地依赖于权威——来自工厂老板以及纳粹地方政权。毕竟，这是个注重服从和纪律的社会,其性格特征帮助阻止了不满升级为公开反抗,也阻止了旷工上升至对战时生产造成严重影响的程度。危机和性格不能维持工作纪律时,国家介入了。[168]党卫队和盖世太保的密探混入工厂,希特勒青年团的狂热分子告发自己说过反对现政权言论的父母。警察抓捕着旷工的工人。某些军工厂的纪律极为严格,就算车间内的工人获悉自己所住的街区正遭到轰炸,他也不会被批准离开,必须等到下班。如果亲人丧生,幸存者被禁止身穿传统的丧服。盖世太保确保了民众的顺从。与德国人一起工作的法国劳工告诉盟军审讯人员,他们的同事,对警察的畏惧甚于炸弹。[169]另外也有这样一些人(我们永远不会知道具体的数字),他们继续支持希特勒和他的战争,希望在最后一刻出现奇迹。

士气轰炸的两个目的均未实现。在一个警察国家,看重的是勤奋和服从,总的说来,灰心丧气的工人依然保持了高效率的生产,尽管是出于恐惧或习惯。异议出现时,基本上变为无能为力的愤怒。

是什么让那些力主士气轰炸的空中力量巨头认为,德国民众遭受轰炸后会发生士气的崩溃?显然,他们没有想到,有良知的德国人以及那些意识到大势已去,并承认继续战争纯属徒劳无益的人,生活在一个发出抱怨便会被纳粹维稳人员以"失败主义"罪名吊死在电灯柱上的社会里。正如一名工人所说的那样,"与其让他们把我吊死,我情愿相信政府会取得胜利。"[170]

就连阿瑟·哈里斯也对士气轰炸没有把握,这是1942年他接手轰炸机司令部时继承的一个战略任务。他称之为一个"绝望的建议"[171],并怀疑"集中营近在咫尺"时,就算士气低落的情况发生,也不会有什么意义。正如我们见到的那样,他轰炸德国城市,炸死那些德国工人,并非为了摧毁对方的士气。炸死工人的同时,他还摧毁了对方赖以为生的基础设施——城市发电站、供水系统、有轨电车线路等,最重要的是,住房,那是"生产战士们"的兵营。[172]派遣机组人员赶赴柏林前,他曾说过这样一番著名的话:"今晚你们将飞赴柏林。你们将有机会在敌人的肚子里点把火,烧毁他们邪恶的心脏。"[173]尽管他在德国各个城市中燃起的火海，对德国战时生产的破坏远不及对交通运输和燃油行业的空袭，但区域轰炸比美国空军指挥官所倡导的恐怖轰炸具有更清晰的理由，美国空军指挥官出于绝望和沮丧，命令其机组人员在战争末期实施这样的行动。

可是，宣布卡尔·斯帕茨和弗雷德里克·安德森的行为有罪，这也不对。如果说这些指挥官有什么过失的话，那就是他们误判了纳粹无理性行为的程度。正如历史学家理查德·贝塞尔认为的那样，战争的最后几个月，已战败的敌人继续顽抗，是因为"所有的纳粹主义所能提供的只有战争和破坏，无休止的战争或以战争结束战争"[174]。

第八航空队从事的恐怖轰炸持续了四周。英国皇家空军的恐怖空袭进行了三年。但为英国轰炸机司令部说句公道话，区域轰炸并不都是士气轰炸，而英国人所实施的轰炸也不都是区域轰炸。尽管阿瑟·哈里斯受到压力，但轰炸机司令部没有对燃油厂和铁路编组场发起打击；哈里斯急于摧毁敌人的坦克和飞机产业。他的区域轰炸，尽管远不及美国人所谓的精确轰炸更具军事效力，但毕竟打击了德国人从事战争的努力。皇家空军对城市的轰炸，炸死大量技术熟练的德国工人，这些空袭对基础设施和公共事业的破坏，削弱了以城市为基础的战争产业的经济绩效。

但区域轰炸最重要的贡献却是间接性的。英国人对德国城市的轰炸激怒了希特勒，他要求立即对英国城市展开报复。1943年末，戈林告诉他的部下："每当有德国的医院或儿童之家遭到轰炸，他们（德国民众）就希望能听见我们也对英国进行了同样的破坏，这样他们就满意了。"[175]美国战略轰炸调查委员会估计，用于复仇武器上的资源可帮助德国生产出额外的24000架战斗机，或许还能研发出一种有效的地对空导弹。[176]

区域轰炸，再加上美国人的空袭，造成了德国战争资源的改向。从希特勒入侵苏联起，斯大林一直给丘吉尔和罗斯福施加着压力，要求他们在欧洲西北部发起"第二战线"。[177]1943年，盟军的轰炸行动成了这条"第二战线",一场持续的空中攻势令德国不堪重负。1944年,为了保卫国土,德国空军被迫将其战斗机力量中的三分之二调集起来,而这些飞机是东线战场迫切需要的。[178]他们还为防空任务抽调了80万名军事人员,这个数字超过了德军在意大利的兵力。德国的火炮生产,三分之一是高射炮;电子产品生产,50%用于防空任务的雷达和信号设备。多达150万名工人(自由或被奴役的),投入到与空袭破坏有关的工作中。1944年,德国防空体系征召了450万名工人,消耗了国家全部战争资源的三分之一。挖掘防空洞,分发防毒面具,清理轰炸废墟,将死者从被炸毁的建筑中拖出,担当消防队员和地方防火员、护士助理和社工、防空观察员和救护车司机,数百万德国百姓,作为一支"后方军队",投入到这场轰炸战中。[179]

用在一个地方的武器和人员无法同时被用于其他地方。没有盟军的轰炸,多达25万的德国人和7500门用于防空的重型火炮可能已于1943年被派往东线,[180]在那里,他们将被用于对付苏军的坦克。这不会确保德国的胜利,但可能会拖延苏军的反攻。

甚至有证据表明,城市轰炸削弱了部队的士气。在家里寄来的信中,德军士兵的家属们以"最耸人听闻或最痛切的措辞"描述了他们遭受的轰炸,[181]检查了数千封缴获的信件后,美国战略轰炸调查小组发现了这个情况。休假归来的士兵将那些破坏场景描述给他们的战友,一名士兵叙述了他见到自己的家乡城市是如何变成了"一片火海"。[182]还有些返家的士兵已无法找到自己的亲人,他们不是被埋在废墟下,就是已疏散至其他城镇。希特勒最亲密的军事顾问之一,阿尔弗雷德·约德尔将军,告诉盟军调查人员,轰炸对德军士兵造成了深远的"心理影响"。"过去,士兵们相信他们在前线的奋战保护了他的家乡、他的妻子和他的孩子,现在,这种想法已被彻底打消,取而代之的是这样一种认识……'还打个什么劲……我已拼尽全力,可家里还是被炸得什么也不剩。'"[183]

这反映出美国内战的最后几个月,被包围的里士满战壕中那些叛军士兵的情绪。那些受困的南部邦联支持者（他们中的许多人来自南方腹地），奉命守住自己的阵地，而此刻，威廉·特库姆塞·谢尔曼将军已摧毁了他们的家园和城镇，并使他们的妻儿沦为难民。约德尔声称，德军士兵"打得很好，逃兵的数量一直不太多，但他们不再像从前那样充满热情"，[184]而且，不太愿意抵抗敌人。

联合轰炸机攻势造成的情感冲击，帮着德国人改变了他们必须改变的态度，不是赢得了战争，而是确保了和平。乌苏拉·冯·卡尔多夫战时经历的最后几个月说明了这一点。1944年冬末，柏林被盟军的炸弹夷平后，她辞去工作，离开城市，来到施瓦本地区一个偏远的村落，那里的生活"就像是在一幅画中"。[185]次年4月，"新主人"到达，他们的"谢尔曼"坦克隆隆地行驶在村庄的主街道上，他们的"空中堡垒"在空中轰鸣，"排着整齐的编队……就好像飞越的是他们自己的国家"。

"身穿卡其军装的人……到处都是。"对乌苏拉来说，他们带来了自由的承诺——免遭日益迫近的逮捕、酷刑和死亡之威胁的自由。她听到英国电台报道说盟军在德国集中营有了惊人的"发现"后，便把这个消息告诉给她那些农村的新邻居，这些人中的大多数是纳粹党的同路人。他们带着冷淡的不以为然回答说："那都是骗人的鬼话。"[186]

穿过施瓦本和其他省份的村庄，盟军士兵和战地记者遇到那些深受战争之害的德国公民，他们急切地期盼投降，但并无悔意或深深的负疚感。摄影记者莉·米勒是跟随美国军队从诺曼底滩头直至贝希特斯加登希特勒"鹰巢"的唯一一位女性，她发现德国人"虚伪得"令人厌恶，"没有一个德国人曾听说过集中营，也没有一个德国人曾是纳粹"，另外，"除了地下抵抗者和集中营的囚犯，没有哪个德国人认为希特勒做错了什么，除了输掉这场战争外"。[187]在米勒和诸如玛莎·盖尔霍恩这样的资深记者看来，没有证据表明德国知道自己患了病，甚至在其弥留之际。

轰炸似乎没有改变德国人对犹太人的看法，甚至于对德国夺取其欧洲邻居的土地和财富的权利的看法,这种征服是"因为她被敌人的包围所激怒,这意味着对她的伤害",德国人这样告诉《纽约时报》记者雷蒙德·丹尼尔。[188]但在日本,轰炸使过去的领导层失去了权威性,削弱了民众对他们的感情,这是铲除法西斯主义和军国主义漫长过程中的第一步,也是必不可少的一步。成为"世界上最庞大的废墟"的可怕经历,[189]而不是抛弃推进国家社会主义的冲动,初步打破了党与人民之间的联系,为缓慢过渡至一个承诺和平和民主的社会铺平了道路。美国战略轰炸调查委员会的结论是,轰炸造成的士气影响,"对德国的非纳粹化比对加速其军事上的败亡起到了更大的作用……轰炸令德国民众遭受的痛苦使他们彻底认清了现代战争的全面影响。德意志民族将对此永久铭记"[190]。

当时和现在

美国陆航队带着梦幻般的想法投身于第二次世界大战,他们认为,空战可以在敌非作战人员伤亡最小的前提下进行,毁灭和死亡可由最新式的瞄准设备加以控制。但轰炸战以一种肆意的破坏性将前线带至后方,这甚至会激怒威廉·特库姆塞·谢尔曼将军。二战中,约150万人被炸弹炸死,半数以上的是妇女,与一战中的3000人相比,平民的死亡数增加了500倍。[191]

但派驻欧洲的美国陆航队领导人从未公开承认,他们打的是《纽约时报》记者珀西·克瑙特所称的"全面空战——德国人所从事的那种全面战争……尽管有效手段更少些"。克瑙特认为,美国陆航队的上层人士知道他们在做些什么,但不敢承认,担心真相可能会导致国内公众舆论出现分歧。[192]

其实他们不必担心。美国公众坚决拥护联合轰炸机攻势,也支持对日本投掷原子弹。1944年初,针对皇家空军的恐怖轰炸,英国和平主义者薇拉·布里顿发表了一份激烈的起诉书,"轰炸大屠杀"[193],在"和平联谊会"主办的杂志《唯爱》上,著名记者威廉·夏伊勒指责她受了约瑟夫·戈培尔宣传机器的欺骗。*当年2月，《纽约时报》报道，他们收到的邮件中，98%是反对布里顿的文章，他们支持战争，但敦促应以人道的方式进行。乔治·奥威尔的立场与《纽约时报》的编辑没什么不同，在伦敦的报纸上，他写下了自己对薇拉·布里顿的回答："赞同战争的过程中有些令人非常反感的东西，即，将其视作一种手段，同时又因其明显的野蛮性而试图回避责任。"[194]

珍珠港事件前，珀西·克瑙特赞同薇拉·布里顿的看法：对非作战人员的轰炸应被视作战争罪行。但在战争中的所见所闻说服了他的天真。"我们没有意识到，战争对人道主义一无所知……我们没有意识到，对军事和所谓的平民目标一同加以轰炸，是空战行动得以有效进行的唯一办法——这二者无法被分开。"

但克瑙特和其他报道过战争的记者，都不相信轰炸杀死的平民比地面战更多。正如奥威尔在1944年所写的那样："天知道我们对德国和其他被占领国的空中轰炸，杀死了和即将杀死多少平民百姓，但可以肯定，绝不会出现发生在俄国前线那样的屠杀。"[195]和克瑙特一样，奥威尔对除了妇女、儿童和老人外的另一群无辜者被杀也很敏感。"'正常'或'合法'的战争挑选并杀戮了国民中最健康、最英勇的年轻男性。"[196]奥威尔指出，每当一艘德国潜艇沉入海底，五十多名勇敢的年轻人窒息而死时，对轰炸德国城镇发出惊恐尖叫的那些人道主义者却鼓掌欢庆。

战争的本质非常野蛮，这只是其中的一个方面，因此，如果起因不正确，应加以避免。这就是第二次世界大战带给人类的教训。纳粹并不认为自己是野蛮人，这使他们变得无可救药。但正如奥威尔所写的那样："如果我们将自己看作是野蛮人，一些改进是有可能的，或至少是可以想象的。"[197]

战争还打破了珀西·克瑙特的另一个观点：他原以为美国与英国的轰炸政策有一个明确的区别。1945年春季，他参观了纽伦堡附近遭到第八航空队

---

* 译注：威廉·夏伊勒最为国内读者熟悉的著作是《第三帝国的兴亡》，描述第三帝国的书籍中，这可能是全世界最畅销的一部。

"精确"轰炸的一个飞机制造厂。工厂外有一些为工人们建造的住房。德国人本应让工人们搬离这些住处,远远地离开险境,但他们没有这样做。所以,美国人摧毁工厂的同时,也将工人们的住处夷为平地。"那些工人家属中的妇女和儿童,有些人活了下来。她们的目光中带着惊恐,浑身污秽,饥肠辘辘。到了晚上,她们躲在洞穴般的废墟中,担心遭到难民或士兵的强暴。她们穿着破衣烂衫。在某些方面,她们看上去与布痕瓦尔德集中营里的囚犯一样糟糕。"

战后,第493轰炸机大队的领航员保罗·斯拉夫特,这位颇具抱负的作家,读到了珀西·克瑙特的出色著作——《德国的败亡》。"他在书中说我们的轰炸跟英国人没什么区别,这让我想起1944年秋的某个时候,我在伦敦的一家酒吧与一名皇家空军飞行员相遇的情形,那时,我刚刚完成自己的服役期,"在一次采访中,他这样说道,"他是个大块头,一个苏格兰人,一个出色的健谈者。后来,他看着我说道:'你知道,我们做的是同样的事,尽管你们这些家伙不会承认。我们对区域目标实施区域轰炸,而你们美国佬却对精确目标实施区域轰炸。'"

"这番话让我笑了起来,"斯拉夫特回忆道,"我不想和这家伙争辩。我当时很疲惫,也很想家,不愿谈论战争。再说,他的话也没错。我们的轰炸相当混乱。"

"很久后,这番交谈再次浮现在我的脑海中,我觉得自己错过了一个机会。我应该告诉他:'我们跟你们不同,不是更好,而是不一样。这与勇气、对妇女及儿童的关心或与之类似的东西无关。我们得到的命令和执行的任务令我们与你们不同。对于如何击败敌人,我们的指挥官有着更好的想法:摧毁他们的工业,而不是他们的城市,并尽可能精确地做到这一点。没错,我们的误差很大,这没办法,但在战争和其他事情中,意图当然很重要。'"

"但请记住,"保罗·斯拉夫特说道,"战争的最后几个月,我并不在那里,当时我们加入到英国人的行列,向城市中心倾泻炸弹,并带着一种疯狂的信念,认为这将阻止德国人的战斗和工作。"[198]

注释

1. 英国空军部，《1933—1945，德国空军的兴衰》，第381—382页。
2. 查尔斯·埃林，《强大的空中堡垒：引航轰炸机飞越柏林》，第95页。
3. 曼弗雷德·伯姆，《JG 7：世界上第一支喷气式战斗机部队，1944—1945》，第107—109页。
4. 同上，第112页。
5. 同上，第116页。
6. 弗里曼等人编撰的《第八航空队战时日志》，第466页。
7. 陆军航空队在二战期间的统计摘要，第255页，第159号图表。德国人所声称的击落数，远远大于63架，可参阅伯姆的《JG 7：世界上第一支喷气式战斗机部队，1944—1945》第4章。战争的最后几个月中，第八航空队机组人员活着完成其35次作战飞行任务的概率为80%。
8. 《二战中的陆军航空队，第三卷》，第744页。
9. 引自弗里曼等人编撰的《第八航空队战时日志》，第218页；1945年3月21日，盟国空军指挥官会议记录，斯帕茨文件。
10. 均引自加兰德的《第一个和最后一个：德国战斗机部队的兴衰，1938—1945》，第273—274页。
11. 曼弗雷德·伯姆，《JG 7：世界上第一支喷气式战斗机部队，1944—1945》，第136页。
12. 同上，第104页。
13. 阿尔弗莱德·普莱斯，《德国空军的最后一年：1944年5月至1945年5月》，第177页。
14. 曼弗雷德·伯姆，《JG 7：世界上第一支喷气式战斗机部队，1944—1945》，第122页。

15 阿尔弗莱德·普莱斯，《德国空军的最后一年：1944年5月至1945年5月》，第146页。

16 阿德里安·韦尔，《德国空军最后的飞行：易北河特遣队的命运》（伦敦，剑与甲出版社，1997年），第57页。

17 汉森日记，美国陆军战史研究所。

18 西德尼·格鲁森，《空中力量在战争中发挥的作用愈发明显》，1945年3月18日，《纽约时报》。

19 《二战中的陆军航空队，第四卷》，第746页。

20 克罗斯比，《逆境求生》，第360页。

21 《德国人为何要继续奋战》，1945年3月26日，《新闻周刊》，第35页。

22 引自弗里曼等人编撰的《第八航空队战时日志》，第226页。

23 《约瑟夫·戈培尔日记：最后的记录，1945》，第323页。

24 《二战中的陆军航空队，第三卷》，第752页。

28 曼弗雷德·伯姆，《JG 7：世界上第一支喷气式战斗机部队，1944—1945》，第161页。

26 1945年4月19日，第447轰炸机大队的任务报告，国家档案馆；多伊尔·希尔茨，《第447轰炸机大队队史》（自费出版，1996年），第317页。

27 美国战略轰炸调查，与卡尔·科勒将军的会谈，美国空军历史研究部。

28 理查德·祖申韦特，《希特勒最后的机会》，《航空历史学家》杂志第1期（1966年春季），第31—33页。

29 阿尔弗莱德·普莱斯，《德国空军的最后一年：1944年5月至1945年5月》，第178页。

30 保罗·蒂贝茨上校对韦斯利·普莱斯所说，《投掷原子弹始末》，《星期六晚邮报》（1946年6月8日）；作者对蒂贝茨的采访。

31 1943年4月26日，阿诺德发给助理空军总参谋长的备忘录，"燃烧弹"，材料、维护及分配，阿诺德文件。

32 内政部，历史建筑，"达格威试验场报告"（华盛顿，美国政府印务局，1984年），数处；路易斯·F.费泽，《科学方法：战时及和平岁月不寻常项目的个人记述》（纽约，莱因霍尔德出版社，1964年），第129—130页；迈克·戴维斯，《犹他壁橱中柏林的框架》，《设计、建筑师》杂志第11期（2005年1—2月第5期），第16—27页。

33 引自罗纳德·谢弗的《正义之翼：美国在二战中的轰炸行动》（纽约，

牛津大学出版社，1985年），第93页。

34 加兰德，《第一个和最后一个：德国战斗机部队的兴衰，1938—1945》，第279—280页。战争期间，德国的喷气式战斗机击毁了约150架盟军飞机，德国人在空战中损失的喷气机约为100架；参阅艾伦·J.莱文，《对德国的战略轰炸，1940—1945》，第185页。

35 霍珀的话均引自布鲁斯·C.霍珀的"搭乘吉普穿越德国的目标区"，斯帕茨文件。

36 德鲁·米德尔顿，《击败德国》（印第安纳波利斯，博布斯-美林出版社，1949年），第12页。

37 伦纳德·O.莫斯利，《来自德国的报告》（伦敦，维克托·高兰斯出版社，1945年），第66页。只有三座德国城市完好无损，这些城市更像大型的城镇：海德堡，人口13万；策勒，人口6万；弗伦斯堡，人口6.2万。

38 詹姆斯·贝弗里奇少校，"美国战略轰炸调查史（欧洲战区），1944—1945"，第430页，第24箱，第243号卷宗，国家档案馆。美国对日本的轰炸行动，也进行了一项类似的调查。

39 伯纳德·布罗迪，《导弹时代的战略》，第108页。

40 詹姆斯·贝弗里奇，"美国战略轰炸调查史（欧洲战区），1944—1945"，第270—275、357页。

41 同上，第399页。

42 同上，数处；大卫·马克萨克，《二战中的战略轰炸：美国战略轰炸调查的故事》（纽约，嘉岚出版社，1976年），第89页。

43 约翰·肯尼斯·加尔布雷斯，《我们时代的生活》（波士顿，霍顿·米弗林出版公司，1981年），第222页。

44 保罗·尼采、史蒂文·L.里尔登、安·M.史密斯，《从广岛到公开性：位于决策中心》（纽约，格罗夫·韦登菲尔德出版社，1989年），第34—35页。

45 加尔布雷斯，《我们时代的生活》，第222页；约翰·肯尼斯·加尔布雷斯，《持久自由史》，安德烈·D.威廉斯编辑（波士顿，霍顿·米弗林出版公司，1979年），第197—198页。

46 加尔布雷斯，《持久自由史》，第193页；加尔布雷斯，《我们时代的生活》，第223页。

47 同上。

48　加尔布雷斯，《我们时代的生活》，第195页。
49　同上，第196页。
50　1944年4月5日，斯帕茨发给阿诺德的电报，阿诺德文件。
51　1944年4月21日，阿诺德发给斯帕茨的电报，斯帕茨文件；1944年5月30日，"与英国和苏联合作进行战略轰炸结果调查"的备忘录，国家档案馆。
52　加尔布雷斯，《我们时代的生活》，第198页。
53　加尔布雷斯，《我们时代的生活》，第196、199页。
54　同上。
55　汉森·鲍德温，《由平民来评估空战》，1945年9月2日，《纽约时报》。
56　帝国战争博物馆采访加尔布雷斯，录音资料馆。
57　加尔布雷斯，《我们时代的生活》，第225页。
58　美国战略轰炸调查，燃油分部报告，第2卷，第1—10页；查尔斯·韦伯斯特、诺布尔·弗兰克兰，《对德国的战略空中打击，第三卷》，第110页。盟军轰炸机对135个石油目标发起555次空袭，投下191245吨炸弹，约为投向德国炸弹总量的15%，美国战略轰炸调查，"燃油分部报告"，第2卷，第2页。
59　美国战略轰炸调查，"战略轰炸对德国战时经济的影响"，第82页。
60　美国战略轰炸调查，"战略轰炸对德国战时经济的影响"，第81页，阿尔弗雷德·约德尔大将和阿尔贝特·施佩尔的证词。
61　美国战略轰炸调查，附表，第10.A1，第243号卷宗，现代军事记录分部，国家档案馆。
62　1944年9月16日，施佩尔发给马丁·鲍曼的电报，斯帕茨文件。
63　美国战略轰炸调查，"德国扩张的领土上，地下及疏散的工厂"（华盛顿，美国政府印务局，1947年第二版），第1页。盖伦贝格曾进行过适度的疏散工作，并建立起38座小型蒸馏设施，但由于交通运输的困难，能运抵前线的不到产量的40%；同上，第60页。
64　美国战略轰炸调查，"德国扩张的领土上，地下及疏散的工厂"，第66页。
65　美国战略轰炸调查，"战略轰炸对德国战时经济的影响"，第13、99页。以我的观点看，对德国铁路编组场的轰炸是最为关键的原因。
66　美国战略轰炸调查，"全面报告"（欧洲战事），第107页。

67 小朱利安·巴赫，《美国的德国：职业记述》（纽约，兰登书屋，1946年），第104页。战争结束时，600万吨煤堆放在鲁尔区的矿井口等待运输；参阅德鲁·米德尔顿的《德国工业命运之研究》，1945年7月15日，《纽约时报》。

68 J. F. C. 富勒，《第二次世界大战，1939—1945：一段战略和战术史》（伦敦，埃尔&史波蒂斯伍德出版社，1954年），第228页。在霍斯特·布格编撰的《第二次世界大战中的空战》中，理查德·奥弗里以他撰写的《二战中的空中力量：历史性主题和理论》一文，挑战了富勒和其他批评者。欧洲空战令美国耗费了430亿美元；参见美国战略轰炸调查，"全面报告"（欧洲战事），第1页。当代新闻业的两位巨头，大卫·哈伯斯坦和I. F. 斯东，都认为美国战略轰炸调查"确凿地证明了战略轰炸没有奏效"；哈伯斯坦，《出类拔萃之辈》（纽约，兰登书屋，1972年），第162页；I. F. 斯东，《尼克松的闪电战》，《纽约书评》，1973年1月25日，第13—16页。关于这场争论的更多信息，可参阅大卫·马克萨克的《战略轰炸调查究竟说明了什么》，《空军》杂志，1973年6月，第60—63页；以及小梅尔登·E. 史密斯的《战略轰炸辩论：第二次世界大战与越南》，《现代史》杂志第12期（1977年1月第1期），第175—191页。

69 加尔布雷斯，《我们时代的生活》，第226页。

70 理查德·帕克，约翰·肯尼斯·加尔布雷斯，《他的生平，他的政治主张，他的经济学》（纽约，法拉、施特劳斯&吉鲁出版社，2005年），第179—182页。

71 约翰·肯尼斯·加尔布雷斯、乔治·W. 鲍尔，《对阿尔贝特·施佩尔的审问》，《生活周刊》（1945年12月17日），第57页。1979年，加尔布雷斯发表了他与施佩尔最后的会谈，据他说，这份记录是他的助手最近才发现的，《原始文件记录》，《大西洋月刊》第244期（1979年7月），第50—57页。我在阿拉巴马州麦克斯韦基地的美国空军历史研究部发现了加尔布雷斯的审讯副本。

72 加尔布雷斯，《我们时代的生活》，第207页。

73 乔治·鲍尔，《过去的另一种模式：回忆录》（纽约，W.W.诺顿出版社，1983年），第54页。

74 同上。

75 加尔布雷斯、鲍尔,《对阿尔贝特·施佩尔的审问》,第57页。
76 鲍尔,《过去的另一种模式:回忆录》,第63页。
77 伯顿·克莱因,《德国为战争进行的经济准备》(剑桥,哈佛大学出版社,1959年)。在A. S. 米尔沃德的"闪电战的终结"和"德国经济"中,闪电战理论是最具说服力的观点。英国的轰炸调查,直至1998年才公开发布,由著名历史学家塞巴斯蒂安·考克斯编撰,参见《英国轰炸调查单位,对德国的战略空袭,1939—1945》(伦敦,弗兰克·卡斯出版社,1998年)。
78 加尔布雷斯、鲍尔,"对阿尔贝特·施佩尔的审问",第57页。
79 加尔布雷斯,《我们时代的生活》,第204页;加尔布雷斯,《德国经济的管理不善》,《财富》杂志第32期(1945年12月第6期),第173页。
80 加尔布雷斯,《德国经济的管理不善》,第173页;马克·哈里森编撰的《第二次世界大战中的经济状况:六个强国的国际对比》(剑桥,剑桥大学出版社,1998年)中,第151页,维尔纳·阿贝尔斯豪泽撰写的《德国:大炮、黄油和经济奇迹》。
81 同上。
82 同上。
83 加尔布雷斯,《我们时代的生活》,第206页。
84 同上,第197页。
85 同上,第204页。
86 加尔布雷斯、鲍尔,《对阿尔贝特·施佩尔的审问》,第58、60、63页。
87 同上。
88 同上。
89 同上,第57页。
90 在美国战略轰炸调查"战略轰炸对德国战时经济的影响"第6—8页中,加尔布雷斯提出了他的观点;另可参阅美国战略轰炸调查,"区域研究分部报告"(华盛顿,美国政府印务局,1947年第二版),第20—22、69页。
91 马克·哈里森编撰的《第二次世界大战中的经济状况:六个强国的国际对比》中,第20页,哈里森撰写的《二战经济学概述》。
92 理查德·J. 奥弗里,《第三帝国的战争与经济》(牛津,克拉伦登出版社,1994年),第278、270—274、312页;马克·哈里森编撰的《第二次世界大战中的经济状况：六个强国的国际对比》中，维尔纳·阿贝尔斯豪泽撰写的《德国：大炮、黄油和经济奇迹》，第145—164页；奥弗里，《希特勒的战争与德国经济：重新诠释》，《经济史评论》第35期（1982年第2期），第273页；简·卡普兰和卡罗拉·萨克斯，《产业主妇：纳粹德国的工厂中，妇女的社会工作》，黑德·莉斯琳和多萝西·罗森贝格翻译，《妇女与历史》杂志，第11—12期（1987年），数处；1939年，德国劳动力中，妇女的比例超过37%，而在英国，这一比例仅为26%；另可参阅奥弗里的《第三帝国的战争与经济》。

93 威廉姆森·默里，《欧洲力量对比的变化，1938—1938：毁灭之路》（普林斯顿，普林斯顿大学出版社，1984年），第4—15页。

94 奥弗里，《希特勒的战争与德国经济：重新诠释》，第273、291页。

95 威廉姆森·默里，《欧洲力量对比的变化，1938—1938：毁灭之路》，第13—14页。

96 奥弗里，《第三帝国的战争与经济》，第27、31、312、375页。

97 塞巴斯蒂安·考克斯在《英国轰炸调查单位，对德国的战略空袭，1939-1945》中所写的"总体报告回顾"，第xxviii页；施佩尔，《第三帝国内幕》，第214—216页。奥弗里和其他批评者进一步指出，瓦根菲尔的统计数据，如果仔细推敲的话，是无法支持他自己的观点的。

98 美国战略轰炸调查，第60号访谈记录，汉斯·科尔，1945年6月11日，1945年7月18日，美国空军历史研究部，137.315-60。战争结束后，盟军情报小组与德国军备部各部门负责人进行了会谈。他们都证实，对交通运输的轰炸严重扰乱了经济合理化所获得的效益；帝国战争博物馆，第67号报告，"1944年秋季，德国工业生产下降的原因"，1945年12月，第1—14页；奥弗里，《第三帝国的战争与经济》，第362—374页。

99 美国战略轰炸调查，"战略轰炸对德国战时经济的影响"，第10—11页。

100 同上，第11—12页。

101 詹姆斯·帕顿编撰的《冲击：二战中陆军航空队的机密照片，第三卷，胜利前夕》（宾夕法尼亚州哈里斯堡，国家历史学会，1989年）中，阿尔贝特·施佩尔的《过度自信的惩罚》，第x页。

102 1945年5月15日，斯克拉兹中尉和法斯贝格中士，"对施佩尔的审问"，美国空军历史研究部。

103 阿尔贝特·施佩尔，《过度自信的惩罚》，第xi页。

104 1945年7月18日，对施佩尔的审问，查尔斯·韦伯斯特和诺布尔·弗兰克兰《对德国的战略空中打击，第四卷》，第383页。

105 引自亚历山大·里奇的《浮士德的大都市：柏林的历史》（纽约，卡洛尔&格拉夫出版社，1998年），第536页。

106 索利·祖克曼，《战略轰炸与德国的败亡》，《皇家联合军种研究院期刊》第130期（1985年6月），第68—69页。

107 1945年，对阿尔弗雷德·约德尔大将的审问，美国空军历史研究部，519.619-13；美国战略轰炸调查，1945年6月29日，与阿尔弗雷德·约德尔大将的谈话，美国空军历史研究部，137.315-62。

108 诺贝尔·弗兰克兰，《对战略空中攻势的几点思考，1939—1945》，《皇家联合军种研究院期刊》第107期（1962年5月），第102—103页。

109 威廉姆森·默里，《对联合轰炸机攻势的思考》，《军事史通讯》第51期（1992年），第92页。

110 美国战略轰炸调查，"战略轰炸对德国战时经济的影响"，第14页。

111 小海伍德·S. 汉塞尔，《击败希特勒的空中计划》，第259页。

112 轰炸调查，同上，第261页；美国战略轰炸调查，"战略轰炸对德国士气的影响，第一卷"（华盛顿，美国政府印务局，1947年），第18页。

113 同上。

114 持这种观点的少数批评家中，包括英国历史学家马克斯·黑斯廷斯和安东尼·维利亚。

115 霍斯特·布格等人编撰的《德国与第二次世界大战，第一卷》，第6、492页。

116 美国战略轰炸调查，"空中力量的出勤率"（华盛顿，美国政府印务局，1947年第二版），第4、6页。

117 同上，第31页。

118 美国战略轰炸调查，"全面报告"（欧洲战事），第1、107页；美国战略轰炸调查，统计附录1-3，图表1；美国驻欧洲战略空中力量，"作战行动统计摘要，1942—1945"，美国空军历史研究部，519.308.9；陆军部，统计与会计科，副官长办公室，"陆军在二战中的战斗减员和非作战死亡，最终报告，1941年12月7日至1946年12月31日"（华盛顿，陆军部，1953年），第84—88页；威尔斯，《勇气与空战：盟军机组人员在二战中的经历》，第115页；南尼，《二战中的美国陆航队医疗服务》，第20页。没有第八和第十五航空队单独的官方伤亡数字。在欧洲和地中海战区，美国航空队约有35800人阵亡，13700人负伤，33400人被俘或被拘禁，5900人失踪（即身亡）。这些数字包括战斗机和轰炸机（双引擎和四引擎）机组的损失。第十五航空队的伤亡没有可靠的数据，甚至连第八航空队更详细的伤亡记录也受到质疑；1945年6月10日，《第八航空队行动统计摘要》；《第十五航空队统计》，日期不详，美国空军历史研究部。欧洲战区美军航空队人员和飞机遭受的损失，一个可靠、便捷的来源是戴维斯所著《卡尔·斯帕茨与欧洲空战》中的统计附录。潜艇的损失可参阅罗纳德·H.斯佩克特的《鹰击旭日：美国对日本之战》（纽约，兰登书屋，1985年），第487页；另外还有旧金山海事公园协会的《美国潜艇的损失》，www.maritime.org/subslost.htm。

119 马修·库珀，《德国空军：1933—1945，败亡的剖析》，第377页。威廉姆森·默里《德国空军》中的图表，表明1943—1944年间德国空军的损失率要高于德国的潜艇部队。

120 美国战略轰炸调查，"全面报告"（欧洲战事），第91页。

121 在没有可靠记录的情况下，德国在轰炸中遭受的伤亡数都会受到质疑。美国战略轰炸调查"估计"305000人被炸死，但这是个低得不可思议的数字。我研究了一些资料来源后得出了自己的结论，这些来源包括诸如奥拉夫·格洛勒这种研究轰炸战的德国历史学家，他将第三帝国，包括奥地利和被吞并地区的死亡人数定为406000左右，但我认为这个数字依然偏低；霍斯特·布格编撰的《第二次世界大战中的空战》中，奥拉夫·格洛勒撰写的《战略空袭及其对德国平民的影响》，第287—292页。最为可靠，却遭到忽略的统计数据来自战时德国的政府官员。尽管这些人令人厌恶，但他们所处的位置使他们掌握着非常重要的事实。这些人当中包括纳粹劳工阵线领袖罗伯特·莱伊，他掌握着德国的住房，另外还有卡尔·勃兰特博士，他是希特勒的主治医生，也是负责德国军事和民事医疗及卫生事务的国家专员。勃兰特广泛视察过遭受到轰炸的城市，并与当地及地区官员会谈。莱伊告诉美国审讯人员的数字是50—60万平民丧生。勃兰特博士提供的估计数字更为精确，约为565000人。参阅美国战略轰炸调查，1945年6月27日，第57号谈话，罗伯特·莱伊博士，美国空军历史研究部，137.315-57；美国战略轰炸调查，第61号谈话，卡尔·勃兰特博士，美国空军历史研究部；美国战略轰炸调查，

"战略轰炸对德国士气的影响,第一卷",第7页。

122 霍斯特·布格编撰的《第二次世界大战中的空战》中,奥拉夫·格洛勒撰写的《战略空袭及其对德国平民的影响》,第285、290页;马修·库珀,《德国空军:1933—1945,败亡的剖析》,第377页;托尼·朱迪特,《战后:1945年后的欧洲史》(纽约,企鹅出版社,2005年),第16—17页;美国战略轰炸调查,"全面报告"(欧洲战事),第1页。

123 斯坦福研究院,《二战期间空中打击的影响:民防规划的相关数据,第一卷》(华盛顿,联邦民防管理局,1953年),第4页。

124 施佩尔会谈,查尔斯·韦伯斯特和诺布尔·弗兰克兰《对德国的战略空中打击,第四卷》,第383页。

125 与罗伯特·莱伊的谈话。

126 弗里曼·戴森,《苦难的结局》,2005年4月28日,《纽约书评》,第6页。

127 美国战略轰炸调查,"战略轰炸对德国士气的影响,第一卷",第1页;美国战略轰炸调查,"全面报告"(欧洲战事),第95—96页。

128 尼尔·格雷戈尔,《共患难?盟军轰炸、平民士气以及纽伦堡的社会解体,1942—1945》,《历史》杂志第4期(2000年),1051页。

129 美国战略轰炸调查,"全面报告"(欧洲战事),第95页。

130 芭芭拉、克里斯蒂娜和希比拉·克瑙特,《莱比锡的烟囱》,《生活周刊》,1944年5月15日,第110页。

131 乌苏拉·冯·卡尔多夫,《噩梦日记:柏林,1942—1945》,第119—120页。另可参阅美国战略轰炸调查,"科隆现场报告"(华盛顿,美国政府印务局,1947年第二版),数处。负责有组织福利事务的主要党政机关是国家社会主义福利协会(NSV)。

132 克瑙特,《莱比锡的烟囱》,第112页。

133 同上,第101页。

134 马克斯·赛德维茨,《战时德国的平民生活》,第314页。

135 同上;另可参阅美国战略轰炸调查,"战略轰炸对德国士气的影响,第一卷",第67页。

136 引自美国战略轰炸调查,"对柏林、奥格斯堡、波鸿、莱比锡、哈根、多特蒙德、奥伯豪森、施韦因富特和不来梅实施区域轰炸之效果的简短研究"(华盛顿,美国政府印务局,1947年第二版),第31页。

137 乌苏拉·冯·卡尔多夫,《噩梦日记:柏林,1942—1945》,数处;伯纳德·布罗迪,《导弹时代的战略》,第132页。战争最后一年,德国的工作缺勤率比战时的英国高出一倍,而在战争最后几个月中,达到近20%的预定工时;参见斯坦福研究院的《二战期间空中打击的影响:民防规划的相关数据,第一卷》,第175页。

138 斯坦福研究院,《二战期间空中打击的影响:民防规划的相关数据,第一卷》,第237页。

139 亚历山大·里奇,《浮士德的大都市:柏林的历史》,第532页。

140 欧文·L. 詹尼斯,《空战和情绪压力:轰炸与民防的心理研究》(1951年;韦斯特波特,格林伍德出版社,1976年再版),第100页。

141 H. H. 加纳,《战斗中的精神创伤》,《军事医学》杂志第8期(1945年),第343—357页;詹尼斯,《空战和情绪压力:轰炸与民防的心理研究》,第123页。

142 美国战略轰炸调查,"战略轰炸对德国士气的影响,第一卷",第20页。

143 美国战略轰炸调查,"战略轰炸对德国士气的影响,第一卷",第3页。

144 伊恩·克肖,《希特勒神话:第三帝国的化身与现实》(牛津,牛津大学出版社,1987年),第204页。

145 同上,第205—206页。

146 马克斯·赛德维茨,《战时德国的平民生活》,第313页。

147 同上。

148 同上。

149 埃德加·彼得森上校,查尔斯·韦伯斯特和诺布尔·弗兰克兰《对德国的战略空中打击,第三卷》,第224页。

150 乌苏拉·冯·卡尔多夫,《噩梦日记:柏林,1942—1945》,第119页。

151 美国战略轰炸调查,"战略轰炸对德国士气的影响,第一卷",第32页。

152 同上,第7页。

153 德鲁·米德尔顿,《冷漠主宰了已成为废墟的不伦瑞克》,1945年6月24日,《纽约时报》。

154 美国战略轰炸调查,"战略轰炸对德国士气的影响,第一卷",第32页。

155 乌苏拉·冯·卡尔多夫,《噩梦日记:柏林,1942—1945》,第119—120页。

156 文德尔,《战争中的主妇:一名德国妇女在希特勒帝国的生活记录》,

第200页。

157 杰里米·诺克斯编撰的《战争中的平民：第二次世界大战，欧洲、日本和美国的后方》中，杰里米·诺克斯所写的《德国》（埃克塞特，埃克塞特大学出版社，1992年），第56页。

158 欧文·L.詹尼斯，《空战和情绪压力：轰炸与民防的心理研究》，第83页。

159 马克斯·赛德维茨，《战时德国的平民生活》，第311页。

160 同上。

161 美国战略轰炸调查，"轰炸对健康和德国医疗救治的影响"（华盛顿，美国政府印务局，1945年），第3页。

162 乌苏拉·冯·卡尔多夫，《噩梦日记：柏林，1942—1945》，第119页。

163 同上，第90页。

164 美国战略轰炸调查，"战略轰炸对德国士气的影响，第一卷"，第51—52页。

165 杰拉尔德·柯温，《盟军轰炸与纳粹国内宣传》，《欧洲历史季刊》第15期（1985年），第357页。

166 乌苏拉·冯·卡尔多夫，《噩梦日记：柏林，1942—1945》，第119、201页。

167 杰里米·诺克斯编撰的《战争中的平民：第二次世界大战，欧洲、日本和美国的后方》中，杰里米·诺克斯所写的《德国》，第56页。

168 美国战略轰炸调查，"战略轰炸对德国士气的影响，第一卷"，第60—61页。

169 同上，第二卷，第1、22页。

170 杰里米·诺克斯编撰的《战争中的平民：第二次世界大战，欧洲、日本和美国的后方》中，杰里米·诺克斯所写的《德国》，第56页。

171 理查德·奥弗里，《为何盟国能赢》，第113页。

172 麦克斯·卡兰特，《空袭教会了我们什么？》，《飞行》杂志第37期（1945年10月），第130页。

173 亚历山大·里奇，《浮士德的大都市：柏林的历史》，第530页。

174 理查德·贝塞尔，《纳粹与战争》（纽约，当代文库出版社，2004年），第181页。

175 引自罗伯特·考利编撰的《不获得胜利决不罢休：透视二战》（纽约，

普特南出版社，2001年）中，第514页，威廉姆森·默里所写的《战略轰炸有效吗？》。

176　美国战略轰炸调查，"V型武器（十字弓）行动"，第1—3页。

177　罗杰·博蒙特，《作为第二战线的轰炸攻势》，《现代史》杂志第22期（1987年），第15页。

178　美国战略轰炸调查，"战略轰炸对德国战时经济的影响"，第39—40页；1945年7月18日，对施佩尔的审问，查尔斯·韦伯斯特和诺布尔·弗兰克兰《对德国的战略空中打击，第四卷》；理查德·奥弗里，《为何盟国能赢》，第131页。

179　霍斯特·布格编撰的《第二次世界大战中的空战》中，理查德·奥弗里撰写的《二战中的空中力量：历史性主题和理论》，第25—26页。

180　威廉姆森·默里，《对联合轰炸机攻势的思考》，第93页。

181　美国战略轰炸调查，"战略轰炸对德国士气的影响，第二卷"（华盛顿，美国政府印务局，1946年），第41页。

182　同上。

183　美国战略轰炸调查，1945年6月29日，与阿尔弗雷德·约德尔大将的谈话，美国空军历史研究部，137.315-62。

184　同上。

185　乌苏拉·冯·卡尔多夫，《噩梦日记：柏林，1942—1945》，第201页。

186　同上，第214—215、225页。

187　引自安东尼·潘洛斯编撰的《莉·米勒的战争》（波士顿，利特&布朗出版社，1992年），第161、166页。

188　雷蒙德·丹尼尔，《德国快速收益的瓦解》，1943年4月15日，《纽约时报》，E3版。

189　小朱利安·巴赫，《美国的德国：职业记述》，第18页。

190　美国战略轰炸调查，"全面报告"（欧洲战事），第107页。

191　霍斯特·布格编撰的《第二次世界大战中的空战》中，奥拉夫·格洛勒撰写的《战略空袭及其对德国平民的影响》，第284—286页。

192　珀西·克瑙特的话引自克瑙特的《德国的败亡》（纽约，诺普夫书局，1946年），第七章。

193　薇拉·布里顿的《轰炸大屠杀》以宣传手册的形式在英国首发，题为《混沌的种子：大规模轰炸意味着什么？》（伦敦，新视界出版社，

1944年）。欲了解美国和平主义者对轰炸行动的反对，夏伊勒的反应以及美国媒体对薇拉·布里顿观点勇敢的讨伐，可参阅马丁的《修正主义者的观点》（科罗拉多州斯普林斯，拉尔夫·迈尔斯出版社，1971年）中，詹姆斯·J.马丁撰写的《1944年，轰炸与和平谈判》一文；另可参阅格雷林的《废墟之间》，第五章。

194　索尼娅·奥威尔与伊恩·安格斯编撰的《乔治·奥威尔散文、新闻及信件集：杂谈，1943—1945，第三卷》（纽约，约万诺维奇出版社，1968年），第151页。

195　同上。

196　同上。

197　同上，第152页。

198　1994年7月24日，作者对保罗·斯拉夫特的采访。

第十七章

苦难的庆典

那些被德国人俘虏的飞行员很特别。他们在野兽的肚子里，目睹并经历了其他飞行员只能从远处了解的暴政。

——罗伯特·"罗西"·罗森塔尔，第100轰炸机大队

1945年3月28日，伦敦

当天早上，温斯顿·丘吉尔写了封短笺给皇家空军参谋长查尔斯·波特尔。"轰炸德国城市现在只是为了增加恐怖，尽管有其他借口，但在我看来，是时候检讨了。否则，我们控制的将是一片被彻底摧毁的土地……德累斯顿的毁灭仍然是对盟军所实施的轰炸行动一个严重的质疑……我觉得有必要更精确地集中于军事目标，例如作战区域后方的炼油厂和交通设施，而不是放在单纯的恐怖和肆意破坏行为上，不管这些行为多么令人印象深刻。"[1]

波特尔感到愤慨。尽管未能成功迫使阿瑟·哈里斯将重点集中于首相现在似乎情有独钟的军事目标，但轰炸机司令部已彻底沦为一支恐怖力量的暗示还是令波特尔感到不满。在燃油和交通运输这两场战役中，轰炸机司令部都曾

发挥过重要作用，而且，当年1月，敦促皇家空军开始对德国东部城市展开轰炸的，正是丘吉尔。[2]难道他现在想把德累斯顿的毁灭完全归咎于轰炸机司令部？波特尔认为是这样。

看到首相的短笺后，阿瑟·哈里斯称之为"对空军部轰炸政策和轰炸机司令部执行此政策的方式的一种侮辱"[3]。但与波特尔不同，他认为区域轰炸应该继续下去。"我个人看来，德国那些剩下的城市，加在一起也抵不上一名英国士兵的骨头。"他怒冲冲地说道。[4]

波特尔建议丘吉尔撤回他的"备忘录"，首相明智地同意了，并以温和的态度重新起草了一份。[5]一周后，英国人终止了他们的区域轰炸，并开始与美国人商讨结束整个战略空中作战的事宜。双方都已没有可供轰炸的战略目标。

4月16日，卡尔·斯帕茨给欧洲轰炸战的两位指挥官——英国的吉米·杜立特尔和意大利的内森·特文宁——下达了指令。"地面部队的推进，已令美国战略空中力量和英国皇家空军轰炸机司令部实施的战略空战到达尾声。随着我们的军队占领德国，这场果断的胜利已变得愈发明显。从今天起，我们的战略空中力量必须与我们的战术空中力量一起，密切配合我们的地面部队。"[6]

九天后，第八航空队执行了他们在欧战期间的最后一次大规模轰炸行动，他们对位于捷克斯洛伐克比尔森的斯柯达厂，以及奥地利的一些小目标展开一连串空袭。这是地面部队所要求的一次战术行动，而不是战略轰炸。捷克的军工厂被认为向仍在这一地区的德国军队提供坦克和大炮，另外，萨尔茨堡及其周围还有些铁路中心，仍在运送敌人的军队和补给物资。

第384轰炸机大队参加了空袭比尔森的行动，他们从英国中部的格拉夫顿安德伍德机场起飞，1942年8月17日，就是在同一个机场，第八航空队发起了战争期间他们的首次空袭。对鲁昂的那次轰炸没有损失一架飞机。而1945年4月25日，第968号轰炸任务中，6架轰炸机被斯柯达工厂猛烈的防空炮火击落，42名机组人员失踪，这是第八航空队遭受的最后的作战损失。第二天，苏军和美军在易北河会师，纳粹德国被切为两半。历史的车轮飞转着。

从比尔森返航的一名飞行员诠释了陆航队顽强的精神，正是这种精神帮着盟军将纳粹德国逼上了绝路。27岁的伊曼纽尔·"曼尼"·克莱特中校，是一名移民自德国、路德会牧师的儿子，1943年初，伊曼纽尔来到英国，当时，美国轰炸机机组人员的平均寿命为十五次飞行任务。他参与了一些最为艰难的任务——圣纳泽尔、费格萨克和施韦因富特——在一次任务中，他被高射炮火击伤，迫降在英国时造成五处骨折。双腿恢复后，他加入到驻扎在巴辛伯恩的第91轰炸机大队，接手指挥一个配备着雷达的"探路者"中队。尽管并不需要他亲自飞行，但伊曼纽尔还是亲率部下们参加每一次艰巨的任务，包括1945年2月3日对柏林的空袭。"我要求他更多地留在地面上，"他的上级说道，"但他仍继续参加飞行。这把我惹火了，于是给他下了命令，只有轮到他带队时才能参加飞行。可他还是以身涉险。像这样一个人，你能拿他怎么办？"[7]4月25日对比尔森的空袭是伊曼纽尔在战争期间的第九十一次作战飞行，这是欧洲战区的最高纪录。

另一种空军

第八航空队最后投下的负载是为饥民提供的食物。4月末，德国人仍牢牢地控制着荷兰的大多数地区。为迟滞盟军的推进，并惩罚荷兰长期以来的抵抗行动，狂热的纳粹指挥官中断了对荷兰人的食物供应，并打开堤坝，淹没了该国大多数低洼的农田。1945年春季，12000名荷兰人被饿死，另有450万人处于营养不良的状况下，味道古怪的甜菜储备耗尽后，他们不得不吃郁金香的球茎。[8]一名荷兰妇女写信告诉她在伦敦的兄弟："除非得到上天馈赠的礼物，否则，我们很快就要被饿死了。"[9]

4月份的最后一周，死硬的纳粹守军仍拒绝投降，艾森豪威尔将军给德国派驻荷兰的民政当局施加压力，要求他们同意停火，以便让英国和美国轰炸机空投食物补给。艾森豪威尔警告说,要是他们胆敢破坏食物空投,盟军将对"实施破坏的每一个官员和人员以违反战争法的罪名论处"。[10]

对荷兰人来说,这场空运是救命稻草,而在美国轰炸机组那些小伙子看来,这是他们急需的一次精神鼓舞,他们中的一些人在执行国家所批准的毁灭任务时遇到了麻烦。"在漫长的深夜交谈中,(我们不知道)我们会发生些什么?我们是机器?我们是毁灭者?"哈里·克罗斯比回忆道,他曾是第100轰炸机大队的投弹手,现在则是一名作战参谋。[11]5月1日,全世界在当天获悉了希特勒自杀身亡的消息,而第八航空队,用克罗斯比的话来说,变成了"另一种空军"——不是战略或战术力量,而是作为人道主义者,参加了英国人所称的"吗哪"行动,美国人则没那么虔诚,他们将此次行动称作"老饕"。*根据与德国人达成的协议,获准参加飞行的机组人员中不能有机枪射手,但这道命令普遍遭到忽视。"每个人都想参加行动。"克罗斯比回忆道。[12]将一箱箱军用口粮和英国农民捐赠的一袋袋土豆搬入炸弹舱后,就连维修人员和随军牧师也登上了飞机。

轰炸机排成单路纵队,以200英尺的高度飞入荷兰领空,并将机上的货物投向标有巨大红十字的空阔地。这是一次"自由"空投——食品箱上没有系降落伞——但小伙子们用手帕和碎布自己制作了一些小型降落伞,里面装上糖果、香烟和家里寄来的食物,随机投放下去。曾从盖世太保手中抢救出被击落的盟军飞行员的地下抵抗战士,当初把那些降落伞藏了起来,现在,他们从草垛或地窖中取出这些降落伞,将其做成"幸福装"——帽子、围巾和裙子。他们和成千上万名感激不尽的同胞挤满了空投区,无视纳粹的命令,挥舞着小小的英国和美国国旗,这些旗帜原本是留待解放到来时使用的。在阿姆斯特丹郊外,查尔斯·埃林的"空中堡垒"飞过一片片色彩鲜艳的郁金香地。其中的一

---

* 译注:吗哪指的是古代以色列人出埃及时,上帝赐给他们的食物。

片，花朵已被剪去，形成了一排文字："非常感谢，美国人。"[13]

哈里·克罗斯比说："我觉得，执行'吗哪-老饕'的感觉比'号角'行动好得多。"[14]

就在"老饕"行动如火如荼地进行之际，杜立特尔将军批准第八航空队3万名地勤人员"对德国来一场空中之旅，亲眼看看他们的工作帮着完成了些什么"。[15]机械师、装弹手、厨师、卡车司机、指挥塔工作人员和打字员登上飞机，低空飞过遭到轰炸的那些德国城市——他们称之为"空中缆车行动"。"每座城市都很像……都已被夷为平地，灰蒙蒙的，死气沉沉。"第100轰炸机大队的一名成员在日记中写道。[16]"再也不会有个新的德国了，"来自路易斯安那州荷马的丹尼·罗伊·穆尔说道，"永远无法重建起来，绝不可能。"[17]

就连造成这些破坏的人也不敢相信破坏所达到的程度。1945年5月3日，第八航空队的飞行员肯尼斯·琼斯参加了"空中缆车行动"，并将自己的观感记录在一个袖珍笔记本上。琼斯曾热切地期盼自己有朝一日能不带任何恐惧地飞越德国上空，但俯视着下方的废墟，他只感到"空虚"。莱茵河流域的发电业已被炸得支离破碎，同时还包括那些家庭和医院、学校和俱乐部，吕贝克、美因茨、明斯特和科隆的教堂也大半被毁。约瑟夫·戈培尔曾宣称："想到一名21岁的美国、加拿大或澳大利亚恐怖飞行员可以，并被允许摧毁一幅阿尔布雷希特·丢勒或提香的画作，并对人类最古老的名字加以亵渎，欧洲人必将为此而羞愧。"[18]但肯尼斯·琼斯从未怀疑过，投向德国的那些炸弹是对他们罪有应得的惩罚。[19]

琼斯的"缆车"之旅与大多数人不同。他的指挥官想让部下们走到被盟军轰炸所摧毁的城市的街道上，看看、闻闻全面战争所造成的损害。在荷兰与德国边境之间的一座基地降落后，军用卡车把他们带至科隆，这座有近100万人口的港口城市，已被长达33个月的轰炸（大部分是英国人干的）变为一座大坟墓。[20]40000名仍待在科隆的市民成了穴居人，与携带着疾病的老鼠和苍蝇分享点着蜡烛的煤窑。"无耻而又肥胖"的老鼠以腐烂的尸体为食，那些尸体仍未从废墟中挖出。[21]琼斯走过这个幽灵般的地方，街道旁排列着荒凉、不再冒烟的烟囱，瓦砾堆积成上百英尺高的小丘，他觉得自己正在参观地狱的最深处。

飞行员们被告知，纳粹们已仓皇逃离科隆，带走了几乎每一个有可能帮助缓解留守市民痛苦的男女。[22]这里没有市政官员，没有医生或护士，没有警察或社工；那些莱茵葡萄酒和土豆饺子的美食爱好者，现在已沦落为野兽般的生活方式，在气味难闻的残垣断壁间搜寻着食物。尽管这座城市几乎已不复存在，但肯尼斯·琼斯却看见虚弱的德国妇女清理、打扫着街道和人行道尚存的部分。她们清扫的街道瓦砾遍地，"根本无法通行"，但这一点似乎并未令她们灰心丧气。[23]琼斯明白，在这个可怕的地方，重要的是重申"生活仍将继续"。但他注意到，大多数科隆的幸存者依然躲藏在他们的地下容身处，仿佛不想接受降临到他们身上的这一切。*

军用卡车隆隆驶过街道时，琼斯能看见路边"瓦砾妇女"们脸上强忍住的愤怒。正是这些空中强盗将这种巨大的悲伤降临到她们身上。几个小时前，他们驾驶的B-24轰鸣着掠过头顶，高度低得甚至从地面上都能清楚地看见炸弹舱舱门，这重新勾起了人们对"惊天动地的爆炸"的记忆，他们的生活由此而被粉碎，"来自空中的打击落在地上"[26]。

卡车停在科隆市中心，车上的人跳下车，步行穿过城市。停下来写了一

---

* 在海因里希·波尔的自传体小说《沉默的天使》中，一名厌战的德国士兵回到刚刚获得解放的科隆，被一位不肯打开公寓房百叶窗的妇女所收留，那扇窗户俯瞰着整座城市。一天早上，她离开房间去穿衣服，他推开百叶窗，看了看"城市中被烧焦的废墟"，然后迅速关上窗户。[24]"现在，屋内再次恢复了昏暗和沉寂……他明白了她为何不愿打开窗户。"
在最近一篇关于空中战争的文章中，已故德国作家W.G.泽巴尔德写道，战争结束后，"有一种对每个（德国）人都具约束力的默契，这个国家，物质和道德毁灭的真实状态不能加以描述。毁灭的最后一幕，最黑暗的方面，作为大部分德国人的亲身经历，像个可耻的家庭秘密，依然属于禁忌。"[25]
泽巴尔德将波尔的《沉默的天使》誉为经历战争的一代所创作的唯一一部著作，提供了"恐怖深处的某些想法，而这种恐怖形成了压垮那些真正查看过他们周围废墟的人的威胁。"他估计，正是这个原因，才使得这部著作直到1992年才得以出版。

篇日记后，琼斯不知道有谁在看过这片废墟后还能宣布"我们赢了"，但他知道，迄今为止的胜利非常必要。回到机场跑道，启动轰炸机引擎时，他只有一个想法：深切地希望"这种事再也不要发生，不管是以什么理由"。再也不要让从未遭受过破坏的美国更加迫切地召唤他。

在一片低云下跨越北海时，他觉得自己的青年时代已然结束。"我才20岁，却感到老了许多。"

暴风雪中的行军

第八航空队还有一项任务。必须将盟军战俘带出德国南部和奥地利，送至法国北部的过渡营地，他们将在那里获得食物、衣服和医护治疗，然后再被送回家。第八航空队称之为"复苏"行动。

罗西·罗森塔尔——已回到索普-阿伯茨，2月3日空袭柏林时所负的伤已完全恢复——是第一批志愿者之一。"我重新加入第100大队的时机太晚，已来不及参加轰炸德国的任务，但这次的任务我确实很想参与。"[27]任务是飞至林茨和奥地利，获得解救的是法国战俘。"在那之后，我想飞赴德国南部，搭载我们那些获得解放的飞行员，但这个任务并未分配给第100大队。"

"我们在慕尼黑附近一个名叫莫斯堡的地方等待收容，那是一座庞大的战俘营，巴顿将军就是在那里解救了我们，"路易斯·罗沃斯基中尉回忆道，"就像个晴空霹雳。前一天我们还是俘虏，第二天却自由了。获救的那天，许多人忍不住失声痛哭。但我没有。我竭力忍住，不让自己哭泣。我觉得我在做梦，如果哭的话就会醒来，并发现自己仍是个囚徒。"[28]

这些飞行员并不是在莫斯堡开始他们的囚禁生涯的，他们来自德国东部的战俘营，经过漫长的跋涉，在战争即将结束时到达了这里。他们已经与外部世界彻底失去了联系，甚至连红十字会也不知道他们在哪里。他们靠步行和铁路穿过行将灭亡的纳粹德国四处蔓延的混乱，既看见了他们用自己的炸弹所造成的痛苦，也目睹了他们曾冒着生命危险予以消灭的暴行。第100大队的盖尔·克莱文说："我们当中许多人见过或经历过的那些事，身处后方的人绝不会相信。"[29]

这个故事开始于1945年1月27日，但没有结局，因为经历过这场行军的飞行员，没有谁能忘记这番痛苦的折磨。当天，随着苏军逼近位于萨冈南面和北面约80英里的波森和布雷斯劳，希特勒命令德国空军，将Ⅲ号空军战俘营的囚犯转移到柏林西面的营地。苏军前进路线上的其他战俘营也接到了疏散令。被德国人关押的数十万战俘中，有95000名美国人，其中的38000人是飞行员——这些轰炸机机组人员和战斗机飞行员来自遍布欧洲的各个单位。希特勒本想将他们作为人质，以备不测。他的恶毒想法之一是，把这些飞行员放在遭受到英美空军猛烈轰炸的城市中；另一个想法是，如果盟军继续轰炸，就把这些飞行员处决。

1月27日夜间，Ⅲ号空军战俘营南营区，战俘们正在欣赏他们自己排演的百老汇喜剧《浮生若梦》。第一幕演出的中途，房门猛地被推开，营区的高级军官查尔斯·古德里奇上校冲过中间的过道，跃上舞台，伸出双臂让大家安静。"那些蠢货……给我们30分钟时间到前门集合。收拾东西，列队！"[30]

传令员立即穿过营区，将这个消息传递出去，战俘们开始收拾他们存放起来的应急口粮：巧克力、糖、果脯和奶酪。与大多数战俘一样，大卫·韦斯特海默认为自己应该为严寒做好准备。[31]他穿了两双袜子、羊毛长内衣裤、一件羊毛衬衫和长裤、一件毛衣、一件作战外套和大衣，还戴着一顶绒线帽、一条围巾和两副手套。雪已下了一整天，夜幕降临前，战俘们在营房外排成三列时，地上的积雪已经很厚，猛烈的寒风从西面吹来，而那里就是他们将要行进的方向。在黑暗中等待着出发命令时，南营区的战俘们在松软的雪地上跺着脚，以保持体温。有些人颤抖起来，为即将进入一个未知的前景而恐惧。"监狱生活可不是一次野餐，"盖尔·克莱文说道，"但相对来说还算安全。铁

丝网外，谁知道等待我们的是什么。"³²

南营区的2000名战俘率先离开Ⅲ号空军战俘营，西营区的战俘在第100轰炸机大队首任大队长达尔·阿尔凯尔上校的率领下随后跟上。约翰·伊根和巴克·克莱文跟在阿尔凯尔身后的队列中。德尔玛·斯皮维上校带领的中央营区在凌晨3点左右最后一个离开。阿瑟·瓦纳曼将军走在这支后方队列的最前方，他一瘸一拐地走着，明显是由于跳伞进入德国时所负的伤，而这次跳伞也使他成为落入德国人手中级别最高的军官。战俘们列队经过战俘营的仓库时，每人拿到一个重约11磅的红十字会箱子。这些"手提箱"太重，无法携带，于是他们拆开箱子，把自己最喜欢的东西塞入大衣口袋和背包中：巧克力块、果脯和香烟。战俘营的看守在门外等着他们，手里的皮带气势汹汹地牵着咆哮的军犬，他们的机枪架在马拉大车上。几名希特勒青年团成员加入到看守们当中，另外还有些大腹便便的人民冲锋队（这是希特勒乌合之众般的民兵组织）成员。"蠢货"们宣布，任何试图逃跑的人都会被枪毙。"我们就这样出发了，"路易斯·罗沃斯基回忆道，"目的地不明。"³³

第100轰炸机大队的A. 埃德温·斯特恩中尉走入战俘营外沉寂的松林中时，一个可怕的念头出现在他的脑海中。去年春季，他在柏林附近被俘时，一名妇女从激愤的人群中跳出，朝他脸上吐口水，一群冷酷无情的希特勒青年团成员朝着他砸石块。现在，他将走入自己曾轰炸过的那些人当中——那些德国定居者很早便移居到西里西亚，来到希特勒迅速征服波兰后所创造的"生存空间"——等待他的会是什么？

但行军刚刚开始时，大部分战俘兴高采烈。"他们开着玩笑，善意地调侃着乔大叔的小伙子们只要一天左右的时间便能赶上，并将我们解救，"克莱文说道，"六七个小时后，没人再笑了。"*³⁴几乎每个人都陷入绝望的沉默中，每个人都被自己的想法所包围，独自抵御着严寒。

---

* 译注：乔大叔是美国人对斯大林善意的称谓。

列队进入欧洲数十年来最猛烈的暴风雪中，肆虐的风雪令一些战俘什么也看不见。他们低着头，缩着肩，迎着风雪向前走去，有的人走着走着就睡着了。一名再也承受不了的战俘因疲惫和暴露在风雪中而跪下双膝时，他的同伴便会将他拉起，往他的嘴里塞一块糖。

严寒模糊了权力的界线，并使战俘和看守成为一个共患难的群体。一些太过疲惫的中年看守将步枪交给战俘背负。"Alles ist kaput（一切都结束了）。"他们酸楚地嘟囔着。斯特恩中尉举目凝神，透过纷飞的雪花看见两名战俘正在帮助一名年迈、再也走不动的看守。两天后，两名看守和四名战俘死去。队伍中出现了逃跑，甚至是造反的传言，但美军指挥官命令他们的部下们待在一起，遵守秩序。他们处于德国的腹地，四下里冰冻的道路同样酷寒无比。待在一起比单独应对这一切要好得多。

德国人没有为他们提供食物和水，夜间，战俘们睡在谷仓、教堂、鸡舍或废弃的集中营里。一天晚上，达尔·阿尔凯尔的队伍睡在一间陶瓷厂内，在这里工作的是附近一座战俘营里的波兰和法国奴工。一些妇女用自己的身体交换战俘们的巧克力、香烟和肥皂，但大部分性饥渴的战俘太过疲惫，以至于无法成交。克莱文和伊根躺在水泥地上，幸亏地面已被地下室中巨大的窑炉所加热。"很难睡得着，"克莱文说道，"一些战俘在睡梦中尖叫着，说他们再也走不动了。"[35]经过一番长时间的休息后，他们到达了另一个村子。这时，德国看守似乎已不再注意这些战俘，他们也要为自己的生存而战。只有那些被松开皮带的军犬，跟随在队列一旁。

沿着拿破仑从莫斯科撤退的道路，战俘的队列绵延出去30英里，狭窄的道路上挤满了逃离即将到来的俄国人的难民。那些凄惨的大篷车是欧洲历史上最大的恐慌性迁徙的组成部分。这一周，700多万人——大部分来自西里西亚、波美拉尼亚和东普鲁士——返回到他们的祖国。1月底前，每天有近50000名难民涌入柏林，[36]这只是无家可归者中的一部分，这些待在火车站的难民成了美国轰炸机2月3日的目标。"我们穿过悄无声息、荒芜的村镇，牵着马车或牛车的难民排列在路边,等待着出发。"前《纽约时报》记者尤金·哈尔莫斯在他的秘密日记中写道,"孩子们红扑扑的脸上带着冷漠……从堆积如山的家庭用品下偷眼张望……"[37]饥饿的马匹拉着硕大的干草车,前后腿瘦得只剩下骨头,叮当作响地从战俘们身边走过。板着脸的家长坐在前面,面无表情地看着战俘们将小块巧克力塞给躲在货车后的孩子们。有时会有一支衣衫褴褛的德国军队从他们身边经过,朝相反的方向,朝向西推进的俄国人而去。这些德军士兵并不像战俘们曾在国内的纪录片中看见过的那些迈着正步的征服者,他们看上去并不年轻,而且紧张万分,还有些人向战俘们索要食物。

2月1日,第一批战俘到达了德军驻守的施普伦贝格,德国人终于为他们提供了食物:稀薄的大麦粥和黑面包。阿尔凯尔的队伍在五天内行走了六十多英里。吃光了所带的食物后,他们终于到达了一座火车站,随即被推入封闭的牛棚车厢内。这些车厢上没有标出携带有战俘的标记,这令大家感到惊慌,他们知道美军战斗机会追踪铁路线。"我们要去哪里?"一名战俘问看守。对方冷漠地回答道:"另一座战俘营,你不会喜欢的。"[38]

几天后,瓦纳曼将军带领的那群战俘跟跟跄跄地来到施普伦贝格。斯皮维上校从看守那里获悉,他这些部下将搭乘火车前往南营区战俘们刚刚被送去的一座大型战俘营,位于巴伐利亚东部的莫斯堡。他和瓦纳曼将军这次不会跟他们一同前往,他们俩将被送往柏林执行一项秘密委托,然后将被遣返至瑞士,这是对他们让自己的部下们秩序良好地赶至施普伦贝格的回报。斯皮维对此表示抗议,他想跟自己的部下待在一起,另外,他也不想让部下们觉得他和瓦纳曼为自己获释而达成了某些私下交易。但看守们的态度非常坚决。斯皮维站在人行道上,看着他那2000名部下沿着街道列队走向火车站时,他向他们喊叫着,让他们"别气馁"[39]。

"棚车车厢内的条件恶劣得难以言述,"第100轰炸机大队的领航员弗兰克·墨菲,在行军记录中写道,"我们无法躺下,要么站着,要么坐在铺着毛毯的硬地板上,我们挤坐在一起,双膝紧紧地抵着下巴……寒冷和缺乏食物使许多人失去了知觉,还有些人的病情较重,他们呕吐或拉肚子,我们根本无法清理自己。有些人心中难受,忍不住哭了起来。"[40]

两天后,临近午夜时,弗兰克·墨菲这群战俘到达了莫斯堡的一条铁路岔线。火车停下时,战俘们喊叫起来,要求将棚车的车门打开。他们想呼吸新鲜空气,想获得食物和水,但这一整晚,他们一直被关在紧锁的篷车内。天亮后,车门被打开,大部分战俘已因太过虚弱而无法动弹;看守们不得不爬进车厢,把他们推出去。他们的衣服上沾满了呕吐物和粪便,向着Ⅶ-A战俘营的大门走去,这座战俘营中关押的每个人都曾与纳粹战斗过。在这场战争剩下的时间里,这个害虫出没的猪圈将成为这些战俘的家。

地狱的边缘

一周前,达尔·阿尔凯尔所率的那群战俘到达了纽伦堡郊外一座同样糟糕至极的战俘营,位于莫斯堡北面八十英里处。第八航空队的驾驶员威廉·H.惠勒也在这群战俘中,在空袭雷根斯堡—施韦因富特的行动中被击落后,他已做了十八个月的俘虏。哨兵拉开他那节棚车的车门时,惠勒发现这里是一个大型铁路编组场,并注意到除了德国空军的哨兵,还有身穿黑色制服的党卫队士兵。德国人已为可能出现的麻烦做好了准备。"战俘们的气愤和怒火已接近于自我毁灭。"惠勒回忆道。[41]他们用德语大声咒骂,似乎已准备发起暴动。就在这时,阿尔凯尔命令大家保持冷静,这才让战俘们进入营地,那里为他们提供了食物和饮水。

Ⅷ-D战俘营没有取暖设备,也没有床铺,而且,距离货运场只有两英里,那是盟军轰炸机最热衷的目标。第八航空队和轰炸机司令部不分昼夜地对德国城市实施轰炸时,这些战俘终于尝到了自己种下的苦果。他们在营房外挖掘了浅浅的壕沟，隐蔽在其中，并用大衣和毛毯盖住头部，以免被德国人高射炮火洒落的弹片击中。英国人投下的炸弹，尺寸有卡车那么大，有些炸弹的落点离战俘营非常近，穿过地面的冲击波，强度足以震断人的骨头。"我祷告着（不只是为我自己），"第八航空队的一名飞行员回忆道，"主要是祈祷不要让美国的城市也遭遇类似的事情。"[42]一怒之下，阿尔凯尔找到战俘营指挥官，要求将自己的部下转移到另一个战俘营。可他被告知，没有其他营地可以接纳他们。难道他们愿意迁入燃烧着的纽伦堡城内？

战俘们学会了如何与炸弹相处。饥饿才是更大的敌人。这些战俘到达纽伦堡不到一周，德国人的大麦汤和土豆便被消耗殆尽，于是开始提供爬满象鼻虫和蠕虫的脱水蔬菜。有些战俘把虫子剔出，其他人则将虫子囫囵吞下，并劝那些胆小者不要吃这些东西，这样，他们就可以把食物端到自己的面前。

4月1日，战俘们通过他们隐藏的收音机听到，美国第7集团军正向纽伦堡推进。两天后，15000多名憔悴的战俘列队踏上了通往慕尼黑的道路。这是个热点地区，他们每天都处在被友军火力误伤的危险下。穿过一个铁路编组场时，他们看见一个"雷电"战斗机中队径直朝他们俯冲而下，机炮喷吐着火舌。三名战俘当场身亡，另外三人负伤。第二天，战俘们将一个巨大的美国陆航队徽标的复制品放在路上，一个箭头指着队伍的前进方向。"这个举动使我们不再遭受到轰炸和扫射。"队伍中的医护兵戈登·K. 巴茨中士说道。[43]

行军开始时，阳光明媚，但第一天下午就下起了冰冷的雨，一直持续了数天。为维持秩序，阿尔凯尔必须搞到更多的食物。他立即想到红十字会的包裹，于是告诉负责这场行军的德国上尉，如果有战俘丧生，他将为此承担个人责任。[44]

阿尔凯尔不知道的是，瓦纳曼将军和斯皮维上校已注意到这个问题。被带至柏林后，他们与党卫队全国副总指挥戈特洛布·贝格尔的代表会面，贝格尔仍在负责空军战俘营事务。通过瑞士政府，贝格尔做出安排，将红十字会的包裹从日内瓦转交至从东线跋涉而来的盟军战俘手中。这与他在"大逃亡"后阻止他的党卫队接手空军战俘营所做的努力一样，是贝格尔试图取悦即将到来的西方盟军的如意算盘。

在艾森豪威尔的指导下，美国人和英国人提供一支200辆卡车组成的车队和两部专列，德国人则确保他们的安全通行。丘吉尔担心希特勒打算"杀掉部分或全部战俘"，[45]在他的压力下，艾森豪威尔还给华盛顿的参谋长联席会议发出了明确的信息。"可能会出现针对战俘的暴力行径，党卫队或盖世太保可能会以骚乱为借口，唆使起屠杀行为。"从盟军先头部队中派遣特种部队解放靠近前线的战俘营的准备工作随即展开，伞兵部队也在英国展开训练，准备对德军战线后方的战俘营发起救援行动，与之类似的伞兵突袭已由道格拉斯·麦克阿瑟将军的部队在菲律宾实施。[46]可是，这些救援行动尚未来得及执行，战争便已结束。*

安排好红十字会的食品救济后，贝格尔将瓦纳曼将军和斯皮维上校召至他戒备森严的总部。他想让瓦纳曼捎个口信给艾森豪威尔，转达他谈判的愿望——通过秘密电台与西方盟国单独媾和。这将使重新振作起来的德国军队将俄国人赶过奥得河。军方高级官员们随后将除掉希特勒和希姆莱——贝格尔说，这两人都是疯子——并安排向西方盟国做出"有序、恰当的投降"。[47]贝格尔告诉瓦纳曼和斯皮维，他这样做是为了将自己的国家从布尔什维克野兽手中挽救出来。他还声称他想拯救盟军战俘的性命，希特勒曾威胁要杀掉他们，作为对德累斯顿的报复。

瓦纳曼同意跟贝格尔合作，但前提是贝格尔必须承诺停止强迫战俘们继续行军，并加快向他们提供食物的速度。随后，他与斯皮维偷渡到中立国瑞士，瓦纳曼从那里飞往法国会见斯帕茨将军。斯帕茨听罢贝格尔的和平建议

---

* 营救奥斯维辛集中营里的匈牙利犹太人，却没有部署类似的紧急计划。

后,对此感到怀疑。"肯定是有人在跟你开玩笑。"他告诉瓦纳曼。[48]随后,他把瓦纳曼打发到华盛顿,以此来摆脱他。斯帕茨写了份完整的报告交给战争部,但这份报告显然被忽略了。盟军指挥层中,没人会同意与被瓦纳曼和斯皮维(这两人都对共产党人深恶痛绝)看作是"一个伟大的德国人"的贝格尔达成这种怯懦的交易。1967年,矢志不渝的瓦纳曼在一次采访中说道:"要是我们做了贝格尔希望我们做的事——通过谈判与西方盟国达成和平……俄国人的补给线太过漫长,我认为德国军队能将他们逼退至……德国边境,那么,美国今天会处在更有利的位置上。"[49]

战争结束后,斯皮维频繁拜访贝格尔,并邀请他到美国参加战俘们的聚会,在聚会上,斯皮维尊称他为将美国战俘从饥饿和大规模屠杀中拯救出来的人。[50]据贝格尔说,1945年初春,希特勒曾下令将德国人手中所有的盟军飞行员带至他的山顶堡垒,并藏匿于慕尼黑南部巴伐利亚阿尔卑斯山中的贝希特斯加登。在他试图与西线盟军进行谈判并达成条件有利的停战前,这些飞行员将作为人质被扣押在那里。如果罗斯福和丘吉尔不合作,35000名飞行员将被处决。希特勒的情妇爱娃·布劳恩,据说出于道德方面的理由反对这道命令,而且知道贝格尔也持同样的看法,于是让希特勒将签署的命令交给贝格尔。*通过一个巧妙的官僚伎俩,贝格尔设法确保了这道命令不会被执行。

尽管没有证人或文件支持这个故事,但贝格尔声称这件事发生在4月22日。[51]当天,希特勒已决定留下并死在柏林的暗堡中。既然已做出这个决定,为何他又下令将战俘们转移至他的阿尔卑斯山堡垒?

就算贝格尔并未将盟军战俘从一道死刑判决中挽救出来,但他曾试图阻止战俘们的行军,尽管未能成功,另外还加快了红十字会包裹交付到这群移动中的战俘们手中的速度。他与瓦纳曼和斯皮维最后一次会谈后没几天,来

---

*译注:从未有资料显示爱娃曾在任何一件国家事务上对希特勒吹过枕边风,甚至连她的妹夫菲格莱因被处决时,爱娃是否向希特勒求过情,尚有争议。

自瑞士的一支红十字会车队找到了达尔·阿尔凯尔的战俘群,并交付了4000个食品包。战俘们坐在露天地吃着巧克力,喝着罐装炼乳时,他们通过BBC广播电台获悉,另外一些美国飞行员(大部分是军士),正被迫在德国的其他地区进行着行军。红十字会试图找到这些队伍,但由于德国境内一片混乱,无法弄清楚那里到底有多少人,他们在哪里,或究竟要去哪里。红十字会的代表通知伦敦和华盛顿,据德国内部人士透露,这些战俘处在严重的危险中。[52]美国红十字会的一位代表宣布,战俘的家人和朋友"必须为坏消息做好准备"。[53]

射手们

处在危险中的那些战俘来自位于波美拉尼亚的Ⅳ号空军战俘营,有些人在"海德克鲁格狂奔"中所受的刺刀捅伤尚未痊愈。1月末,苏军逼近他们的战俘营时,这些战俘便被疏散。有些人被送往更西面的其他战俘营,但他们中的6000人(主要是美国人)被分成两股队列,沿着与波罗的海接壤的一条狭窄的通道向西行进,就位于苏军朝柏林推进的主攻路线的北面。看守告诉他们,要经过一场"为期三天的徒步旅行",才能到达他们的下一个目的地。[54]但到5月初德国投降时,这些战俘中的许多人仍在路上漫无目的地行走着。没人知道有多少战俘死在这场饥饿的行军中,但肯定有数百人,对欧洲的美国飞行员战俘来说,这场跋涉相当于1942年4月的"巴丹死亡行军"[55]。

Ⅳ号空军战俘营里的军医主任莱斯利·卡普兰博士一直待在队伍的后方,收容着越来越多掉队的患病者和垂死者,这些疾病包括白喉、肺炎、肺结核、痢疾和冻伤。卡普兰和他那支由志愿医护人员组成的小小医疗队,为战俘们做了他们所能做的一切,他们在污秽的谷仓内实施小手术,以绑在树枝上的剃须刀片充当手术刀,切开战俘们脚上已感染的溃疡。患病的战俘寻找过夜的住处时,被拒绝进入谷仓,因为当地农民嫌他们身上的虱子太多,坚决不许他们跟牲畜们睡在一起。卡普兰后来告诉调查人员："显然，德国家畜的福祉比我们这些战俘更重要。"[56]

最恶劣的磨难发生于2月14日，战俘们被迫行军35公里。"战俘们患了恶性痢疾，甚至不被允许停下方便一下，"乔治·古德利中士说道，"我们希望能穿过一个镇子，这样，大家便可以放缓脚步，脱掉内裤方便一下……由于身后的俄国人只有15—20英里，看守们甚至不允许我们停下喝口水。于是，一些战俘看也不看，从地上抓起大把大把的雪塞入嘴里。但这些卡其色的雪沾有尿液和带血的粪便，这些人很快便感染上肝炎和黄疸。"[57]

当天晚上，雪停了，但随之而来的是酷寒和瓢泼大雨，萎靡不振的战俘们睡在潮湿的地上，这些地面被走在他们前方的战俘中的痢疾患者"洒满了粪便"，[58]他们喝着沟渠里的水，而这些沟渠曾被前面的人当作厕所使用。一些明显已无法坚持到第二天清晨的战俘，在入睡前向朋友们道别。"这是我一生中最糟糕的一个夜晚，"古德利这位坚强的芝加哥人回忆道，"甚至比逃出一架燃烧着的轰炸机更为艰难。"[59]

一些战俘靠自私自利——囤积和藏匿的食物及柴火——在这场行军中生存下来，但大多数人形成一个个小组，每组两到三人，一同寻找食物和柴火，并分享一切，甚至是彼此身体的热量。这种伙伴体系挽救了他们的生命。"第三十五天是我最终的日子。"约瑟夫·奥唐纳回忆道。[60]当天，这位来自新泽西州里弗赛德，骨瘦如柴的球形炮塔射手，几乎就要放弃了。他穿着湿透的衣服瘫倒在路边，盯着冰冷的池水中自己的倒影。离开战俘营后，这还是他第一次看见自己的脸。几天后，他在日记中写道："我看到一具备受折磨、饥饿、胡子拉碴……的骨架。"[61]奥唐纳觉得自己已毫无生存的机会，于是像个乞丐那样坐在路边，决定就死在这里。"但我的顶部炮塔射手把我拉了起来，带着我来到一个谷仓，将稻草盖在我身上，到了早上，我感觉稍好了些。"[62]

3月28日，到达易北河西岸的一座小镇后，这些战俘被装上棚车，送往30英里外法林格博斯特尔的Ⅺ-B战俘营，这个收容场关押着上万名来自各个国家的囚犯。"我们希望能回到战俘营，那里有食物，也有住处，"古德利回忆道，"但我们很快便发现，这个肮脏的猪圈比Ⅳ号空军战俘营还要糟糕。"[63]

一周后，奥唐纳这群战俘又被召集起来，再次踏上行军之旅。这次，看守们带着他们向东而去，以躲开逼近中的英美军队。他们沿原路返回，跋涉过上个月曾走过的同一片地区。就在他们行进在温暖的气候下，吃着被美军战斗机打死的马匹的肉时，听到远处传来友军隆隆的炮声。这令他们燃起了希望，但经过二十天后，一些战俘不知道他们是否还有足够的体力坚持下去。

穿过德国的乡村时，Ⅳ号空军战俘营的这些中士射手并未遇到可怜的难民大潮，也没有经过被盟军轰炸夷为平地的城镇，他们唯一遭遇的野蛮就是他们自身的悲惨经历。另一群行军中的战俘却见到了纳粹邪恶的最深处。他们来自ⅩⅦ-B战俘营，那里关押着美国陆航队4200多名士官，另外还有来自法国、苏联、意大利和其他较小国家的战俘。*

4月8日，美军战俘分成八组行军队列，撤离奥地利克雷姆斯附近的战俘营，此刻，苏联红军已开始包围维也纳，距离他们已不到50英里。毫无理由只转移美国战俘，德国人可能是想以他们为筹码，与美国军队进行谈判。

几天后，这些战俘靠近林茨时，B-24的尾部射手理查德·H. 霍夫曼中士看见德国士兵押着数百名老百姓走上道路。两支队伍靠近时，一名战俘喊了起来："这些是什么人？"[64]

"劣等人种。"一名看守回答道。

这些"劣等人种"就像是行走着的骷髅，胸部干瘪，嘴里没有牙齿，眼

---

* 这座战俘营后来以《第17号战俘营》而出名，这部百老汇戏剧被好莱坞成功地搬上银幕，由比利·怀尔德执导，威廉·霍尔登主演，后者为此而获得奥斯卡最佳男主角奖。这部戏剧的剧本由陆航队两名射手在监狱中撰写而成，他们是唐纳德·贝文和埃德蒙·奇钦斯基，他俩也在电影中饰演了角色。

中带着一种吓人的恍惚。一些战俘不顾不许跟他们交谈的命令，用几种语言喊叫起来，询问对方究竟是什么人。他们是犹太人和政治犯，大部分是匈牙利人，来自一个叫作 毛特豪森的集中营。他们正赶往前线，为他们的"主人"修建炮位。

接着便是一声枪响，一个坐在地上的可怜人倒向一侧，鲜血从他的头部喷出。一名党卫队军官将手枪插入皮套，又走近另一个坐在地上的人。他朝他狠狠地踢了一脚，命令他站起来。对方试图站起身，却无力做到，于是，那名党卫队军官拔出手枪，对着他的前额扣动了扳机。

战俘们带着震惊的沉默沿道路前进时，许多人有一种强烈的厌恶和恐惧相混合的感觉：对德国人的仇恨和这种情况可能会发生在自己身上的恐惧。"我想……冲入德国人中，把他们全杀光，可敬爱的上帝啊，我很害怕。"霍夫曼回忆道。

在毛特豪森市的街头，霍夫曼中士的战俘群见到了更多明显带有弹痕的尸体，这些死尸倒在他们自己的鲜血所形成的血泊中。盟军战俘们停下休息时，几乎没人说话。靠近林茨这座纳粹据点时，他们发现所经过的几乎每一个城镇都已遭受过猛烈的轰炸。"市民们，主要是妇女、儿童和老人，坐在一堆堆瓦砾间，盯着废墟，震惊地说不出话来。"霍夫曼回忆道。但目睹了刚刚发生的事情后，战俘们发现自己很难对这些城市废墟中的百姓产生任何同情感。

跨过多瑙河，战俘们向茵河畔布劳瑙（Braunau am Inn）而去，那里是希特勒的出生地。4月18日，他们来到茵河河畔松林中一座仓促修建成的营地。在这里，他们遇到了来自 XⅦ-A 战俘营的囚犯，这些战俘也是刚刚到达不久，但已在铁丝网内搭建起粗木屋。这里只有一支人数不多的看守队，但战俘们警告新来者，不要试图逃跑。美国军队就在河对岸，可以看见，那里的几乎每一座房屋，上方的窗户都挂着白色的床单。

解 放

西面不到一百英里处，达尔·阿尔凯尔的那群战俘刚刚到达莫斯堡的Ⅶ-A战俘营。盖尔·克莱文没跟他们在一起，他已趁夜间行军之际逃脱，并到达了多瑙河，逃跑前，他告诉阿尔凯尔，他认为德国人打算撤入阿尔卑斯山进行一场绝望的抵抗，并将美国飞行员当作谈判的筹码。他的朋友约翰·伊根同意他的看法，但不得不留下，因为阿尔凯尔上校派他负责行军过程中的安全事项。

当晚，克莱文和另外两个人爬过一片满是粪便的开阔围场，伊根为他们提供掩护，他用力抽动一个生锈的老水泵，刺耳的刮擦声吸引了看守们的注意力。但真正救了他们的是粪便。"这简直就是夏奈尔5号，"克莱文后来说道，"它让那些军犬失去了我们的气味。逃出围栏后，我们动身穿过泥泞地，当晚便睡在一片柳树林中。我们没有地图，没有指南针，但据我们判断，如果昼伏夜出，一路向西的话，我们很快便能遇到我们的伙计。"[65]

现在，莫斯堡的囚犯人数急剧增加，已超过10万——奴工、新转来的集中营囚犯以及像路易斯·罗沃斯基这种已来了几周的战俘。4月29日这个星期日的上午，子弹开始呼啸着穿过营区，猛烈的火力在四周爆发开来。寻找到隐蔽后，约翰·伊根在他的笔记本上潦草地写道："眼下，一场相当规模的战斗正在我们周围打响。"[66]这是巴顿第3集团军先头部队与守卫莫斯堡的党卫队之间所展开的一场激战。伊根环顾四周，发现看守们已消失不见。他们接到命令去增援党卫队的人。"4月29日12点30分，战事已发生转移（我希望是这样）……你能看见星条旗（飘扬在教堂的尖顶上）。镇子已被夺取。这是十九个月来我第一次看见红白蓝三色国旗。"伊根在沉寂下来的战俘营中写道。

数千名美军战俘，泪水顺着他们的面颊滚滚落下，他们立正，向着国旗敬礼。随后，一辆"谢尔曼"坦克撞开战俘营大门，战俘们蜂拥向前，拍打、亲吻着它，伸手触摸着打开舱盖探出身来的救星。一名上尉爬出坦克，宣布他是来找自己的兄弟的。几秒钟后，一名战俘朝着坦克跑去，兄弟俩紧紧地拥抱在一起。另一名坦克手也找到了他的儿子——美军陆航队的一名中尉。[67]"对我们来说，战争结束了！"尤金·哈尔莫斯在他的日记中写道。[68]此刻距离他在荷兰上空被击落的那天已过去了十个月。

有人将战俘营旗杆上的纳粹反万字旗降下，升起了星条旗。随后，战俘们藏匿起来、专为这一天准备的其他旗帜也升了起来：英国国旗、苏联的红星旗、法国的三色旗以及几乎每一个盟国的旗帜。战俘们几近疯狂。"一整车面包出现时，"飞行员罗杰·伯维尔说道，"我们发出了更大的欢呼声。这是真正的白面包，对我们来说，味道就像是蛋糕。"[69]当晚，阿尔凯尔告诉他的部下，他们将在7—10天内被送往法国。

5月1日，巴顿将军坐着一辆长长的"帕卡德"检阅车，在随行记者和纪录片摄影师的陪伴下到达莫斯堡。他像个获胜的国王那样，大步穿过战俘营，象牙柄手枪在他的臀部跳动着。他突然停下脚步，查看着弗兰克·墨菲和那些萨冈伙计们苍白、萎缩的躯体。"就为这个，我也要杀掉那些狗娘养的。"他以低沉、冰冷的声音喃喃地说道。[70]

当天晚上，获救的战俘们（几乎来自欧洲的每一个国家）在莫斯堡的街道上游行，炫耀着从德国家庭和店铺里"解放"来的战利品：一箱箱白兰地和葡萄酒，猪和羔羊，弩弓和军刀，尖顶钢盔和猎枪。美国战俘搭乘着偷来的德国自行车、摩托车和指挥车蜿蜒穿过人群，他们投掷着鲜花，打出代表胜利的手势。在此期间，"谢尔曼"坦克穿过这片疯狂的现场，面目严肃的士兵们排成长长的队列紧随其后。巴顿的部队继续向南挺进，以防纳粹的抵抗死灰复燃。

第二天早上，布劳瑙附近树林的一座战俘营，理查德·霍夫曼中士来到茵河边打水。返回的途中，他看见一辆汽车驶上山路。那是战俘营指挥官的专车，在战俘营停下后，德国人走下车，僵硬地走到后面，打开另一扇车门。一名戴着钢盔的美军上尉走了出来。"我开始以为他是个被俘的倒霉蛋。"霍夫曼回忆道。[71]但他注意到这个美国人带着一把自动手枪。"战俘不可能带着点45手枪。我朝汽车跑去，发出了违反规定的喊叫。"和他一样，其他战俘疯狂地挥舞着双臂，向那名美军军官冲去。美军上尉站在一棵树桩上，举起双手让大家保持安静，随即宣布："伙计们，你们现在又回到美国军队的控制下。几个小时前，你们的德国战俘营指挥官来到布劳瑙，已向我军投降。"[72]

两天后，约瑟夫·奥唐纳、莱斯利·卡普兰和数百名形容憔悴的战俘在汉诺威附近遇到了英国第8集团军的先头部队。[73]这是他们第二次强行军的第26天，对奥唐纳来说，这是他离开波兰后，在路上的第86天。乔治·古德利本来一直跟他们在一起，却未参加第二次行军。在一名富有同情心的看守的帮助下，他躲在法林格博斯特尔一座苏军战俘营内，以免再次上路。两天后，这座战俘营被一队英军坦克解放。

瘦得只剩下皮包骨头的奥唐纳被飞机送往英国的一家军医院。约翰·卡森和其他没有身患重病的飞行员则被送至"好彩营"，这座位于勒阿弗尔港附近的帐篷城收容了近50000名获得解放的战俘。他们在这里得到了食物、除虱、卫生用品、新军装以及大把法国钞票。5月6日，德国人即将投降的消息传遍整个营地后，那些前战俘开始为庆祝活动做准备。

欧战胜利日

5月7日凌晨2点41分，兰斯教堂城艾森豪威尔的总部内，阿尔弗雷德·约德尔大将签署了军事投降书。根据其条款，德国的无条件投降将在1945年5月8日，欧战胜利日午夜前一分钟正式生效。但斯大林提出抗议，认为只有朱可夫元帅这位柏林征服者在场，德国人签署投降协议后，战争才算正式结束，于是，艾森豪威尔下令："第二次签署降书完成后，第一次签字的消息才能发布。"[74]

大批政要和记者，在空军上将特德的带领下，于5月7日飞赴柏林会晤朱可夫元帅和以德国武装部队最高统帅部（OKW）参谋长威廉·凯特尔元帅为首的一个德国代表团，凯特尔和约德尔一样，都是在希特勒面前卑躬屈膝的马屁精——"点头驴"，阿尔贝特·施佩尔这样称呼他们。在盟国远征军最高统帅部的司令部内目睹了第一次投降仪式的卡尔·斯帕茨将军，作为美国代表陪同特德一同前往柏林。

投降谈判在柏林近郊卡尔斯霍斯特的一座工兵学校内举行。就投降书的确切措辞纠缠了十二个小时后，在大批嘈杂的记者和摄影师的伴随下，盟军代表聚集在一间硕大、朴素的会议室中。朱可夫元帅坐在一张普普通通的木桌后，特德在他的左侧，斯帕茨坐在他的右边。一名苏军卫兵将以凯特尔元帅为首的德国代表团带了进来。凯特尔直直地盯着前方，举起他的元帅略杖致敬后，在桌旁就座。"他打量着房间，就像是在查看战场的地形，"艾森豪威尔的副官哈里·布彻上尉注意到，"这种普鲁士和纳粹的傲慢，我和其他目睹的人，永远都不会忘记。"[75]

最后一名纳粹在降书上签字后，朱可夫站起身，让德国人离开会议室。房门在他们身后关上时，苏军军官一同站了起来，爆发出雷鸣般的欢呼，并开始相互拥抱。此刻已过了午夜，但一些服务员突然出现，迅速布置好一桌丰盛的酒宴，每个盘子旁都摆着一瓶瓶葡萄酒、香槟、伏特加和白兰地。俄国人放声高歌，"朱可夫元帅也跳起了俄罗斯舞蹈，他的将领们高声欢呼着"[76]。庆祝活动一直持续至清晨，至少有三位将领不得不被扶出房间。"我很高兴地注意到，"特德说道，"他们当中没有一个是英国人。"[77]

第二天早上，特德和斯帕茨赶往城市南面的滕珀尔霍夫机场时，要求穿越柏林的市中心。"这是一座死亡之城，"和他们一同参观纳粹首都的记者哈罗德·金写道，"我曾见过斯大林格勒，也曾经历过伦敦遭受的闪电战……但放眼四望，呈现在眼前的是柏林的彻底毁灭、荒凉和死亡，几乎难以言述……这座城市确实已面目全非……从依然伫立着的勃兰登堡门起，半径2—5英里内的一切都被彻底摧毁。"[78]轰炸中幸存下来的东西，也已被苏军炮火破坏。这片废墟跟科隆没什么不同。只是在柏林，人们有这样一种感觉，她不仅仅是一座城市，还是个国家，一种丑陋的思想已随之一同覆灭。

丘吉尔说，德国的投降"是人类历史上迸发出最大欢乐的信号"[79]。伦敦是欢庆活动的中心，前往下议院发表胜利公告的途中，丘吉尔首相陷入欢庆的人群中。"他立刻被人群包围起来——他们奔跑着、踮着脚、把孩子举过头顶，这样，等这些孩子长大后便会被告知，他们曾见过丘吉尔，他们亲切地喊叫着他在托儿所时可笑的小名，'维尼！维尼！'"伦敦的日记作者莫莉·潘特–道恩斯写道。[80]

"伦敦彻底疯狂了。"罗西·罗森塔尔回忆道，5月8日这个星期二，德国投降的消息在下午3点传来时，他正在城内休假。"我挎着个漂亮姑娘穿过人群时，她突然间不见了，取而代之的是另一个姑娘。这里简直是个疯人院，一个美丽、奇妙的疯人院。"[81]

"和我们在一起的一名飞行员曾发誓要戒酒，也确实再未喝过。我们和他走散了，一个多小时后，我发现他烂醉如泥地倒在阴沟里。"

皮卡迪利广场吸引了最为喧闹的人群。红十字会在彩虹角举办了一场庞大的聚会。摇摆乐队不停地演奏着，士兵和欢笑的姑娘们"在皮卡迪利广场中形成了康加舞队列"。[82]

当晚，约翰和尤金·卡森这对孪生兄弟迎来了期待已久的团聚。离开"好彩营"后，约翰·卡森搭乘一艘英国船渡过英吉利海峡，来到彩虹角寻找尤金。他遇到了阿黛尔·阿斯泰尔，作为一名志愿者，她仍在俱乐部工作，她告诉他，她认识他的兄弟，并会安排他俩于5月8日晚在俱乐部内相见，当时他们都不知道这天会是欧战胜利日。约翰回忆道："我的兄弟从楼上走下，来到大厅左侧迎接我的情形，至今仍历历在目。"[83]

这个夜晚属于他们这些年轻人。尤金带着他的兄弟游览了伦敦，教他喝英国的浓啤酒，还带他去了"风车剧团"，那是他最喜欢的脱衣舞俱乐部。演出结束后，约翰结识了一位剧团成员，这位体态丰满的金发舞者年方十八。五十年后，他仍能记得她的住址。

在东英吉利亚，各个空军基地和村镇里，庆祝活动的热闹劲要稍小些。日本人仍在拼死抵抗，数千名东英吉利亚人还在太平洋地区的英国军队中服役。许多家庭已收到消息，他们的丈夫或儿子被关在敌人的战俘营中。"欧战胜利日那天，我感觉到一种强烈的孤独感，"诺维奇的一名妇女说道，"丈夫不在身边，这样的日子显得那么不真实。"[84]

那些美国飞行员的妻子或恋人也不在身边，另外，他们的思绪同样在太平洋战区，他们等待着投入"另一场战争"的命令，在此之前，他们没有太多的时间考虑这个问题。尽管如此，能结束眼前这场战事仍是件很棒的事。当天晚上，各个村庄的广场上燃起篝火，自制的火箭和烟火，再加上航空队信号枪射出的信号弹，将东英吉利亚的天空变为"一片色彩绚丽的仙境"。[85]当地的一位作家描述道："这份热情直到午夜才渐渐消退。"[86]

美国的各个空军基地里，派对持续的时间更长些，这里有免费的啤酒和威士忌。跟当地人最为熟悉的要算地勤人员，他们涌出基地大门，挎着他们的英国女友，挤满了他们喜欢去的酒吧。但在门德斯哈姆——第34轰炸机大队的基地，指挥官却命令部下们待在基地内。"说起来也挺奇怪，我们大多数人并不想出去。"查尔斯·埃林说道。[87]他们想作为一个整体，以自己的方式来庆祝。教堂内的宗教仪式每小时举行一次，所有机组人员至少参加一次，每次仪式的结束都伴以《共和国战歌》，他们的歌声响彻半空，"我的双眼已看见主降临的荣光……"

当晚，门德斯哈姆军官俱乐部的酒吧内，飞行员们三次举起酒杯，向阵亡的战友致敬。

"此刻是午夜，"躲在一座德国村落内的乌苏拉·冯·卡尔多夫在她的日记中写道，"无条件投降从这一刻起生效。全世界的人都在高唱胜利的赞美诗，钟声也随之响起。可我们呢？……我们输掉了战争，但如果我们打赢了，所有的一切会比现在更可怕。"[88]

5月8日，XVII-A战俘营获得解放的理查德·霍夫曼正在南锡附近的一座过渡营地，在这里，他跟他的机组重聚了。当天早上，他们获知第二天将坐船回家。为了庆祝一下，他们带着远远超出他们酒量的酒来到城内。由于他们的身体依然处于虚弱和脱水状态，几杯酒下肚后便有些神志不清。"突然，小号、教堂的大钟和汽笛一起响了起来。"霍夫曼回忆道。[89]法国人冲出他们的房子，涌上街头，相互拥抱着，喜悦的泪水滚滚而下。

当晚，霍夫曼紧紧地抓着他的床垫，整个房间天旋地转，最后，他幸运地失去了知觉。第二天早上，他所搭乘的船驶出勒阿弗尔这座饱受战火蹂躏的港口时，扬声器中传出了音乐声。第一首歌是《别把我关起来》。*

5月8日是盖尔·克莱文在索普-阿伯茨的最后一晚。利用北极星和自制的指南针，他和他的同伴乔治·阿林逃离了莫斯堡。越狱的当晚，他们就跟克莱文在大学里最好的朋友乔治·奈特哈默尔走散了，他曾跟克莱文一同被关在萨冈。一架美国的"派珀幼兽"轻型飞机掠过头顶时，他们意识到，在白天行走是安全的。在一名友好的德国农民的帮助下，他们找到了美军第45师的部队。"我瘦得惨不忍睹，"克莱文回忆道，"要是站的位置恰到好处，我甚至连影子都没有。"[90]

没过一个星期，克莱文回到了自己的部队，此刻离战争结束已没有几天。"传说中的克莱文"回来了，"每个人都想见见他"，第100大队的一名老兵回忆道。克莱文闲坐在军官俱乐部里，和战友们说着话，他的帽子还是像过去那样，"漫不经心地歪向一旁，他的右腿懒洋洋地搭在座椅的扶手上，时光仿佛倒流了19个月"。[91]但他很快就厌倦了这些。"我请求再飞最后一次，

---

*译注：这首歌对获得解放的战俘们来说颇具讽刺性，却是当时最为流行的歌曲之一。

因为德国佬把我折腾得够呛，但他们没有批准。他们告诉我，这场战争，这场轰炸战，结束了。于是我说，去他妈的，送我回家，我还有个女朋友，我想结婚了。"[92]

他的家在新墨西哥州的霍布斯，当初，他的父亲从怀俄明州移居到那里，投身战争前，克莱文在那里结识了他的未婚妻。欧战胜利日那天，他离开索普-阿伯茨，中队里的老战友们送给他一套雕花的英国银制餐具和一块手表时，他不禁热泪滚滚。"我只是有点孩子气。"他说道，随即跌跌撞撞地冲出营房，没穿雨衣便跑入细雨蒙蒙的黑夜中。[93]

他就这样走了，没有道别。刚回到新墨西哥州的家门口，他获悉了一个坏消息。第二天，他再次上路，乘车赶往怀俄明州的卡斯珀，为乔治·奈特哈默尔的葬礼护柩。他的朋友在德国某地被抓获后遭到枪杀。

约翰·伊根作为好友婚礼的伴郎赶至霍布斯时，带着一顶丝绸降落伞。新娘的母亲立即明白了它的用处，经过一天一夜的改制，它变成了一件漂亮的婚纱。新娘和她的父亲沿着过道走来时，伊根凑到克莱文耳边，低声问道："降落伞的拉索在哪里？"[94]

避弹屋

最后一批获得解放的美国飞行员是美军最高统帅部曾希望最先救出的人。I号空军战俘营是一座"空中王牌"营，[95]有人担心，对纳粹死硬分子来说，这些战俘将是宝贵的人质。1944年12月，休伯特·泽姆克上校在特别护送下来到波罗的海巴特镇的I号空军战俘营，作为一名盟军高级军官，他接手负责战俘营里的近7000名俘虏，于是，这座营地被称作"泽姆克的战俘营"。在近两年的时间里，德军飞行员一直在猎杀泽姆克，最后一次计划内的飞行任务中，他的好运终于耗尽了，他的"野马"在一场雷暴雨中失去了一只机翼，他被迫跳伞，最终落入敌人手中。

泽姆克麾下有五名美国王牌飞行员,在他们当中,弗朗西斯·"唠叨鬼"·加布雷斯基中校,是空战中击落28架敌机这一欧洲记录的保持者,[96]另外还有杰拉尔德·约翰逊少校,有着18个击坠战果。泽姆克在1944年春季被调至一个"野马"战斗机中队前,加布雷斯基和约翰逊一直在他那支著名的"雷电"部队(第56战斗机大队)中服役。加布雷斯基同样是在自己的最后一次任务中被击落,1944年7月20日,在对一座德国机场实施扫射行动时迫降在德国。

Ⅰ号空军战俘营中的其他陆航队英豪还包括查尔斯·"罗西"·格瑞林中校,这位战斗机指挥官被调至欧洲战区前,曾参加过吉米·杜立特尔空袭东京的行动;"空中堡垒"驾驶员约翰·"瑞德"·摩根,1943年曾获得过荣誉勋章,1944年3月6日在柏林上空被击落。[97]正如战俘营地下报纸《等待胜利的战俘》的编辑洛厄尔·贝内特指出的那样——对战俘营的许多客人来说,"到达这座避弹屋前……生存方式要艰难得多"[98]。

贝内特的故事甚至比摩根更具传奇性。1939年9月,德国入侵波兰后,他离开新泽西州的蒙特克莱尔州立师范学院,赶赴芬兰抗击入侵的俄国人。芬兰屈服后,他在北非加入到法国外籍军团中,后来又在法国成为美国志愿救护队的一名司机,他在那里被德国人俘虏。从一座战俘营逃脱后,他写了本北非战役的书。此后,他签约国际新闻社伦敦分部,成为一名战地记者。1943年12月,他和另外两名记者在采访英国皇家空军对德国首都的一次夜间空袭中被击落。跟随英国轰炸机去"观看火焚柏林"的四名记者中,只有爱德华·P. 默罗平安返回。[99]从中弹的轰炸机中跳伞落入柏林城后,贝内特再度成为纳粹的俘虏。他的编辑第一次获得他的消息是他从"纳粹德国国内的某处"[100]发来的一封急件,说他已躲开追捕者,正在亲手写作一本描述自己亲身经历的书。5月份,他的编辑又收到了他的消息。他已"再次被捕",[101]他说自己被控间谍罪,并被判以在战争期间单独拘禁。被送往Ⅰ号空军战俘营前,贝内特逃脱了两次。

理查德·霍夫曼和其他获得解放的战俘在法国欢庆欧战胜利日之际,Ⅰ

号空军战俘营里的人仍被关在铁丝网中,他们已不再是德国人的俘虏,看押他们的是自己的战友。德国空军的人已经离开,取而代之的是泽姆克上校手下的保卫人员,他执行了"至少跟德国人一样严格的纪律",贝内特指出。[102]卫兵们在战俘营门前站岗,战俘们被警告说,要是发现他们试图逃跑,战后将把他们送上军事法庭。泽姆克已做出安排,由第八航空队将这些战俘运走,但最近刚刚到达巴特镇的一名苏军指挥官,坚持丘吉尔和罗斯福在雅尔塔会议上签署的一项协议:禁止英国人和美国人飞越苏占区。"从严格意义上说,我们自由了,可我很担心,"B-17的副驾驶艾伦·纽科姆在他的监狱日志中写道,这些日志被他记录在卫生纸的残片上。"我经常昏昏沉沉,心跳速度快得惊人,我充满了不确定性,对所有人、所有事都感到恐惧。"[103]最近刚刚从俄亥俄州卫斯理大学毕业的纽科姆,觉得自己就要"疯了"。

混乱和不确定性开始于4月28日下午,战俘们首次听说苏军离他们已不到25英里,正驱车全速赶来。战俘营指挥官冯·瓦恩史塔特上校找来泽姆克这位德国移民的儿子,告诉他,自己已接到立即疏散战俘营的命令,将把战俘们带往150英里外,汉堡附近的一个秘密地点。泽姆克警告他,要是他打算这样做的话,战俘中秘密训练的突击队就将扑向看守们,夺取战俘营。[104]泽姆克劝说这位指挥官,为他的利益着想,最好是将战俘营的控制权交给自己。

第二天早上,美国陆航队战俘接管了塔楼,营地的旗杆上升起星条旗。当天晚些时候,泽姆克派出侦察巡逻小组,去跟苏军取得联系。找到苏军后,泽姆克、贝内特和一名翻译组成的小组驱车来到他们的司令部。吃了顿香槟、伏特加和炒鸡蛋的早餐后,美国人返回营地。返程途中,他们遇到一支支向柏林进军的苏军小分队。那些干草车上搭载着板条箱、包裹和醉醺醺的女人,大车旁行进着队列,都是些西伯利亚、蒙古和乌克兰士兵,红红的脸庞上显露出经历过残酷的冬季战役后粗野的表情。这些士兵唱着民歌,就着瓶子猛灌伏特加。[105]

第二天，一名哥萨克士兵骑着马进入战俘营。"这些人为什么会被关在里面？"他很想知道，"拆掉铁丝网，回家吧。你们自由了！"他朝泽姆克营地里的美国人喊道，并用他的长管手枪对空鸣放，以示强调。[106]泽姆克试图让他冷静，就在这时，"整个战俘营完全发疯了"，一名战俘说道。那些在泽姆克铁腕统治下觉得自己又成了战俘的人，推倒铁丝网，数百人逃了出去。有些人加入到苏军的队列，在对巴特镇的打砸抢烧中放出那里的奴工，还有些人向西逃去，与盟军部队取得了会合。

泽姆克营地里的其他战俘，通过没收来的德国收音机收听救援他们的消息，就这样度过了欧战胜利日。5月12日，他们终于获悉，一支"空中堡垒"组成的编队将于当天下午降落在当地的一座简易机场。在易北河的秘密会谈中，俄国人已同意美国人实施空运，条件是美国交出一名俄国人非常想要的纳粹战俘。前红军指挥员安德烈·弗拉索夫被德国人俘虏后，在他们的帮助下，用苏军战俘组建了一支部队，试图将自己的祖国从斯大林主义中解放出来。现在他将被遣返回他所背叛的国家。*[107]

当天下午，泽姆克的营地中爆发出一阵欢呼。在他们上方，一队银色的轰炸机盘旋在空中。时间是下午2点30分，就在这一刻，安德烈·弗拉索夫被交给俄国人。这是事先约定好的信号，允许轰炸机着陆。

按照泽姆克的命令，英国战俘率先离开，因为他们被监禁的时间更长些。美国飞行员则在第二天早上离开，他们排着长长的队列走出战俘营，总共有6250名获得自由却饥肠辘辘的战俘。[108]每隔一分钟便有一架"空中堡垒"轰鸣着着陆，螺旋桨保持着旋转。每架飞机搭载20—30名战俘。他们都没有降落伞，但没人在乎。

---

* 译注：究竟是哪一方俘获的弗拉索夫（或受降）至今仍有争议，但不管怎样，弗拉索夫最终被送回苏联，据说，受尽酷刑而死。

轰炸机朝勒阿弗尔飞去，并将高度降至500英尺，以便让战俘们看清楚被他们摧毁的一些城市。奥斯卡·理查德回忆道："我待的位置刚好靠近一个腰部舱窗，所以我再次从空中看到了德国。"飞越一座德国城市的遗迹时，理查德对坐在身边的人说："那可能是我们，可能是美国。没人说过我们必须赢得这场战争。"[109]

"空中堡垒"在莱昂附近着陆，战俘们随即坐火车赶往"好彩营"。在那里，理查德搭乘他所在的第384轰炸机大队一个机组的"便机"飞返英国。[110] 这个机组到法国来是为了寻找他们的几位中队战友，结果很高兴地遇上了他们部队的一位"老前辈"。他们在格拉夫顿安德伍德着陆后——第八航空队就是在这座机场开始了美国这场空中战争——奥斯卡·理查德觉得自己就像是个陌生人。[111] "我认识的只有几位地勤军官……那些飞行员，看上去比和我一同飞行的那些人要年轻许多。"任务简报室内仍有一幅硕大的西欧地图挂在墙上，设备室里的作战装备堆得很高，但已没有了恐惧和香烟的气味。

当天晚上，理查德中尉走进他当初的那座活动营房，溜到自己的床铺上。躺下时，他的思绪飞回到自己刚刚抵达英国的那一天，那还是1943年冬季，第八航空队遭受到德国空军的重创，轰炸机机组人员的生还率非常低。然后，透过一扇敞开的窗户，他觉得自己听到了"莱特旋风"发动机的喘息和咳嗽声，以及地勤人员为次日的飞行任务准备飞机的喊叫声。一股熟悉的惧意传遍他的全身……随后，他沉沉睡去。[112]

他们离开得相当仓促，有时候甚至没给那些越来越喜欢他们的当地人一个道别的机会。9岁的弗兰克·巴顿住在艾伊（Eye）的一座机场附近，那里是第490轰炸机大队的基地。他的母亲为飞行员们洗熨衣物，而他则用自行车将这些衣服来回运送。飞行员们用糖果和咖啡回报他，很快，他就给他们带来一篮篮当地农民的新鲜鸡蛋。地勤人员很喜欢他，允许他在停机坪旁他们的帐篷内闲逛。他们还教他如何吸烟，如何以恰当的猛烈度骂人。

战争结束后,8月份,细雨蒙蒙的一天,弗兰克·巴顿骑着自行车来到基地,却发现大门口没有哨兵站岗。兵营内空无一人,飞机也都不见了。"这是我一生中最悲伤的一天。"五十年后他这样说道。[113]

在霍沙姆圣费思(Horsham St. Faith)则进行了恰当的告别。百余名当地的农民,穿着他们周日才穿的最好的衣服,聚在机场上,向第458轰炸机大队一架滑行在跑道上的"解放者"挥手道别。爱丽丝·宾汉姆穿着睡衣,为该大队最后一架径直飞过她位于帕因伍德克洛斯(Pinewood Close)住处的"解放者"拍了张照片。仰望着它,爱丽丝想起这些翅膀长长的"美女"中的一员,是如何撞破她的花园,并将一位邻居的平房夷为平地。"那些日子里,我们得到了取暖的煤炭,而他们低空飞过我们的屋顶时,便用起落轮驱散烟雾。"[114] "我仍记得那些美国人,"萨福克的一名妇女回忆道,"甚至记得比那场战争更清楚。"[115]

离去是容易的,因为这段旅程的终点是他们的家。但他们无法忘记那些被永远留下的战友。离开英国前,尤金·卡森拜望了位于剑桥一座山丘上的马丁格利美军公墓,向1944年初在行动中阵亡的战友麦克·查克罗斯道别。"走在那些墓碑中,我默默地恸哭起来。"卡森回忆道。[116]

几十年后,卡森发现过去那一切太过强大,自己完全无法抗拒,于是将他的战时经历写了下来,并以一位匿名作者的诗句作为结束:

哦,不要演奏送葬曲,

这在马丁格利太常规,

他们可是年轻而又老派的小伙,

演奏些时兴的乐曲;

多尔西的曲调,平克劳斯贝的歌,

让他们听听格伦·米勒的摇摆乐,

平静的日子也会变得摇摆起来,

让这些成为马丁格利的常规。[117]

注释

1. 引自查尔斯·韦伯斯特和诺布尔·弗兰克兰的《对德国的战略空中打击,第三卷》,第112页。
2. 同上,第101页。
3. 引自达德利·萨瓦德的《轰炸机哈里斯:皇家空军元帅阿瑟·哈里斯爵士的故事》(加登城,双日出版社,1985年),第292—294页。
4. 同上。
5. 查尔斯·韦伯斯特和诺布尔·弗兰克兰的《对德国的战略空中打击,第三卷》第117页中提供了该指令的副本。
6. Msg. JD-117-CS,斯帕茨发给杜立特尔的电报,斯帕茨文件;1945年4月21日,第466轰炸机大队的一架"解放者"式,"黑猫"号,在雷根斯堡上空被高射炮火击落。这是在德国上空,而不是德占区上空被击落的最后一架美国轰炸机。托马斯·奇尔德斯在他的出色之作中讲述了"黑猫"号的故事,《晨翼:二战中在德国上空最后一架被击落的轰炸机的故事》(马萨诸塞州雷丁,珀尔修斯出版社,1995年)。4月25和26日,第十五航空队派出重型轰炸机对奥地利阿尔卑斯山中的铁路中心实施轰炸,这是纳粹德国最后一个尝到美国炸弹滋味的地方。
7. 弗里曼等人编撰的《第八航空队战时日志》,第499页。
8. 1945年5月4日,海军部,海军参谋部,英国海军情报处,每周情报报告,第269号,第63页,美国空军历史研究部的副本;荷兰遭受的苦难,可参阅亨利·A.范德兹所著的《饥饿的冬季:被占领的荷兰,1944—1945》(伦敦,吉尔·诺曼&霍布豪斯出版社,1982年),以及黑斯廷斯的《大决战》,第407—417页。
9. 引自查尔斯·埃林,《强大的空中堡垒:引航轰炸机飞越柏林》,第

147页。
10　范德兹，《饥饿的冬季：被占领的荷兰，1944—1945》，第252页。
11　克罗斯比，《逆境求生》，第359—360、365页。
12　同上。
13　查尔斯·埃林，《强大的空中堡垒：引航轰炸机飞越柏林》，第148页。
14　克罗斯比，《逆境求生》，第371页。
15　杜立特尔，《我再也不会如此幸运》，第406页。
16　"1944年5月11日，鲁尔之行的个人记述，第100轰炸机大队"，作者不详，美国空军历史研究部；肯尼斯·R.巴顿中士，"1945年5月，第853中队史"，第451轰炸机大队，美国空军历史研究部。
17　1998年10月22日，采访丹尼·罗伊·穆尔，空中力量历史博物馆。
18　1943年6月27日，《伦敦时报》。
19　本章中，琼斯的话均引自肯尼斯·"执事"·琼斯的"战时日记"。
20　1945年3月10日，《每日电讯报》。关于德国城市重建的一部出色之作是杰弗里·M.迪尔芬多夫的《德国城市的战后重建》（纽约，牛津大学出版社，1993年）。
21　汉斯·埃里希·诺萨克，《结局：汉堡1943》，乔尔·阿吉翻译（芝加哥，芝加哥大学出版社，2004年），第44页；诺萨克描述的汉堡的废墟，与1945年的科隆有着惊人的相似。
22　霍华德·卡赞德尔，《盟军管理科隆》，1945年5月4日，《星条旗报》；厄尔·E.泽姆克，《美军对德国的占领，1944—1946》（华盛顿，美国陆军军事历史中心，1975年），第191页。
23　西德尼·奥尔森，《地下科隆》，1945年3月19日，《生活周刊》，第28页。
24　海因里希·波尔，《沉默的天使》，贝恩·米切尔翻译（纽约，斗牛士出版社，1995年），第64—65页。
25　W.G.泽巴尔德，《毁灭自然史》，第10页。
26　斯蒂芬·斯彭德，《欧洲见证者》（1946年；韦斯特波特，格林伍德出版社，1971年再版），第16页。
27　2005年11月7日，作者对罗森塔尔的采访。
28　2005年10月21日，对路易斯·罗沃斯基的采访。
29　2003年4月24日，采访克莱文。

30 弗兰克·D.墨菲,《运气至上:对欧洲空战的反思》,第233页。

31 大卫·韦斯特海默,《等待:一名二战战俘的回忆》,第261页。

32 2003年4月24日,采访克莱文。

33 2005年10月21日,对路易斯·罗沃斯基的采访。

34 2003年4月24日,采访克莱文。

35 2003年4月24日,采访克莱文。

36 安东尼·比弗,《1945,柏林的陷落》,第48页。

37 哈尔莫斯,《铁丝网的另一侧:二战中的美军战俘》,第94、98页。

38 托马斯·奇尔德斯的出色著作,《战争的阴影下:一名美国飞行员的经历》,第383页。

39 斯皮维,《战俘生涯:Ⅲ号空军战俘营中央营区往事及二战期间的秘密和平使命》,第133页。

40 弗兰克·D.墨菲,《运气至上:对欧洲空战的反思》,第238页。

41 威廉·H.惠勒,《坠机:一名轰炸机飞行员在德国身陷囹圄的经历》,第137、144页。

42 威廉·P.马赫,《注定要活下去:一名B-17飞行员的战俘生涯》,艾德·哈尔编辑(南卡罗来纳州斯帕坦堡,霍诺里巴斯出版社,1992年),第137页;保罗·E.肯尼迪,《副官号》(自费出版,日期不详),第54页,第八航空队历史博物馆。

43 哈里·斯皮勒编撰的《纳粹的囚犯:二战中的美国战俘》一书中,戈登·K.巴茨的证词(北卡罗来纳州杰斐逊,麦克法兰出版社,1998年),第105页。

44 哈里·斯皮勒编撰的《纳粹的囚犯:二战中的美国战俘》一书中,戈登·K.巴茨的证词,第105页;威廉·H.惠勒,《坠机:一名轰炸机飞行员在德国身陷囹圄的经历》,第157页。

45 引自约翰·尼克尔、托尼·伦内尔的《最后的逃亡:欧洲战区盟军战俘不为人知的故事,1944—1945》(纽约,维京出版社,2003年),第196页。

46 美国战略空军司令部,"欧洲战区陆航队当前所面临的问题,1944—1945",美国空军历史研究部,519.979;美国战略空军司令部,"月蚀备忘录第8号:在月蚀条件下照料和疏散身处德国的战俘",1945年5月19日,美国战略空军司令部,美国空军历史研究部,519.9731-13;美国战略空军司令部,"为盟军战俘提供补给、保护和疏散的计划会议和会谈之记录和摘要,1944年11月—1945年5月",美国空军历史研究部,519.973-3。

47 1988年2月11日,与德尔玛·T.斯皮维少将的会谈,美国空军历史研究部,K239.0512-921;斯皮维,《战俘生涯:Ⅲ号空军战俘营中央营区往事及二战期间的秘密和平使命》,第148页。

48 1967年1月18日,与阿瑟·瓦纳曼少将的会谈,美国空军历史研究部,K239.0521-1030。

49 同上。

50 贝格尔的证词,《纽伦堡军事法庭对战犯的审判,第八卷》,第57—75、534—551、1155—1158页;特雷弗-罗珀,《希特勒的末日》(伦敦,麦克米伦出版社,1950年),第134—135页。正如特雷弗-罗珀指出的那样(第138页):"贝格尔关于他那段时间活动的记述,都很模糊,有些地方前后不一致。"约翰·尼克尔、托尼·伦内尔的《最后的逃亡:欧洲战区盟军战俘不为人知的故事,1944—1945》中,第357—371页,对此进行了详细的探讨。

51 阿瑟·A.杜兰德,《Ⅲ号空军战俘营:不为人知的故事》,第360—361页。1949年,由于参与策划"最后解决"方案,贝格尔被纽伦堡战犯法庭判处25年徒刑。曾发誓要帮助他的瓦纳曼和斯皮维很可能救了他的命,并使他在1951年从监狱获释。

52 斯皮维,《战俘生涯:Ⅲ号空军战俘营中央营区往事及二战期间的秘密和平使命》,第148页。

53 1945年2月21日,《纽约时报》。

54 2003年5月7日,作者采访约瑟夫·P.奥唐纳。

55 巴丹死亡行军中,约有750名美国人和5000名菲律宾人死去。

56 奥唐纳的《徒步跋涉》中,卡普兰的证词,第66页。

57 2003年5月7日,采访乔治·古德利。

58 奥唐纳的《徒步跋涉》中,卡普兰的证词,第66—67页。

59 2003年5月7日,采访乔治·古德利。

60 奥唐纳,《徒步跋涉》,第12页。

61 同上。

62 2003年5月7日,作者采访约瑟夫·P.奥唐纳。

63　2003年5月7日，采访乔治·古德利。

64　霍夫曼的话均引自理查德·H. 霍夫曼，《17B战俘营》，第184、186—187页；另可参阅詹姆斯·M. 布洛克瑟姆的《步入深渊：第17B战俘营》（自费出版，日期不详），第八航空队历史博物馆；以及理查德·H. 刘易斯的《地狱的上下：一名美国飞行员的真实故事》（威明顿，特拉华出版社，1985年），第130—131页。

65　1993年4月24日，对克莱文的采访；卡拉汉，《凝迹，我的战时记录：英国诺福克郡迪斯附近，索普-阿伯茨，美国陆军航空队第139号基地的二战历史记录》，第243—244页。

66　引自卡拉汉的《凝迹，我的战时记录：英国诺福克郡迪斯附近，索普-阿伯茨，美国陆军航空队第139号基地的二战历史记录》，第245页；《莫斯堡的解放》，《六号洒水器，第100大队通讯期刊》第33期（2002年夏季），第3页，参见http://.100bg/spalser/moosburg.html。

67　莱曼·B. 伯班克，《德国，III号空军战俘营，中央营区内的美国空军战俘》，第47页。

68　哈尔莫斯，《铁丝网的另一侧：二战中的美军战俘》，第128页。

69　罗杰·伯维尔，《我的战争》，第41页，第八航空队历史博物馆。

70　弗兰克·D. 墨菲，《运气至上：对欧洲空战的反思》，第245页。

71　霍夫曼，《17B战俘营》，第205—208页。

72　同上。

73　2003年5月7日，作者采访约瑟夫·P. 奥唐纳。

74　艾森豪威尔，《远征欧陆》，第22页。

75　布彻，《与艾森豪威尔在一起的三年：艾克将军的海军副官哈里·C. 布彻上尉的个人日记》，照片注解，第843—844页。

76　安东尼·比弗，《1945，柏林的陷落》，第405页。

77　阿瑟·威廉·特德，《心怀偏见：皇家空军元帅特德勋爵的战争回忆录》，第686页；另可参见布彻的《与艾森豪威尔在一起的三年：艾克将军的海军副官哈里·C. 布彻上尉的个人日记》，第846页。

78　路易斯·斯奈德编撰的《战争报道名作：第二次世界大战的伟大时刻》（纽约，朱利安·梅斯纳出版社，1962年）中，联合盟军新闻特派记者哈罗德·金的报道，1945年5月9日。

79　引自斯蒂芬·E. 安布罗斯与C.L.苏兹贝格合著的《美国在二战中的遗产

新历史》（纽约，维京出版社，1997年），第559页。
80　潘特-道恩斯，《伦敦战时笔记》，第376—377页。
81　2005年11月7日，对罗森塔尔的采访。
82　潘特-道恩斯，《伦敦战时笔记》，第374—377页。
83　尤金·T. 卡森，《一名尾部射手的回忆》，第188页。
84　引自R. 道格拉斯·布朗的《东英吉利亚，1945》（拉文纳姆，特伦斯·道尔顿出版社，1994年），第63页。
85　同上，第61页。
86　朗迈特，《美国兵：美国人在英国，1942—1945》，第61页。
87　查尔斯·埃林，《强大的空中堡垒：引航轰炸机飞越柏林》，第156页。
88　乌苏拉·冯·卡尔多夫，《噩梦日记：柏林，1942—1945》，第220—221页。
89　霍夫曼，《17B战俘营》，第224页。
90　2003年4月24日，采访克莱文。
91　谢里登，《他们从未如此出色过：1942—1945，美国陆航队第100轰炸机大队第350中队的非官方史》，第149—150页。
92　2003年4月24日，采访克莱文。
93　谢里登，《他们从未如此出色过：1942—1945，美国陆航队第100轰炸机大队第350中队的非官方史》，第150页。
94　2003年4月24日，采访克莱文。
95　安迪·鲁尼，《纳粹战俘营中的美国王牌》，1945年5—6月的《星条旗报》，头版。
96　欧文·布劳顿编撰的《牢记：二战中的飞行员》（斯波坎，东华盛顿大学出版社，2001年）中，第29—30页，对加布雷斯基的采访；加布雷斯基，《一名战斗机飞行员的一生》，第170—171页。
97　莫里斯·约翰·罗伊的《铁丝网后》中，J. C. 摩根中尉撰写的《柏林上空的灾难》；《荣誉勋章颁发给来自德州的飞行员》，1943年12月20日，《星条旗报》，头版；安迪·鲁尼，《被击落的飞行员目前安全地待在德国》，1943年12月7日，《星条旗报》，头版。
98　洛厄尔·贝内特，《跳伞到柏林》，第43页。
99　同上，第5页；1943年12月4日，《纽约时报》，第4版。
100　1944年1月22日，《纽约时报》，第5版。

101 1944年5月5日,《纽约时报》,第7版。
102 洛厄尔·贝内特,《跳伞到柏林》,第228页;2003年3月1日,作者采访奥斯卡·理查德。
103 艾伦·纽科姆,《带薪度假》(马萨诸塞州黑弗里尔,天意出版社,1947年),第169页。
104 休伯特·泽姆克和罗杰·A.弗里曼,《泽姆克的战俘营:二战的最后岁月》(华盛顿,史密森学会出版社,1991年),第13—39、79页;奥斯卡·G.理查德三世,《一名美国战俘在德国》(巴吞鲁日,路易斯安那州立大学出版社,2000年),第91页。
105 洛厄尔·贝内特,《跳伞到柏林》,第232—233页。
106 采访奥斯卡·理查德;哈里·斯皮勒编撰的《纳粹的囚犯:二战中的美国战俘》一书中,卡尔·W.雷米的证词,第118页;欲了解这起事件的另一个版本,可参阅泽姆克的《泽姆克的战俘营:二战的最后岁月》,第95—97页,但他的说法并未获得其他战俘的支持。
107 帕特里夏·路易斯·沃德利,《哪怕是一个也已太多:苏联拒绝遣返获得解放的美国战俘之研究》,德克萨斯基督教大学,博士论文,1993年,数处。
108 爱德华·温里克的证词,第八航空队历史博物馆。
109 采访奥斯卡·理查德。
110 同上。
111 奥斯卡·G.理查德三世,《一名美国战俘在德国》,第107页;采访奥斯卡·理查德。
112 采访奥斯卡·理查德。
113 引自斯蒂芬·布罗姆菲尔德,《第八航空队返家记》,《史密森航空航天协会杂志》第7期(1992年12月至1993年1月),第62页。
114 图片说明,第2航空师资料室,英国,诺福克郡。
115 加德纳《军饷过高、性欲过旺、到处都是:美国大兵在二战中的英国》,第213页。
116 尤金·T.卡森,《一名尾部射手的回忆》,第191页。
117 作者不详,引自尤金·T.卡森,《一名尾部射手的回忆》,第191—193页。

尾声

1945年5月19日,第八航空队开始了返回美国的大规模调动。轰炸机小伙子们驾驶着自己的飞机,地面人员和战斗机飞行员则经海路回国。[1]走海路的这些人先搭乘"自由卡车"来到当地的英国火车站,他们中的许多人在这里与他们的新婚妻子相遇。"战争非常古怪,"《星条旗报》的一名记者写道,"现在,丈夫回家了,他们将焦急地等待他们的英国妻子。"[2]七个多月的时间里,这里没有足够的运力将45000多名嫁给美国军人的英国妇女送至美国。[3]她们不得不等到全球各地的美国士兵和水手们被送回家后。

12月底,她们终于获悉已对她们取消移民限制,[4]船只将把她们送至她们的新家和丈夫身边时,她们中的大多数人,不是怀着孕,就是带着一两个幼小的孩子。记者们戏称这是一次"尿布行动",[5]该行动于1946年1月26日在南安普顿港展开。"SS阿根廷"号邮轮上搭载了452名战时新娘、173名孩子和一名战时新郎。他的妻子是美国陆航队派驻英国的一名女志愿人员,已经返回纽约。一名离开的新娘回忆道:"从南安普顿起航时……我们遇到一艘英国运兵船……那些归国的士兵在视野之外嘘我们。"[6]

在纽约市和弗吉尼亚州的纽波特纽斯这两个入境口岸,出现的并不都是快乐的团聚。一些妻子仅仅是在几个星期前认识了她们的丈夫,已经忘了他们的模样。一名伦敦妇女看见一个穿戴得像皮条客那样的男人走上跳板,她想:"哦,天哪,希望我的丈夫不要是这个模样。"[7]几十个做丈夫的改了想法,没有出现;其他人则希望自己没有。"在海上航行期间,一些女人被发现跟水手睡觉,"战时新娘安·赫尔姆斯叙述道,"她们的丈夫在纽约跟她们相遇时，他们获得了拒绝接受这些新娘的机会。他们中的许多人这样做了，那些女人又被送回英国。"[8]许多妻子到达港口时才知道，她们的丈夫已被送往太平洋参加"第二次战争"，还没有回来。[9]

离开英国后，第八航空队被重新部署至最近刚刚被夺取的冲绳岛，仍由吉米·杜立特尔指挥，他曾在1942年发起了美国对日本的第一次空袭。卡尔·斯帕茨受命指挥太平洋地区的美国战略空中力量，总部设在关岛。8月6日，获得华盛顿的批准后，斯帕茨命令前第八航空队的飞行员保罗·蒂贝茨将一颗铀弹投向广岛。三天后，一颗威力更大的钚弹将半个长崎彻底抹去。斯帕茨随即告诉杜立特尔，如果他想让他的第八航空队去打日本人，最好第二天就组织一次轰炸行动，因为战争很快就要结束。杜立特尔手上有720架B-29，许多都已做好参战准备，但他没有让他们投入作战。"如果战争即将结束，"他告诉斯帕茨，"我不会仅仅是为了说第八航空队也在太平洋地区打过日本人而让哪怕是一架飞机或一个机组去冒险。"[10]欧战结束后，他那些小伙子已无用武之地。

三个星期后，卡尔·斯帕茨在"密苏里"号战列舰的甲板上见证了日本人的投降，这使他成为唯一一个目睹三个主要轴心国投降的人物。战争结束后，他接替病重的阿诺德，成为美国陆军航空队司令。1947年9月17日，陆航队终于从陆军中脱离出来，成为美国军事力量中一个独立的兵种时，他出任空军第一任参谋长。九泉之下的比利·米切尔一定会为此而微笑。

日本投降时，罗伯特·"罗西"·罗森塔尔正在佛罗里达州接受驾驶B-29的训练。从英国返回后，他直奔华盛顿，跑到阿诺德的办公室要求派他去太平洋参战。奥威尔·安德森将军试图劝他改变主意——"你飞得够多的了，让其他人去吧"[11]——但罗森塔尔一直态度坚决。随着战争的结束，他仍无法自拔。

回到布鲁克林的家中，为以前的曼哈顿律师事务所工作，他发现自己处在一种不稳定的状态中。"整个战时服役期间，我一直身处严格的纪律约束下。我控制自己的情绪，可能还抑制了许多内在的本性。现在，这一切显现出来。我无法集中精神，无法专注于自己的工作。我们从事着一些重要的法律案件，可与我刚刚经历过的事情相比，这些工作似乎单调乏味。"[12]

罗森塔尔一直密切留意着纽伦堡战争罪行审判的消息——该审判已于1945年11月召开——并觉得自己应该在那里。受审的是那些他投入战争并设法消灭的怪物。"当我听说陆军正在物色检察官，以便进行一些较小的审判时，我搭火车赶往华盛顿，获得了一个工作人员的职位。"1946年7月，坐船重返欧洲的途中，他结识了菲莉丝·海勒，这位海军律师也将加入到纽伦堡的美国律师团中。他立即跟这位艳光四射的姑娘坠入爱河。耳鬓厮磨了十天后，"我们想马上结婚，可菲莉丝告诉我，她曾答应过父亲，事先征求他的允许"，罗森塔尔回忆道，"我觉得这很棒，我娶了个传统的姑娘。于是，我给她的父亲写了封长信，他回信说：'罗伯特，你们这两个年轻人正在铸下大错。马上回家。'我告诉菲莉丝：'我想这下完了。'她却说：'你在说些什么啊？我说我必须征求他的允许。我们征求过了，现在可以结婚了。'"

"我立马知道自己麻烦了——我找了个律师做妻子。"

1946年9月14日，他们俩在纽伦堡交换誓约，喜结连理，这座城市已被美国军方宣布为"91%被摧毁"。[13]他们住的地方距离法院不远，是一座被炸弹破坏、取暖设施糟糕的平房。尽管他俩太过忙碌，没有跟邻居们打成一片，但他们所遇到的德国人都不太愿谈及遭受到的轰炸。"人们默默地穿过废墟，甚至没有转身回顾，"罗西后来说道，"仿佛这些废墟构成的庞大的金字塔并不存在，他们仍生活在战前可爱的城市中似的。"

"轰炸对市民们的蹂躏与这座城市如出一辙。那年冬季，他们的生活陷入了绝境。妇女们的衣服破烂不堪，老人们胡子拉碴，城里很难看见年轻的男子。各个家庭都没有足够的食物，这里也没有经济可言，有的只是兴旺的黑市。"

"一天晚上，菲莉丝和我在河边漫步，我们觉察到有人跟在身后。我们停下脚步，他也停了下来。菲莉丝吸着烟，她把香烟丢入阴沟时，那个男人冲上前来，捡起烟头，消失在黑暗中。香烟，甚至烟蒂，在黑市上都是有价值的东西，我们猜他大概是想把它卖掉。千年帝国的人民竟沦落到如此地步。"

"你肯定会对他们感到歉意，但我不认为德国人民对希特勒的所作所为没有任何责任，尤其是纽伦堡，纳粹在这座城市举行罗马式的集会，就是在这里，那些崇拜希特勒的妇女们朝着他的车队投掷鲜花。"

"对这些曾支持过希特勒的普通人，没有必要展开报复行为。他们已吃尽苦头。就让他们自食其恶果吧。这种惩罚已经足够。但纳粹领导者和他们的犯罪心腹必须区别对待。"

当年9月，戈林、施佩尔、邓尼茨和其他一些纳粹领导人仍在受审，但罗森塔尔已开始为其他一些战争犯罪案件做准备，受审的对象是德国国防军军官、纳粹官员以及曾与党密切合作的德国实业家。这些案件将被提交给同样设在纽伦堡的美国军事法庭，菲莉丝·罗森塔尔调查I. G. 法本公司，这个纳粹控制下的化工集团曾使用过集中营的奴工；她的丈夫负责调查戈林、约德尔和凯特尔手下人所犯的种族罪行。"我审问过他们三个。戈林傲慢、顽固不化，但陆军将领们以一种慈祥老人的方式跟我交谈，他们带着平静的愤慨宣称，他们跟纳粹的暴行毫无关系。尤其是凯特尔，他坚持认为自己拥护的是德国军队的荣誉。当然，他们在撒谎。"

"这些曾趾高气扬的征服者被宣判后，一个个垂头丧气、可怜兮兮，就等着上绞架了。这一切正是我所要看到的。正义战胜了邪恶。我的战争结束了。"

注释

1. 第八航空队回国的途中，45人因航空事故丧生。
2. 1945年9月7日，《星条旗报》，第3—4版。
3. 一些历史学家认为战时新娘的数字高达10万，但我还是采用了大卫·雷诺兹较为保守的估计。参见雷诺兹《昂贵的关系：美国人进驻英国，1942—1945》，第422页。
4. 1945年12月下旬，《战时新娘法》成为美国的法律。该法律允许美国现役军人或光荣退伍的士兵的"外国"配偶和"外国"孩子绕过现有的移民标准和配额。而根据1924年的一条法律，英国移民一直受到每个月6000人的限制。参见雷诺兹的《昂贵的关系：美国人进驻英国，1942—1945》。
5. 同上，第418—419页。
6. 引自艾尔弗丽达·贝尔蒂奥姆·朔克特和芭芭拉·史密斯·希贝塔所著的《第二次世界大战中的战时新娘》（加利福尼亚州诺瓦托，要塞出版社，1988年），第57页。
7. 雷诺兹，《昂贵的关系：美国人进驻英国，1942—1945》，第422页。
8. 1993年10月4日，采访安·赫尔姆斯，空中力量历史博物馆。
9. 1945年5月25日，《星条旗报》。
10. 杜立特尔，《我再也不会如此幸运》，第423页。第八航空队的一些"野马"战斗机在日本上空飞行，为第二十航空队提供护航。
11. 2003年3月25日，作者采访罗伯特·罗森塔尔。
12. 罗森塔尔的回忆均引自2003年3月25日和2005年11月8日，作者对他的采访。
13. 威廉·夏伊勒，《柏林日记的结局》（纽约，诺普夫书局，1947年），第287页。

致谢

回想起来，我觉得这本书开始于我在外公家的阁楼上发现父亲在二战期间所穿的一件飞行夹克的那一刻。那时我还是个孩子，我的母亲和她姐姐海伦都嫁给了应征入伍的年轻人，她们在外公家的这排房屋中度过了战时岁月。一年后，母亲穿着这件夹克，在院子里晾晒洗好的衣物，她告诉我，今晚带我去斯特兰德剧场看吉米·斯图尔特主演的《格伦·米勒传》。电影结束后，父亲告诉我，斯图尔特在现实生活中是第八航空队的一位英雄。看过格里高利·派克主演的《晴空血战史》后，那件夹克归了我，《晴空血战史》是有史以来描绘第八航空队最棒的一部电影。我花了这么长时间来撰写一部叙述军事史上最杰出的作战部队的专著，这不能不说是个奇迹。

结识罗伯特·"罗西"·罗森塔尔之前，我已经开始了写作，但从那之后，他成了鼓舞人心的力量。他慷慨地抽出时间，带我会见他所在的第100大队中其他的老兵。我与罗西在佐治亚州萨凡纳的第八航空队历史博物馆会面，充满热情、忠于职守的工作人员很快便使该博物馆成为这一努力的"母船"。最大的帮助来自口述历史处处长薇薇安·罗杰斯-普莱斯博士，她提供了第八航空队老兵们令人印象深刻的访谈记录，以及博物馆内精彩的照片收藏，远远超出了我的期望。博物馆前负责人C.J.罗伯茨和现任馆长沃尔特·E.布朗博士，不辞辛劳地使我对萨凡纳的定期拜访既愉快又富成效。

每当我遇到困难，包括盖尔·克莱文、谢尔曼·斯茂、路易斯·罗沃斯基、汉克·普卢姆、克雷格·哈里斯和已故的保罗·斯拉夫特在内的第八航空队老兵们，都会抽时间回答我的问题。当然，还有罗西。

研究和撰写这个故事的五年中，我采访了250多位第八航空队的老兵。他们都是些谦虚的人，从未要求过别人关注自己，并坚持认为，只有那些牺牲者才是真正的英雄。他们去世后，我们只希望能再见到像他们这样的人。

　　没有那些富有奉献精神的图书资料馆研究人员，历史学家们就无法完成其工作。我所拜访的每一个资料馆，都有幸能遇到像斯坦·斯珀吉翁这样亲切的人，他花了整整一周时间，帮助我在德克萨斯州米德兰的美国空军历史博物馆研究那些非凡的口述历史收藏。由于篇幅所限，我无法将几十位提供专业帮助的图书资料馆研究人员的名字逐一列出，但在参考书目中，我列出了他们所在的机构。

　　我要特别感谢那些去世的第八航空队老兵们的孩子，他们向我提供了父亲的信件和日记。尤其要感谢飞行员弗朗西斯·杰拉尔德和保罗·斯拉夫特的女儿帕特·卡鲁索和苏茜·蒂尔南。

　　拉斐特学院提供的帮助非常重要。斯基尔曼图书馆馆际互借部主管卡伦·哈达克，一直帮着我寻找我认为无法找到的文件和书籍。斯基尔曼图书馆内几乎所有的研究人员（特别是特雷塞·海登沃尔夫）都曾参与到这一努力中。图书馆馆长尼尔·迈克尔罗伊预计到我所有的需要，使我在斯基尔曼图书馆的工作与在一座大型研究领域知识库内完全一样。

　　拉斐特学院和梅隆基金会提供的资金使我招募起一支出色的团队，这支学生研究员组成的团队，以阿历克斯·肯尼、玛丽莎·弗洛瑞亚尼、艾米丽·哥德堡为首，同时也获得了杰西卡·齐格勒、米利亚姆·哈比布和玛格丽塔·卡拉索拉斯的协助。阿历克斯在国会图书馆和国家档案馆的发现特别有用，她为本书找到了许多照片。不可或缺的凯茜·安凯迪斯承担起本会令我不堪重负的工作，这才使我得以全神贯注。

　　威廉姆森·默里和康拉德·克莱恩这两位杰出的历史学家，以及第100轰炸机大队照片档案馆知识渊博的历史学家迈克尔·P. 法莱，阅读了本书的草稿，并提出独具慧眼的批评，这让我避免了令人尴尬的错误和疏漏。唐纳德·迈耶森是我结交了35年的老友，也是位获得过勋章的退伍老兵，在创作过程中便阅读了本书，并通过交谈帮助其成形，而这种不间断的交流，通常会持续至深夜。另一位密友詹姆斯·蒂尔南也阅读了部分手稿，并对位于英国的帝国战争博物馆、大众观察档案馆以及志愿爱好者所管理的第八航空队旧基地等方面的研究提供了大量帮助。特别要感谢索普-阿伯茨第100轰炸机大队纪念馆的朗·巴特利在东英吉利亚对我的招待，并为我安排采访在战争期间认识美国轰炸机机组人员的那些村民。新奥尔良的国立诺曼底登陆博物馆提供的旅行协助，帮助我对德国和欧洲大陆的另外四个国家进行了研究。伦敦美国大使馆文化处的苏珊·韦德莱克为我做出安排，在牛津和剑桥大学以及其他许多地方举办讲座，以检验这本著作。旅居牛津大学万灵学院时，我首次拜访了第八航空队的旧基地。

写作可能是最为孤独的职业，但两位朋友——我的编辑鲍勃·本德尔和我的经纪人吉娜·麦科比，总是为我提供支持和精明的建议。我与鲍勃和他出色的助手约翰娜·李合作出版了四本书，与吉娜合作了六本，但在这本书中，他们提供的帮助尤为重要。吉普赛·达·席尔瓦和弗雷迪·蔡斯再次担任我的文字编辑和目光锐利的批评者。实习生黛莉雅·阿德勒则是他们非常能干的助手。再就是我的母亲弗朗西丝·米勒，她始终是我生活中最令人振奋和鼓舞的人，正是她劝我撰写这本著作。

我写的每一本书都应该奉献给罗丝。正如许多朋友对我说的那样：没有罗丝，就没有这些著作。但这本书也献给我们的六个孙子孙女——"黑猫酒吧六人帮"——家中的这个聚集地是我的孙女埃莉萨所起的名字，并献给我的父亲唐纳德·L. 米勒，以示纪念。

参考书目

原稿收藏

阿拉巴马州麦克斯韦空军基地，美国空军历史研究部：
这是收藏第八航空队文件最庞大的一个资料库，也是世界上最大的军事航空资料收藏中心，拥有150万份文件资料，半数以上是关于二战的内容。在这些收藏中，最主要的资料是：

行动摘要，作战任务报告，情报、气象和医疗报告，作战机组人员调查，以及作战机组人员遭受精神障碍的医学研究和统计调查。

航空军医报告

战俘报告

行动叙述

越狱和逃脱报告

对空军指挥官及个人的采访，其中包括：弗雷德里克·安德森、阿尔伯特·P. 克拉克、詹姆斯·H. 杜立特尔、艾拉·C. 埃克、巴尼·M. 贾尔斯、小海伍德·S. 汉塞尔、杰拉尔德·W. 约翰逊、威廉·E. 凯普纳、劳伦斯·S. 库特尔、埃尔伍德·R. 奎萨达、卡尔·A. 斯帕茨、阿瑟·W. 瓦纳曼以及查克·耶格尔等。

对作战机组人员的询问

对德国军事、经济和政治领导人物的审讯副本，这些人中包括赫尔曼·戈林、阿尔弗雷德·约德尔、威廉·凯特尔、卡尔·科勒、阿尔贝特·施佩尔和格尔德·冯·伦德施泰德。

第八航空队战斗机司令部报告

德国空军领导人和作战飞行员未公开的报告、评述及讲座。由于德国国内的德国空军记录已遭破坏，因而这些关于德国战斗机力量的资料尤为珍贵。

中央医疗研究所的报告

美国战略轰炸调查的杂项记录

作战行动分析委员会的杂项记录

二战空军领导人的文件，其中包括查尔斯·P. 卡贝尔、威廉·E. 凯普纳和吉多·R. 佩雷拉。

部队战史和第八航空队各轰炸机大队的记录

陆航军战术学校和航空勤务队战术学校的记录

作战机组人员的士气记录

敌方情报摘要

该历史研究部的收藏被记录在微缩胶片上，马里兰州大学公园市，国家档案和记录管理局，以及位于华盛顿波林空军基地的空军历史研究部，均存有胶片的副本。

华盛顿，国会图书馆，手稿部

弗兰克·安德鲁斯文件

亨利·H. 阿诺德文件

詹姆斯·H. 杜立特尔文件

艾拉·C. 埃克文件

缪尔·费柴尔德文件

柯蒂斯·E. 李梅文件

威廉·"比利"·米切尔文件

保罗·H. 尼采文件

埃尔伍德·R. 奎萨达文件

卡尔·安德鲁·斯帕茨文件

内森·特文宁文件

霍伊特·S. 范登堡文件

上述这些文件中，379箱斯帕茨文件收藏，是了解第八航空队作战行动的最佳资料来源。

马里兰州大学公园市，国家档案和记录管理局

这个资料库保存着二战期间陆军航空队的官方军事记录（卷组18），包括司令部记录，作战任务报告，情报报告，作战命令、师、联队和中队报告，以及战俘和逃脱者的情况。另外，以下部门的报告对本书之研究同样大有裨益：

战争部长办公室

美国参谋长联席会议

战略情报局

科技研究与发展局

美国战略轰炸调查

陆军参谋部

盟军最高统帅部公共关系简报

二战期间的美国各战区

陆军航空队司令部

战俘记录

文稿收藏：罗伯特·洛维特文件

越狱和逃脱案例

美国驻瑞士领事馆的记录

MIS-X（军事情报局，越狱和逃脱部）总部的记录

英国布赖顿，萨塞克斯大学，大众观察档案馆

这些档案来自"大众观察"这个社会调研机构的工作，该机构成立于1937年，致力于对普通英国人日常生活的研究。这里拥有反映英国百姓对驻扎在英国的美国士兵的态度的大量文件，包括访谈、日记、调查等。战时英国日常生活情况的资料尤为丰富。

宾夕法尼亚州，卡莱尔兵营，美国陆军军史研究所

切斯特·汉森文件

艾拉·C.埃克文件

奥马尔·布莱德利文件

高级军官口述历史项目

佐治亚州，萨凡纳，第八航空队历史博物馆

这个快速扩大的图书馆中拥有可观的收藏，包括回忆录、日记以及第八航空队人员的信件等。

科罗拉多州，科罗拉多泉，美国空军学院图书馆

劳伦斯·S.库特尔文件

乔治·C. M.麦克唐纳文件

穆雷·格林收集的阿诺德文件。

堪萨斯州，阿比林，艾森豪威尔总统图书馆

德怀特·戴维·艾森豪威尔文件

印第安纳州，布鲁明顿，印第安纳大学利莉图书馆

厄尼·派尔文件

路易斯安那州，新奥尔良，国家D日博物馆

第八航空队机组人员未出版的回忆录

马萨诸塞州，波士顿，约翰·F.肯尼迪图书馆

约翰·肯尼斯·加尔布雷斯文件

英国，邱园，国家档案馆（过去被称为"公共档案馆）

空军历史分部记录，系列1

空军部通信

空军参谋长文件

空军出版物及记录

轰炸机司令部记录

空军部，情报总部

空军历史分部叙述史

英国，亨登，皇家空军博物馆

特德勋爵文件

阿瑟·哈里斯爵士文件

弗吉尼亚州，列克星敦，乔治·C.马歇尔学术图书馆

乔治·C.马歇尔文件

新泽西州，普林斯顿，普林斯顿大学，希利·G.穆德图书馆

乔治·W.鲍尔文件

康涅狄格州，纽黑文，耶鲁大学图书馆

亨利·史汀生日记（微缩胶片副本）

加利福尼亚州，帕罗奥图，胡佛战争、革命与和平研究所

弗雷德里克·L.安德森文件收藏

伦敦，帝国战争博物馆

该博物馆的文件部收藏了大量第八航空队人员的日记、私人文件和信件。

北卡罗来纳州，格林维尔，东卡罗莱纳州立大学，手稿收藏

弗兰克·A.阿姆斯特朗文件

新泽西州，莱克伍德，瑞士被拘禁者协会档案

陆航队被拘禁者在瑞士的官方记录之副本，以及在该国拘禁生涯的文件记录。

瑞士，伯尔尼，瑞士联邦档案馆

1940—1945，负责外国军事人员被拘禁和住院治疗的联邦委员会之最终报告存放于此。

德国，弗赖堡，联邦档案馆/军事分部

这里保存着军需总长关于德国空军飞机和人员损失的报告，这些资料比第八航空队保存的战时敌方损失记录更为准确。

华盛顿特区，美国大屠杀纪念博物馆

这里保存有匈牙利犹太人被驱逐至奥斯维辛以及犹太团体施压轰炸集中营的报告记录。

口述历史收藏

佐治亚州，萨凡纳，第八航空队历史博物馆
这里拥有最棒的第八航空队口述历史收藏。

德克萨斯州，米德兰，美国空军历史博物馆
这里保存有大量第八航空队老兵的口述历史访谈，大多为录音誊写版。

路易斯安那州，新奥尔良，国家D日博物馆
场地虽小，却保存有第八航空队机组人员口述历史的出色记录。

纽约市，哥伦比亚大学，巴特勒图书馆，哥伦比亚大学口述历史收藏
这里的丰富收藏中包含H. H. 阿诺德夫人、查尔斯·P. 卡贝尔、詹姆斯·H. 杜立特尔、艾拉·C. 埃克、罗伯特·A. 洛维特和卡尔·A. 斯帕茨的口述历史录音带，以及根据录音誊写的文本。

英国，诺里奇，第2航空师纪念图书馆
除了口述历史的录音带和誊本外，这里还存有第八航空队第2航空师的部队战史及记录。

英国，伦敦，帝国战争博物馆，录音档案
这里保存有对二战空军领导者的口述历史访谈，包括艾拉·C. 埃克、阿瑟·哈里斯爵士以及吉米·斯图尔特。

美国战略轰炸调查（欧战）
这是美国政府于1944—1945年间对战略轰炸德国所造成的物质和精神影响所进行的一次实地调查。他们检查了数百座工厂和城市，并对几乎所有纳粹德国

活着的政治、经济和军事领导人进行访谈和审问。公布的详细报告超过200多份。这些报告的名目，我已在注释中列出。

学位论文

伯纳德·劳伦斯·博伊兰，《美国远程护航战斗机的发展》，密苏里大学，1955年。

小埃德温·A. 布兰德，《德国人审讯被俘盟军飞行员的方法》，阿拉巴马州蒙哥马利，麦克斯韦空军基地：空军大学，1948年。

莱曼·B. 伯班克，《德国，Ⅲ号空军战俘营，中央营区美国陆航队战俘史》，芝加哥大学，1946年。

帕特里夏·路易斯·沃德利，《哪怕是一个也已太多：苏联拒绝遣返获得解放的美国战俘之研究》，德克萨斯基督教大学，博士论文，1993年。

美国空军官方史

韦斯利·弗兰克·克雷文与詹姆斯·利·凯特合著的《二战中的陆军航空队》。尽管这套历史著作已略显过时，其中还包含许多错误，特别是在敌人的损失和伤亡数据上，但仍是一套不可或缺之作。七卷本中的第五册叙述了第八航空队的历史。

第一册：《计划与初期行动，1939年1月至1942年8月》，芝加哥，芝加哥大学出版社，1948年。

第二册：《欧洲："火炬"至"直瞄"行动，1942年8月至1943年12月》，芝加哥，芝加哥大学出版社，1949年。

第三册：《欧洲："论据"行动至欧洲胜利日，1944年1月至1945年5月》，芝加哥，芝加哥大学出版社，1951年。

第六册：《人员和飞机》，芝加哥，芝加哥大学出版社，1955年。

第七册：《全球勤务》，芝加哥，芝加哥大学出版社，1958年。

报纸

《伦敦时报》

《伦敦每日电讯报》

《星条旗报》

《纽约时报》

《华盛顿明星报》

作者的采访

本书的大部分是基于在英国、荷兰、法国、瑞士、卢森堡、比利时、德国和美国所进行的250多次口述历史访谈。书中使用了这些口头证词，并列举在注释中。

网站

第八航空队的每个轰炸机和战斗机大队都有一个网站，其中包括了队史、战时记录和日志、口述历史证词、照片、任务报告以及机组人员和飞机名单等。我充分地使用了这些网站。

其他网站：

www.aeroflight.co.uk/waf/switz/swisaf2.htm

www.wiesenthal.com/swiss/survey/noframes/indx.html

www.wissenthjal.com/swiss/survey/noframes/conclusions.htm

www.kaselmisson.com

被期待的二战历史

献给阵亡者，也为活着的人而写

忠实还原克里木战役、库尔兰战役的残酷和恐怖

致命打击
一个德国士兵的苏德战争回忆录
【德】戈特洛布·赫伯特·比德曼 著
【美】德里克·S·朗布罗 著
小小冰人 译

一层层剥开二战东线战场的恐怖真相